개정판

2025

하수혜

거름이

누리과정

④ 예술경험

하수혜 편저

박문각

하수혜 거름이

누리과정

④ 예술경험

희 망

성실하게 뚜벅뚜벅 자신의 길을 가는 사람들에게만
보이는 그 별의 이름은 희망입니다.

지금도 어디선가 자신의 자리에서
묵묵히 책장을 넘기고 있을 선생님들이

자신들의 별을 찾아
그 빛을 나누어 주는 시간이 오기를 간절히 바랍니다.

아무리 어려워도 희망을 다 써버린 때는 없습니다.

우리가 견뎌내야 하는 시간들에
혹 어둠이 오더라도
맘도 몸도 다치지 않고
어울려 다독여 가며
세상의 밤을 밝히고
서로의 마음을 따뜻하게 어루만져 줄 수 있는 우리이기를.

- by 하수혜

차례

SESSION 01 * 유아음악

I. 유아음악교육 영역
UNIT 01 유아음악교육의 영역 및 내용 ··· 8

II. 유아음악교육의 영역–음악 감상
UNIT 02 음악 듣기능력의 발달 ··· 10
UNIT 03 음악 감상 능력의 발달 ··· 18
UNIT 04 음악 감상 교육 ··· 21

III. 유아음악교육의 영역–노래부르기
UNIT 05 노래부르기 능력의 발달 ··· 34
UNIT 06 노래부르기 교육 ··· 38

IV. 유아음악교육의 영역–악기 연주하기
UNIT 07 악기 연주 능력의 발달 ··· 52
UNIT 08 악기 연주교육 ··· 55
UNIT 09 악기의 종류 ··· 59
UNIT 10 악기 음악교육활동 ··· 66

V. 유아음악교육의 영역–음악극하기
UNIT 11 음악극하기 ··· 74
UNIT 12 음악창작을 통한 유아음악교육 ··· 80

VI. 유아음악개념의 발달
UNIT 13 음악적 개념 ··· 82

VII. 유아음악교육론
UNIT 14 코다이 ··· 97
UNIT 15 달크로즈 ··· 106
UNIT 16 오르프 ··· 115
UNIT 17 고든 ··· 128
UNIT 18 스즈키 ··· 143

SESSION 02 * 유아음악교육의 이해

I. 유아음악교육의 교수–학습
UNIT 19 음악교육의 교수–학습 이론적 기초 ··· 152
UNIT 20 음악교육의 교수–학습 원리 ··· 153
UNIT 21 유아음악교육의 내용 선정의 원리 ··· 155

II. 유아음악교육의 환경 구성
UNIT 22 환경 구성 ··· 158

III. 전통예술
UNIT 23 전통음악과 춤 ··· 161
UNIT 24 장구와 장단 ··· 169
UNIT 25 전통놀이 ··· 176

SESSION 03 * 유아미술

I. 유아미술 발달이론
UNIT 26 성숙주의 이론 ··· 180
UNIT 27 인지발달이론 ··· 181
UNIT 28 개성표현이론 ··· 183
UNIT 29 지각발달이론 ··· 185
UNIT 30 발생반복이론 ··· 186

II. 유아미술 발달단계–평면표현
UNIT 31 로웬펠드 ··· 187
UNIT 32 켈로그 ··· 196
UNIT 33 슈마허 ··· 204
UNIT 34 버트 ··· 205
UNIT 35 일반적인 평면표현 발달단계–한국미술교육학회 ··· 206
UNIT 36 평면표현 발달단계–가드너 ··· 209

III. 유아미술 발달단계–입체표현
UNIT 37 입체표현 능력의 발달 ··· 211
UNIT 38 로웬펠드 ··· 212
UNIT 39 브리테인 ··· 215
UNIT 40 슈마허 ··· 215
UNIT 41 골롬브 ··· 216
UNIT 42 이길종 ··· 217
UNIT 43 일반적인 입체표현 발달단계 ··· 217

Ⅳ. 유아미술 감상 능력 발달단계
UNIT 44 가드너 … 220
UNIT 45 하우젠 … 221
UNIT 46 롯친스 … 223
UNIT 47 파슨스 … 224

Ⅴ. 유아미술표현
UNIT 48 유아미술표현의 특징 … 225
UNIT 49 유아미술과 원시미술 … 235
UNIT 50 유아미술표현의 유형-리드 … 237
UNIT 51 유아미술표현의 유형-김정 … 238
UNIT 52 유아미술표현의 유형-로웬펠드 … 241
UNIT 53 유아미술표현의 유형-버크하트 … 242
UNIT 54 유아미술표현의 유형-권상구 … 243

SESSION 04 ✽ 유아미술교육의 이해

Ⅰ. 유아미술교육의 변천
UNIT 55 표현기능 중심 미술교육 … 248
UNIT 56 창의성 중심 미술교육 … 250
UNIT 57 이해중심 미술교육 … 253

Ⅱ. 유아미술교육의 이해
UNIT 58 유아미술의 개념 및 성격 … 262
UNIT 59 유아미술교육의 내용 … 265
UNIT 60 유아미술교육의 필요성 및 목적 … 268

Ⅲ. 미술의 요소·원리·기법
UNIT 61 미술의 요소 … 271
UNIT 62 미술의 원리 … 277
UNIT 63 미술 기법 … 281
UNIT 64 유아미술 표현활동 … 283

Ⅳ. 유아미술 교수-학습
UNIT 65 교수·학습 원리 … 289
UNIT 66 직접적 교수법 … 290
UNIT 67 통합적 교수법 … 293
UNIT 68 협력학습 교수법 … 296
UNIT 69 창의적 문제해결 교수법 … 297
UNIT 70 학문중심 미술교육(DBAE) … 299

UNIT 71 커뮤니티 중심 예술교수법(CBAE) … 304
UNIT 72 그 외 교수-학습방법 … 306
UNIT 73 교사의 자질과 역할 … 309

Ⅴ. 유아미술활동의 요소와 절차
UNIT 74 유아미술활동의 요소와 수업 형태 … 315
UNIT 75 유아미술 수업의 절차 … 317
UNIT 76 작품 전시 및 보관 … 319
UNIT 77 유아미술 평가 … 322

Ⅵ. 유아미술감상 지도법
UNIT 78 펠드만 … 327
UNIT 79 앤더슨 … 329
UNIT 80 아레나스 … 331
UNIT 81 매디저 … 333
UNIT 82 허위츠와 데이 … 334
UNIT 83 브로우디, 아이스너 … 335
UNIT 84 명화감상 … 336

Ⅶ. 전통미술
UNIT 85 전통미술교육의 특징 … 342
UNIT 86 전통미술의 분야 … 345
UNIT 87 전통미술의 요소 … 348

Ⅷ. 유아미술을 위한 환경 구성
UNIT 88 유아미술교육 환경 구성요소 … 350
UNIT 89 미술영역 환경 구성 … 351

SESSION 05 ✽ 누리과정의 이해

Ⅰ. 2019 누리과정의 이해-예술경험 … 356

		CHECK 1	CHECK 2	CHECK 3
Ⅰ. 유아음악교육 영역				
UNIT01	유아음악교육의 영역 및 내용			
Ⅱ. 유아음악교육의 영역–음악 감상				
UNIT02	음악 듣기능력의 발달			
UNIT03	음악 감상 능력의 발달			
UNIT04	음악 감상 교육			
Ⅲ. 유아음악교육의 영역–노래부르기				
UNIT05	노래부르기 능력의 발달			
UNIT06	노래부르기 교육			
Ⅳ. 유아음악교육의 영역 – 악기 연주하기				
UNIT07	악기 연주 능력의 발달			
UNIT08	악기 연주교육			
UNIT09	악기의 종류			
UNIT10	악기 음악교육활동			
Ⅴ. 유아음악교육의 영역 – 음악극하기				
UNIT11	음악극하기			
UNIT12	음악창작을 통한 유아음악교육			
Ⅵ. 유아음악개념의 발달				
UNIT13	음악적 개념			
Ⅶ. 유아음악교육론				
UNIT14	코다이			
UNIT15	달크로즈			
UNIT16	오르프			
UNIT17	고든			
UNIT18	스즈키			

하수혜 거름이
누리과정
④ 예술경험

SESSION

01

유아음악

유아음악교육 영역

UNIT 01 유아음악교육의 영역 및 내용

음악교육
영역

- 5대 기본적 음악활동 영역 : 음악을 듣고 감상하기, 노래부르기, 악기 연주하기, 신체표현하기, 음악창작하기
  - 태아기 때 '소리와 음악 듣기'에서부터 시작하여, 유아의 연령이 높아짐에 따라 통합되어 있던 다섯 가지 기본 음악활동 영역은 자연스럽게 분화된다.

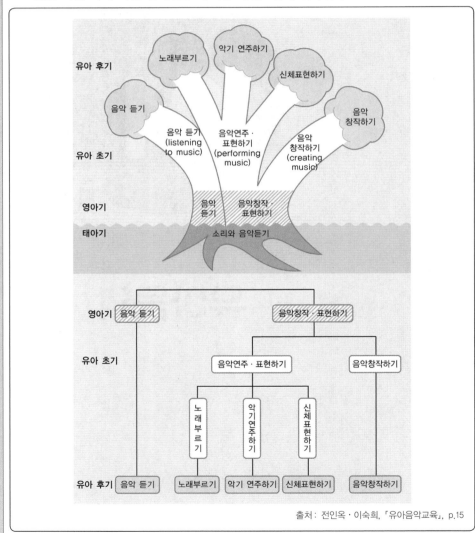

출처 : 전인옥·이숙희, 「유아음악교육」, p.15

◈ 유아음악교육 영역의 분화 과정

내용 구성

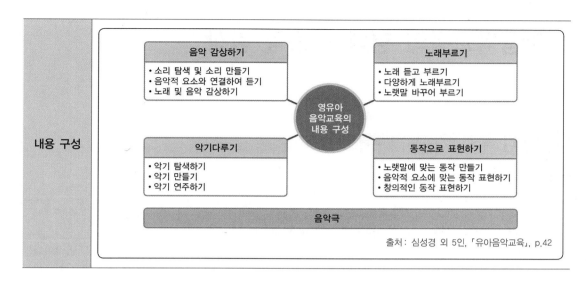

음악 감상하기
• 소리 탐색 및 소리 만들기
• 음악적 요소와 연결하여 듣기
• 노래 및 음악 감상하기

노래부르기
• 노래 듣고 부르기
• 다양하게 노래부르기
• 노랫말 바꾸어 부르기

영유아
음악교육의
내용 구성

악기다루기
• 악기 탐색하기
• 악기 만들기
• 악기 연주하기

동작으로 표현하기
• 노랫말에 맞는 동작 만들기
• 음악적 요소에 맞는 동작 표현하기
• 창의적인 동작 표현하기

음악극

출처: 심성경 외 5인, 「유아음악교육」, p.42

Ⅱ 유아음악교육의 영역 – 음악 감상

MEMO

UNIT 02 음악 듣기능력의 발달

1 일반적인 듣기능력의 발달

일반적인 듣기능력의 발달	• 유아의 음악능력 발달에 있어 가장 기본은 듣기능력으로 유아의 청(聽)감각은 일찍부터 발달하지만 음악 듣기능력은 서서히 나타난다.
	• 듣기능력 중에 유아기에 가장 뚜렷하게 발달하는 것은 음색 변별력과 음높이 변별력이다.
	  – 유아는 생후 2개월만 되어도 엄마의 목소리를 아는데, 이것은 음악의 리듬이나 멜로디, 화성에 앞서 음색 변별을 할 수 있다는 것을 보여준다.
	  – 5, 6개월 정도에는 다른 사물의 소리를 변별할 수 있게 되고, 소리가 어디에서 나는지 음원의 위치도 찾을 수 있게 된다.
	  – 유아들의 음색 변별력은 악기나 물체 소리를 구별할 정도로 일찍 발달하는 반면에, 유아의 음높이에 대한 변별력은 음높이의 차이(음정의 폭)가 클 경우에만 잘 구별하고, 미세한 차이나 제자리 반복음은 잘 변별하지 못한다.
	• 유아들은 공통적으로 음높이, 크기, 빠르기에 대해 혼동하는 경향이 있다.
	  – 높은 음은 소리가 크고 빠르다고 생각하며, 반대로 낮은 음은 부드럽고 느리다고 생각한다.
	• 음악 듣기능력의 발달을 위해서는 리듬, 박자, 멜로디에 대한 기본적 듣기능력의 발달이 선행되어야 한다.
	• 모든 음악적 경험은 듣기를 포함하므로 듣기와 음악 감상을 통한 유아음악교육은 모든 음악활동을 통합하며 음악적 경험의 기초가 된다.

2 소리 듣기능력 발달을 돕기 위한 교수학습방법

소리 탐색 및 소리 듣기	• 소리의 경험은 유아의 현재 생활 맥락 내에서 제공되어야 한다.
	  – 유아에게 익숙한 소리부터 시작해 점차 낯선 소리를 경험하도록 한다.
	  – 매일의 사건과 사물에서 발생하는 소리를 쉽게 관련짓고 구별할 수 있도록 격려한다.
	• 변별하기 쉬운 소리부터 시작하도록 활동을 계획한다.
	  – 먼저 큰 소리/작은 소리, 남자 목소리/여자 목소리 등 차이가 많아 유아가 변별하기 쉬운 소리부터 구별해 보는 활동을 한다.
	  – 시각적 자료와 함께 제시하면서 소리의 차이에 대해서도 함께 이야기 나눈다.
	• 소리가 들릴 때 유아는 스스로 소리에 주의 집중을 하지 않으므로, 교사는 매일 듣기활동을 의도적이고 체계적으로 계획하여 주변의 소리를 듣도록 흥미를 유도하고, 함께 들은 소리에 대해 유아와 이야기 나누도록 한다.

🔊 **듣기활동 시 유아를 주의 집중시키는 방법**

• 유아의 음악활동 중 주의 깊게 소리를 듣는 능력의 발달은 다른 음악활동의 기초를 이루는 매우 중요한 경험이다. 이를 통해 유아들은 다양한 소리의 요소들을 탐색하고 자신의 삶과 주변 세계에 대한 이해를 확장해 나간다(Haines & Gerber, 1996).
　－ 들으려고 하는 소리나 음악과 관련된 소품을 활동 전후에 사용하고, 이야기를 설정하여 들려준다.
　－ 교사의 비언어적 행동, 즉 유아와의 눈 접촉, 표정, 목소리의 표현 및 유아의 적극적 참여 등을 사용한다.

• 음악적 개념이나 음악 기술을 정확하게 가르치기보다는 즐거운 소리 탐색이나 소리 및 음악 만들기 활동을 제공하도록 한다.
　－ 소리 탐색에 즐거움을 느끼고 소리가 발생하는 원리에 대해 호기심을 가질 수 있도록 신체나 다양한 사물로 소리를 만들어 보는 활동을 제공한다.
• 듣기활동을 계획할 때에는 무엇을 주의 깊게 들어야 하는가를 유아에게 분명히 이해시킨 후에 전개하도록 하고, 유아가 창의적으로 생각하거나 시도하도록 격려한다.
　－ 이때 유아의 성숙 수준, 능력, 흥미에 따라 듣기 기술의 경험을 점진적으로 계획한다.
• 소리 탐색활동은 일회성으로 끝나는 것이 아니라, 소리를 식별·분류하고 느낌을 표현할 수 있도록 지속적인 활동이 포함되어야 한다.
　－ 악기에서 나는 높고 낮은 소리 듣기, 음색이 다른 악기소리 구별하기 등과 같이 소리를 위해 만들어진 사물을 가지고 경험할 수 있으나, 더 중요한 것은 유아의 주변에서 볼 수 있고 친근하게 접할 수 있는 사물의 소리를 탐색할 기회가 포함되어야 한다.
　－ 다양한 음색의 소리 종류뿐만 아니라 짧은 소리, 긴 소리, 큰 소리, 부드러운 소리, 듣기 좋은 소리, 시끄러운 소리, 가벼운 소리, 무거운 소리, 한 번에 한 가지씩 나는 소리, 여러 개가 동시에 나는 소리 등 다양한 개념도 함께 탐색되어야 한다.
　－ 새로운 소리라 하더라도 이전 경험과 연결될 수 있는 것이어야 하고, 흥미로운 상황에서 반복적으로 경험을 제공해야 한다.

듣기활동의 구체적인 지도방법	• 소리 듣기는 매일의 일상 과제로써 소리 탐색이 이루어져야 한다. • 소리 듣기의 활동은 즐겁고 친근하며 편안한 분위기에서 진행되어야 한다. • 소리에 관한 이야기를 듣고 그 이야기에서 나온 소리들을 유아의 신체 소리나 목소리로 다시 내어 보도록 격려한다. • 소리 듣기나 탐색을 할 때 들리는 소리를 녹음하였다가 여러 차례 반복하여 들을 수 있도록 하고, 들은 소리를 그림이나 글자, 기호, 움직임, 말 등과 연결하여 나타낼 수 있는 활동이 필요하다. • 교실 내의 듣기 영역은 소리를 녹음하며 들을 수 있는 녹음기가 필요하며, 유아가 사용하기 쉽게 그림으로 된 작동법을 함께 제시한다. • 소리가 나는 도구나 악기, 놀잇감 등을 유아가 쉽게 조작해 볼 수 있는 곳에 비치한다. • 실내뿐만 아니라 실외에서도 소리 듣기활동을 할 수 있도록 한다. 　－ 실외 놀이나 산책 시 다양한 자연의 소리, 주변 환경에서 나는 기계나 자동차 소리, 친구들의 목소리 등에 귀 기울여 듣고 탐색할 기회를 제공한다.

3 음악적 구성요소 듣기능력의 발달

리듬 듣기 능력의 발달	기본 개념		안정적이고 규칙적으로 반복되는 박에 대한 감각이 먼저 발달 ⬇ 박에 따라 간단한 신체표현을 할 수 있는 능력이 발달 ⬇ 규칙적인 리듬유형을 표현할 수 있는 율동과 리듬치기 능력이 연령에 따라 단계적으로 나타나며 발달 • 유아는 느린 속도보다 '빠른 속도의 리듬'이나 '부점 리듬', '당김음' 등 변화 있는 리듬형에 잘 반응한다. • 세 단계의 능력이 발달된 후에 리듬악구 유형을 가르쳐야 한다.
	고든	기본 견해	• 단순한 리듬에서 복잡한 리듬으로 발달하는 과정이다. • 리듬 듣기는 큰 박, 작은 박, 멜로디 리듬의 3중으로 듣는 과정이다. • 교육적 시사점 　－ 유아의 음악활동은 느낌과 박에 강조점을 두고 단계적으로 리듬교육이 이루어져야 한다.
		① 매크로 비트 (macro beat)	걷거나 행진할 수 있는 큰 박의 단위인 매크로 비트를 들을 수 있는 단계이다.
		② 마이크로 비트 (micro beat)	큰 박인 매크로 비트를 작은 박 단위로 분할한 마이크로 비트를 이해하는 단계이다.
		③ 선율적 멜로디 리듬	분할·연장·쉼표·붙임표·여린내기 등으로 구성되는데, 이러한 종합적 기능은 매크로 비트와 마이크로 비트 듣기에 중요하게 작용된다.
	사이먼 & 맥밀런	1세 미만	리듬에 따라 흔들거나 구른다.
		1~2세	규칙적인 진동이나 간단한 유형으로 구성된 노래의 리듬에 맞추어 자발적으로 노래를 부른다.
		2~3세	불규칙적 리듬 유형으로 재잘거리고, 춤과 비슷한 리듬적 움직임을 할 수 있다.
		3~4세	박자에 맞추어 약간의 감정을 넣어서 규칙적으로 반복되는 리듬 유형에 따라 자발적으로 노래를 부른다.
		4~5세	• 규칙적인 진동에 맞추어 리듬치기를 할 수 있다. • 리듬에 따라 손뼉치기, 발 구르기를 시작한다. • 짧은 리듬 유형을 따라할 수 있다.

MEMO

박자 듣기 능력의 발달	기본 개념	• 박자 : 음악적으로 의미 있는 방식으로 소리를 특정 유형으로 나눠서 듣는 것을 말한다. 　− 박자는 박과 강세의 두 차원을 가지고 있으며, 리듬의 기초가 되는 기본 구조이다(Swanson, 1981). 　− 음악은 강박과 약박이 반복해서 나오는 것에 기초를 두는데, 이것이 박자이다(Henry, 1985). 　− 박이란 음악이 지속되는 시간을 기준으로 맥을 구분한 것이며, 박자는 박에 강세 구조를 포함시킨 것이라고 하여 박과 박자의 개념을 구분한다(Dewling & Howard, 1986). 　− 가락의 리듬을 구성하는 기본구조를 박자라고 하면서, 가락의 리듬이 없으면 박자는 음악적 가치를 잃으며, 박자가 없으면 음악은 비조직적이 되고 기본골격이 없어진다.
	박자개념의 발달	• 박자개념의 발달은 단계별로 이루어지고 연령에 따라 다르게 반응한다. 　− 박자개념은 6세 이후에야 안정된 음악성으로 발달한다. • 유아에게는 2박자나 3박자와 같은 박자의 명칭을 직접 가르치기보다는 이와 관련된 다양한 음악활동을 통해 음악적 경험을 하게 하는 것이 바람직하다. 　− **박자와 관련된 다양한 경험**: 악기 연주하기, 노래부르기, 신체표현하기 등 　− 음악적 경험은 가급적 빨리 제공하되 음악적 기호의 명칭은 초등학교 저학년 무렵에 사용한다.
	유의점	• 유아가 박자능력을 발달시키기 전에 리듬악구 유형이 제시되면 이 유형을 통제하는 리듬결합이 나타나는데, 이 결합은 매우 강하여 박자능력을 약화시키고 리듬학습을 방해하기 때문에 유의해야 한다. • 음악의 기본구조 개념인 박자능력이 결핍될 경우 음악활동을 성공적으로 수행하는 데 장애가 되므로, 이는 유아기에 반드시 발달시켜야 할 중요한 음악적 요소이다.

멜로디 듣기능력의 발달	기본 개념		• 멜로디의 발달을 위하여 유아는 먼저 음의 높낮이를 정확하게 알아야 한다. 　− 음의 높낮이 정확도에는 유아가 자신의 음성으로 음을 정확히 나타내는 능력과 음을 정확히 분별하는 능력이 포함된다. 　− 음의 높낮이 분별은 노래부르기의 향상과 밀접한 관계가 있다. • 3세와 5세 유아 간에는 음의 높낮이를 변별하는 능력의 차이가 크게 나타난다.
	사이먼 & 맥밀런	6개월 미만	음높이가 달라지면 다르게 반응한다.
		6개월~ 1년 6개월	• 음높이 윤곽을 구별한다. • 악절의 시작과 끝을 감지한다.
		1년 6개월~4세	• 친숙한 악절을 인식한다. • 윤곽과 리듬에 따라 노래한다.
		4~8세	• 높게/낮게, 위로/아래로 등과 같이 음높이와 선율의 개념을 깨닫기 시작한다. • 음 사이의 간격과 음색의 표현을 감지할 수 있다. • 단위로서 악절의 발달이 계속된다.

4 음악 듣기능력의 발달 − E. Willems, 스완윅(Swanwick)과 틸먼(Tillman, 1994)

E. Willems는 유아의 음악 듣기 발달단계를 3단계로 세분화하였고, 진정한 의미의 듣기는 이 세 분야가 조화를 이루며 작용할 때 이루어진다고 하였다.

E. Willems	1단계
	듣기 감각 단계
		• 소리에 대해 수동적으로 반응하는 단계로서 감각적인 특성을 갖는다.
		• 유전학적으로 볼 때 첫 번째 발달단계에 해당하므로 유아기에 자연스럽게 발달한다.
		  − 나이가 어릴수록 더 잘 습득되지만 계속 감각에 의존하면 듣기가 낮은 수준에만 머물 수 있다.
		• **학습의 내용**
		  − 음악적 감각을 발달시킬 수 있는 음의 강약·고저, 음색에 대한 감각 발달학습 등

	2단계
	듣기 감정 단계
		• 소리에 대해 능동적으로 반응하는 단계로, 즐거운 소리와 불쾌한 소리에 대해서 감정적으로 반응할 수 있다.
		• 유아의 듣기 감정이란 음악활동을 위해 주의 깊게 듣는 것을 의미한다.
		• 듣기 감정의 발달은 선율 학습을 통해 가능하다.
		• **학습의 내용**
		  − 선율을 기억하고 상상하기, 협화음과 불협화음 구별하기, 두 음을 비교하기, 음계 알기, 반음·온음 알기 등
		• **교사의 역할**
		  − 교사는 유아의 감성을 이용하여 이 단계를 발달시킬 수 있다. 흥미와 집중을 통해 주의 깊게 듣도록 해주며, 노래부르기를 할 때 유아가 기쁨, 고통, 희망, 사랑 등의 감정을 느낄 수 있도록 한다.

	3단계
	듣기 지력 단계
		• 음악의 구조와 형식을 구체적으로 이해함으로써 음악을 체계적이고 조직적으로 즐기는 단계이다.
		• 듣기 지력은 음악적 표기나 문자 학습을 통해 형성되고 발달한다.
		• **학습의 내용**
		  − 음악 기억하기, 내청하기, 상상하기, 계명 읽기, 화음 알기 등
		• **교사의 역할**
		  − 교사는 유아의 듣기 지력 형성을 위해 유아에게 듣기 경험을 많이 할 수 있는 기회를 제공하고, 이러한 경험을 통해 음악을 인식할 수 있도록 안내한다.

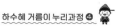

MEMO

나선형 8단계 [스완윅 (Swanwick)과 틸먼(Tillman), 1994]	특징	• 스완윅과 틸먼은 3~11세 아동을 대상으로 음악을 들려주고 느낀 것을 표현하게 하여, 실제 아동들의 작품을 토대로 분석한 결과 '나선형'의 발달 도표를 도출하게 되었다. • 이후 스완윅은 후속 연구를 통해서 나선형 발달단계와 아동의 음악 능력을 관련짓고 음악적 발달의 모든 면과 통합시키고자 하였다. − ① 감각적 단계 ② 조작적 단계 ③ 개인적 표현단계 ④ 전문적 표현단계 ⑤ 모험적 단계 ⑥ 관용적 단계 ⑦ 상징적 단계 ⑧ 조직적 단계로 구분되는 스완윅과 틸먼의 나선형 8단계 중 앞의 5단계가 아동과 밀접한 관련이 있다.
	감각적 단계 (0~3세)	• 감동적인 것과 강한 인상을 주는 것에 반응하며, 음악의 고저, 강약, 음색 등에 강한 관심을 보인다. • 주로 소리에 대한 탐색과 실험을 한다.
	조작적 단계 (4~5세)	박자와 같은 음악적 특징 또는 음악적 소리를 만들어내기 위한 환경(장치), 음악의 효과나 분위기 등을 인식하게 된다.
	개인적 표현 단계 (4~6세)	음악의 표현적 제스처와 분위기, 특징들을 인식하게 되며, 음악을 이야기나 시각적인 이미지 등과 쉽게 연관시킬 수 있다.
	전문적 표현 단계 (7~8세)	음악적 관습들을 알게 되고, 박자 또는 반복과 같은 음악적 특징을 알 수 있게 되며, 기술적인 분석을 할 수 있다.
	모험적 단계 (9~11세)	음악의 형식적 구조에서 벗어남을 알 수 있게 되고, 음색, 악기의 특색, 강약, 속도, 고저, 리듬과 같은 음악적 개념을 참조하여 변화를 인식할 수 있다.

5 듣기교육 − 듣기놀이

• 유아음악교육 측면에서의 듣기교육은 듣기놀이와 함께 생각해야 한다.
 − 듣기놀이에서는 유아의 세계에서 들리는 어떤 소리라도 중요시해야 한다. 즉 물건이 깨지거나 떠드는 소리와 같은 시끄러운 소리부터 아름다운 소리까지 모든 소리를 유아가 듣고 느끼고 변별하고 판단하게 해야 한다.
 − 또한 유아가 어떤 상황의 소리와 음악을 주의 깊게 듣고, 자신의 느낌과 생각을 과장하거나 축소하지 않고 정확하게 전달하며 표현하게 하는 것이 중요하다.
 − 그러므로 교사는 유아가 일반적인 소리를 듣고 느끼고 판단하는 것부터 시작하여 점차적으로 아름다운 음악을 듣게 함으로써 음악을 충분히 이해하고 즐기며 감상하도록 도와주어야 한다.

일반적 듣기놀이	기본 개념		• 제일 처음 하는 듣기놀이로, 다양한 소리 듣기에 초점을 둔다. • 일상생활에서 흔히 들려오는 모든 소리를 소재로 하여 교육적 프로그램을 구성하는 것으로, 듣기놀이에 흥미를 부여하고 청감각의 발달을 도와주는 놀이이다.
	주변 소리의 듣기놀이 음악활동	정의	• 자유놀이시간의 다양한 소리를 그대로 녹음했다가 들려주는 듣기놀이이다. ⑩ 유아들의 목소리, 문 열고 닫는 소리, 발걸음 소리, 손 씻는 소리, 여러 악기소리, 실외에서 미끄럼틀이나 무엇을 두드리는 소리 등
		진행 방법	• 자유놀이시간의 다양한 소리를 그대로 녹음했다가 들려준다. 　ー 이때 교사는 잠깐 소리를 멈추고 이야기 나누기 방법이나 재미있는 노래문답식으로 진행할 수 있다. 　⑩ "누구 신발일까? 따각따각 소리"하고 노래로 물으면, 유아는 "○○의 신발 소리죠. 따각따각 소리"라고 답하는 노래 문답식
		효과	• 유아들이 주변의 모든 소리에 주의를 기울여 재미있게 듣게 된다. • 각 소리의 음색을 변별하는 능력을 길러줄 수 있다.
	'무슨 소리 들릴까?'하는 듣기놀이	정의	소리의 음질과 음색을 감각적으로 구분하게 하는 음감놀이이다.
		진행 방법	① 교사가 손뼉을 치면 눈을 감고 주의를 기울여 무슨 소리가 들리는지 들어보기로 유아들과 약속한다. ② 열쇠고리, 가방, 색연필, 동전 등 네 가지 이상의 소품을 준비해서 차례로 들려주고, 무엇의 소리였는지 차례대로 대답하게 한다. ③ 유아가 듣기놀이에 점차 익숙해지면 두 가지 소리를 동시에 들려주고 대답하게 하거나, 여러 소리를 이어서 들려주고 차례를 기억하여 대답하게 하면서 일반적 듣기놀이를 진행한다.
	리듬악기 이름을 맞혀 보는 듣기놀이	정의	리듬악기로 소리를 내면서 리듬악기 이름을 맞혀 보는 듣기놀이이다.
		진행 방법	리듬악기를 의성어로 유아 나름대로 재미있게 표현하도록 하면서 유아가 쉽게 부를 수 있는 악기 이름으로 바꾸어 사용한다. ⑩ 트라이앵글은 칭칭이, 탬버린은 찰찰이, 캐스터네츠는 짝짝이, 투톤 블록은 똑딱이 등으로 부른다.

MEMO

현상적 듣기놀이	기본 개념	• 자연 또는 생활 속에서 들려오는 많은 소리들을 섬세하고 정확하게 듣게 하고, 여러 소리를 구분하여 청감각을 발달시킬 수 있는 듣기놀이이다. 　－ 들리는 소리 그대로가 아닌 표현하는 놀이이다. • 소리를 듣고 비슷한 악기로 소리를 내는 것과 같이, 듣고 난 후 다른 활동으로 연결하여 표현하는 것에 초점을 둔다. • 현상적 듣기놀이를 통하여 유아는 여러 동물의 소리, 여러 악기의 소리, 여러 사람의 목소리를 표현해 보면서 청감각을 보다 발달시킬 수 있다.
	활동 방안	• 현상적 듣기놀이를 다른 소리, 즉 곤충 소리나 우리나라 사물놀이 악기(장구·북·꽹과리·징)에 적용하여 듣기놀이 활동계획안을 작성해 볼 수 있다. 　－ "이 곤충 소리는 꽹과리 소리랑 비슷한 것 같니, 징소리랑 비슷한 거 같니?" 　예 바다의 웃음소리 　　• 바다에서 들을 수 있는 소리를 바다의 웃음소리로 생각하여 잘 듣고 소리를 만들어 보고, 악기소리와 신체표현을 연결하여 듣기놀이를 함으로써 음악에 대한 감수성을 발달시킨다. 　　• 바다의 웃음소리를 다양한 언어와 악기소리로 표현할 수 있는가를 평가함으로써 유아의 음악 듣기능력의 발달 정도를 평가할 수 있다. 　예 낙엽소리 　　• 낙엽소리를 주의 깊게 듣고, 낙엽의 크기와 모양에 따라 다른 음색을 변별하여 다양한 의성어, 의태어로 표현함으로써 언어발달을 도모한다. 　　• 나뭇잎의 크기에 따라 다른 낙엽소리의 강약과 음색, 리듬패턴에 대한 개념을 인지하여 다양한 음악개념의 발달을 돕는다.
상징적 듣기놀이	기본 개념	동화를 들으면서 동화에 나오는 목소리를 구분하거나, 음악을 듣고 상대의 생각이나 심리 상태를 느껴보는 듣기놀이이다.
	활동 방안	상징적 듣기놀이를 통해 색깔, 소리, 느낌이 서로 연결되어 함께 통합되도록 함으로써 새들의 심리 상태를 변별해보게 한다. 　예 노란 새, 파란 새, 까만 새, 하얀 새 등 여러 가지 새들의 색깔이 상징적으로 주는 느낌을 피아노의 음과 연결시켜 상징적 듣기놀이를 구성할 수 있다(정서적 듣기). 　• 노란 새는 밝고 기쁜 소리 　• 파란 새는 핏기가 없어 파리하고 아픈 소리 　• 까만 새는 혼자 외로운 소리 　• 하얀 새는 슬픈 느낌이 드는 소리
		악기소리와 사물 또는 상황을 연결시킨 상징적 듣기놀이를 할 수도 있다. 　예 칭칭이와 나비, 우드블록과 토끼, 탬버린과 개구리, 큰북과 거북이, 작은북과 말, 심벌즈와 도깨비 그림을 연결해 볼 수 있다.

UNIT 03 음악 감상 능력의 발달

이석원	들음	물리적 소리를 수용하는 단계이다.
	느낌	물리적 소리를 음으로 지각하는 단계이다.
	이해	지각한 음을 음악으로 이해하는 단계이다.
아론 코플랜드 (A. Copland)	감각적 파악 단계	음악을 감지하지만 집중하지 않는 단계로, 학생들이 심리적으로 음악과 친해지도록 동기를 부여하고 작곡가의 의도와는 관계없이 그저 즐기게 하는 단계이다.
	표현력 감지 단계	음악 전체의 독자적인 표현력을 감상자의 느낌에 맡겨 탐색하는 것이다.
	이해와 평가 단계	• 작품에 담겨진 작곡가의 의도를 파악하는 감상의 적극적 단계이다. • 소리가 조성적·시간적으로 어떻게 짜여지는가를 감지하기 위해 음악의 특정 요소를 듣고, 그것이 어떤 아름다움과 의미를 생성하는지 이해하는 단계이다.
로버트 와이스 (R. Weiss)	무인식적 감상	음악적 지식 없이 물리적인 소리를 듣는 단계이다.
	기술적 감상	• 지적인 음악 감상을 하는 단계이다. • 음악 본질에 대한 이해를 위해 구체적인 음악 구성요소의 개념을 알고, 이러한 요소들의 관련성인 음악 형식을 인식하는 단계이다.
	통찰적 감상	기술적 감상에서 얻은 내용들을 토대로 자신의 경험에 비추어 새로운 주관적 실체와 의미를 갖는 등 보다 깊은 감상의 단계이다.

머셀 (Mursell)	기본 견해	• **개념 및 정의**
		  – 감상 능력은 음악의 아름다움을 느끼며 알아가도록 조장하는 능력으로, 형식이나 음악 구조의 체득과 함께 듣는 사람의 흥미적, 수용적, 기대적 태도와 관계가 있다고 본다.
		  – 음악의 예술적 내용에 민감하게 반응하는 능력을 키우는 일을 의미한다.
		• **기초적 조건**
		  – 음의 향수 감각: 악곡을 듣고 풍부한 연상을 하거나, 과거의 의미 있는 경험과 관련지음으로써 음악적 향수가 증진된다.
		  – 리듬 반응: 음악에 대한 흥미의 직접적 요인이자 감상의 중요한 기초가 되는 것으로 신체적 표현을 통해 지도할 수 있다.
		  – 이외 연상과 상상, 형식이나 음악 구조의 체득, 지적 태도와 감정적 태도 등이 있다.
		(지도방법)
		• 좋은 청취환경과 우수한 음향기기, 실제 악기를 통해 음색과 음질에 흥미를 갖도록 해야 한다.
		• 유아가 주목할 수 있는 주제의 실제 연주로 음악에 대해 자발적이고 자유로운 반응을 조장해야 한다.

MEMO

	수동적 감상	• 들려오는(hear) 음악을 그대로 받아들이는 감상이다. – 레스토랑에서 식사할 때 들려오는 음악, 백화점에서 쇼핑할 때 들려오는 음악, 학교에서 점심시간에 들려오는 음악 등을 자기의 의사와 관계없이 듣게 되는 경우로, 진정한 의미에서의 감상이라 볼 수 없다.
	감각적 감상	• 주의 깊게 듣는(listen) 단계이다. – 각종 악기의 소리에 대한 반응, 합창의 화음감, 교회의 오르간 소리, 양감 있는 교향악단의 연주에서 듣는 음률은 감상자들이 음악적인 지식 없이도 듣고 즐길 수 있다.
	정서적 감상	• 음악이 불러일으키는 정서나 분위기와 함께 음악에 대한 자신의 반응에 비중을 두는 감상 단계이다. – 부담 없이 음악을 들으면서 고상한 감동을 체험하기도 한다.
	지각적 감상	• 음악에 대한 주의력을 집중시켜 음악의 구조와 주제, 화성의 변화, 형식, 악기들의 연주 흐름과 작곡자의 의도, 작곡 배경을 이해하고 분석적으로 듣는 단계이다. – 네 가지 감상 유형 중에서 가장 주의력을 요구하는 형태이다. – 인간의 뇌 활동이 가장 왕성하며, 음악의 예술적 가치를 만끽하는 과정이다.
밀러 (H.M. Miller)	기본 견해	• 감상자가 음악을 듣는 자세는 수동적인 태도에서 감각적으로, 그리고 정서적 또는 지각적 방법으로 달라질 수 있다고 본다. • 악곡의 선율, 화성, 형식, 양식 등에 대한 통찰력과 주의력을 기를 수 있는 음악적 능력의 배양이라는 면에서 지각적 감상을 권장한다.
	수동적 감상	부수적인 목적을 수반하지 않고 들리는 대로 받아들이는 감상이다.
	감각적 감상	음악의 미를 감각적으로 즐기는 감상이다.
	정서적 감상	음악의 분위기와 함께 자신의 반응에 비중을 두는 감상이다.
	지각적 감상	음악이 어떠한 구조로 이루어지는지와 해당 구성요소를 감지하고 이해할 수 있는 판단력을 갖춘 감상이다.
길애경, 임미경	감각적 감상	• 특별한 훈련 없이 음악을 즐기는 것으로, 소리가 존재하는 환경을 즐기는 형태이다. – 음악 감상을 통하여 흥분했을 때의 마음을 가라앉히고 기분이 언짢을 때 분위기를 전환한다. ⑩ 놀이, 작업 휴식, 간식 먹기와 같이 다른 일을 할 때 음악을 듣는 간접 감상
	연합적 감상	• 자기의 경험에 비추어 이야기의 줄거리나 전개되는 상황 등의 비음악적인 무엇인가와 연합되어 음악이 불러일으키는 분위기를 연상하며 듣는 것이다. – 음악을 듣는 동안 그림이나 이야기의 줄거리 등 음악 외적인 내용을 상상하는 연상적 감상이다.

비판적 감상	• 음악을 듣고 연주에 대해 좋고 나쁜 것과 고칠 것이 있는지 또는 곡의 해석이 정확한지를 결정하거나, 곡을 감상하기 전에 작품에 대한 정보를 아는 것이다. - 연주를 듣고 그 질을 결정하는 감상 유형이다. • **단점** - 너무 어린 유아에게는 상상력을 저해하고 싫증나게 할 수도 있다.
심미적 감상	• 음악적인 정보와 의미를 이끌어 내는 방법으로 음악적 정보를 처리하고 그 정보로부터 의미를 찾아낼 수 있는 감상 유형이다. • **교사의 역할** - 음악의 특징이나 본질을 파악하여 음악 감상의 분위기를 훼손하지 않으면서도 유아가 심미적으로 음악의 구조를 알 수 있도록 지도하는 것이 중요하다.
Bresler(2004), Piccioni(2003)	**① 감상 경험이 적은 유아에게는 먼저 음악을 듣는 것이 즐거워야 한다.** • 음악적 흥미가 발달되지 않은 유아는 음악 감상이 즐거운 상상의 세계로 연결될 수 있어야 하며, 또한 일상생활 가운데에서의 구체적인 흥미나 놀이, 음에 대한 흥미가 음악 감상의 경험과 통합되도록 해야 한다. • 유아 주도적인 음악 감상 환경을 제공하려면 흥미 있는 이야기나 인물을 상상시키는 음악, 일상생활의 소리와 연관된 구체적인 음악, 놀이를 수반한 음악, 아름다운 음색과 경쾌한 리듬에 의한 음악을 사용해야 한다. - 이와 같은 음악을 통해서 유아는 음악곡에 몰입하여 감상을 하는 가운데 선율, 리듬, 음색 등에 대한 기본적인 이해를 경험하게 된다. **② 음악 이외의 흥미를 떠나 음악 구성에 대한 기본적인 이해를 수반하는 단계이다.** • 음악 감상 교육에서 강조되는 부분이 이 단계라고 할 수 있는데, 음악의 기본적인 구성요소인 리듬·선율·화성·음색에 대한 이해부터 형식·양식 등에 이르기까지 광범위한 이해의 단계가 포함된다. • 이 단계에서는 음악적 기본요소들이 간결하게 표현된 예술적 악곡이 교재로 선정될 수 있다. **③ 음악적 이해 능력을 체득하는 단계이다.** • 악곡에 대한 종합적인 분석이 가능하며, 악곡의 양식, 작곡자, 음악적 특성 및 통합적 이해와 감상이 형성되는 단계를 말한다. • 이 단계에서는 감상의 향수를 풍부하게 하기 위한 약간의 지식 외에는 교사의 지도가 그다지 필요하지 않으며, 교사의 역할은 유아의 이해를 풍부하게 해 줄 수 있는 악곡을 선택하고 기회를 설정하는 것이다.

UNIT 04 음악 감상 교육

1 기본 관점

음악 감상 (듣기) 경험의 의의	• 음악 감상은 음악의 예술적 내용에 민감하게 반응하는 능력을 바탕으로(Mursell, 1986), 음악의 구성요소 및 개념에 대한 이해를 통해 음악 작품에 내재된 아름다움과 의미를 발견하고 감지하여 예술로서 음악의 본질적 특성을 통찰하는 것이다.
	• 청각은 인간의 다섯 가지 감각 중 가장 먼저 발달한다.
	• 듣기(감상)는 소리의 차이나 악기의 음색을 구별하는 것부터 두 개의 프레이즈가 서로 같고 다른지의 청각적 구별력까지 다양한 경험을 포함하며, 음악 듣기를 통해 감정적 변화를 느끼기도 하고, 소리 구별이나 인식 등의 음악 인지가 발달하기도 한다.
	• 모든 음악활동은 청각과 연관되기 때문에 듣는 기술은 음악성 발달의 핵심이며, 음악 감상(music appreciation)이란 라틴어 Appretio에서 유래된 말로 예술작품을 음미하고 그 미적 내용을 즐기며 이해하는 체험을 가리킨다.
	  – 우리말에서는 '듣다'로 표현하지만, 영어 'hearing'과 'listening'의 차이처럼 음악 감상, 즉 음악을 듣는 경험이라고 할 때는 막연히 들리는 소리를 듣는 것보다는 내적 요소에 대한 분석적 반응이 일어나는 '청취하다'라는 의미와 연결된다.
	  – 음악 감상은 귀를 통해 음악 소리의 자극을 받아들이는 것처럼 단순히 듣거나 저절로 의식하는 소리(hearing)가 아니라, 소리를 듣는 것을 포함하여 음악에 주의를 집중해 들으며 감정을 느끼고 음악적 요소, 구조 등에 대한 분석적인 반응으로 주의 집중하는 행위(listening)를 필요로 한다. 영유아가 즐거움과 호기심을 가지고 집중하여 음악을 감상함으로써 음악적 구성요소를 탐색하며 음악에 대한 느낌을 이해하고 표현하는 미적 경험으로의 음악 감상은 음악성 발달을 도모하게 한다.
	  – 따라서 영유아기에는 음악을 듣고 사색한다거나 악곡의 아름다움을 간직하는 차원보다는 좀 더 활동적이고 능동적으로 음악을 감상하고, 거기에서 오는 느낌과 생각을 즐겁게 표현하는 것이 중요하다. 음악적 호기심을 자극할 수 있는 음악환경의 제공을 통해 영유아들이 자발적으로 음악을 듣고 음악적 요소를 탐색하는 활동이 되도록 함으로써, 아름다운 음악세계를 영유아들의 내면에 충족시키고 그들의 삶 전체에 의미 있는 경험으로 연결해 주어야 한다.
	• 듣기는 인간이 음악과 상호작용할 수 있는 여러 가지 방법 중에서 가장 자주 사용할 수 있는 것이다. 어릴 때부터 다양한 장르의 음악을 경험한 사람은 일생 동안 여러 음악에 대해 개방적인 태도를 보이며, 폭넓은 장르의 음악을 즐길 수 있다.
	  – 유아는 생활 경험과 유아교육기관에서의 하루 일과를 통해 다양한 형태로 음악을 듣게 되는데, 음악 듣기는 적극적 듣기(active listening)와 소극적 듣기(passive listening)로 나눌 수 있다.
	    ① 적극적 듣기는 음악의 반복과 대조, 음색의 창의적 사용, 셈여림 변화를 통한 음악 유형 등의 패턴과 같은 음악적 사건에 집중하여 듣는 것을 의미하며, '능동적 듣기, 참여적 듣기, 주의 깊게 듣기'로 표현되기도 한다.
	    ② 소극적 듣기는 낮잠을 잘 때 틀어 주는 배경음악을 듣되, 음악에 참여하지 않는 것을 의미한다(Campbell & Kassner, 2010).

	머셀	심미적 음악교육의 중요성과 함께 바람직한 감상학습 지도, 음악적 반응의 중요성을 강조하였다.
음악 감상 학습의 견해	리머	심미적 음악교육에서 미적 지각과 미적 반응의 상호작용으로 미적 감수성이 발달한다는 주장을 통해 감상 교육에서 미적 반응, 즉 음악적 반응의 중요성을 강조하였다.
	보드만	• 음악 감상 수업에서의 청취 활동은 수동적이 아닌 적극적인 경험이어야 한다는 점에서 '듣다'라는 용어보다 '서술하다'라는 용어가 적절하다고 하였으며, 여기서 음악 '서술하기'는 음악을 청취하고 적극적으로 반응하는 것을 의미한다. – 개념 습득을 위한 음악활동의 하나에 해당하는 음악 서술하기에는 움직임으로 반응하기, 시각화 및 언어화로 반응하기 등이 있으며, 이를 위한 표현방식으로 동작적 양식, 영상적 양식, 상징적 양식의 3가지 방식을 강조한다.
음악 감상 학습의 목적		• 음악작품의 청취를 통해 음악을 이해하고 음악적으로 성장하게 하는 것이다. • 음악의 표현적 요소와 음 현상에 대한 감지력, 민감한 반응력을 키워 감수성을 기르는 것이며, 이는 궁극적으로 음악에 대한 심미적 감수성을 성장시키는 것을 의미한다. • 유아의 세계에서 유아가 음악을 통해 즐거움을 느끼고 그 느낌을 표현하게 하는 것은, 유아로 하여금 음악개념을 즐거움의 근원으로 기억하게 만들기 때문에 중요하다.

2 감상곡 선정기준

감상곡 선정기준 (고려 및 유의점)	• 예술성이 살아 있는 아름다운 곡, 영유아의 연령과 발달단계에 적합하고 영유아의 상상력을 자극하는 감상곡을 선정한다. • 유아의 음악 감상을 위한 곡은 장르, 곡의 길이 및 내용, 음악적 개념 등을 고려하여 선택하는 것이 좋으며, 유아의 경험과 흥미를 반영해야 한다. • 다양한 형태와 양식의 음악을 듣는 것은 유아의 듣기능력 발달 및 음악에 대한 흥미, 선호의 증진에 매우 유익하다.
	• 영유아의 감흥과 정서를 표현할 수 있는 감상곡을 선택한다. • 감상곡의 음악적 특징 요소가 영유아의 음악적 발달 수준과 경험에 맞도록 선택한다. • 감상곡은 친숙한 곡에서 생소한 곡으로, 단순한 곡에서 복잡한 곡으로 선택한다. • 감상곡이 정해지면 다양한 연주자들(또는 팀)의 음악을 들어보고, 예술성과 음질 좋은 감상곡으로 선택한다. • 이미 감상한 곡이라도 연주 기법(음색, 빠르기 등)이 다른 곡을 찾아 이전 경험과 비교할 수 있는 감상곡을 선정한다. – 같은 곡이라도 특색 있는 악기로 변화 있게 연주된 곡을 들려주는 것도 좋으며, 자연의 소리와 환경에 따라 변하는 다양한 사람의 목소리나 여러 가지의 악기소리를 들려줄 수도 있다. • 유아에게 음악을 들려주기 전에 음악을 듣고 싶다는 동기유발이 되도록 한다. • 음질이 깨끗한 곡을 들려주는 것이 중요하며, 녹음된 음악뿐만 아니라 생동감 있는 실제 연주를 감상할 기회를 갖도록 계획한다.

MEMO

- 영유아의 흥미와 발달단계, 내적 욕구에 맞는 곡을 선정한다.
- 흥미와 호기심을 갖고 주의 집중하여 들을 수 있는 곡으로 선정하되, 시각적 교수매체가 체계적으로 준비될 수 있는 곡을 선택한다.
- 다양한 음악 종류와 연주 형태를 들려주도록 한다.
  ① 다양한 장르의 음악(다양한 음악적 소재를 활용한 곡)을 감상한다.
    - 이야기가 있는 곡 : Prokofiev의 <피터와 늑대>이야기를 통해 오케스트라의 악기를 소개할 수 있고, 들었던 내용을 극화할 수 있다.
    - 성악곡 : 교통기관, 게임, 동물, 이웃, 아동의 감정과 관련된 곡 등 교육과정의 주제와 관련된 곡을 선정하는 것이 좋다.
    - 고전음악 : 어린 시기에 고전음악을 들은 아동들은 다른 음악보다 고전음악을 더욱 즐기게 된다.
    - 우리나라 음악 : 독특한 우리나라의 리듬 및 다양한 음색의 악기소리를 들을 수 있다. 아쟁, 대금, 피리, 가야금, 단소 독주나 산조 등과 함께 사물놀이, 농악, 민요, 시조, 무속음악, 판소리, 제례악, 취타 등을 다양하게 경험하도록 한다.
    - 재즈 : 유아의 움직임에 매우 바람직하다.
    - 유아 자신이나 가족이 연주한 음악, 유아 자신이나 가족이 좋아하며 듣는 음악 : 이러한 음악을 가정에서 학교로 가져올 수 있다.
    - 동요, 어린이 만화나 영화음악 : 주제별로 모아 편집하여도 좋다.
    - 행사음악, 종교음악, 다른 나라의 전통음악, 현대음악
      : 올림픽에서의 아이스 스케이팅이나 기구(공, 리본, 곤봉 등) 표현 등 스포츠 경연의 연기는 유아들도 흥미 있어 하며, 유아의 주의 집중에 바람직하다.
      : 자기 나라의 전통음악을 배경음악으로 사용하는 경우도 많아 쉽게 다른 나라의 전통음악을 접할 수 있다.
      : 처음에는 음악과 연기를 함께 보고 듣다가 음악의 볼륨을 아주 줄이고 연기만 보거나, 음악만을 듣고 TV 화면을 가리는 등의 변화를 주면 좀 더 음악에 대해 인식할 수 있을 것이다.
  ② 현악기, 관악기, 타악기, 멜로디 악기, 각 나라의 전통악기 등 연주방식이 다양한 음악(다양한 악기 연주곡)을 감상한다.
    - 악기 연주곡은 짧고 경쾌한 곡, 주제가 있는 곡 등을 선정하며, 한 가지 또는 두 가지 악기만을 사용해 연주된 곡 혹은 오케스트라 등과 같이 함께 연주된 곡을 다양하게 경험하도록 한다.
  ③ 빠른 곡과 느린 곡, 무거운 느낌의 곡과 경쾌한 곡 등 음악의 구성이 다양한 곡을 감상한다.
- 음악의 구성요소 및 개념이 명확히 드러나는 곡을 선택하되, 가장 뚜렷한 요소 및 개념을 1~2개 정하여 개념 활동을 계획한다.
  - 음악적 요소의 대비가 분명하고, 멜로디가 정확하며, 명확한 박자와 리듬, 강약이 있는 곡을 선정한다.
  - 음과 리듬의 구조를 무의식적으로 알게 하여 음악활동의 기초적 역할을 할 수 있도록 리듬이 중시된 곡을 듣기활동 곡으로 선정한다.
- 곡의 성격을 파악한 다음, 먼저 중요한 측면에 주의를 집중하여 듣고, 점차 범위를 넓혀 듣도록 계획한다.

• 지루하지 않도록 짧게 들려주며, 다양한 매체를 활용한다.
 - 음악의 길이는 2~3분 이상 지속되지 않도록 하여, 유아가 감상하기에 간결하고 짧은 형식의 적절한 곡 길이를 선택한다.
• 감상할 곡을 여러 번 반복하여 들으며 다양한 방법으로 표현해 볼 수 있도록 한다.
 - 특색이 있는 음악의 느낌을 영유아가 이야기, 그림, 신체, 악기 등으로 표현할 수 있는 감상곡을 선정한다.

3 음악 감상 지도방법

> 음악 감상은 직접 감상과 간접 감상이 있는데, 직접 감상은 음악 감상 위주로 구성된 계획적인 수업을 의미하며, 간접 감상은 놀이 시간, 휴식·낮잠 시간, 간식 및 식사 시간 등에 배경음악으로 들려주는 것을 의미한다.

(I) 음악 감상 진행과정

도입	감상할 곡과 관련된 자료를 제시하며 음악에 대한 이야기를 나눈다.
전개	• 감상곡을 듣는다. • 음악을 들은 느낌에 대해 이야기 나눈다. • 준비한 시각적 자료와 함께 음악을 감상한다. 　- 음악의 내용을 그림 자료나 움직이는 입체 자료로 제시하거나, 음악에서 사용되는 악기의 사진을 활용해 음악에 대한 이해를 돕고, 음악을 시각화한 동영상 자료를 활용할 수도 있다. • 음악 감상의 느낌을 다양한 방법으로 표현한다. 　- 움직임을 통해 음악의 느낌을 나타낼 수 있고, 음악을 들으면서 신체를 움직이거나 다양한 소품(리본 막대, 스카프 등)으로 음악의 느낌을 표현한다. 　- 미술활동으로 음악의 느낌을 표현할 수 있다. 　- 음악을 듣고 느낀 점을 그림으로 표현하거나, 음악을 들으면서 이젤에 큰 붓으로 물감 칠하기, 찰흙을 두드리기, 핑거페인팅 활동 등을 할 수 있다.
마무리	• 활동에 대한 생각과 느낌을 이야기 나눈다. • 사용했던 교수자료와 음악을 자유놀이시간에 제공하여 유아가 개별적으로 감상활동을 즐기도록 한다.

(2) 교사의 역할

MEMO

듣기교육에 대한 연구 및 확신	• 교사의 음악 듣기교육에 대한 연구 및 확신이 필요하다.
	  - 유아에게 충분히 즐거움을 주고 흥미로우며, 기대한 만큼 만족감을 부여할 수 있는 소재를 선택하기 위해 교사는 음악의 소재를 연구해야 한다.
	  - 음악 듣기교육이 어렵더라도 유아에게 좋은 영향을 준다는 것을 확신하고, 유아가 끝까지 음악을 들을 수 있는 방법이 무엇인지 연구해야 한다.

감상할 곡에 대한 교사의 충분한 이해	• 감상할 곡의 작곡가, 곡의 배경, 곡과 관련된 이야기 등에 대해서 알고 있으면 곡을 이해하는 데 도움이 된다. • 음악 감상활동을 하기 전에 교사는 충분히 곡을 들어 보고 익숙해져야 하며, 분위기, 연주되는 악기, 음악의 구성요소 등에 대해 충분히 이해하여 감상활동의 방법을 정할 때 충분히 이를 고려하도록 한다. • 유아들이 흥미를 갖고 음악을 감상할 수 있는 효과적인 방법을 계획하기 위해서는 곡의 특성을 잘 파악하도록 한다.
적극적 참여 격려	• 음악적 개념이나 음악 기술을 정확하게 가르치고자 하기보다는 즐거운 소리에 노출시켜 유아의 자발적 탐색이나 소리·음악 만들기 활동에 적극 참여하도록 격려하는 것이 우선되어야 한다. - 유능한 교사는 유아에게 음악활동을 가르치기보다는 유아와 함께 놀이하며 그 음악적 개념을 경험하도록 하는 교사이다.
매일의 일과 속 다양한 참여 기회 제공	• 음악활동은 매일의 일과에서 계획되어야 하며, 다양한 참여의 기회가 제공되어야 한다. • 음악개념 간의 통합은 물론 교과영역 간의 통합 및 주제와 흥미 영역 활동 간의 통합 속에서 음악활동이 실시되어야 한다.

허용적 분위기 조성	• 유아의 느낌이나 생각을 자유롭게 표현하는 허용적 분위기가 조성되어야 한다.
	  - 자신의 상상과 느낌을 매우 즉각적으로 표현하는 허용된 분위기에서 유아들의 폭넓은 감정과 음악적 시도의 다양성을 이끌어 내어야 한다.
	  - 유아들이 자유롭게 탐색할 수 있는 음악적으로 풍부한 환경의 제공이 중요하다.
	  - 놀이를 통해 음악활동을 계획하고 놀이 속에서 음악활동의 주제가 진행될 수 있도록 한다.

교사와 유아의 상호작용
(Andress, 1991)
	• 교사와 유아의 상호작용은 음악활동 시 매우 중요한 요소이다.
	• 가장 좋은 상호작용 방법은 모델링, 행동의 기술, 그리고 행동 제시의 세 가지 방법을 모두 혼합하여 사용하는 것이다.
	
	  모델링 방법 : 음악을 사랑하고 유아가 느낀 점에 대해 창의적 표현으로 발산하는 것을 가치롭게 여기는 교사의 태도를 모델링하는 것이다.
	  유아 행동의 기술 : 아동이 지금 하고 있는 움직임을 교사가 언어로 기술하고 명명해주는 것으로, 아동의 음악적 개념 형성과 자유로운 표현 산출에 도움을 준다.
	  유아의 행동 제시 : 유아의 반응을 끌어내기 위해 사용하는 방법으로, 제시는 유아로 하여금 새로운 음악적 정보를 이전의 경험과 관련짓도록 하지만, 교사의 지나친 제시는 유아의 상상력과 시도를 제지하기 때문에 주의해야 한다.

균형 있고 체계적인 계획	각 아동의 생활 환경적 특성 및 연령적·개별적 발달을 고려하여 음악적 경험을 연간 및 월간 계획에 균형 있고 체계적으로 포함하여야 한다.

어린 연령의 유아음악 감상	유아의 연령이 어릴수록 대집단보다는 소집단으로 구성하고, 실외놀이를 최대한 이용하여 활동을 계획한다.
교사의 음악적 태도	• 교사 자신이 음악을 선호하고 즐기며, 자유로운 표현을 가치 있게 여기는 사람이어야 한다. ㅡ 가장 중요한 교사의 태도는 음악에 대한 흥미와 열정이며, 이러한 교사의 태도는 유아가 음악에 적극적으로 참여할 수 있는 중요한 계기가 된다.

주의 집중 전략	• 교사는 유아의 주의를 끌 수 있는 다양한 전략을 사용할 수 있어야 한다.
	  ㅡ 만 3~5세 유아는 녹음된 음악을 오랜 시간 동안 주의 집중하며 들을 수 없다.
	  ㅡ 교사의 정서 표현과 음악적 특성에 따라 손을 움직이는 등의 적극적 참여는 유아의 주의 집중에 효과적이다.

곡의 길이	• 유아의 집중 시간은 길지 않기 때문에 3~4분 정도 길이의 곡이 적절하다.
	  ㅡ 일반적으로 클래식 곡은 전체 길이가 길기 때문에 일부분을 편집하여 들려주도록 한다.
	  ㅡ 각 곡들 중 소나타, 협주곡, 교향곡 등 대부분의 절대음악은 2개 이상의 악장으로 구성되어 있으며, 각 악장 간에는 서로 주제를 통해 연결되어 있으나 리듬이나 빠르기, 조성 등이 다르게 구성되어 있어 독립된 곡처럼 느껴지기도 한다. 따라서 유아들과 함께 2악장으로 구성된 클래식 곡을 감상하고자 할 때에는 한 악장만 골라서 감상하는 것이 효과적이다.

(3) 음악 감상 지도방법(LeBlance, 1987)

음악 선정	• 다양한 속성을 지닌 음악을 선택하되, 음악의 물리적 속성이 극단적인 특성을 지닌 것보다 중간적 특성의 음악을 택하여 들려준다. • 유아의 듣기 수준에 적절한 음악을 선정하는 것이 좋다. • 적절한 수준을 결정하기 어려울 때에는 짐작하고 있는 수준보다 좀 더 복잡한 음악과 약간 덜 복잡한 음악의 예시들을 제공함으로써 수준을 맞추어 본다.

좋은 음질의
우수한 음악
	• 유아의 청각적 민감성에 신경을 쓰고, 가장 최상의 질로 연주된 우수한 음악을 들려준다.
	  ㅡ 매우 좋은 음질로 녹음된 곡과 음향기기를 사용하며, 시끄러운 소음에 유아가 오래 노출되지 않도록 한다.
	• 유아의 청각은 예민하므로 질 좋은 음악을 제공한다.
	  ㅡ 이를 위해서는 음반이나 오디오, 스피커의 상태도 고려되어야 하지만, 최상의 연주자가 연주한 음악을 선택하는 것도 포함된다.

지속적 감상의 기회 제공	• 음악을 지속적으로 들을 수 있는 기회를 제공한다. ㅡ 유아가 좋아할 종류의 음악을 지속적으로 틀어주는 라디오나 TV 등 대중매체를 통해 음악을 듣도록 기회를 부여한다.

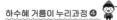

MEMO

유아의 신체리듬과 감정 반영	• 유아의 신체리듬 및 감정 상태를 반영하여 음악 감상활동을 진행한다. 　− 유아가 주의 집중을 하고 있는 때에 맞추어 지지하는 것이 필요하다. 　− 아무리 좋은 음악이 있다 해도 유아가 졸린 상태이고 음악에 주의 집중하고 있지 않다면 음악 감상활동이 어렵다. 　− 유아의 기분과 일치하는 음악경험을 제공하려고 노력해야 한다. 　− 음악을 반복하여 들려줄 때 유아가 싫증내기 시작하면 바로 중지해야 한다.
다양한 음악 유형 제시	• 교사가 가치 있다고 생각하는 음악 유형을 제시하기 위해 CD나 음원 등을 들려주고, 음악적 이해를 돕기 위해 그림이 있는 음악 잡지 등을 구독하는 것도 바람직하다. • 지역이나 대중매체에서 볼 수 있는 유명한 음악가들에 대해 설명해 주고 관심을 기울이도록 한다.
교사의 음악적 태도 모델링	선호하는 음악을 교사 자신이 적극적으로 즐기고 있음을 언어적, 비언어적으로 유아에게 보여주는 것도 매우 중요하다.
음악 감상 활동의 구체적인 방법	• 음악 감상곡은 짧고 묘사적이며, 유아에게 친숙한 이야기가 존재하고, 생동감 있는 예술적인 곡을 선정해야 한다. • 유아가 악기 연주나 노래를 직접 들으면 이에 대한 이해가 높아지고, 나아가 자신이 직접 들었던 악기 연주를 녹음으로 들었을 경우 큰 흥미를 나타낸다. 따라서 지역사회의 자원들을 이용하여 직접 연주를 듣는 기회를 갖도록 한다. 　− 이때 가능하다면 유아가 알고 있는 동요를 간단히 연주해 주거나, 연주자에게 악기의 연주 방법 또는 소리를 높고 낮게 내는 방법 등을 질문하는 기회를 마련하는 것이 좋다. • 유아교육기관에서는 정해진 시간이나 활동 시간에만 음악을 듣는 것이 아니라 일과를 통해 골고루 들려준다. • 음악을 듣는 환경은 비형식적이고 완화된 분위기일 때 가장 의미 있는 감상 경험이 될 수 있다. 교사는 언어적・비언어적・환경적으로 편안하고 안락한 분위기를 형성하도록 노력한다. • 유아가 다른 영역이나 실외에서 자발적으로 부르는 음악의 종류를 주의 깊게 관찰하였다가 그것을 듣기활동의 시작점으로 이용하는 것이 좋다. • 교사 자신이 다양한 종류의 음악을 듣고, 유아들과 함께 음악에 관한 이야기를 나눌 수 있어야 한다. • 개인이나 집단 활동으로 부른 노래나 교사・부모의 악기 연주 등을 녹음하였다가 들려주면 유아가 더욱 흥미로워하며, 녹음된 파일에서 자신이나 친구의 목소리를 구별하려고 더욱 집중하여 듣기 때문에 청각적 변별력이 발달한다. 　− 이때 녹음된 파일을 듣기 원할 경우 언제나 들을 수 있도록 듣기 영역을 마련하고, 노래나 소리 테이프와 함께 볼 수 있는 그림책이 있으면 더욱 바람직하다. • 시청각 자료와 함께 그에 맞는 곡을 감상하는 것도 유아의 듣기 집중력을 향상시킬 수 있는 방법이다. • 다양한 곡을 듣고 난 후 여러 형태로 표현하도록 연결된 활동을 마련하고, 통합적 활동방법을 계획한다.

참고

유아를 위한 감상곡 선정기준 : 감상곡 특징에 따른 분류

유아를 위한 감상곡으로 기악곡을 선택할 때 어떤 곡이든 선택할 수 있지만, '절대음악'보다는 '묘사음악'이나 '표제음악'으로 접근하는 것이 보다 효과적이다.

절대음악 (absolute music)	• 순수한 예술성을 목표로 작곡된 기악음악으로서 음악 이외의 사상이나 예술을 표현·묘사하지 않는 음악이다. – 기분과 감정을 나타내지 않으며, 음악 이외의 사상을 표현하지 않는다. – 대부분의 교향곡, 소나타, 협주곡 등은 절대음악이며, 음의 구성 면에 더욱 집중하는 음악이라고 할 수 있다.
표제음악 (programme music)	• 제목과 줄거리에서 곡의 내용을 알 수 있고, 문학적·회화적·극적 내용을 지니는 음악이다. 음악에 미리 제목을 정하여 작곡을 하거나, 작곡된 곡에 제목을 붙여 놓아 제목만으로 그 곡의 내용을 어느 정도 추측할 수 있다. – 고전 작곡가들의 흥미 있는 이야기나 인물 혹은 동물을 상상시키는 표제음악(예 피터와 늑대, 호두까기 인형, 동물의 사육제 등)은 제목이나 소재가 명확한 곡으로 영유아에게 곡에 대한 이해를 돕고 호기심을 이끌 수 있는 장점이 있으나, 아이들의 무한한 상상력과 표현을 제한하는 단점도 있다. 예 비발디의 '사계', 베토벤 교향곡 제5번은 순수음악으로서 갖는 작품 번호이나, '운명 교향곡'은 표제음악의 성격을 갖고 있는 것이다.
묘사음악 (描寫音樂)	• 곡 중에 어떤 사물이나 장면을 묘사하거나 외계의 사물과 어울리는 특정한 음악 형태를 가지고 구체적으로 묘사하려고 하는 음악으로 표제음악의 하나이다. – 감상자가 장면의 정경을 연상하기 쉬워 음악에 대한 흥미가 깊어지게 할 수 있다. – 계절의 변천, 전원의 풍경소리(예 시냇물의 흐느낌, 메아리 등), 다양한 교통기관의 소리, 동물 소리, 폭풍우 소리 등을 모방하고 있는 것들이 많다(예 요나슨의 '뻐꾹 왈츠', 아일렌베르크의 '숲속의 물레방아').

4 다양한 음악 감상활동방법

• 유아는 음악을 들으며 그 속에 있는 여러 가지 음악요소와 개념을 인식하고, 음악의 재미와 즐거움을 느껴야 한다.
  – 유아들의 발달단계를 고려하여 흥미를 느끼면서 집중할 수 있는 음악 감상방법을 활용해야 한다.
• 음악적 활동은 지각력 발달을 가져오며, 지각은 감각의 자극 없이는 그 기능이 작용하지 않는다. 따라서 영유아를 위한 감각적 청취 단계의 음악 감상은 놀이 위주로 즐겁고 흥미 있게 진행되어야 하며, 리듬, 선율, 음색에 대한 기본적인 감각적 이해를 통해 음악적 흥미로 발전해 갈 수 있도록 자연스럽게 지도한다.
  – 이때 음악 이외의 이야기, 신체적 표현, 놀이, 그림 등 다른 영역과 같이 연계해 학습할 것을 제안하는데, 다양한 활동방법으로 음악 감상을 경험하는 과정은 비로소 영유아가 음악적 요소를 인지하고 이해하며 아름다움을 느끼고, 아울러 음악이 지닌 정서 등을 즐기는 심미적 감상으로 나아가는 토대를 만들게 되는 것이다.

① 음악개념에 기초한 감상활동방법	음악적 개념이 분명하게 드러난 감상곡을 선택하는 것이 중요하며, 해당 음악적 개념을 중심으로 음악 감상활동을 진행한다.
② 시각매체를 활용한 음악 감상 지도방법	• 시각매체를 활용한 음악 감상 지도방법 : 영유아가 음악을 주의 깊게 듣고 집중하여 음악의 내용을 이해할 수 있도록 감상곡과 관련된 감각적 인식(시각, 청각, 촉각) 중 시각 교수매체의 준비는 매우 중요하다. 감상곡의 특징에 따라 교구나 소품을 준비하여 영유아의 흥미와 참여를 이끌어낼 수 있도록 한다. • 영상매체를 통한 음악 감상 : 동영상, 컴퓨터, 스크린 등을 활용한 음악 감상으로서 음악과 움직이는 영상을 통해 생동감 있는 음악 감상을 경험한다.
③ 동화(음악동화, 스토리텔링)를 활용한 음악 감상 지도방법	• 들리기만 하는 추상적인 형태의 음악에 시각적인 동화를 함께 결합해 줌으로써 음악에 더 몰입하고 흥미를 가질 수 있다. • 동화를 활용한 음악 감상활동은 이야기와 함께 음악을 감상하는 방법으로 이는 유아의 흥미와 호기심을 유발하고 상상력을 자극해 준다. 또한 유아가 감상하는 음악의 내용과 작곡가가 말하고자 하는 내용을 쉽게 이해함으로 유아가 음악에 더 가까이 다가가고 반응할 수 있게 한다. 음악 감상에 활용할 수 있는 동화에는 3가지가 있다. ㉠ 동화작가가 기존에 작곡된 음악을 소재로 이야기를 만든 동화이다. 　－ 이는 유아가 클래식 음악을 이해하도록 돕거나 클래식 음악에 친숙해지는 것을 목표로 하여 만들어진 작품으로, 음악을 작곡한 작곡가의 생애, 음악이 작곡된 배경, 음악의 줄거리 등이 소재로 만들어진다. 　예 생상스의 '동물의 사육제'는 동화 작가들이 좋아하는 소재로, 이 곡에 등장하는 동물들이 축제를 벌이는 것을 내용으로 하는 동화가 많이 있다. ㉡ 작곡가가 기존의 이야기에 동화적 요소를 포함하여 작곡한 음악동화이다. 　－ 이는 작곡가가 음악을 만들 때 대상을 유아나 아동에게 맞추어 그들이 음악에 친숙한 감정을 가지고 감상할 수 있도록 만들어진 음악동화이다. 　예 프로코피에프의 '피터와 늑대'를 예로 들 수 있다. ㉢ 음악적인 소재나 내용과는 상관이 없는 동화이다. 　－ 동화의 내용과 비슷한 분위기의 음악을 배경음악으로 선택하여, 동화를 읽어줄 때 음악을 사용하면서 동화와 음악을 접목시킬 수 있다. 　－ 교사는 동화를 읽어준 후 이와 관련된 음악을 듣는 것에서 끝나는 것이 아니라 다양한 활동을 전개해 본다. 음악을 듣고 관련 있는 그림 그리기, 동화의 내용에서 리듬적인 요소를 찾아보고 말리듬이나 몸으로 리듬을 만들기, 무언극으로 표현하기, 동극하기, 주인공 되어보기, 동시로 표현하기, 즉흥연주 등 다양한 활동을 해 볼 수 있다.

④ 신체표현 (신체동작)을 활용한 음악 감상 지도방법	• 유아는 음악을 듣고 그 흐름을 신체로 표현하는 능력을 지니고 있다. 교사는 신체적으로 음악적인 리듬감을 타고난 유아들이 음악을 느끼며 몸을 움직이거나 음악의 느낌을 신체를 활용해 적극적으로 표현할 수 있도록 도와주어야 하며, 이를 음악 감상에 활용할 수 있다. – 음악 감상을 하면서 음악에 맞춰 이동 동작과 비이동 동작을 할 수 있다. – 소도구를 이용하여 음악을 느껴보는 활동도 할 수 있으며, 교사는 신체와 소도구를 활용하여 음악 감상을 하면서 셈여림, 빠르기, 리듬, 선율의 흐름 등 음악적인 개념을 표현하도록 유아를 도와주어야 한다. • 음악의 특징에 따라 걷기, 달리기, 점프하기 등을 하도록 이끌고, 손을 높이 들어 가락의 윤곽을 그리면서 노래를 부르고 춤을 추듯이 몸 전체로 활동한다. 추상적인 음악을 구체적인 동작으로 표현함으로써 음악적 요소를 쉽게 인식하고, 상상하는 것을 몸으로 표현할 수 있다.
⑤ 말리듬(음악요소)을 활용한 음악 감상 지도방법	• 청각적인 요소를 바탕으로 이루어지는 음악 감상과 상징적인 매체인 말리듬의 활용이 통합적 접근의 매체로서 영유아의 음악표현 능력을 향상시키는 효과적인 활동방법이다. • 주제 멜로디에 이야기가 있도록 함으로써 영유아가 음악에 더욱 집중하고 효율적으로 들을 수 있다.
⑥ 그림악보를 사용한 음악 감상 지도방법	• 그림악보란 음악의 분위기와 가사 내용을 그림으로 나타내 주는 동시에 음의 장단과 고저와 같은 음악적 개념 등을 그림으로 인식할 수 있도록 해주는 것이다. • **그림악보의 장점** – 그림악보에는 곡 전체의 윤곽이나 부분적인 구조가 그림을 통해 나타나 있어 악보를 읽지 못하는 유아들도 그림악보를 통해 감상곡의 흐름을 용이하게 파악할 수 있으며, 음악적인 개념도 쉽게 이해할 수 있다. – 그림과 함께 음악을 듣는 것이므로 흥미를 유발시킬 수 있으며, 집중 시간이 짧은 유아들이 좀 더 오랫동안 주의 집중할 수 있게 해준다. • **그림악보의 종류** (임미경, 1998) ㉠ 주제 그림악보(theme chart): 주제 그림악보는 감상곡의 주제 선율을 그림으로 제시해 놓은 것이다. – 제목이 상징하는 그림으로 주제 선율을 그려 넣는 악보이며, 제목이 있는 음악을 그림악보로 만들 때 사용하면 좋다. ◈ 그리그의 페르퀸트 조곡 중 '산의 마왕의 전당에서'

ⓛ **막대 악보(bar chart)**: 막대 악보란 감상곡의 주제 부분 전체를 막대 모양으로 그려 표현한 방법이다.
　– 주제 선율을 그림으로 표현하기는 어렵지만, 선율의 높낮이와 리듬이 명확하여 막대로 표현하기에 적당할 때 사용한다.
　– 주제 그림악보에 비해 선율의 흐름과 곡의 구조를 좀 더 쉽게 이해할 수 있다.

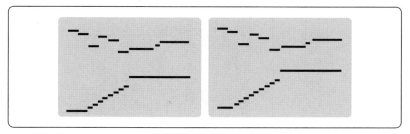

❧ **생상스의 동물의 사육제 중에서 '백조'**

ⓒ **감상 그림악보(listening map)**: 감상 그림악보는 감상곡 전체를 들리는 대로 그려 놓는 방법이다.
　– 음악의 특징을 살려 음악이 커질 때에는 그림을 크게, 소리가 길게 나오면 그림도 긴 모양으로, 소리가 낮으면 낮은 위치에, 음색이 바뀌면 그림의 모양도 바뀐다.
　– 이는 악보를 읽지 못하는 유아들도 그림악보를 보면서 음악의 음색 변화, 셈여림 변화, 선율의 흐름, 형식 등을 쉽게 이해할 수 있다.

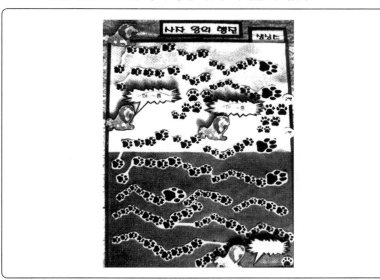

	② 번호 도표(call chart) : 번호 도표는 감상곡 전체를 몇 부분으로 나누어 각각 번호를 주고 그것에 음악적 특징(리듬, 선율, 형식, 셈여림)을 그림이나 악보로 표시하거나 음악 용어를 넣어 곡을 알기 쉽게 설명해 놓은 것을 말한다. 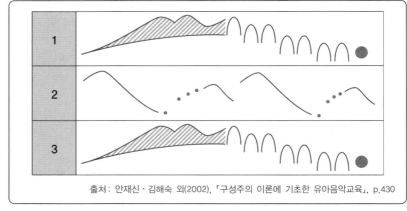 출처 : 안재신·김해숙 외(2002), 「구성주의 이론에 기초한 유아음악교육」, p.430 ◈ 모차르트의 '작은 별 주제에 의한 변주곡' 중에서
⑦ 통합적 감상활동하기	음악영역에서의 통합(소리 탐색+노래부르기+악기 연주 등), 예술영역에서의 통합(음악+동작+조형), 타 영역과의 통합(음악+조형+극화+수+과학)을 하나로 묶어 영유아의 전체적인 발달을 자극하고 전인적인 영유아를 기르고자 하는 영유아교육의 목적을 달성할 수 있다.
⑧ 음악놀이를 활용한 음악 감상 지도방법	감상곡 전체의 흐름을 파악한 후 놀이로 접근하여 감상을 시도한다.

5 음악 감상 표현방법

- 유아기의 감상은 음악을 듣고 사색을 한다거나 악곡의 아름다움을 간직하는 차원보다는 감상한 음악을 즐겁게 표현하도록 함으로써 유아로 하여금 음악 듣기의 정의에 단계적으로 접근시키는 것이 더 중요하다.
  - 즉 유아의 세계에서는 음악을 통해 즐거움을 느낄 수 있게 하는 것이 유아가 음악개념을 즐거움의 근원으로 기억하게 만들기 때문이다. 따라서 음악 듣기에서도 유아가 음악을 통하여 느끼는 즐거움을 표현하는 방법을 좀 더 구체적으로 제시할 필요가 있다.
- 영유아들은 음악적 잠재력을 가지고 있으며 다양한 표현방식을 사용한다. 따라서 음악을 감상하고 음악에 대한 느낌을 다양한 방법으로 표현하게 하였을 때, 영유아들의 음악 감상 능력이 향상되고 (Bressler, 2004) 음악을 내면화하여 표현하도록 하는 데 도움이 된다.

MEMO

① 그림으로 표현	• 음악을 들으면서 그 분위기나 느낌을 그림으로 그려보는 것으로, 이는 새로운 예술적 아이디어를 생각하고 상상력을 개발하는 데 도움을 준다. • 손가락 그림, 구체화, 추상화 등 감상곡에 대한 느낌을 이야기 나누고, 머릿속에 떠오르는 그림을 표현할 수 있도록 한다. 음악을 들으면서 느낌을 선, 도형 등 그림으로 표현한다.
② 언어적 표현	• 음악을 듣고 나서 이야기 나누기를 할 수 있도록 지도하고, 음악을 말로써 자연스럽게 표현하도록 한다. 　－ 음악 감상 시 발견한 음악 요소 및 자신의 느낌을 이야기 나눈다.
③ 신체적 표현	• 음악의 흐름에 따라 느낌을 표현하도록 한다. 　－ 감상곡에 맞춰 몸을 움직이는 것은 감각적 경험을 통하여 기본적인 음악적 개념을 습득하는 데 유용한 방법이다. 　－ 주제 음악에 맞춰 춤추기, 감상곡 속 대상의 모습 표현하기, 음악의 고정박으로 걷기・뛰기, 감상곡에 맞춰 상상하여 표현하기, 도구를 이용하여 신체표현하기 등이 있다.
④ 지휘로 표현	음악의 흐름에 따라 2, 3, 4박자로 표현해 본다.
⑤ 악기로 표현	감상곡에 맞춰 악기를 연주하는 방법으로 음악과 리듬, 프레이즈감을 습득하고, 가락의 흐름을 이해하며, 화음에 대한 관심이 높아지고 협력적인 태도를 기르게 된다. 또한 감상곡과 어울리는 악기를 선택하여 특정 부분 또는 일정한 리듬패턴으로 연주한다.
⑥ 극적 표현	음악 감상의 느낌을 영유아들의 언어로 동화를 만들어 연극할 수 있도록 한다. 짧으면서도 즐거운 내용이어야 한다.
⑦ 기억의 표현	짧은 감상곡으로 시작하여 곡의 리듬・선율의 특징을 포착해 들려준 다음 이를 기억하게 해준다. 이때 정적인 것보다 동적인 것이 기억하기 쉽다.
⑧ 공작으로 표현	상상한 음악의 내용을 가지고 인형극 상자나 TV상자를 통해 음악과 함께 놀이한다.
⑨ 주제 선율을 노래로 표현	감상곡의 주제 선율을 기억하여 노래로 표현하면서 자신의 악기인 목소리를 발전시킨다. 이때 가사를 만들어 즉흥연주로 표현한다.
⑩ 색(색카드)으로 표현 (Bressler, 2004)	음악의 흐름에 따라 다양한 색을 선택하여 표현한다.
⑪ 느낌으로 표현	• 언어(말)・표정이나 몸짓으로 나타내기, 느낌 카드・색 또는 색종이 고르기, 색카드 등 다양한 방법을 이용하여 표현할 수 있다. 　－ 특히 언어(말)로 느낌을 표현할 때에는 음악을 들을 때 생각나거나 마음에 가장 먼저 떠오르는 어휘 5개를 나열하도록 한다. 이러한 방법은 이후 음악에 대한 설명・분석・판단 시 참조가 되기 때문에 효과적일 수 있다.
⑫ 놀이로 표현	음악에 맞춰 다양한 음악적 놀이를 하는 것으로 음악 감상에 온전히 즐겁게 빠져들 수 있는 표현방법이다.
⑬ 표정 카드로 표현	다양한 표정 카드를 만들어 감상 시 사용한다.

유아음악교육의 영역 - 노래부르기

UNIT 05 노래부르기 능력의 발달

1 노래부르기의 발달

연령에 따른 영유아의 노래부르기 발달	유아의 음역	• 유아의 음역에는 유아가 소리를 질러서 최대한 낼 수 있는 음역과 편안하게 부를 수 있는 음역이 있으며, 유아의 연령이 높아질수록 사용할 수 있는 음역이 확대된다. - 유아의 음역은 오래전부터 연구되어 왔는데, 연구마다 또는 시대별로 차이가 나지만 공통적으로 제시하는 것은 유아의 중심 음은 성인보다 약간 높고 전체 음역은 좁다는 것이다. 그렇기 때문에 노래부르기 활동을 할 때 도(C)에서 시(B) 사이의 음역에서 부를 수 있는 곡을 선택하는 것이 좋다. 만 3세　　만 4세　　만 5세 노래하기 최대 음역 ◈ 유아의 연령별 음역
	① 출생~6개월	높낮이가 있는 옹알이를 하기 시작한다.
	② 6개월~만 1세	자신의 소리내기를 발견할 수 있고 음악적 소리를 만든다.
	③ 만 1~2세	• 불규칙한 리듬패턴으로 흥얼거린다. • 독립된 음정이 어려우며, 정확하지는 않지만 다른 사람의 소리를 모방한다.
	④ 만 2세	• 자발적으로 멜로디를 늘려 나간다. • 2도와 3도의 음정 간격을 보인다. • 노래의 독립된 음정을 부분적으로 모방한다.
	⑤ 만 3세	• 독립된 음정, 반복적인 리듬과 가락 패턴으로 자발적인 노래를 부른다. • 음정 간격이 약간 넓어진다. • 노래 전체를 부를 수 있고, 자신이 지어 부른 노래 외에 유아용 짧은 노래를 따라 부를 수 있다.

⑥ 만 4~5세	• 노래하는 소리와 말하는 소리의 차이를 발견한다. • 레(D)에서 라(A)까지 5음정의 음역에서 노래 부를 수 있다. • 주로 단3도가 많이 나오면서 4도를 동반한 곡이 많이 사용된다.
⑦ 만 5~6세	• 목소리를 안정적으로 낼 수 있고 조성의 감각이 안정적이어서 꽤 정확하게 노래를 부를 수 있다. • 성대의 발달과 다른 기능의 성숙으로 음역이 확장된다.

2 노래부르기 발달단계 — Greenberg(1979), Campbell & Scott-Kassner(2006)

1단계 초기 발성기 (소리내기) [출생~3개월]	• 영아기에 내는 목소리는 언어 및 가창의 기초가 된다. – 단순한 발성에 관계하는 근육의 긴장이 변함에 따라 생기는 소리를 내는 단계로 이 과정에서 노래부르기의 기초가 형성된다. 예 울음, 쿠잉 등은 다양한 높낮이, 음색, 리듬형식, 크기 면에서 음악적인 것이며, 생후 몇 주 되지 않은 영아들도 이러한 소리들을 조절할 수 있게 된다. • 이 시기의 보호자는 높낮이가 곁들여진 많은 음절을 들려줌으로써 소리내 보는 활동을 자극해야 한다.
2단계 목소리 실험과 소리 모방하기 [3개월~18개월]	• 3~4개월째 언어적 옹알이가 시작되고, 6~9개월 무렵에 다양한 높낮이로 말소리를 내는 '음악적 옹알이'가 나타난다. 12~15개월째가 되면서 영유아는 재잘거리는 말투로 노래를 부르게 되고, 18개월이 되면 노래할 준비를 갖추게 된다. – 15개월 영아는 리듬패턴과 높낮이를 이용한 옹알이를 하며, 억양을 흉내 낸다. – 18개월 영아는 한두 단어로 문장을 만들기 시작하면서 노래할 준비를 갖춘다. • 이 시기는 노래의 원시적 형태라 할 수 있는 라임(rhyme : 운율, 예 도리도리), 찬트 (chant : 간단한 리듬꼴의 2~3음을 반복하는 읊조림에 가까운 노래, 예 아침바람 찬바람), 간단한 전래동요 활동이 가능하다. • 다양한 소리의 변화를 식별하고 간단한 음절어를 모방하는 시기이므로 영유아가 직접 다양한 소리를 내보고 이를 들려주는 활동이 적합하다.
3단계 대략적으로 노래부르기 (근접한 노래부르기) [18개월~3세]	• 영유아의 가창 능력 발달에 중요한 시기로, 더듬더듬하던 노래들을 제법 정확한 리듬을 가지고 부르게 된다. – 이 시기에 충분한 경험이 부족하게 되면 성인기에 이르러서도 이 단계를 뛰어넘지 못할 수 있으므로 다양한 형태의 노래를 들려주고 불러볼 수 있는 기회를 제공한다. • 리듬감이 있고 멜로디와 가락에 변화를 줌으로써 노래부르기와 유사한 찬트를 시작하는 단계이다. – 3단계 유아의 대부분은 2~3음의 찬트로 구성된 단순한 노래를 좋아한다. – 이유 : 노래부르기를 위한 호흡조절을 잘하지 못해서 찬트를 하다가도 종종 끊지 않아야 할 곳에서 끊어지는 경향을 보이기 때문이다. • 리듬악기를 이용해 정확한 박자와 정확한 리듬을 가르치며, 유아는 단순한 노래 게임에 반응을 보인다.

4단계 **한정된 범위** **내에서** **노래부르기** **(제한된 음역의** **노래부르기)** **[3~4세]**	• 리듬과 선율 표현이 가능해진다. • 빠르기에 대한 개념이 발달하며, 멜로디의 형태나 노래에 정확한 음높이(레~솔)와 리듬을 구사하기 시작하는 시기이다. 즉흥적으로 짧은 멜로디를 만들어 노래하고, 음의 고저와 속도를 변화시킬 수 있다. − 비교적 제한된 음역의 노래, 즉 몇 개의 음으로만 이루어진 멜로디의 노래를 부를 수 있는 시기이다. 그린버그(1979)에 의하면 약 3세가 된 대부분의 유아가 훈련을 통해 레(D)에서 솔(G)까지의 제한된 범위 내의 곡조를 부를 수 있다. • 멜로디의 형태나 노래에 음을 맞추려고 많은 연습을 함으로써 비로소 유아가 좀 더 정확한 음높이와 리듬을 구사하기 시작하는 시기이다. • 이때부터는 동서양의 다양한 노래를 소개할 필요가 있으며, 가능한 많은 노래를 들려주고 이를 불러볼 수 있는 기회를 최대한 부여한다.

5단계
확장된
음역에서
정확하게
노래부르기
[4세 이상]
	• 셈여림과 정서 표현이 가능한 단계이다.
	  − 이 시기는 노래의 음악적인 측면을 표현(노래에 자신의 감정을 담아 음악적으로 표현)하거나, 노래의 강약과 속도에 주의해 가면서 노래부르기를 시작하는 단계이다.
	  − 노래의 의미와 노래 속에 담긴 정서적 내용 또는 그 노랫말을 효과적으로 표현하려고 목소리를 가다듬기 시작한다.
	• 음역이 확장(c−c')되고, 다양한 목소리로 노래할 수 있으며, 쉬운 선율을 모방하는 능력도 발달한다.
	• 5세가 되면서 유아는 자신을 음악적으로 표현하는 일차적인 수단으로 목소리를 사용하는 데 능숙해진다.
	• 표현의 정확성이 향상되고 여러 활동의 동시 작업도 가능하므로 노래 부르면서 동작으로 표현하기 활동 등을 제공한다.
	• 이 시기에는 음역에 알맞은 다양한 노래를 경험해야 하는데, 만 5세 이상이 되면 음역이 다소 넓은 노래의 지도도 가능하다.

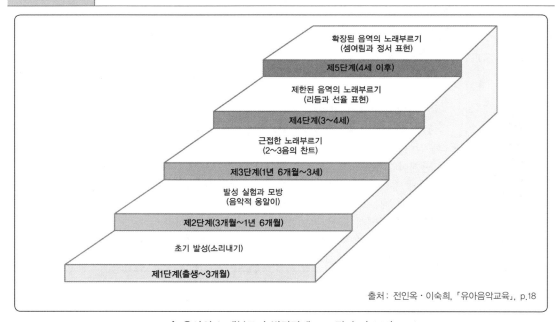

🔹 **유아의 노래부르기 발달단계 − 그린버그(1996)**

3 스메일(Smale, 1985)

1단계 (출생~18개월)	• 주변의 소리를 주의 깊게 듣고 모방하며 변화시킨다. • 음악적 옹알이 단계로 1세 무렵부터 운율이 있는 언어패턴으로 나타난다.
2단계 (18개월~3세)	대략적으로 노래를 부르는 시기이다.
3단계 (3~4세)	• 제한된 음역에서 조금 더 정확하게 따라 부를 수 있다. • 함께 부르기에는 부족함이 있다.
4단계 (4세 이상)	• 좀 더 확장된 음역에서 정확하게 노래 부를 수 있다. • 5~6세가 되면 함께 노래 부를 수 있으며, 복잡한 리듬의 곡도 부를 수 있다.

4 베이레스와 램지(Bayless & Ramsey, 1991)

1단계 (출생~3개월)	울음으로 음악적 소리를 표현하는 시기이다.
2단계 (3개월~18개월)	음악적 옹알이 시기로 다른 사람의 노래 중 한 음절 정도의 음정을 따라할 수 있다.
3단계 (18개월~3세)	실제적으로 노래를 부르는 시기로 노래의 전곡을 끝까지 부르려고 시도한다.
4단계 (3~4세)	단순하고 쉬운 음정은 정확하게 부르고, 자신만의 노래를 만든다.
5단계 (4~5세)	노래부르기의 정확성이 높아지는 시기로 자신의 소리를 통제할 수 있으며, 함께 노래하기를 즐긴다.
6단계 (5세 이상)	음역의 확장 및 리듬이 정확해지는 시기로 노래의 빠르기와 셈여림과 같은 변화를 인식하고 맞추어 부를 수 있다.

5 사이먼과 맥밀란(Simon & MacMillan, 1995)

1세 미만	자신에게 들리는 음과는 관계없이 끊임없이 옹알거린다.
1~3세	• 불규칙적인 리듬 유형으로 흥얼거리며, 노래의 선율적 윤곽을 모방한다. • 음높이는 정확하지 않다.
3~4세	• 음높이가 정확해지고, 리듬과 선율형의 자발적인 노래를 부를 수 있다. • 유아 나름의 표현방법대로 운율 형식의 라임(rhyme)이나 말놀이 형식의 즉흥적 노래 찬트(chant)를 만들어낸다.
4~6세	• 말과 노래하는 목소리의 차이를 구별할 수 있고, 한 옥타브(가운데 '도'에서 높은 '도'까지) 정도의 자발적인 노래를 부를 수 있다. • '레'와 '라'의 음정 범위 안에서는 쉽게 노래 부를 수 있다.

UNIT 06 노래부르기 교육

KEYWORD # 노래극, 동요 선정 시 고려할 점(음역)

1 기본 관점

유아 노래부르기의 특징	• 노래부르기는 영유아가 즐거워하는 가장 일반적인 음악활동으로 단순하게 목소리를 내는 습관적 행위를 넘어 삶의 일부로써 노래를 부르며 음악적인 심미감을 느끼고, 잠재된 음악능력을 발휘하여 음악의 의미를 만들어 가는 계기가 된다. • 노래부르기는 유아의 생활 속에서 의미 있는 활동이자 자신을 표현하는 것으로, 유아는 생각이나 분위기의 전달과 활동의 즐거움을 위해서 노래를 한다. • 노래부르기는 유아교육기관에서 가장 많이 이루어지는 음악활동으로, 영유아는 놀이를 하면서 자발적으로 노래를 부르기도 하고, 집단 활동으로 교사와 함께 새 노래 배우기 등을 통해서도 노래를 부른다. 따라서 유아교육기관의 음악활동 중 주요 활동일 뿐만 아니라 유아의 정서와 삶의 경험을 표현하는 또다른 소통 창구이기도 하다. 　– 유아가 집단으로 노래하는 음악활동에서 유아의 노래부르기 특징을 관찰해 보면, 초기에는 흥분하여 본래의 자기보다 강한 표현을 하기도 하고, 목에 힘을 주어 소리를 지르며 노래하는 등 두드러진 행동을 하기도 하며, 경우에 따라서는 아주 위축되어 전혀 노래를 하지 않기도 한다. 　– 그러나 유아들의 이러한 현상은 곧 사라지고, 함께 노래하면서 선율의 아름다움을 체험하며 친구를 사랑하고 이에 양보하는 것 등을 배우고, 함께 어울려 노래하는 기쁨을 체험하게 된다.
노래부르기 활동의 목표	• 혼자서 혹은 함께 노래하면서 즐거움을 느낀다. • 노래를 통해 음악 요소를 경험한다. • 바른 태도로 노래를 즐기고, 적절한 호흡과 자세로 노래할 수 있다. • 자신의 목소리를 아름답게 사용한다.
교육적 가치	• 즐거운 분위기에서 아름답게 노래함으로써 음악적 감동을 경험하고, 심미감을 발달시킨다. • 자신의 감정을 발산하거나 억제함으로써 감정의 균형을 유지하는 능력을 길러준다. • 친구들과 함께 노래 부르고 소리가 어울리게 맞추는 과정을 통해 협동성과 사회성이 발달한다. • 유아의 지각·기억력·상상력·사고력 등의 뇌기능을 촉진함으로써 유아의 인지능력, 언어능력, 창의력이 향상된다. • 노래를 통해 음악적 특징을 경험하면서 음악성을 발달시킨다. • 자신의 소리를 탐색하고 표현하면서 긍정적인 자아 개념을 발달시킨다.

2 노래곡 선정 원리

교사가 유아에게 새로운 노래를 가르치려고 한다면 노래의 선정부터 시작해야 한다. 유아의 발달에 적합한 노래부르기를 위하여 노래활동곡을 선정할 때에는 노랫말, 노래선율, 노래리듬의 세 가지 측면을 반드시 고려해야 한다.

(1) 노랫말의 선정 원리

노랫말 선정 원리	• 유아의 연령과 발달에 적절한 노랫말 　ㅡ 유아의 연령에 비해 너무 아기 같은 가사이거나 혹은 성인 위주의 가사인지, 유아에게 어려운 외국어 발음은 아닌지 등을 살펴보고 선곡한다. • 유아가 경험하거나 체험한 내용의 노랫말 • 유아에게 아름다운 상상을 촉진하는 노랫말 • 유아가 이해하고 실감할 수 있는 노랫말 • 유아가 새로운 것을 발견하고, 그 기쁨을 체험할 수 있는 노랫말 • 유아의 세계 속에서 이루어진 노랫말 • 교육적 측면에서 내용이 구체적이며 흥미롭게 이루어진 노랫말 • 음악적 측면에서 내용이 체계적으로 구성된 노랫말 ➜ 요약하면, 유아를 위한 노래의 노랫말은 유아의 생활에서 접할 수 있는 쉽고 재미있는 것으로서, 노랫말이 단원에 맞고, 음악적으로 인격 형성에 영향을 주며, 유아가 소망하는 것이어야 한다.
유아가 선호하는 노래의 내용	• 노랫말이 아름답고, 문학적 구성과 표현 면에서 가치가 있어야 하며, 반복적이고 즐거움을 줄 수 있는 것이 좋다. 　ㅡ 이야기가 있는 노래 　ㅡ 유아 자신과 관련된 노래 　　📖 이름을 넣어서 부를 수 있는 노래, 유아 자신의 감정과 관련된 노래 　ㅡ 유아의 친근한 일상을 다루고 있는 노래 　　📖 손을 씻어요, 냠냠, 집에 갈 시간, 치우는 시간, 맛있는 간식 등 　ㅡ 유아의 주변 사람들(가족, 친구)에 관련된 노래 　　📖 사랑해요, 옛날 이야기, 꾹 참았네 등 　ㅡ 행사나 계절에 관한 노래(생일, 소풍) 　ㅡ 움직임이나 손유희가 있는 노래 　ㅡ 반복되는 단어, 의성어나 의태어가 있는 노래 　ㅡ 재미있거나 우스운 말이 있는 노래

(2) 노래의 음악적 요소에 따른 노래곡 선정 원리

- 선택한 노래에 담긴 음악적 요소가 영유아의 발달 수준에 적합한지 살펴본다.
  - 유아에게 적합한 음역의 노래는 너무 넓지 않고 편안하게 부를 수 있는 범위의 음역을 가진 노래이다.
    : 중앙 도(C)에서 라(A) 사이의 음역을 지닌 노래가 부르기에 적합하며, 연령이 높아짐에 따라 음역이 확대되지만 개인차가 있으므로 가능하면 충분 음역 안에 있는 곡을 선택한다. 또한 유아는 낮은 음에서 높은 음으로 올라가는 노래보다 높은 음에서 낮은 음으로 내려오는 노래를 더 쉽게 부르며, 노래의 시작 음이 고음역일 경우 첫 음을 내기 힘들어 하므로 노래의 시작은 저음역이나 중음역이 좋다.

> **조옮김(key transposition)**
> - 악곡 전체를 높은 음의 방향이나 낮은 음의 방향으로 옮기는 것을 말한다.
> - 유아교육 현장에서 악보를 유아의 음역에 맞추어 반주하려고 할 때, 또는 어느 한 곡의 높낮이를 달리하여 다양한 표현을 시도할 때 반주자는 조옮김을 해야 한다.
>   예 김성균 작곡의 동요 〈가을은〉은 c'~a' 음역의 다장조(C Major) 곡이다. 노랗고 빨간 색깔의 "은행잎", "단풍잎" 노랫말처럼 음높이를 달리하여 곡의 변화를 주고 싶을 때 1절은 다장조(C Major)로, 2절은 바장조(F Major)로, 3절은 사장조(G Major)로 조옮김하여 노래를 부르면 더 재미있는 노래부르기 활동이 될 수 있다.

  - 유아에게 적합한 조성은 다장조이며, 연령이 높아짐에 따라 약간씩 복잡한 조성을 경험하게 함으로써 조성의 차이를 체득하게 한다.
    : 조성은 다(C)장조로 시작하여 사(G)장조, 바(F)장조로 진행하는 것이 일반적이다.
    : 대체로 장조는 밝고 건강한 느낌을 주며, 단조는 어둡고 감상적으로 흐르는 느낌을 주는데, 유아는 조성에 따라 음악의 분위기를 느낄 수 있다.
  - 유아가 잘 반응하는 박자는 2/4박자, 4/4박자, 빠른 6/8박자의 순이며, 3/4박자는 다소 어려움을 느낀다.
    : 박자는 대체로 경쾌하고 신나는 2/4박자, 4/4박자를 편안해하며, 서정적인 6/8박자, 3/4박자 순으로 진행하는 것이 좋다.
  - 유아에게 적합한 노래의 형식은 한도막 형식(8마디)이나 작은 세도막 형식(12마디), 그리고 두도막 형식(16마디) 이내가 적합하다.
  - 유아에게 쉽게 접근할 수 있는 형식인지 살펴보아야 하며, 예컨대 묻고 답하는 형식의 노래는 유아가 재미있어 하는 형식 중 하나이다.

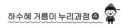

MEMO

노래선율의
선정 원리
	• 유아음악교육에서 선율은 유아가 느끼기에 아름다움, 친근감, 즐거움, 기쁨을 주고, 함
	께 노래하고 싶은 동기를 유발하는 것이어야 한다. 이때 무엇보다 중요한 것은 유아가
	소리낼 수 있는 음역 내에서 이루어진 선율이어야 하므로 유아의 성장과 발달과정을
	기초로 하여 단계적으로 음역이 설정되도록 고려해야 한다.
	• **유아에게 불려질 노래의 선율이 갖추어야 할 요건**
	  − 반복되어 단조로우면서 흥미로운 선율
	  − 노랫말과 잘 어울리는 선율
	  − 음의 도약이 무리 없이 연결된 선율
	  − 유아의 음역 안에서 이루어진 선율
	  − 음감 발달의 기초가 되면서 음악의 아름다움을 담고 있는 선율
	  − 유아 목소리의 개인차가 고려되어 누구나 충분히 노래할 수 있는 선율

노래리듬의
선정 원리
	• 유아에게 적합한 박자와 리듬으로 구성되어 유아가 표현할 수 있도록 하는 것이 중요하다.
	  − 일반적으로 유아가 구별할 수 있는 음표는 점2분음표, 2분음표, 점4분음표, 4분음표,
	    8분음표이다.
	  − 지속적인 온음표의 사용은 유아의 호흡으로는 너무 길어 무리가 되므로 피하는 것이 좋다.
	  − 점8분음표와 16분음표가 연결된 '팀리 팀리' 리듬은 유아들이 듣고 신체표현하기에
	    경쾌하므로 좋아하는 리듬형이지만, 노래를 부를 때 연속해서 사용하면 그 리듬을
	    정확하게 표현하지 못하므로 피하는 것이 좋다.

유아의 노래지도를 위한 노래곡의 선정 원리 − 아로노프(Aronoff, 1980) & 그린버그(Greenberg)

• 노랫말, 선율, 리듬 등이 짧고 단순하며 반복되어 이해하기 쉽고, 기억하기 용이한 노래가 좋다.
• 비교적 제한된 범위의 충분 음역 안에 있는 쉬운 곡조의 노래가 좋다.
• 유아의 흥미를 유발하고 관심을 끄는 다양한 분위기의 노래를 선정한다.
  − 빠르고 활기찬 노래, 느리고 분위기 있는 노래, 경쾌한 행진곡풍의 노래, 신체동작을 수반하거나 엉뚱한 음절
    이 섞인 우스운 노래, 인물이나 동물의 이야기를 담은 노래 등이 좋다.
• 심미적 가치가 있어 노래의 분위기를 전달해 주며, 음악의 아름다움을 내포하고 있어야 한다.
• 교사 자신이 즐겨 부르는 노래로서 유아에게 노래의 내용이 잘 전달될 수 있는 것이어야 한다.
• 선율이 아름다운 정서적인 노래를 선정한다.
  − 이러한 노래는 노랫말 대신에 '랄랄라' 등의 소리를 이용하여 선율을 익히게 지도하며, 선율을 노래하는 동안
    유아들이 노래곡의 음악적 가치에 초점을 맞추게 하고, 가능한 한 스스로 창의적인 신체동작을 고안할 수
    있게 한다.
• 국악, 외국노래나 다른 문화권에 속한 노래를 다양하게 선정하되, 다양한 문화권의 노래 분위기와 효과를 맞출
  때에는 해당 전통문화와 국제적인 이해를 도모하며 지도한다.
• 다양한 의성어와 의태어를 활용한 노래는 유아들이 대단히 좋아하고 음의 명료성과 청각적 변별력을 향상시키
  는 효과가 있으므로 적절하게 선정하도록 한다.
• 아동의 상상력을 자극하여 흥미를 유발시키는 노래를 선정한다.
• 아동의 생활습관을 위한 노래를 선정한다.
• 노래와 동작, 찬트가 포함된 노래를 선정한다.

참고

노래부르기를 위한 곡 선정의 기준(Campbell & Scott-Kassner, 1995; Haines & Gerber, 1996; Moomaw, 1984)

❶ **연령에 적합한 곡을 선택하기**
  - 분명한 리듬을 가진 노래를 선정한다.
  - 적절한 음역의 노래를 선정한다.
  - 즐겁고 화음이 적절한 간단한 가락의 노래를 선정한다.
    - 영아일 경우에는 4마디의 매우 짧고 간단한 노래를 선정한다.
    - 만 3세의 경우에는 약간 긴 노래를 선정한다.
    - 만 4~5세 유아를 위한 노래는 좀 더 복잡하고 8마디 정도로 긴 노래를 선정한다.
  - 가사를 점검한다.
    - 내용이 적절한가?(좋은 가사, 어휘가 자연스런 순으로 나열된 것, 유아에게 흥미 있는 주제의 가사)
    - 가사가 너무 '유아적'이지 않은가?
    - 가사가 너무 '성숙'하거나 '지나치게 감상적'이지 않은가?
    - 공격적 진술이 포함되어 있지 않은가?
    - 외국어로 되어 있다면 발음할 수 있는가?
    - 역사적 혹은 문화적 주제, 이야기, 시와 관련된 부분, 친근한 내용, 새로운 지식에 대한 상상적 자극 등이 포함되어 있는가?
  - 가락과 가사가 반복적인 노래를 선정한다.

❷ **교사 자신이 부를 수 있는 곡을 선택하기**
  - 곡 양식을 점검한다.
    - 교사의 훈련 및 경험을 벗어난 곡이라면 적당한 스타일로 곡을 소화할 수 있도록 한다.
  - 교사가 잘 알고 있고 좋아하는 노래를 선정한다.

❸ **곡의 가락과 가사 부분을 재검토하기**
  - 가락을 점검함 : 따로 부르는 음조 부분, 반복적인 가락 부분이 있는가?
  - 리듬을 점검함 : 선정한 곡이 늘 같은 리듬의 노래는 아닌가?
  - 가사의 단어가 곡의 스타일을 반영하여야 하며, 가사의 단어와 가락의 악절이 서로 맞아야 한다.
  - 다른 영역들과 통합적으로 운영될 수 있게 관련되는가?

3 노래부르기 지도방법

(1) 지도 유형

- 영유아가 선호하는 노래는 이야기와 흐름이 있으므로 '전체노래 지도방법'과 '결합노래 지도방법'을 사용하여 부르는 것이 적절하다(김혜경, 1996).
- 클리어, 캠벨, 굴스비(Klinger, Campbell & Goolsby, 1998)의 연구에 따르면 만 7세 유아를 대상으로 노래를 끊지 않고 전체를 부르는 전체 노래법과 한 소절씩 끊어 부르는 구절법 두 가지로 노래부르기를 하고 음정 정확도를 비교한 결과, 전체 노래법으로 한 것이 유아의 음정 오류가 더 적었다.

전체노래 지도방법 (전체 노래법)	전체노래 지도방법(whole-song teaching method)은 노래의 흐름을 이해하기 위하여 처음부터 끝까지 전체를 끊지 않고 여러 번 반복하여 불러보면서 노래를 익히는 지도방법이다.
부분노래 지도방법 (구절법)	부분노래 지도방법(phrase-by-phrase teaching method)은 한 마디나 두 마디씩 따라 불러보며 노래를 익히는 지도방법이다.
결합노래 지도방법	결합노래 지도방법(combination whole-song, phrase teaching method)은 전체를 다 불러보고 어려운 부분만 따로 떼어서 그 부분만 노래하며 익히는 지도방법이다.

(2) 진행과정

- 새 노래 배우기는 보통 대집단 활동으로 이루어지는데, 이때 가능한 한 노래를 처음부터 끝까지 듣게 하는 것이 중요하다.
  - 기존의 정형화된 방법으로 노래 가사를 소개하고 한 음으로 노래를 부르는 방식뿐만 아니라, 특징적인 후렴구를 먼저 익히고 노래 전체를 소개하는 방법, 노래의 형식에 따라 소개하는 방법, 율동과 함께 지도하는 방법 등 다양하게 접근할 필요가 있다.
  - 다양한 방식을 통해 전체 노래를 여러 차례 듣게 함으로써 유아가 자연스럽게 노래에 익숙해지도록 하는 것이 새 노래 배우기에서 중요한 포인트라고 할 수 있다.
  - 자유놀이 후 정리하는 시간에 새 노래를 틀어 주어 새 노래 배우기 활동 전에 익숙해질 수 있도록 하는 방법도 있다.

노래부르기 준비	<ul><li>**자세** - 바른 자세는 노래부르기에서 매우 중요하므로 교사는 어깨를 펴고 양발을 바닥에 붙인 바른 자세로 앉아 노래 부르는 시범을 보여야 한다. 유아에게는 상상 이미지를 통해 등에 줄이 달린 인형이 되어 보도록 하고, 교사가 줄을 들어 올리는 흉내를 내면서 유아의 자세를 바르게 잡아 줄 수 있다.</li><li>**호흡** - 노래부르기에서 호흡은 매우 중요한 부분으로 바른 자세로 소리를 시작해 지속하기 위한 깊은 호흡을 준비시켜야 한다. 유아에게 풍선을 부는 이미지를 제시하여 배에서부터 소리통을 지나 떨림이 만들어지고 소리가 생성되는 과정을 상상하게 할 수 있으며, 빨대로 음료수를 마시는 것, 풍선을 부는 것 등을 통해 호흡을 연습해 볼 수 있다.</li><li>**태도** - 앉는 자세 외에 노래를 부르는 태도도 중요하다. 교사가 노래 부르는 태도는 유아에게 매우 중요한 모델이 되는데, 레가토로 부르기, 공명을 이용하여 부르기 등 교사의 노래 부르는 스타일을 보고 유아는 이를 따라하게 된다. 태도는 목소리를 조절하는 태도와도 연결되는데, 고운 목소리로 부르기, 씩씩한 목소리로 부르기, 혼자서만 너무 크게 부르지 않기 등 노래 분위기에 맞게 바른 태도로 부르는 기술이 필요하다. 📖 교사는 예쁜 목소리로 부를 때만 문이 열린다든지 하는 등 특정 반응이 일어나는 간단한 동화나 이야기를 통해 예쁜 목소리로 노래 부르는 것을 소개할 수 있다.</li></ul>

도입	• 교사는 가사와 음을 정확하게 인지하고 감정표현을 풍부하게 하여 노래를 부르는 등 철저한 사전 준비가 필요하다. • 교사는 다양한 방법으로 유아의 흥미를 끄는 동기유발을 한다. 예 들을 노래의 내용에 해당하는 수수께끼를 내거나, 노래에 이야기가 있는 경우 짧은 이야기나 동화로 각색하여 들려준다.
전개	• 교사는 그림악보를 사용하여 노래를 소개한다. • 교사가 노래를 전체적으로 불러준다(정확한 가락을 전체적으로 들려준다). 　- 노래의 분위기와 감정을 살려서 반주를 사용하지 않고 교사의 육성으로 자신감 있게 불러 준다. 노래지도 전에 교사는 노래의 가사와 음을 정확하게 외우고, 감정을 풍부하게 표현할 수 있도록 노래를 충분히 익히는 것이 필요하다. • 피아노로 멜로디만 들려준다. • 교사는 유아로 하여금 처음에는 노랫말 없이 한 가지 소리(랄라라, 아아아, 우우우)로 부르면서 선율을 익히게 한다. • 노랫말을 소개한다. 　- 다양한 노랫말 자료를 활용하여 노랫말을 알려준다. • 다양한 방법으로 나누어 부른다. 　- 처음에는 유아가 노래의 일부분(반복되는 부분, 의성어나 의태어가 있어 기억하기 쉬운 부분)만 부르고, 교사가 대부분을 부른 후에 다양한 방법으로 나누어 부른다. 　- 교사와 유아가 나누어 부르거나, 다양한 방법으로 유아들을 그룹으로 나누어 교대로 부를 수도 있다. 　- 교사와 유아가 나누어 부를 때 쉬운 부분은 유아가, 어려운 부분은 교사가 부르도록 한다. 　- 나누어 부르기를 할 때에는 유아들이 나누어 부르는 부분을 쉽게 인식할 수 있도록 노랫말 자료에 표시(노랫말 띠 자료의 배지 색깔을 다르게 하기, 유아들이 부를 부분에 스티커로 표시하기 등)를 하는 것이 바람직하다. • 다 함께 부른다. 　- 유아가 흥미를 유지하며 노래 부를 수 있도록 다양한 방법을 활용한다. 교사가 준비한 교수자료를 활용하여 부르기, 다양한 악기를 활용하여 부르기, 노랫말을 바꾸어 부르기, 속도나 크기에 변화를 주어 부르기, 일부 가사에 간단한 동작하기 등 다양하고 창의적인 방법으로 노래를 익히도록 한다. 　- 한 번에 새 노래를 완벽하게 익히도록 강요하는 것은 바람직하지 않다. 반복적인 노래부르기를 통해 어느 정도 노래에 익숙해지면 이후 다른 활동 시간에 반복적 경험을 활용해 자연스럽게 익히도록 한다. 　- 또한 2절 이상의 노래인 경우에는 1, 2절의 노래가 한 가지 흐름으로 연결되는 곡이 아니라면, 첫 시간에는 1절만 소개하여 충분히 익힌 후 다음 시간에 2절을 소개하는 것이 바람직하다. 　- 동작을 제시하는 경우에도 첫 시간에 전체 노래의 동작까지 소개하는 것보다는 노래를 충분히 익히도록 반복적 노래부르기 경험을 한 후에 동작을 제시하는 것이 바람직하다. • 교사와 유아는 노래의 음악적 요소를 탐색한다.

노래 반주

- 적절한 반주는 노래부르기를 더욱 활성화시키는 중요한 수단이다.
- 반주 없이 교사의 노래로 가락을 들려주면서 노래를 소개하기도 하지만, 교사가 노래에 자신이 없을 수도 있고, 다 함께 노래를 부를 때는 반주와 함께 해야 더욱 흥미 있고 신나게 부를 수 있다.
  ① 피아노 등 건반악기: 건반악기는 가락을 집어 줄 수도 있고, 다양한 화음, 전조 등이 가능하기 때문에 좋은 반주 악기이다.
    - 피아노는 유아와 눈을 마주칠 수 있는 곳에 적절히 배치해야 하며, 반주가 너무 화려하거나 소리가 너무 크지 않고 가락이 선명하게 들리도록 왼손 반주의 밸런스를 맞추면서 연주한다.
    - 피아노가 없는 경우 키보드나 전자 피아노로 가능하며, 이 악기들은 볼륨을 조절할 수 있다는 장점이 있다.
  ② 녹음 반주(음원) 이용
    - 유아가 어떻게 불러야 하는지 이상적인 소리를 들을 수 있고, 다양한 악기소리를 들려주어 흥미를 유발할 수 있는 장점이 있다.
    - 노래를 처음 소개하거나 익숙한 노래를 할 때 사용할 수 있으며, 교사가 자신의 목소리를 녹음하여 활용할 수도 있다.
    - 그러나 음원은 유아의 필요에 따라 중간에 멈추거나 부분으로 부르기, 혹은 음역이나 빠르기, 크기 등을 조절하지 못하는 단점이 있으므로 매번 녹음 반주만을 사용하기보다는 필요한 때에 적절하게 사용해야 한다.

마무리	• 노래에 대한 느낌과 생각에 대하여 이야기를 나눈다. • 노래에 나타난 음악적 요소와 관련지어 평가한다.

노랫말 자료 제작 시 고려할 점

- 노랫말 자료는 노래의 특성에 따라 다양한 형태로 제작하여 유아의 흥미를 유발한다.
- 유아가 노랫말을 쉽게 익힐 수 있도록 발달 수준에 적합한 글자와 그림 및 기호를 적절하게 활용하여 제작하며, 글자로만 제작된 자료는 바람직하지 않다.
  - 만 3세의 경우에는 그림이나 기호를 활용한 자료가 바람직하다.
  - 만 4세의 경우에는 약간의 글자를 첨부할 수 있다.
  - 만 5세의 경우에는 좀 더 많은 글자 활용이 가능하다.
- 노랫말을 제시할 때 한꺼번에 노랫말을 적어 활용하기보다는 띠 형태로 제작하여 순차적으로 노랫말을 제시하면 유아가 노랫말을 익히기 수월하다.
- 노랫말을 띠 형태로 제시할 경우, 띠 안의 그림 및 기호 자료는 따로 제작하여 붙였다 떼었다 할 수 있도록 한다. 또한 띠의 크기와 띠 안에 들어가는 내용은 노래의 전체 박자와 각 마디별 박을 생각하여 제시한다.
- 융판, 자석판, 삼각대 등 어디에 제시하든지 보기에 정렬이 되도록 제시한다.
  - 띠의 기본 형태(⑩ 네모) 없이 그림, 기호, 글자만 따로 오려서 제시하면 보기에 정렬이 되기 어렵기 때문에 효과적이지 않다.
- 그림을 사용할 때에는 노랫말과 연결되는 그림을 사용한다.
- 1절 이상의 자료를 동시에 제시하지 않는다.
- 글자는 정자체로 제시하여 알아보기 쉽게 하는 것이 바람직하다.

(3) 노래부르기 활동 지도 시 고려사항

<table>
<tr>
<td rowspan="1">노래부르기
활동 지도 시
기본 지침</td>
<td>

• 노래부르기 활동은 영유아가 노래를 잘 부르도록 하는 것이 목표가 아니라 즐겁게 노래하는 시간임을 인식하게 한다.

• 노래를 소개할 때 영상이나 디지털 음원을 활용하는 것보다는 교사의 육성이 영유아가 음악을 편안한 마음으로 들으며 이해하는 데 효과적이다.

• 음악의 구성요소와 노랫말에 대한 영유아의 이해를 돕기 위해 소품이나 교수자료(기호, 그림 자료, 상징) 등의 입체적인 시각적 이미지를 준비하여 사용하는 것은 교육에 효과적이며, 특히 영아인 경우 그림으로 노랫말을 표현하도록 한다.

• 노래부르기 활동 시 교사의 반주는 영유아로 하여금 노래하고자 하는 흥미와 적극적 참여의 동기를 만든다. 이때 주의할 점은 단계적 접근을 통해 교사의 반주를 다음과 같이 진행해야 한다.

① 선율(멜로디)이 잘 들릴 수 있도록 반주 없이 단음으로만 연주한다.

② 노래가 익숙해지면 여러 종류의 반주로 다양한 리듬을 경험하게 한다.

③ 코드 반주를 통해 풍성하고 아름다운 화성감을 경험하게 한다.

• 배웠던 노래를 반주 없이 시작할 때, 시작하는 사인(sign)을 정확하게 제시한다.

① '하나, 둘, 시, 작'(2·4박자), '하나, 둘, 셋 / 쿵, 시, 작'(3박자·6/8박자)

② 노래의 끝소절 2마디를 구음(두두, 랄랄 등)으로 부른다.

③ 노래부르기를 시작하는 시점과 노래의 시작음을 정확하게 제시한다. 이때 노래의 시작음이 '솔'인 경우에는 솔, 미, 도~, 준비, 시작~에서 끝나는 ~작(도) 음을 솔(♩)로 제시한다.

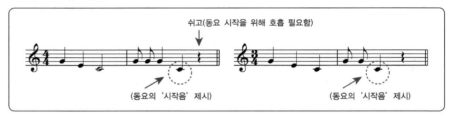

• 노래로 대화하는 문답식 음악 놀이의 즐거움은 영유아들과 음악적으로 친밀하게 교감함으로써 교육 효과가 극대화된다.

• 한 번의 소개로 새 노래부르기를 완성할 수 없으며, 영유아마다 노래를 배우고 알아가는 방식이 다르기 때문에 노래를 흡수하기 위해서는 시간이 지나야 한다는 것을 알아야 한다. 이렇게 기다려 줄 때 소극적이던 영유아가 어느 순간 노래를 부르고 있는 것을 발견하게 된다.

• 유아가 새 노래부르기에 참여하고 흥미를 가질 수 있도록 부르고 싶은 노래를 알아본 후 스스로 동요를 선정하는 활동과 함께 선정된 노래를 부르는 방법을 정해보는 것으로 유아의 참여도를 높일 수 있다.

</td>
</tr>
</table>

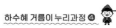

MEMO

노래부르기 활동에서 교사의 유의점		• 가능하면 다양한 반주를 해 주고, 반주 중에 유아에게 등을 보이지 않는 세심한 배려도 가져야 한다. • 미리 녹음된 곡 또는 교사의 연주를 휴식시간이나 간식시간을 통해 들려주어 본격적인 노래지도 전에 부르고자 하는 노래에 대해 유아들의 동기가 유발될 수 있도록 한다. • 실제 노래지도 시에도 노래를 중간에 끊지 않고 노래의 전체적인 흐름을 지도하는 것이 필요하다.
노래하지 않는 유아		• 유아의 노래지도에서 가장 문제가 되는 경우는 노래하지 않는 유아이다. 교사는 노래하지 않는 유아를 특별한 관심을 가지고 지켜보면서, 교사로부터 도입되는 음악이 유아의 생각이나 흥미가 고려되지 않은 채 교사 중심으로 무리하게 요구된 적이 없는지 생각해 볼 필요가 있다. • 또한 유아에게 적합한 노래가 선정되었다 하더라도 각 유아의 심리 상태나 목소리의 개인차를 고려하지 않은 채 노래부르기를 진행한 적은 없었는지 생각해 볼 필요가 있다. • 노래를 통한 유아음악교육에서 가장 중요한 것은 유아가 자신의 몸에서 나오는 목소리로 아름다움, 포근함, 씩씩함 등 다양한 자기표현을 할 수 있다는 것을 알 수 있도록 지도하는 것이다.
노래부르기 활동에서 교사의 역할	유아에 대한 애정과 이해	유아의 체험과 이해 능력을 분석함으로써 유아에 대한 이해와 함께 애정을 가지고 있어야 한다.
	음악적 체험	음악적 소재를 바탕으로 음악의 즐거움과 생동감을 먼저 체험해야 한다.
	노래부르기 능력	유아에게 교사의 노래를 직접 들려주어 교사 자신이 교육적으로 음악적 표현을 할 수 있도록 노래부르기 능력을 증진시키는 방법을 계속 연구해야 한다.
	반주 능력	유아음악교사로서 반주 능력은 절대적으로 필요하므로 꾸준히 노력하여 반주 능력을 증진시켜야 한다.
	음악에 대한 지적 이해	음악과 동요의 역사, 화성법과 악곡의 형식, 작곡법 등 음악에 대한 지적 이해는 유아음악교육을 위한 교재 선택과 곡의 선정 능력을 길러 주므로 반드시 갖추도록 한다.
	정서교육의 중요성 인식	정서는 유아기에 가장 빠르고 민감하게 형성되어 일생을 좌우하므로 유아기 정서교육의 중요성을 깨달아야 한다.
노래부르기 능력 계발을 위한 제안		• 유아가 소리를 낼 때 중단하지 않는다. • 유아의 소리를 녹음해서 유아에게 다시 들려준다. • 유아가 만든 재미있는 소리를 즉각 흉내 내어 반응해 준다. • 유아의 소리를 재미있게 되받아 소리내어 유아가 다시 모방하게 한다. • 유아에게 자주 노래를 불러 준다. • 또래, 형제, 자매, 성인의 노래 등 다양한 종류의 목소리를 들려준다. • 민요나 고전음악 등 다양한 종류의 노래를 들려준다. • 유아가 소리를 반복하도록 격려해 발성이 자발적으로 이루어지게 한다. • 리듬감 있는 음악의 흐름과 느낌을 강조하면서 시와 운율을 맞춘 언어를 찬트해 주고, 여러 사람의 목소리 억양을 자주 사용한다.

Plus

노래부르기 활동 지도 시 교사의 역할

노래부르기 활동 시 교사는 항상 유아를 보면서 노래한다.

- 교사가 즐거운 마음으로 유아의 눈을 보면서 노래할 때, 노래의 느낌과 분위기를 효과적으로 전달할 수 있다.
- 노래에 대한 유아의 반응이나 느낌 등을 살필 수 있어 더욱 효과적으로 지도할 수 있다.
- 반주를 할 때도 마주하여 앉는 것이 좋으며, 등을 보이고 앉아 피아노를 반주할 경우에는 거울을 달아 교사가 거울을 통해 유아와 눈으로 의사소통할 수 있도록 하는 것이 좋다.

교사는 바람직한 노래부르기의 자세와 태도를 안내하고 격려할 필요가 있다.

유아가 아름다운 목소리로 감정이 넘치게 노래부르기, 어깨와 허리를 곧게 펴고 앞을 바라보며 입을 적당한 크기로 벌려 노래부르기 등을 지도해야 한다.

교사는 노래를 부를 때 한 가지의 방법을 사용하기보다는 다양한 방법과 교수기술을 이용하여 유아가 재미있게 흥미를 유지하면서 노래 부를 수 있도록 해야 한다.

- 글로 제시된 자료보다 그림이나 입체적인 교수자료를 사용하는 것이 효과적이다.
- 교수자료의 제공은 유아가 노래부르기를 통해 다양한 음악의 구성요소들을 경험하게 하는 가치 있는 일이다.

교사는 노래부르기의 모델이 되어야 한다.

- 정확한 발음으로 리듬과 박자를 지키며, 알맞은 숨쉬기를 하고 노래의 느낌을 살려 노래부르기를 한다.
- 유아에게 무조건 크게 부르는 것이 아니라, 노래의 가사나 느낌을 이해하고 리듬과 박자에 맞추어 노래를 부를 수 있도록 지도한다.
- 새 노래를 가르칠 때 교사는 미리 연습하고, 정확하게 시범창을 할 수 있도록 한다.

유아에게 노래부르기를 강요하지 않아야 한다.

유아가 즐거운 마음으로 노래를 부르는 것은 중요한 경험이며, 이는 단순히 즐거운 경험으로만 끝나는 것이 아니라 악기 연주하기, 신체표현, 음악 감상 등 다른 음악활동과 연계되어 총체적인 음악경험으로 이어지므로 노래를 자발적으로 부를 수 있도록 격려한다.

노래부르기는 특정 시간에만 경험하는 것이 아니라 매일의 일과에서 경험할 수 있도록 한다.

집단 활동 전·후에 노래부르기, 자유놀이 시간이나 일상생활 시간에 녹음 자료로 노래 들려주기, 실외 놀이시간이나 견학을 위한 이동 시 노래부르기 등을 실시한다.

즐거운 마음으로 노래부르기에 참여하도록 지원한다.

- 대부분의 유아가 노래부르기를 즐기지만 모든 유아가 항상 즐거워하는 것은 아니므로 노래부르기를 강요하기보다는 자연스럽게 참여하도록 유도하는 것이 바람직하다.
- 또한 무조건 큰 소리로 씩씩하게 부를 것을 강요하거나 정확한 음정과 박자에 치중하여 반복·연습시키는 것은 지양하여야 한다.

악기 반주 없이 배웠던 노래를 다시 불러 볼 때는 마지막 2소절 정도를 전주로 시작할 수 있도록 '랄랄라'로 불러 주는 것이 좋다.

- '하나 둘 셋 넷'이나 '시—시 시작'같은 사인으로 시작하게 되면 시작하는 시점과 음을 정확히 알 수 없어 바람직하지 않다.
- 마지막 2소절을 전주처럼 '랄랄라'로 불러 주면 시작하는 시점과 음을 보다 정확하게 인지할 수 있어 효과적이다.

4 다양한 노래부르기 활동방법

- 노래부르기는 교사가 주도적으로 계획하고 가르쳐야 한다는 교사 주도형 교육과정에서 영유아가 형식적인 방법으로 노래를 배우기보다 다양한 경험을 통해 노래를 더욱 쉽게 배우고 즐기는 방법으로서, 이는 영유아의 발달과 음악적 경험에 따라 난이도를 다르게 설정하는 것이 필요하다.
- 노래부르기 위한 교육활동방법과 음악개념의 형성을 돕기 위해 음악의 구성요소 및 개념을 구체적으로 시각화하는 개념 자료가 영유아 수준에 적합하게 준비되어야 한다.

놀이를 통한 노래부르기 음악활동	노래를 지도할 때 교사의 노래를 따라 부르게 하여 기계적으로 암기하는 학습방법인 교사 중심 방식에서 벗어나 영유아 스스로 음악에 흥미를 가지고 자연스럽게 노래를 익힐 수 있는 놀이가 효과적이다. – 노래를 배우기보다 놀이를 하면서 노래부르는 경험을 갖게 됨으로써 노래를 더욱 쉽게 배우고, 놀이로서 노래를 즐겁게 경험하는 것을 말한다. 예 코다이의 손기호와 함께 언어리듬놀이, 신체리듬놀이, 노래문답놀이의 즐거움을 깨닫게 한다.
그림악보를 통한 노래부르기 음악활동	그림악보는 쉽고 친숙한 상징기호나 그림을 이용하여 교사가 압축해 나타낸 악보로, 유아들이 음악을 쉽게 기억하고 받아들이도록 표현한 것이다. 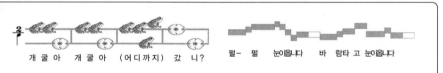
상징을 통한 노래부르기 음악활동	• 상징을 통한 동요지도는 기호 또는 그림, 색깔의 종류 등으로 노랫말을 연상하게 하여 유아가 상징놀이에 심취하면서 노래를 쉽게 배우도록 하는 지도방법이다. – 이런 경우 상징이 되는 것은 주로 그림막대 악보를 만들어 사용한다. 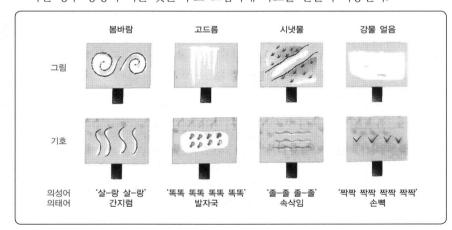
동작을 통한 노래부르기 음악활동	동작을 통한 노래지도는 음률동작, 창의적 신체표현을 통한 방법 등 다양한 방식이 있다.
노래동화를 통한 음악활동	노래동화를 통한 음악교육의 경우 대체로 그 내용 속에는 교훈이 담겨 있다.

MEMO

노래극을 통한 음악활동		• 노래극이란 이야기를 듣고 노래 부르는 일반적 표현이 점차 발달하여 극화된 것으로, 동극을 하면서 노래를 부르는 것을 말한다. – 노래극은 유아가 노래를 통하여 언어를 아름답게 표현하고 생활을 아름답게 나타내는 것을 경험하게 하는 통합적 역할을 하므로, 단계적인 노래부르기 지도를 통합하여 노래극으로 발전하도록 지도하는 것이 좋다. 이는 유아가 노래극의 역할을 몸으로 폭넓게 체험하면서 노래극의 지적 요소를 자연스럽게 체득하도록 도와준다.
	노래극의 내용 선정 원리	• 유아기 경험을 바탕으로 하여 유아가 공감할 수 있는 내용 • 즐겁고 흥미로우며 교훈을 줄 수 있게 공간 속에 극화할 수 있는 내용 • 유아가 충분히 이해한 내용이면서 즐겁고 확실한 주제로 구성된 내용 • 학습 전체에 유아가 참여할 수 있는 내용
	노래극의 선율 선정 원리	• 노래극에 도입되는 선율은 극놀이보다 쉬운 것이어야 한다. • 유아의 억양과 밀접하게 접근되어 있어야 한다. • 쉽고 자연스럽게 표현되어 있으며, 같은 선율의 반복이 많아 유아가 선율을 배우는 데 부담을 느끼지 않아야 한다.
	노래극의 발표와 연출	• 유아를 위한 노래극은 음악의 효과를 해치지 않고 충분한 동기를 유발시켜야 한다. • 또한 배역에 대한 호감과 하고 싶은 동기가 유발되었을 때 그 배역을 부여해야 한다. • 아울러 준비기간과 발표회 진행 계획을 세밀하게 작성하여야 한다.

 참고

다양한 노래부르기 활동방법 – 안미숙(2024), 「영유아 창의음악교육」

• 그림카드를 활용한 노래부르기
　– 가사의 내용을 그림카드로 준비하여 가사를 유추하도록 하는 활동방법으로, 유아의 음악적 능력의 증진과 함께 새롭고 다양하게 자신의 생각과 느낌을 음악적으로 표현하는 음악적 창의성에 긍정적인 영향을 준다.
• 노랫말 바꾸어 노래부르기(개사)
• 음악의 요소 및 개념에 근거한 노래부르기
• 가사판을 퍼즐로 만들어 노래부르기
• 가사에 맞는 그림 그려 노래부르기
• 친구와 가사를 신체표현하고 사진 찍어 가사판으로 꾸며 노래부르기
• 그림책을 보며 이야기 들려주고 노래부르기
• 가락(선율)에 대한 흥을 구음으로 노래부르기
• 가사에 등장하는 내용을 박자 그림판(기본박/4분음표)으로 만들어 노래부르기
• 노래의 음길이와 높이를 유리드믹스(신체표현)하며 노래부르기
• 노래의 리듬과 음정을 코다이의 리듬 음가 음절(ta/ti-ti)과 손기호로 접근하여 노래부르기
• 오르프의 언어리듬을 사용하여 리듬을 경험한 후 노래부르기
• 고든의 오디에이션 노래부르기

노래부르기 방법 – 이영애 · 김영연(2024), 「유아음악교육」

• 듣고 따라 부르기
 – 민요나 동요가 구전되어 내려오듯이 전 세계에서 전통적으로 가장 많이 사용되었던 방법이다. 유치원에서도 찬트나 주의 집중 노래 등은 교사가 부르고 따라하는 방법으로 지도할 수 있다.
• 가사판이나 그림 자료 활용하기
 – 현재 유치원에서 가장 많이 사용하는 방법으로, 그림이나 그림이 함께 제시된 가사판 등으로 가사를 설명하고, 가사 그림에 맞게 노래를 들려준 후 한 음절로 노래를 불러 음을 익힌 다음 따라 부르게 하는 것이다. 이때 끊어서 부르지 말고 전체 음을 한꺼번에 들려주며 한 음절로 따라하게 한다.
• 도형(그림)악보를 이용한 노래부르기
 – 유아 대상 동요에는 가사가 묻고 답하는 형식(AB형식)이 많은데, 이때 그림에서 악보로 가는 중간 단계로서 도형이나 그림으로 악보를 제시하는 방법이 있다. 이때 도형은 기본 도형을 사용하거나, 다양한 선 혹은 색 카드 등을 이용할 수 있다.
• 소품을 활용한 노래부르기
 – 가사판이나 도형 악보 대신 인형이나 소품 등을 활용하여 가사 내용을 전달한 후 노래를 소개하는 방법이다. 많은 노래들이 스토리가 있거나 묻고 답하는 형식이므로 손인형 등을 활용하여 교사와 묻고 답하는 방법으로 소개할 수 있다.
• 신체 활동을 활용한 노래부르기
 – 율동과 함께 노래를 소개하며 가르치는 방법이다. 노래의 가사와 음을 모두 익힌 후 유아와 함께 율동을 창작하여 노래와 함께 율동하는 것이 일반적이지만, 처음 노래를 소개할 때 신체동작을 활용해서 노래의 특정 부분에 동작을 하도록 정하고 노래를 잘 듣다가 그 부분이 나오면 함께 정한 동작을 하도록 하여 노래에 좀 더 집중하며 들을 수 있게 지도하는 방법도 있다.

IV 유아음악교육의 영역 – 악기 연주하기

UNIT 07 악기 연주 능력의 발달

1 기본 관점

기본 입장	• 악기를 연주하는 능력은 영유아의 신체 발달 및 움직임과 밀접한 관련이 있다. – 악기 연주 자체가 움직임을 요구하기 때문에 악기 연주 능력의 발달은 영유아의 눈과 손의 협응, 대근육·소근육의 발달 등 운동 능력 발달과 함께 살펴볼 필요가 있는 것이다.
유아기의 발달 특성	• 음악적 감각학습기 – 일생 중 소리에 대한 감각이 가장 민감한 시기로 음악을 빠르게 흡수하는 기간이다. – 많은 교육자들은 음악적 자극에 빠르게 반응하는 영유아 시기를 음악적 감각학습기라고 언급하였다. – 음악적 감각학습기에 악기 관련 활동을 체계적으로 진행하면 음악교육에서 핵심을 이루는 절대음감과 리듬감의 70% 이상을 체득하게 된다. • 악기 연주와 소리 탐색하기 활동은 이른 시기에 시작되어야 하며, 자주 경험해야 한다. – 영유아의 전반적인 음악교육에 중요하게 작용하며, 소리에 대한 인식을 제공함으로써 삶의 질을 풍요롭게 할 수 있다. • 악기 연주 능력은 연령 및 신체 발달과 관계가 깊다. – 유아는 리듬에 대한 감각을 먼저 습득하고, 7세가 되면 눈과 손의 협응력이 발달되어 악기를 제대로 연주할 수 있게 된다. • 음악적 감각기관이 급속히 발달하는 유아기에는 다양한 악기를 이용한 음악활동을 통해 여러 가지 음악개념을 이해하고, 리듬감을 체험하며, 가락의 흐름이나 악구감을 느끼고, 화음에 대한 관심과 함께 연주를 듣고 감상함으로써 음감을 기르고, 즉흥적으로 음악을 만들 수 있는 경험을 가지게 해야 한다.

2 연령에 따른 악기 연주하기 관련 음악능력의 발달

만 2세 미만	• 소리가 들리는 방향으로 눈을 움직이며 반응한다(2~3개월). • 엄마를 알아보고 목소리의 특징을 알게 된다(3개월). • 소리를 만드는 특별한 사물을 찾고자 하며, 간단한 리듬악기뿐만 아니라 냄비 뚜껑, 그릇 등의 생활용품을 두드려 소리 내는 것을 좋아한다(1~2세). • 음악적으로 소리를 내기 위해 리듬악기를 연주하지만, 박자에 정확하게 맞지는 않는다(1~2세). • 종과 같은 악기를 흔들어 소리낼 수 있다.
만 2세	• 음악의 박자에 맞추어 손뼉을 치거나 악기를 연주하려고 한다. • 리듬악기와 선율악기에 대한 흥미가 증가한다. • 소리와 음악에 대한 집중력과 감상력이 증가한다. • 소리와 음악에 대한 반응이 다양하게 나타나기 시작한다. • 음색의 배합과 순서에 대한 인식이 발달하기 시작한다.
만 3세	• 소리의 차이를 인식하고 소리를 분류하거나 조직하기 시작한다. • 리듬악기를 사용하여 음악의 비트를 연주할 수 있다. • 기본 박자에 규칙적으로 반응할 수 있다. • 느린 박보다는 빠른 박을 더 쉽게 인식하고 즐긴다. • 타악기나 주변의 물건을 이용하여 리듬, 강약, 고저, 속도를 표현하는 것이 가능하다.
만 4세	• 박자를 비교적 정확하게 표현해 낼 수 있다. • 간단한 리듬합주를 들으면 합주에 사용된 악기의 소리를 알아낼 수 있다. • 그룹에 참가하여 함께 음악을 즐기는 능력이 커진다. • 귀로 듣는 능력이 발달한다. • 노래의 반주 혹은 자신이 만든 곡조를 연주하는 데 많은 리듬악기를 사용하여 연주할 수 있다. • 즉흥연주에서 목소리나 악기로 악절의 느낌을 낼 수 있다. • 악기나 노래의 이중주에 관심을 나타낸다. • 기본 박 및 리듬에 대한 흥미가 강하고, 간단한 리듬패턴은 모방이 가능하다. • 음의 고저와 길이, 음색의 차이에 대한 개념이 확장된다.
만 5~6세	• 청각 능력이 현저히 발달한다. • 노랫말 없이 악기로만 연주해도 곡을 알아맞힐 수 있다. • 대부분의 리듬악기를 연주할 수 있게 되며, 리듬패턴을 만들기 시작한다. • 그룹의 구성원으로서 음악활동을 즐긴다. • 악절의 느낌에 따라 즉흥연주를 하는 능력이 신장된다. • 빠르기와 변화가 계속되거나 끝나는 느낌, 긴 음과 짧은 음, 큰 소리와 작은 소리, 높고 낮은 음의 차이에 따라 적절한 반응을 할 수 있다. • 가락악기를 칠 수 있는 능력이 현저하게 발달한다. • 한 손으로 키보드를 칠 수 있다. • 음의 고저, 장단 등과 같은 음악의 구성요소를 시각적인 부호와 연결하기 시작한다.

3 영유아의 음악적 운동 능력의 발달 및 적절한 악기(악기 기술)

2세 이하	• **음악적 운동 능력의 발달** − 일정하게 흔들기(rocking), 끄덕이기(nodding), 자연스럽게 흔들기(swaying) − 잡을 수 있는 능력 • **악기(악기 기술)** − 딸랑이(흔들기), 징글벨(흔들기)
2~3세	• **음악적 운동 능력의 발달** − 짧은 시간의 규칙적인 리듬 • **악기(악기 기술)** − 핸드드럼(두드리기), 스틱(치기)
3~4세	• **음악적 운동 능력의 발달** − 좀 더 긴 시간의 규칙적인 리듬 − 박자(pulse, 맥박)에 대한 민감성 − 팔 흔들기 • **악기(악기 기술)** − 클라베스(치기), 스틱(문지르기), 우드블록(채로 치거나 문지르기), 샌드블록(문지르기), 탬버린(흔들기, 치기), 귀로(문지르기), 마라카스(흔들기), 징(채로 치기), 카우벨(채로 치기)
5~6세	• **음악적 운동 능력의 발달** − 박 유지하기 − 손을 번갈아 가며 연주하기 − 손과 눈의 협응력 • **악기(악기 기술)** − 핑거심벌즈(심벌끼리 치기), 봉고드럼(손으로 치기), 팀파니(채로 치기), 심벌즈(치기), 트라이앵글(채로 치기), 키보드(한 손으로 치기)

UNIT 08 악기 연주교육

1 기본 관점

악기 연주하기의 교육적 의미	• 소리들을 어떻게 하면 아름답게 만들고, 제대로 들을 수 있으며, 표현할 수 있는가를 경험하게 하는 것이다. • 영유아는 다양한 악기 연주활동을 통해 음악을 보다 가깝고 편안한 것으로 인식하고, 스스로 창조하는 기쁨과 성취감을 맛보게 되며(Kenny, 1997), 스스로 만들어 내는 소리와 리듬으로 즐거움을 느낀다. • **교육적 의미** − 악기 연주하기는 영유아의 청각적 변별력을 키워주며, 음색을 발견하는 데 결정적인 도움을 준다. − 선율의 높낮이, 음의 길이 및 셈여림 등의 기본적인 음악개념을 직접 체험하는 데 도움을 준다. − 악기 연주를 통해 동작과 소리의 밀접한 관계를 경험하며, 대·소근육의 신체적인 발달이 이루어진다. − 악기는 사람이 표현하기 불가능한 음역 또는 음색을 내기도 하므로 유아의 흥미를 자극한다. − 영유아는 시각적·촉각적 경험을 통하여 악기를 연주하는 방법을 익히게 되고, 이는 상상력과 창의적인 자기표현의 기회를 제공받아 음악적 감수성 발달에 효과적이다. − 음악에 맞추어 악기를 연주하는 과정을 통해 음악에 집중하게 되므로 영유아의 음악적 능력과 표현력을 향상시킬 수 있다. − 타인과 협력하여 연주함으로써 협동심과 단결심을 경험하며, 여러 악기를 합주하는 과정에서 서로 다른 소리가 어우러짐에 대한 아름다움을 느낀다.
유아 악기교육의 중요성	**악기 연주를 통한 반복된 소리탐색의 경험은 좋은 소리를 좋은 음악으로 만들게 하는 기초가 된다.** 유아기는 소리를 만들어내는 본능이 있고, 주변의 소리를 끊임없이 탐색하고 만드는 것을 즐거워하는 특징을 가지며, 각종 악기가 내는 소리의 특색을 배우고, 발달 수준에 따라 자신이 창작하는 소리를 들으면서 즐거움과 기쁨을 느끼고 정서를 가꾸어 나가는 시기이다. **신체적 발달을 유도한다.** 악기를 연주하는 행위 자체가 유아의 대·소근육을 발달시킨다. **정신적 발달을 유도한다.** • 악기 연주는 시도하고 실험하고 창안해 내는 과정이므로, 유아는 악기를 다루고 연주하는 경험을 통해 스스로 창조하는 기쁨과 성취감을 느끼게 된다. • 일상생활에서 접할 수 있는 사람의 목소리, 동물의 소리, 주변 환경의 소리 등에서 음악적 요소를 파악하고, 들리는 소리를 보이는 소리로 만드는 과정은 유아의 두뇌를 계발하여 음악을 재미있게 받아들이고 자신감과 창의적인 생각의 기초를 형성하는 데 도움을 준다. • 생활에서 접하는 많은 사물을 음악적 도구인 악기로 활용함으로써, 여러 가지 소리를 만들어 유아의 음악적 창의성을 계발할 수 있다.

바람직한 인격형성을 도모할 수 있다.

- 유아는 상자를 두드리고 리듬악기를 연주하는 등 악기를 통하여 자신을 자유롭게 표현함으로써 마음속에 내재된 긴장과 갈등을 해소할 수 있다.
- 소극적이고 내성적이며 표현력이 부족한 유아에게 악기와 함께 쾌활한 음악을 지속적으로 제공함으로써 적극적이고 밝은 정서를 배우게 할 수 있다.
- 지나치게 거칠고 공격적인 유아에게 잔잔하고 평화로운 음악을 제공하여 마음의 안정을 찾게 만들 수 있다.
- 여럿이 함께하는 악기 연주 경험을 통해 다른 사람의 말에 귀를 기울일 줄 아는 협조적 태도를 기를 수 있으며, 자신의 주장을 합리적으로 설득할 수 있게 하므로 인격형성에도 도움을 준다.

정화 효과를 가져온다.

- 음악은 사람들의 초조하고 긴장된 마음을 풀어주고, 정서의 순화와 기쁨 및 안정감을 주게 되는데, 이것을 '정화(카타르시스) 효과'라고 한다.
- 심리적으로 불안감을 지니고 있는 유아는 악기를 신나게 두드리거나 즐거운 노래를 부르면서 악기로 연주하는 활동을 함으로써 불안감을 감소시킬 수 있다.

소리와 음악경험은 내면의 사고와 사회적·정서적인 경험과도 연관된다.

- 유아는 악기놀이를 통해 의사표현을 하고, 악기를 이야기 나누는 친구로 여겨 의사소통하기도 한다.
- 대집단 또는 소집단 내에서 악기를 연주하는 경험을 함으로써 다른 사람의 이야기를 듣는 것처럼 타인의 연주에 귀 기울이게 되고, 다른 사람과 호흡을 맞추며 조화로운 연주를 하게 된다.
- 유아는 악기를 연주하는 활동을 하면서 친구들과 함께 합주하는 기회를 가지게 된다.
- 친구들과 함께 합주하는 경험을 통해 유아는 서로를 이해하고 협동심과 단결심, 조화로움과 아름다움에 대한 느낌을 형성하게 된다.

악기교육을 통해 학습의 경험이 가능하다.

- 악기에서 나는 의성어들을 모아 차트를 만들어 읽기 활동을 제공하면 여러 영역의 발달을 촉진할 수 있다.
- 현을 뜯기, 치기, 불기 등에 대해 살펴보며 관현악 악기를 범주화시키는 활동은 하나의 학습경험을 제공한다.
- 음악에 맞추어 악기를 연주하는 과정을 통해 음악에 집중하게 되므로 유아의 음악적 능력과 표현력을 향상시킬 수 있다.
- 음악에 따라 손 또는 발로 박자를 맞추게 하거나, 간단한 타악기나 현악기 등으로 연주를 해보게 하는 것은 음악의 기본적 요소인 강약과 음색을 자연스럽게 습득하도록 도울 수 있다.

목표	• 유아기의 악기 연주 경험은 전문 음악 연주가로 키우기 위한 기초적인 학습이 아니라, 유아가 살아갈 삶에 즐거움을 더하고 음악적 소양을 쌓게 하여 인생을 풍요롭게 만들기 위한 것이다. • 유아기 악기교육은 다양한 악기를 연주해봄으로써 각 악기의 독특한 소리를 통해 음과 음색을 익히고 비교할 수 있는 청음능력을 기르게 한다.

• 또한 정서와 느낌을 악기로 표현하는 활동을 통하여 상상력을 풍부하게 하고 응용력을 형성하도록 하는 것도 악기교육의 목표 중 하나이다.
• 유아는 악기교육을 통해 여러 가지 음악능력을 발달시킬 수 있다.
  − 리듬감을 습득하고 가락의 흐름을 이해한다.
  − 프레이즈에 대한 감각과 화음에 대한 관심이 높아진다.
  − 악기 연주를 감상하며 음감과 음악개념을 발달시킨다.
  − 다양한 악기의 합주를 통해 협력적인 태도와 사회성을 발달시킨다.

> **| 참고 : 악기 활동의 목표 − 이영애 · 김영연(2024), 「유아음악교육」 |**
> • 다양한 악기소리를 탐색한다.
>   − 유아기의 악기 활동은 특별한 연주 기술을 연마하여 연주자를 만들기 위한 것이 아니라 다양한 악기소리를 탐색하고 소리의 민감성을 기르는 데에 목적이 있다.
>   − 따라서 가락악기, 리듬악기, 국악기 등 다양한 악기의 소리를 탐색하는 경험이 제공되어야 한다.
> • 소리를 만드는 즐거움을 느낀다.
>   − 악기는 연주자가 소리를 조절할 수 있어 소리의 크기, 질, 빠르기 등 연주자의 의지에 따라 다양한 소리가 만들어지기 때문에 이러한 경험을 통해 유아는 즐거움을 느끼게 된다.
>   − 악기는 유아의 심미적 체험의 좋은 매체이다.
> • 음악의 특징을 이해한다.
>   − 처음부터 음악을 듣는 활동만으로 그 특징을 파악하는 것은 유아에게 쉽지 않은 과제이다. 음악과 움직임을 연결하거나, 악기를 조작하면 좀 더 쉽게 음악적 특징을 이해할 수 있다.
>   − 유아가 실제로 조작해 보거나 경험한 악기 종류의 소리는 음악 감상을 할 때 더 또렷하게 들리는 효과가 있다. 음악개념을 통해 소개하고 표현하면서 음악 요소를 쉽게 이해할 수 있다.
> • 단순한 가락이나 리듬을 연주할 수 있다.
>   − 유아는 신체악기로 시작하여 리듬악기로 노래에 맞춰 간단한 리듬 연주를 할 수 있으며, 실로폰이나 핸드벨 등 가락악기로 간단한 멜로디도 연주할 수 있다.

악기활동의 효과

• 악기 연주는 감정이나 아이디어를 표현하게 하여 정서발달을 돕는다.
• 악기 연주는 음악적 이해의 발달을 돕는다.
  − 목소리와 함께 악기는 교실 안에서 음악개념을 경험하는 데 도움을 준다.
     음의 높고 낮음, 크고 작음, 빠르고 느림의 개념을 악기로 표현함으로써 음악적 이해를 쉽게 할 수 있다.
• 악기 연주는 내적으로 이해한 음악개념이나 기술을 평가하는 데 좋은 도구가 된다.
  − 음악적 인지는 내적으로 이루어지므로 이를 평가하는 것이 쉽지 않지만, 유아는 악기 연주를 통해 행동으로 표현하기 때문에 음악개념을 어느 정도 이해했는지 파악할 수 있다.
• 긍정적 자아 개념 형성을 돕는다.
  − 노래나 언어로 표현하기 쑥스러워하는 유아에게 묻고 답하는 형식의 음악을 악기 연주로 대답하게 하거나, 혹은 짧은 마디를 즉흥연주로 표현하게 하면 소극적인 아이도 이야기 나누기에서 훨씬 적극적이고 자유롭게 표현할 수 있기 때문에 악기 연주는 유아의 자신감을 고취시키고 긍정적 자아 개념 형성을 돕는다.
• 심미적 체험을 제공한다.
  − 유아는 악기를 연주하면서 소리를 탐색하고 조절해 음악 소리에 집중하고, 음악적 아름다움에 대한 즐거움을 느끼게 된다.

- 신체 발달을 돕는다.
  - 악기 연주는 눈과 손의 협응, 오른손과 왼손의 상호작용, 소근육·대근육을 조절하여 소리를 만들어 가는 활동이기 때문에 이를 통해 신체 발달을 지원한다.
- 인지와 창의성 발달을 돕는다.
  - 악기 연주를 한 그룹과 하지 않은 그룹의 인지·창의성 발달에 차이가 있으며, 특히 피아노나 오케스트라 활동을 한 청소년의 공간지각력과 창의력 등이 개선되었다는 연구가 다수 보고되었다.

유의점
- 악기 연주가 가능한 신체·음악개념의 발달이 이루어지기 전에 악기 기술을 익히게 하면 유아는 좌절감과 두려움으로 인해 음악에 대한 반감이 생길 수도 있으므로 유의해야 한다.
- 교사는 악기 연주에 필요한 동작·신체적 기술을 갖추는 준비 단계 경험의 중요성을 인지하고, 유아가 해당 부분을 연습할 수 있는 기회를 반복적으로 제공해야 한다.

2 악기의 선정 원리

발달적합성의 원리		악기를 선정할 때 제일 먼저 고려할 점은 유아의 발달적합성으로 교육을 위한 유아의 발달시기에 따라 다양한 악기를 제공해 주는 것이 매우 중요하다.
	감각운동기	지각과 신체 발달을 함께 도모할 수 있는 딸랑이 등의 악기를 제공한다.
	걸음마기	신체를 직접 사용하여 적극적으로 소리낼 수 있는 기회를 제공한다. **예** 상자나 바닥을 두드리는 능동적이고 주도적인 활동을 통해 리듬감을 익히게 한다.
	3~4세 유아	음악적 정서와 생각을 표현할 수 있도록 북, 트라이앵글, 탬버린, 실로폰 등과 같은 악기를 제공한다.
	5세 정도 유아	박자를 맞출 수 있는 리듬감을 습득하게 되므로 트라이앵글, 마라카스와 같은 악기로 박자를 맞추며 연주할 수 있다.
	7세 정도 유아	기능적으로 눈과 손의 협응력이 발달되어 악기를 제대로 연주할 수 있으므로 실로폰, 바이올린 등의 다양한 악기를 경험하게 한다.
	8세 이후	• 8세부터 수에 대한 개념이 점차 상승하여 9세를 전후해 급속히 발달하고, 9세를 전환점으로 시각이 청각보다 우선하게 되므로 독보(악보 읽기)능력을 조장시켜 준다. • 손끝의 발달은 8세부터 점차 상승하여 9~10세에는 거의 완성되므로 기악적인 능력이 촉진된다. • 10세에는 기계적 기억력이 절정에 달하고, 지적 이해가 점차 발달하여 애창곡의 래퍼토리가 늘어난다. • 9세부터 10세까지는 자기중심적인 태도에서 벗어나 집단생활에도 잘 적응하므로 합창이나 합주를 효과적으로 이끈다.

다양성의
원리
	• 안정되고 편안한 상태에서 다양한 음색과 특징을 가진 여러 악기들을 탐색할 수 있는
	기회를 제공하여야 한다.
	• 유아가 악기를 즐겁게 배우기 위하여 우리가 쉽게 사용하는 악기들 외에 생활하면서
	접하는 많은 사물을 음악적 도구로 활용해봄으로써 여러 가지 소리를 만들 수 있다.
	  − 유아는 자신이 속한 환경 내에서 많은 소리를 만들어 내고, 그 소리를 비교해 볼 수
	    있다.
	  📖 노래를 부르면서 그릇을 숟가락으로 두드려 보고, 숟가락을 손수건으로 감싼 채 다시 두드려 봄
	    으로써 두 가지 소리를 비교해 본다.
	    ➡ 직접활동을 통해 각각의 소리들이 서로 다른 음을 가지고 있다는 것을 알게 되고, 음악에 대한
	      흥미를 가지게 된다.

UNIT 09 악기의 종류

• 악기는 몸이 만드는 소리의 연장이라고 할 수 있으며, 사람이 표현하기 불가능한 음역 또는 음색을
내기도 하므로 영유아의 흥미를 자극한다. 특히 영유아들은 리듬악기에 대한 흥미가 높은데, 이는
스스로 악기를 만지고 두드리며 자유롭게 소리내는 것이 가능하기 때문이다.
• 영유아가 사용하기에 적합한 악기는 신체악기와 리듬악기(무선율악기), 선율악기로 나눌 수 있다.
  − 그중 리듬악기는 타악기(percussion instrument)로서 물체를 두드리거나 흔들거나 문지르고 긁어
   서 물체가 진동하도록 하여 짧은 소리를 내는 악기이다.

1 신체악기

의미	• 인간의 신체는 유아들에게 있어 가장 좋은 악기이다.
	• 손, 발, 팔, 다리, 어깨, 팔꿈치, 무릎, 배 등 몸의 여러 부분이 다양한 소리를 낸다.
	• 유아들은 특히 자기 몸으로 소리를 내는 것을 좋아하며, 다른 사람을 흉내 내기도 하지만
	스스로 자신의 몸을 이용하여 창의적인 소리를 내는 것을 즐긴다.
	• **장점**
	  − 신체가 일반적인 악기는 아니지만, 유아가 악기를 다루기 전에 신체악기로 좀 더 쉽게
	    리듬을 탐색할 수 있게 한다.
	  − 연령이 낮은 유아의 경우 신체악기를 사용하면 일반악기를 사용할 때보다 쉽게 박자를
	    맞출 수 있으므로, 일반악기를 제공하기 전에 신체악기를 활용하는 것이 바람직하다.	

종류	목소리	유성음, 무성음(혀치기, 입술 부딪치기, 휘바람 불기)
	신체타악기	손뼉치기, 손 비비기, 손등치기, 손가락 튕기기, 발구르기, 무릎치기, 배 두 드리기, 가슴 두드리기 등

MEMO

활동	신체리듬 놀이	• 신체리듬이란 우리의 몸을 가지고 낼 수 있는 소리로 나타내는 리듬을 말하는 것으로, 신체를 이용하여 소리를 만드는 것은 아동의 음악적 감각을 일깨워 준다. − 손뼉치기 리듬놀이, 발구르기 리듬놀이, 손뼉치기와 발구르기의 합침, 무릎치기 리듬놀이 등 − **몸동작**: 신체리듬의 3가지 동작(손뼉치기, 발구르기, 무릎치기)과 더불어 몸동작(달리기, 뜀뛰기, 걷기, 말뛰기, 밀기, 당기기 등)으로 리듬지도를 할 수 있다. 이것은 오르프 리듬지도의 중요한 개념이다. − 리듬적 경험은 특별한 리듬패턴, 소리, 빠르기, 셈여림에 따른 감각에서부터 청음력의 지도까지 이루어져야 한다.
	언어리듬 (말리듬) 놀이	• 신체리듬놀이를 한 후 하나의 언어가 지닌 음악적인 의미와 내용을 끌어내어 음악학습에 활용하는 지도방법을 말한다. • 가까운 인물의 이름이나 장소·이름·색깔·요일·공부·놀이·꽃이름 등 유아들이 사용하는 일상용어를 소재로 하여 박자의 모양이나 강박·약박을 지각할 수 있게 하고, 규칙적인 소절을 쉽게 배울 수 있도록 하는 것이다. • 모든 생활언어에 리듬을 붙이고, 간단한 리듬에서 복잡한 리듬으로 발전시키며, 모방 리듬말로 지도한다. • **지도방법**: 성악적인 것을 발견하게 하여 리듬감에 멜로디를 붙여 노래하도록 지도한다. 이때 신체리듬을 합하여 노래를 부르게 하면 유아들의 창조력과 상상력을 계발시키고, 각자의 개성에 따라 리듬표현을 할 수 있게 된다.
	신체를 이용한 음감놀이	• 얼굴을 이용하여 음이름을 익히게 할 때는 턱은 '도', 입은 '레', 코는 '미', 눈은 '파', 머리는 '솔'로 하면서 '도레미파솔'을 알려준다. • 몸 전체를 이용해서 음이름을 익히게 할 때는 발은 '도', 무릎은 '레', 엉덩이는 '미', 배꼽은 '파', 가슴은 '솔', 어깨는 '라', 머리는 '시' 등으로 하여 몸의 높이에 따라 음의 높이가 다르며 음이름이 달라진다는 것을 알려준다.

2 리듬악기(타악기)

의미	• 여러 악기들 중 타악기는 두드리거나 흔들어서 소리를 내는 악기로 일정한 음률을 가진 것과 일정한 음률을 갖지 않는 것으로 나뉜다(음악대사전, 1996). • 리듬악기는 선율 없이 리듬을 표현할 수 있는 악기로, 소리나는 원리나 재질, 소리의 효과 등에 따라 가죽 리듬악기, 나무 리듬악기, 금속 리듬악기, 특수음색 리듬악기 등으로 분류된다. − 모든 연령층의 아동들이 쉽게 접하며 즐길 수 있는 악기이다. − 한 가지 혹은 두 가지 이상의 다른 악기들로 협주할 수 있다. − 시나 이야기를 통한 음률 표현을 하는 것에 유용하다. • 유아가 신체리듬놀이와 언어 리듬놀이에 숙달되면 악기를 사용하여 리듬지도를 강화시킨다.

	• 리듬의 중요성
	− 음악의 요소 지도 시 리듬은 멜로디보다 먼저 가르치고, 멜로디는 화성보다 먼저 가르쳐야 한다.
	− 음악교육론가 오르프는 음악지도법에서 리듬을 가장 중시하여 아동들의 생활주변 활동을 소재로 하여 리듬감을 구체화시켰다.
타악기 제공의 장점	• 연주하기 간단하면서도 여러 가지 표현이 가능하다. • 타악기를 연주할 때 나는 소리는 근육활동을 자극하는 경향이 있다. • 타악기적인 성향이 강한 스타카토, 악센트를 가진 음악은 보다 분명한 신체반응을 유도할 수 있으므로 능동적이고 동적인 활동을 계발하는 역할을 한다. − 분명하고 반복적인 리듬을 가진 행진곡이나 춤곡은 대개 신체운동을 자극한다.

타악기의 교육적 효과	• 소리를 내는 데 복잡한 기교를 요구하지 않아(윤은미, 2012) 즉흥연주에 많이 활용되고 있으며(최애나·엄진명, 2009), 모든 연령의 유아들이 쉽게 사용할 수 있다.
	• 타악기는 소리내는 방법이 단순하고 쉬워 유아들이 타악기를 연주하면서 자신의 감정을 쉽게 표현할 수 있을 뿐만 아니라, 친구들과 함께 음악을 연주함으로써 타인의 감정을 인식하고 이해하는 데 도움이 된다.
	  − 이와 같이 타악기 연주활동은 타인과의 대인관계를 형성하는 데 도움을 줄 수 있으며, 상대방 유아들의 표현활동을 함께 경험함으로써 그 속에서 모방이 이루어지고 새로운 창작활동이 이루어질 수 있다(정희영, 2010).
	• Gfeller(1992)는 타악기 연주활동이 자기표현을 촉진시키고 공격성과 적대감 감소에 효과를 미칠 수 있다고 하였다.
	  − 이는 스트레스로 인한 부정적 감정들을 비언어적인 타악기 연주를 통해 표출함과 동시에 부적절하고 부적응적인 행동을 조절할 수 있다는 것을 의미해 주기도 한다(장빛나·김수지, 2009).
	• 흥미롭고 친근한 타악기는 유아로 하여금 자신의 생각과 느낌을 자유롭게 표현하도록 해주는 매개체가 되며, 타악기를 활용한 음악활동을 통해 직관적이고 자발적이며 특유한 표현들을 경험하게 한다(정희영, 2010).
	  − 이러한 경험들은 음악적 창의성을 키워주는 데 있어 매우 중요한 의미를 갖는다.
	• 유아들이 즐겁게 타악기를 연주하면서 갈등과 긴장감을 해소할 수 있을 뿐만 아니라, 음악에 대한 자신의 감정을 인식하고 표현하는 데 도움을 줄 수 있을 것이다.
	  − 친구들과 함께 타악기를 연주하면서 자신의 감정을 조절하고 다른 사람들의 감정을 이해할 수 있는 기회를 갖게 된다.
	  − 이처럼 타악기를 활용한 음악활동은 유아의 정서지능과 밀접한 관련이 있다고 할 수 있다. 이러한 측면에서 해당 음악활동은 유아들에게 자신의 생각과 느낌을 창의적으로 표현하며, 그 가운데서 자신의 감정을 표출하고 타인과의 감정적 교류를 돕는 의미 있는 활동이라고 할 수 있다.

종류	가죽 리듬악기 (가죽 타악기)	스네어드럼, 핸드드럼, 봉고, 콩가, 로터리 팀파니, 큰북 등
	나무 리듬악기 (나무 타악기)	리듬스틱, 우드블록, 투톤블록, 캐스터네츠, 귀로, 클래이터(코끼리코), 우드 프로그(wood frog, 개구리 메이커), 마라카스, 라체, 템플 블록, 비브라슬랩, 멀티톤 블록 등
	금속 리듬악기 (금속 타악기)	트라이앵글, 심벌, 행잉 심벌, 핑거 심벌, 카우벨, 탬버린, 아고고벨, 슬레이 벨, 징글탭, 카바사, 징글스틱, 메탈셰이커, 윈드차임, 실로폰, 에너지차임 등
	특수음색 리듬악기 (특수 타악기)	오션 드럼, 스프링 드럼, 레인메이커, 샌드블록 등
	셰이커 (마라카스류)	에그셰이커, 카바사, 래틀, 마라카스 등
	드럼류	핸드드럼, 봉고드럼, 콩가드럼, 젬베드럼, 고블렉드럼, 팀파니 등

3 선율악기(가락악기)

의미	• 선율악기는 각 음이나 선율을 연주하기 위해 일정한 높낮이를 내는 악기이다.
	  − 영유아의 음악적 발달 수준에 따라 5선악보를 막대리듬이나 색으로 연주할 수 있도록 하며, 탈부착이 가능한 오르프의 실로폰 악기와 색색의 핸드벨을 사용할 수 있다.
	  − 선율악기는 선율 타악기와 선율 관악기, 선율 현악기, 그리고 그 밖의 선율악기가 있다.

종류	선율 타악기	글로켄슈필(glockenspiel: 종금), 메탈로폰(metallophone: 철금), 실로폰 (xylophone: 목금), 핸드팬, 계단 실로폰 등

종류	선율 타악기	글로켄슈필(glockenspiel: 종금), 메탈로폰(metallophone: 철금), 실로폰 (xylophone: 목금), 핸드팬, 계단 실로폰 등
	선율 관악기	오카리나, 리코더, 팬파이프, 트레인 휘슬, 카주 등
	선율 현악기	우쿨렐레, 기타, 오토하프 등
	선율악기 (기타 선율악기)	멜로디언, 핸드벨, 붐웨커, 칼림바, 터치벨, 멜로디언, 밤벨, 톤차임 등

4 하모니악기(화음악기)

의미	• 하모니악기는 여러 개의 음을 동시에 내어 멜로디를 반주하고 화음을 내는 악기이다. − 이러한 하모니악기는 유아가 연주하기보다는 교사의 연주나 탐색을 통해 경험하도록 할 수 있다.
종류	우쿨렐레, 피아노, 오토하프, 기타, 덜시머, 지터 등

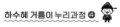

5 일반악기 종류

건반악기	피아노, 오르간, 전자키보드, 하프식코드
현악기	바이올린, 첼로, 더블베이스
목관악기	리코더, 플루트, 오보에, 클라리넷, 바순, 색소폰
금관악기	트럼펫, 트롬본, 호른, 튜바
타악기	마림바(말렛), 비브라폰, 스틸팬, 핸드팬, 팀파니(말렛), 탐탐 등

6 국악기

의미		• 국악기는 우리나라 음악을 연주할 때 사용하는 모든 악기를 말하며, 우리나라의 많은 역사적 변화와 함께 전승되어 왔고 우리 민족의 삶이 담긴 악기이다. – 영유아기에 만나는 국악기는 우리나라의 음악과 문화에 대한 자긍심을 향상시켜 주고, 한국인으로서의 정체성을 확립시키는 중요한 활동에 해당한다.
종류	장구	• 장구는 장구통을 가운데 두고 궁편과 채편(열편)으로 이루어져 있으며, 조이개(부전)를 사용한다. – 궁편(왼쪽)은 공이 달린 궁굴채 또는 손으로 치며 굵은 낮은 소리를 내고, 채편(오른쪽)은 대나무로 만든 가느다란 채로 치며 날카롭고 높은 소리를 낸다. – 사물놀이 악기 중 양손을 사용하는 유일한 악기로 다양한 장단을 만들어 낸다.
	북	• 사물놀이에서 사용하는 풍물북은 가장 오래된 악기이다. • 종류가 다양하며 줄로 엮어 양쪽의 북면을 조여서 소리 낸다. • 북은 강박을 치며 박의 중심을 잡아주는 악기로 전체의 속도와 장단의 흐름을 잡는다.
	꽹과리	• 꽹과리는 지역과 연주하는 장소에 따라 다르게 쇠나 깽매기, 동고 등으로 불리기도 한다. • 꽹과리는 징보다 작은 크기로, 악기는 주로 왼손에 채는 오른손에 들어 손가락으로 꽹과리 안을 잡고 열면서 소리의 울림을 잡고 열어줌으로써 리듬을 더욱 다채롭게 만든다. • 크기가 작아 높은 음이 나며, 리듬을 주고받으면서 신명난 소리판을 만들어 낸다.
	징	• 징은 꽹과리에 비해 깊고 부드러운 소리를 낸다. • 징은 꽹과리, 장구, 북까지 품어주는 소리로 각각의 소리를 하나로 만들어 낸다. • 징은 예로부터 무악, 궁중악, 고취악, 풍물놀이와 절에서도 사용되었다. • 울림이 풍부하면서 길게 소리 내는 것은 징 소리의 특징으로 볼 수 있다.
	소고	• 다른 이름으로 매구북이라고도 한다. • 농악과 민속무에 주로 쓰이는 북으로, 왼손으로 손잡이를 잡고 오른손에 작은 방망이(채)를 들어 앞뒤로 두드려 춤추면서 연주한다.

	해금	• 해금은 고려시대 때 우리나라에 전래된 악기이다. • 해금은 관악 중심과 현악 중심 합주에 모두 편성되는 악기이며, 연주되는 모습과 재료를 살펴보았을 때 현악기로 분류된다. • 현을 뜯었을 때 음의 지속성이 떨어지는 가야금, 거문고와 달리, 해금은 현을 마찰하여 소리를 내는 찰현악기로서 하나의 음을 오래 지속할 수 있어 연주의 흐름이 끊어지지 않도록 음악을 이어주는 역할을 한다. • 8음이 모두 들어간 악기로 통과 복판, 입죽, 활대로 이루어져 있다.

7 재활용품 악기

의미		• 재활용품 악기는 주변의 생활용품이나 폐품을 이용하여 만든다. 재활용품 악기의 다양한 크기와 재질의 통, 내용물의 크기와 무게, 질감에 따라 다양한 소리가 만들어지며, 만들어진 악기의 음색과 크기에 따라 청각 현상에 있어서의 자극과 반응이라는 과학 현상을 경험하는 데 도움을 준다. - 울림통의 크기와 내용물의 성질에 따라 어떻게 서로 다른 소리가 나는지를 비교해 보고, 물체와 소리의 관계에 대해 탐색할 수 있는 기회를 제공한다. - 또한 리듬악기를 만드는 재미를 느낄 수 있으며, 버려지는 물건을 활용한 결과물과 악기를 만드는 과정을 소중하게 여긴다. 특히 제작과정에서 영유아는 창조의 기쁨을 맛볼 수 있고, 소리를 상상해 볼 수 있는 경험을 하게 된다. - 이를 통해 악기 연주 시 자신만의 방식으로 그 악기의 음색과 크기를 만들어 연주를 즐기며, 만들어진 재활용품 악기로 훌륭한 연주를 할 수 있게 된다. 악기와 음색에 대한 흥미 유발은 어떤 종류의 악기라도 영유아에게는 음악교육의 가치가 있다.
종류	장갑 딸랑이	• 작은 딸랑이 방울을 장갑 위에 놓고 꿰맨다. - 손을 아주 약간만 움직여도 소리가 나므로 장애유아에게 유용한 악기로 활용될 수 있다.
	페트병 타악기	• 여러 가지 크기의 빈 페트병을 타악기로 활용하면 효과적이다. - 페트병에 여러 가지 물체를 넣은 후 다양한 소재로 두드리면 각기 다른 타악기의 음색 표현이 가능해 다용도로 이용할 수 있는 장점이 있다.

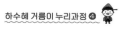

MEMO

	깡통 비브라폰 악기	각종 크기의 빈 깡통을 전선이나 천 조각으로 연결하여 위아래로 흔들거나 막대기로 치게 한다.
	다양한 마라카스	• 플라스틱 뚜껑이 있는 온갖 종류의 빈 깡통 또는 스티로폼으로 된 종이컵을 두 개 맞대어 마라카스를 만들 수 있다. － 마라카스를 만들 때 넣는 내용물은 콩·쌀·옥수수 알갱이·압정·돌·클립 등을 다양하게 이용할 수 있는데, 흔들면서 내용물이 어떤 것인지 알아맞히는 활동을 할 수도 있고, 같은 소리끼리 짝짓기, 작은 소리부터 큰 소리까지 서열화하고 구별해 보는 활동을 할 수도 있다. － 한편 마라카스를 만들면서 유아가 다양하게 장식하는 조형미술 놀이와 악기를 연결할 수도 있다.

8 생활용품 악기

	종이 악기	• 재질이 다른 종이를 여러 가지 방법으로 다루어 악기처럼 사용한다. 예 종이 찢기, 종이 비비기, 손으로 종이 치기, 종이 불기, 종이 구기기, 종이 뭉치기 등이 있다.
종류	풍선 악기	• 풍선 속에 여러 종류의 작은 물건(예 콩, 클립, 모래, 단추 등)을 넣어 서로 다른 소리가 나게 하여 악기처럼 사용한다. 예 풍선 흔들기, 풍선을 손가락으로 튕기기, 풍선 비비기, 풍선에 바람 넣었다 빼기, 풍선을 손바닥으로 치기 등이 있다.
	부엌용품 악기	부엌용품들을 다양한 방법으로 예쁘게 장식하고, 여러 가지 방법으로 소리를 내어 악기처럼 사용할 수 있다.
	부채 악기	부채에 단추나 콩과 같이 다양한 재질의 작은 물체를 매달아서 부채를 흔들 때마다 여러 다양한 소리가 나게 하는데, 후드득하며 갑자기 쏟아지는 소나기 소리의 효과음 등을 묘사할 수 있다.

UNIT 10 악기 음악교육활동

- 악기 다루기는 음악활동의 기본적인 방법으로 모든 연령의 유아들이 좋아하며 특별한 관심을 나타낸다. 악기는 자신의 의지대로 연주할 수 있으며 자신의 능력이나 한계를 마음껏 극복하여 발휘할 수도 있다. 유아들은 악기를 연주하면서 자신의 현재 감정을 있는 그대로 표현할 수 있고 자연스럽게 친구들과 어울리면서 서로를 이해하게 된다. 타악기 연주는 질서와 활기 있는 생활을 유도하고, 특히 기악합주는 협동심을 길러준다. 유아들은 악기를 두드리면서 대·소근육을 발달시키고 악기의 독특한 음색과 음의 울림을 경험하며 즐거움을 느끼게 된다.
- 악기를 다룰 때는 우리나라 전통 악기와 함께 다른 나라의 악기를 다양하게 준비하고, 유아가 쉽게 다룰 수 있는 리듬악기나 타악기에서 시작하여 점차 멜로디 악기로 확장한다.
- 악기 다루기는 악기 탐색하기와 악기 연주하기로 구분된다.

악기 탐색과 다루기	허용적 분위기	• 유아의 악기 탐색과 시도를 격려한다. • 자신이 원하고 좋아하는 부분에서 악기를 사용하여 참여할 수 있도록 허용적 분위기를 마련한다. • 유아는 노래의 리듬을 느낄 수 있으며 이것을 자기 나름의 방법으로 다양하게 시도해 보고 표현할 수 있는 기회가 필요하다. **유의점** 연주 시에는 정확한 연주법이나 맞고 틀리는 리듬치기 등을 강요하지 말고, 교사가 미리 정해진 모델을 보이지 않아야 한다.
	다양한 리듬악기 제공	• 유아의 음감은 건반악기보다 타악기, 즉 리듬악기를 통하여 더욱 발전된다. — 트라이앵글, 탬버린, 북, 캐스터네츠 등의 리듬악기를 스스로 흔들어 보고, 또 그 소리를 알아맞춰 봄으로써 음악적 능력이 향상된다. • 리듬악기는 만 3~5세 유아의 리듬 발달과 악기 연주의 개념 형성에 매우 바람직하다. • 유아 자신의 리듬 탐색과 악기소리 탐색에 사용될 뿐만 아니라, 유아의 움직임 활동 시 리듬을 정확히 듣고 표현을 장려하는 배경악기로 매우 중요하다.
	다양한 악기 제공	• 소리의 탐색과 식별을 위해 악기는 양질의 것으로 비치하고, 특히 가락의 음을 내는 실로폰이나 *계단벨은 좋은 것을 선택한다. • 폐품을 이용하여 만든 다양한 악기 등을 비치하여 쉽게 사용할 수 있도록 한다. • 유아가 교사와 함께 악기를 만들 경우, 소리가 어떻게 나며 악기는 어떻게 소리를 내는지를 유아가 이해할 수 있으므로 바람직하다.

＊계단벨
- 계단과 비슷한 틀에 금속 건반이 배열된 것이다.
- 공명벨이나 실로폰처럼 질 좋은 맑은 음을 내는 못하지만, 낮고 높은 음을 한 눈에 볼 수 있는 유용한 악기이다.
- 멜로디를 연주할 때 그 멜로디가 올라가거나 내려가거나 또는 같은 높이에 머무르는 것을 시각적으로 볼 수 있으므로, 유아의 음악성 발달을 도모하기 위한 음악교육 프로그램에서 꼭 필요하다.

음악적 요소 경험		• 악기소리의 차이를 직접 듣고 구별할 수 있도록 활동을 계획한다. 처음에는 두 음의 높낮이가 크게 다른 것을 선정하여 구별하도록 하다가 차츰 음 간격을 좁히도록 한다. • 유아나 교사가 만든 리듬 형태를 유아들이 반복해 보는 것도 좋으며, 강약의 중요한 부분 또는 음악의 강약이 변할 때 악기를 첨가하거나 바꾸어 볼 수 있다.
악기 연주의 단계별 지도법		**| 악기 연주 지도 단계 |** ① 악기놀이 : 악기로 놀이하는 시간을 갖는다. ② 음감놀이 : 소리의 크고 작음을 알리도록 지도한다. ③ 리듬놀이 : 소리의 길고 짧음을 구분하게 하는 놀이이다. ④ 기악합주 : 아동들이 할 수 있는 모든 악기를 총동원하여 악기 연주를 통한 음악의 세계를 발견하도록 지도한다. • 악기 연주는 놀이로 접근하는 것이 좋으며, 악기가 얼마나 재미있는 장난감인지를 노래하듯이 시작해 보는 것이 좋다. • 하고 싶은 대로 연주해 보면서, 악기의 구조나 주법 설명으로 자연스럽게 연결하여 지도하는 것이 중요하다. • 처음에는 한 악기부터 시작해서 차츰 악기의 수를 늘리는 것이 좋다. • 유아 전체가 한 악기로 통일해서 연주하다가, 잘 되면 두 악기, 세 악기, 네 악기 등으로 늘려갈 수 있다. • 악기를 연주할 때 사용하는 악기 그림악보 등을 마련하여 자신이 좋아하는 노래를 악기로 연주해 보도록 한다. • 4세 이상의 유아들은 악기 연주를 할 때 기다렸다가 자신이 좋아하는 부분에서만 연주할 수 있는데, 이처럼 자기 차례를 기다렸다가 연주하는 방법은 악기 연주에서 중요한 사항이다.
일과 속 및 통합활동으로 제공		악기를 단순히 연주에만 사용하는 것이 아니라 매일의 일과에서 여러 곳에 쓰이도록 배려하며, 다른 영역과의 통합 활동을 계획할 때도 악기를 사용한다.
악기의 필요성 및 사용 규칙 알기		• 교사는 유아가 자발적으로 만든 찬트나 노래를 녹음하였다가 가락 악기로 연주해 줌으로써, 악기는 노래를 반주할 때와 새로운 노래를 만들 때 사용되는 것임을 알도록 한다. • 사용 규칙을 정해 악기를 다루는 법을 알려주어 무기나 장난감 등으로 사용하지 않도록 한다.
현장학습 및 공연 관람		• 악기를 파는 주변의 전문 악기상점을 방문하여 다양한 악기를 직접 볼 수 있는 경험을 하거나, 민속 악기 연주를 관람할 기회를 제공한다. • 유아가 다루지는 않지만 그 모양을 보고 소리의 특성을 알 수 있도록 실물 악기들을 경험할 수 있는 기회를 최대한 제공한다.

1 악기 탐색하기

의미	• 악기를 연주하기 전에 악기를 탐색할 수 있도록 하는 것이며, 이를 통해 악기에 대한 지식, 음에 대한 개념 및 소리가 만들어지는 현상에 대한 이해를 발달시킬 수 있다. 　－ 준비된 악기를 어떻게 연주하면 좋은 소리가 나며, 연주하는 방법은 어떤 것인지 생각해 볼 수 있다. 이때 악기소리를 들려주기 전에 악기의 모양과 색깔, 크기, 무게를 보고 소리를 상상할 수 있는 기회를 제공하여 악기소리를 표현해 볼 수 있도록 한다. 악기를 알아보는 과정을 통하여 악기에 대한 관심을 갖게 하고, 영유아의 생각과 느낌을 자유롭게 표현할 수 있도록 허용적인 분위기를 조성한다. 　－ 악기 탐색을 위해 교사는 유아에게 먼저 악기의 이름과 사용방법을 알려주기보다는 모양과 소리를 직접 탐색해 보도록 충분한 시간을 허용한다. 악기를 가지고 다양한 방법으로 소리를 내 보고 악기에 대한 경험을 나누도록 한다. 　－ 악기의 소개는 한 악기씩 충분히 탐색할 수 있도록 한다. 악기를 만져보기, 흔들어 보기, 손과 다양한 채로 두드려 보기, 문질러 보기, 긁어 보기, 부딪히기 등 악기의 모양과 소리에 대한 충분한 탐색이 이루어지도록 한다.
발문	• 교사는 악기 탐색을 돕기 위해 여러 가지 질문을 통한 언어적 상호작용을 한다. 　－ 이 악기의 모양은 어떻니? 　－ 만졌을 때 느낌은 어떻니? 　－ 이 악기는 어떤 소리가 날까? 　－ 이 악기는 어떻게 하면 소리 낼 수 있을까? 　－ 어떤 소리가 났니? 악기소리의 느낌은 어떻니? 　－ 악기를 다른 방법으로 소리를 낼 수 있을까? 　－ 무슨 소리와 같을까? 　－ 이 악기로 다른 소리를 만들어 본다면 어떤 소리가 있을까?
악기의 음색과 특징 경험하기	큰 소리－작은 소리(강한 소리－약한 소리), 높은 소리－낮은 소리, 긴 소리－짧은 소리, 맑은 소리－둔탁한 소리, 급한 소리－여유로운 소리, 밝은 소리－어두운 소리, 가벼운 소리－무거운 소리, 거친 소리－부드러운 소리, 화려한 소리－단순한 소리 등을 경험한다.

2 악기 연주하기

• 악기 연주하기를 지도할 때에는 악기를 탐색하는 것에서부터 시작하여 점차 수준을 높여주며, 여럿이 연주할 경우에는 다른 사람의 연주도 주의 깊게 들을 수 있도록 악기소리를 조절함으로써 전체적인 소리의 조화에 귀 기울일 수 있도록 주의를 주는 활동 지도가 필요하다.

• 곡이나 노래에 맞추어 악기를 연주하는 방법에는 익숙한 음악을 듣거나 아는 노래를 부르며 자유롭게 연주하기, 노래나 곡의 특정 부분만을 연주하는 부분 연주하기, 유아들이 곡이나 노래를 분담해 나누어 연주하는 분담 합주하기 등이 있다.

• 악기 연주 활동은 대집단이나 소집단 또는 놀이시간에 자유롭게 이루어질 수도 있다.

(1) 악기 연주하기 활동의 진행과정

도입 단계	• 악기 연주를 위한 곡을 들어 보거나 노래를 불러 본다. 　– 친숙한 곡을 들어 보거나 이미 배워서 불러 본 노래를 다함께 부른 후, 이 곡이나 노래에 맞추어 연주할 것임을 알려 준다. • 악기 연주에 사용할 악기를 소개한다. 　– 연주할 악기를 소개하고 악기의 모양과 소리, 연주하는 방법 등에 대해 이야기 나눈다. 　– 연주할 악기를 유아들이 직접 정할 수도 있다. 유아들이 자유롭게 원하는 악기를 선택할 수도 있고, 연주할 곡이나 노래에 어울리는 악기를 선택할 수도 있다.
전개 단계	• 악기 연주를 위한 그림악보를 제시한다. 　– 전체를 자유롭게 연주하는 경우에는 새 노래 지도 시 제시하였던 노랫말 자료를 보며 자유롭게 연주할 수 있다. 　– 부분 연주를 하거나 분담 합주를 할 때에는 어느 부분을 연주할 것인지, 어떤 부분에 어떤 악기가 적합할지에 대해 이야기 나눈다. 연주하는 부분에 그림으로 악기 표시와 연주 방법 표시를 한다. • 악기별 연주 리듬 또는 리듬패턴을 정한다. 　– 규칙적인 박으로 연주, 한두 마디 부분 연주, 전체 연주, 리듬패턴 등을 정한다. • 악기에 접근하기 전에 신체를 이용하여 연주한다. 　– 악기로 연주하기 전에 실제 악기 연주하는 것과 동일한 부분을 신체로 연주한다. 　– 신체 연주는 악기보다 유아가 다루기 쉬워 악기로 연주하기 전에 연주 방법을 익히는 데 유용하다. • 악기를 나누어 갖는다. 　① 악기를 한꺼번에 제공하는 것이 아니라 20명 중 5명씩 주고 함께 연주한 다음 다른 5명에게 전달하여 연주하고 이를 반복하는 식으로 함으로써, 처음부터 유아가 자제하지 못하고 마구 두드리는 일이 없도록 순차적으로 제시한다. 　　– 모두 한 번씩 돌아가면서 반복 연주하는 것이 익숙해지면 마지막에는 모두에게 악기를 나누어 주고 연주해 볼 수 있다. 　② 신체악기로 연주해 본 것을 악기로 연주할 것임을 알려 주고 전체 유아에게 악기를 나누어 준다. 합주를 위해 여러 가지의 악기를 사용할 경우에는 유아가 원하는 악기를 선택할 수 있도록 한 가지 악기씩 차례대로 나누어 준 후, 같은 악기별로 모여 앉을 수 있게 한다. 　③ 대집단 수업일 경우, 교사가 직접 나누어 주기보다는 유아 중 두세 명이 바구니별로 정리된 악기를 나누어 줄 수 있도록 하면 빠른 시간에 악기를 나눌 수 있으며, 혼잡을 피할 수 있고 앉아 있는 유아들의 소외되는 시간도 줄일 수 있어 효과적이다. 　　– 연주 활동 시 혼란스럽지 않게 악기 사용에 관한 규칙을 이야기 나눈다. 　　　⑩ 악기 사용 멈추기, 사용 후 제자리에 정리하기 등의 규칙을 공유한다. 　　– 악기별로 소리내어 보되, 교사는 영유아가 놀이의 형태로 자연스럽게 시작하여 음악적인 소리를 낼 수 있도록 격려하고 지도한다. • 그림악보를 보면서 악기로 연주한다. 　– 그림악보에 제시된 표시를 보며 악기를 연주한다.

- 다양한 방법으로 연주한다.
  ① 다양한 음악의 요소로 연주해 본다.
    - 예 규칙적인 박으로 연주하여 박에 대해 경험한다.
    - 예 강약을 사용한 셈여림에 대해 연주를 경험한다.
    - 예 활동하는 악기의 음색에 대한 연주를 경험한다.
    - 예 완성된 연주곡의 빠르기 변화에 대한 연주를 경험한다.
  ② 다양한 연주 방법을 경험한다.
    - 예 탬버린은 치기에서 흔들기로, 북은 두 손을 동시에 치기에서 번갈아 치기로 바꾸어서 연주한다.
    - 예 그림악보에서 연주하는 부분을 서로 바꾸어 연주한다.
    - 예 유아들을 그룹으로 나누어 일부 유아들이 연주하는 동안 다른 유아들은 노래를 부른다.
    - 예 피아노나 기악곡에 맞추어 악기를 연주한다.
    - 예 노래하며 악기를 연주한다.
    - 예 형식에 따른 팀별 문답으로 악기를 연주한다.
    - 예 즉흥연주를 한다.
- 팀별 악기 교체를 통해 다른 악기를 연주해 본다.
  - 연주해 보지 않은 악기로 바꾸어 연주한다.
  - 집단 활동에 활용한 악기는 모두 다루어 봄으로써 다양한 음색 및 연주 방법을 경험 한다.

마무리 단계

- 악기를 정리한다.
  - 악기 연주가 끝난 후, 유아 각자가 약속된 보관 장소에 악기를 놓거나, 혹은 한 유아가 통을 들고 다니면서 걷어 정리하도록 한다.
  - 악기를 걷을 때에도 한꺼번에 하지 말고 일정한 패턴에 따라 순차적으로 걷는다.
    - 예 악기의 종류별로 걷는다든지, 태도 좋은 친구의 이름을 불러 주어 악기를 걷는다든지, 색깔별 로 걷는다든지 등의 방식으로 할 수 있다.
- 활동에 대한 생각과 느낌을 이야기 나눈다.
  - 악기 연주에 나타난 음악적 요소와 관련지어 평가한다.
  - 약속된 방법으로 악기를 연주했는지 평가한다.
  - 연주가 조화롭게 되었는지 평가한다.
  - 한 악기소리만 너무 크게 나지는 않았는지 등에 대해 이야기 나누고 평가한다.
- 악기 연주를 자유놀이 시간에 연계할 수 있도록 한다.
  - 집단 활동으로 한 악기 연주 활동을 개인이 자유놀이시간에도 할 수 있도록 악기를 음악영역에 비치하여 유아 스스로 해볼 수 있게 한다.
  - 이때 다른 유아의 놀이가 방해되지 않게 악기 수를 조정할 수 있으며, 소리가 큰 악기 는 복도나 바깥놀이에 일시적으로 비치할 수도 있다.

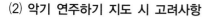

(2) 악기 연주하기 지도 시 고려사항

규칙 정하기	악기를 나누어 주거나 연주할 때에는 나누어 주는 방법과 사용 규칙을 정한다. • 악기를 나누어 줄 때에는 혼잡하거나 소란해지지 않도록 나누어 주는 방법을 고려하는 것이 필요하다. 　─ 악기를 종류별로 바구니에 담아 한두 명의 유아가 나누어 주도록 한다. 　─ 차례대로 악기를 나누어 주고, 기다리게 하는 상황에서 차례를 지켜 악기를 줄 때까지 자리에 앉아 기다릴 수 있어야 한다. • 어린 유아들일수록 악기를 만져보고 소리내어 보고 싶어 하므로, 처음에 악기를 받은 유아들에게 악기를 실험해 볼 수 있도록 탐색의 시간을 주는 것이 바람직하다. 다만 악기를 나누어 주기 전에 교사의 신호(손을 든다거나 다른 신호 소리로 표시)에는 악기를 내려놓기로 규칙을 정한다. 　**예** 교사가 이야기하거나 다른 유아가 연주할 때에는 악기소리를 내지 않기, 악기를 바르게 사용하기, 연주하지 않을 때에는 내려놓기 등의 규칙을 정해서 지도한다. • 악기는 사용 규칙을 정해 악기를 다루는 법을 알려줌으로써 악기를 무기나 장난감 등으로 사용하지 않도록 한다. 　─ 박자를 맞추거나 신체를 표현하는 데에 바르게 사용할 수 있어야 한다. • 집단활동을 통해 악기 연주 활동이 이루어지는 상황에서 지켜야 할 규칙을 안내한다. 　─ 다른 친구들과 집단으로 이루어지는 악기활동에 참여했을 때에는 규칙없이 원하는 대로 흔들거나 신경질적으로 치는 것이 아니라, 다른 친구들과 함께 규칙대로 박자에 맞춰 칠 수 있어야 한다. 　─ 자리를 이탈하지 않고 활동하는 자리에서 악기를 사용할 수 있어야 한다.
악기 연주하기 지도 시 교사의 역할	• 악기 지도를 즐겁게 하기 위해서는 교사가 먼저 악기 연주에 대한 두려움을 가지지 않고 즐기며 자유롭게 표현할 수 있어야 한다. 　─ 그러기 위해 교사는 여러 종류의 악기를 사용하기 전에 조사하고 탐구하는 자세를 가져야 하며, 악기의 올바른 연주법을 익히도록 한다. 　─ 또한 악기 연주를 듣기만 하기보다는 함께 참여하고 즐길 수 있는 교사가 유아와 함께 행하고 능동적으로 표현하게 된다. • 교사 자신은 음악가로서의 자신감을 가져야 한다. 　─ 노래를 잘 부르고 피아노를 능숙하게 연주할 수 있는 능력보다는 음악을 사랑하고 이해하려는 마음과 함께 즐기고 표현할 수 있는 태도가 필요하다. • 교사는 영유아의 발달에 맞는 적절한 음악학습환경을 제공해야 한다. 　─ 교사는 영유아에게 다양한 악기를 제공하고, 탐색할 시간을 충분히 주어야 하며, 영유아의 생각과 느낌을 자유롭게 표현할 수 있도록 허용적인 분위기를 조성해야 한다. • 영유아의 자발적인 참여와 표현을 격려할 수 있는 활동을 계획하고, 음악적 행동을 자극할 수 있는 교수자료나 경험을 제공하며, 일회성이 아니라 지속적으로 활동이 이루어지도록 지도해야 한다. • 악기 연주를 하기 전에 유아가 개별적으로 악기를 탐색할 수 있도록 충분한 기회를 제공한다. 　─ 악기를 다루는 과정을 교사 주도적으로 이끌거나 지나친 제한을 한다면 유아는 악기에 대한 흥미를 잃을 수도 있다. 유아가 악기에 대해 흥미를 갖고 탐색할 수 있는 충분한 시간을 주는 것이 바람직하다.

	• 처음에 악기를 제공할 때에는 한두 가지부터 제공하면서 점차 종류를 늘려 간다. 　－ 새로운 악기를 접할 때 한꺼번에 여러 개의 악기를 제공하면 각 악기에 대한 충분한 　　탐색이 이루어지기 어려우며, 새로운 여러 가지의 악기를 다루는 것이 힘들어 악기 　　탐색 이상의 음악활동에 한계가 있다. • 연주 과정을 즐길 수 있도록 지도한다. 　－ 유아의 악기 연주는 정확하게 연주하는 것을 강조하기보다는 다양한 연주 방법을 경 　　험하고 연주 과정을 즐길 수 있도록 하는 것이 바람직하다. • 여러 가지 악기를 사용할 경우 유아들이 서로 악기를 바꾸어 연주하는 기회를 갖는다. 　－ 악기 연주에서 여러 가지 악기를 사용할 경우, 가능하면 모든 유아가 다양한 악기를 　　경험해 보는 기회를 가질 수 있도록 계획한다.
악기 연주하기 지도 시 유의점	• 악기놀이와 연주에 사용되는 악기는 유아의 발달 수준에 맞는 양질의 것으로 다양하게 　준비한다. • 악기를 탐색할 시간을 충분히 준다. • 다양한 악기를 연주해 볼 수 있는 기회를 준다. • 유아의 생각과 느낌을 자유롭게 표현할 수 있는 허용적인 분위기를 조성한다. • 자신의 연주를 듣고 스스로 평가해 볼 기회를 준다. • 다른 음악의 영역(노래부르기, 신체표현, 음악 감상 등)과의 균형을 고려하여 악기 연주 　하기를 계획한다. • 악기 연주하기는 일회성으로 계획하고 활동하는 것이 아니라 지속적으로 이루어져야 하 　며, 다양한 참여의 기회가 제공되어야 한다. • 악기놀이와 연주활동 시간은 유아의 흥미와 집중 시간을 고려하여 계획하고 진행한다. • 악기는 위생적으로 관리한다. • 다른 유아를 악기로 치지 않게 공간을 충분히 두도록 한다. • 유아의 신체에 맞는 악기를 사용하도록 한다. • 유아에게 너무 일찍 악기의 연주와 연습을 강요하면 악기에 대한 반감을 가질 수 있으므 　로 주의한다. • 가능한 한 많은 유아를 참여시킨다. 　－ 모두에게 순서가 돌아가야 하며, 4세 이전에는 같은 악기를 주도록 한다(이 시기는 대 　　개 친구가 하는 악기를 좋아하기 때문에 되도록 같은 크기와 같은 색깔로 준비한다). • 좋은 질의 악기를 선택하여 사용한다. • 교사는 악기를 어떻게 잡고 어떻게 연주하는지 익힌 후 유아에게 시범을 보여야 한다. • 악기를 배부하고 다시 걷는 것을 표준화한다(악기 걷기를 기다릴 때 스틱은 겨드랑이에 　끼기 등). • 6세 미만인 어린 연령의 유아들에게는 순서를 지키고 기다리면 모두에게 차례가 돌아간 　다는 것을 인지시킬 수 있도록 계획할 필요가 있다.

MEMO

3 다양한 악기 활동방법

소리 탐색 (exploration)	• 유아 주변에 있는 다양한 생활 도구, 종이, 가구, 신체를 활용하여 소리를 탐색한다. 　- 종이를 찢거나 구기거나 칠 때 다양한 소리가 날 수 있음을 탐색하고 소리를 만들어 본다.
리듬패턴을 활용한 즉흥연주	• 짧고 반복적인 리듬패턴을 악기로 연주하다가 어떤 부분에서 리듬패턴을 자유롭게 바꿔 본다. 　- 집단으로 즉흥연주를 할 때에는 모두 4마디나 8마디를 같은 리듬패턴으로 연주하다가 이후 2마디를 유아가 자유롭게 바꿔 보고, 다시 4마디 리듬패턴을 함께 반복하는 형식으로 할 수 있다.
동극에 배경효과음 만들기	• 동극을 할 때 배경효과음이 있으면 극의 효과를 높일 수 있고 유아의 참여도도 높아진다. • 일부가 연극을 하면 나머지 유아는 극에 효과를 줄 수 있는 효과음을 악기로 연주할 수 있도록 한다.
악기로 이야기 꾸미기	• 교사가 알고 있는 동화나 혹은 간단한 창작 스토리를 이야기해 주고 그에 따라 악기 연주로 이야기를 구성해 나가는 것이다. 　- 동극에서 배경효과음을 만드는 것과 달리 악기 연주가 주가 되어 스토리를 전개하며, 교사와 유아가 악기를 선정하여 함께 연주해 나간다. 　- 이때 교사가 피아노 등의 악기로 즉흥연주가 가능하면 더 효과적인 음악극이 될 수 있다.
합주	• 유아가 배운 노래를 합주할 수 있으며, 이때 모든 악기를 다 같이 매 박마다 연주하는 것은 진정한 의미의 합주라고 하기 어렵다. • 악기를 두세 종류로 나누고 연주할 부분도 두세 파트로 나누어 교사의 지시에 따라 각 파트가 연주할 수 있도록 한다. 　- 처음부터 모두에게 악기를 나누어 주기보다는 신체악기를 이용해 연주해 보다가 유아 일부에게 악기를 나누어 주고, 나머지는 신체악기로 하는 식으로 하면서 악기 연주를 늘려간다. 　- 어느 파트에서 연주하는지 익숙해지면 전체 악기를 가지고 합주한다. 파트별 색깔이나 악기 그림카드를 보여 주면서 악기가 나오는 부분에 신호를 줄 수도 있다.
즉흥연주	• 음악영역에 악기를 비치하여 유아가 자유롭게 리듬과 가락을 연주해 보고 즉흥연주할 수 있도록 한다. 　- 소그룹 혹은 대그룹으로 할 수 있는데, 모두 같은 패턴을 연주하다가 일정 부분에서 자유롭게 연주하는 방법이다.

유아음악교육의 영역 - 음악극하기

UNIT 11 **음악극하기**

KEYWORD # 노래극, 음악극 지도 시 고려할 점

의미	• 음악극은 음악 감상하기, 노래부르기, 악기 다루기, 동작으로 표현하기를 통합한 음악 교육활동으로, 동화·동시의 내용 또는 주제에 관련된 내용을 극화하거나 노래극으로 구성하는 창작극이다.

창작극

• 공연을 중시하는 구조화된 전통적 극놀이와는 달리 자발적으로 친숙한 상황과 주제를 발현적으로 선택하기 때문에 직접적인 참여자로서 영유아의 역할이 강조된다.
• 창작극을 통하여 영유아는 능동적으로 모든 활동 과정에 참여하게 되며, 공연의 결과가 아닌 과정에 교육적 가치를 둔다.

노래극

개념	이야기를 듣고 노래 부르는 일반적 표현이 점차적으로 발달하여 극화된 것으로 동극을 하는 중에 노래를 부르는 것이다.
노래극의 내용	• 유아의 경험을 바탕으로 하여 공감할 수 있는 내용 • 즐겁고 흥미로우며 교훈을 느낄 수 있도록 공간 속에 극화할 수 있는 내용 • 유아가 충분히 이해한 내용이면서 즐겁고 확실한 주제로 구성된 내용 • 학습 전체에 유아가 참여할 수 있는 내용
노래극의 선율	• 유아의 억양과 밀접하게 접근되어야 한다. • 쉽고 자연스럽게 표현되어야 하며 같은 선율의 반복이 많아져 유아가 선율을 배우는 데 부담을 느끼지 않도록 해야 한다.

영유아에게 적합한 음악극	• 영유아에게 흥미롭고 친숙하며 발달 수준에 맞는 내용의 음악극을 선정해야 한다.
	  − 동화는 유아에게 친숙하고 흥미롭기 때문에 음악극의 내용으로 적합하다.
	  − 음악극의 내용이 어렵거나 길 경우에는 주제의 전달이 산만 혹은 모호하지 않은 범위 내에서 내용을 수정하여 활용한다.
	  − 음악극의 내용은 전체 교육과정의 생활주제와 연관성을 갖는 것이 좋다.
	  − 선정된 음악극은 영유아의 흥미와 요구를 고려하고, 생활주제 중심의 내용에 근거하여 융통성 있게 그 내용을 변화시킬 수 있다.
	• 소요시간이 20분 이상을 넘지 않는 것이 좋다.

지도방법	① 음악극 활동 계획하기		• 유아에게 실시할 음악극에 대해 소개하고 활동을 구체적으로 계획한다. 　－ 음악극에 대한 소개와 이해를 돕기 위하여 어른이나 유아가 공연한 음악극을 직접 관람시키거나 비디오를 보여준다. 　－ 음악극에 대한 소개와 이해는 사전활동으로 미리 이루어질 수도 있으며, 이를 토대로 음악극 활동을 계획한다. 　－ 음악극에 대한 계획은 주로 이야기 나누기 시간에 대그룹 형태의 토의에 의해 이루어진다. 　－ 음악극을 보고 난 느낌, 음악극을 할 수 있는 방법, 음악극을 위한 준비에 대해서 이야기 나눈다.
	② 음악극 활동 실행하기	등장인물 분석하기	• 등장인물에 대한 분석은 등장인물 분석도를 작성함으로써 이루어진다. • 대개 4~5명이 그룹지어 공동으로 토의하여 등장인물 분석도를 작성한 후에 모든 유아가 함께 참여해 가장 적절한 등장인물 분석도를 완성한다. • 등장인물 분석도를 통해서 인물들의 느낌, 정서, 성격 등을 이해할 수 있다.
		노래 부르기	• 음악극 구성에 맞게 동화의 내용을 재구성하여 동화의 장면과 연결된 노래를 다양한 방법으로 부른다. • 음악적인 요소인 리듬, 박자를 다양하게 탐색하고, 다양한 악기를 가지고 노래를 부른다. • 노래를 배운 후, 음악극에 사용하기 위한 노래를 녹음한다. • 노래를 배우기 전이나 후, 자유놀이활동 시간에 자주 들어볼 수 있는 기회를 준다.
		동작으로 표현하기	• 등장인물 분석도를 통하여 분석한 인물들에 대해 신체표현을 좀 더 구체적으로 탐구하고 표현해 본다. • 등장인물이 화가 났을 때, 겁이 났을 때, 겁을 줄 때 등의 신체표현이나 표정을 보다 적합하게 표현해 본다.
		역할 분담하기	• 주인공, 등장인물, 그리고 스텝의 역할에 대해서 이야기 나눈 후에 배역을 정한다. • 주인공과 등장인물, 그리고 스텝이 해야 할 일들을 구체적으로 토의하여 결정한다.
		소품 만들기	• 소품으로는 어떠한 것이 필요하고 무엇으로 만들 수 있는지를 토의한 후, 만들 작품과 재료를 결정하여 작업한다. 예 포스터나 무대의상을 만들고, 무대배경을 꾸밀 수 있다.
	③ 음악극 공연 및 평가하기		• 준비한 음악극을 공연하고 평가해 본다. 　－ 음악극 공연은 두 팀으로 나누어 모든 유아가 음악극의 역할과 스텝의 역할을 경험할 수 있게 실시한다. 　－ 음악극이 끝난 후에 잘된 점과 고쳐야 할 점에 대해서 토의하고, 유아들이 공연한 비디오를 시청하면서 반성적인 평가를 실시한다.

음악극
지도 시
일반적
고려사항
	• 음악극은 창작극의 한 유형으로, 자발적인 참여학습이 가능하게 유도되어야 한다.
	• 교사는 유아로 하여금 음악극을 보고 즐기는 경험이 아니라 직접적인 체험이 되도록 이끌어야 한다.
	• 음악극은 행사 시 발표용이 아니라 교육활동의 일환으로 인식되고, 정규 교육과정의 일부로 실시되어야 한다.
	• 음악극은 모든 교과영역이 통합되어 있는 활동이므로 전체 교육과정의 주제를 중심으로 다른 교육과정 영역의 활동과 연관지어 통합적으로 계획되고 실시되어야 한다.
	• 하나의 음악극은 통합적 활동으로서 단기간에 훈련시키는 방식이 아니라 장기적인 프로젝트로 진행할 때 좀 더 질적인 교육활동으로 전개할 수 있다.
	  - 정규 교육과정 활동에 영향을 주지 않도록 하기 위해서 한 달 정도가 적합하다.
	• 유아의 생각을 가능한 존중하고 수용한다.
	  - 유아로 하여금 활동에 대한 흥미를 높여 주고, 학습성향을 지속하는 동기가 되며, 자긍심을 길러줄 수 있다.
	  예 동작이나 소품을 만들 때 유아들의 생각을 중심으로 만든다.
	• 가능한 많은 유아가 역할을 맡아 참여할 수 있도록 한다.
	  - 한두 명의 유아가 주인공으로 한정되기보다는 많은 유아가 참여할 수 있도록 등장인물이 많은 것이 좋다.
	  - 음악극에 참여하는 유아의 수가 등장인물보다 많을 경우에는 동일한 등장인물을 늘린다.
	• 내성적이거나 소극적인 유아는 음악극에 강제로 참여시키지 않고 자연스럽게 참여를 유도한다.
	  - 친구와 동일한 역할을 주거나 소품의 역할을 하게 한다.
	  예 브레멘 음악대 : 말의 역할을 두 명으로 짝을 이루게 하거나, 무대 위의 나무와 같은 소품의 역할을 하게 한다.

음악극의
교육적 가치
	• 언어의 자유로운 표현이 미흡한 유아에게 노래나 신체표현으로 자신의 생각과 느낌을 전달하게 해주는 용이함을 갖고 있다.
	• 음악극 속에는 어린 영유아가 좋아하는 많은 요소들, 즉 이야기, 음악, 무용, 시각적 예술, 상상적 요소들이 포함되어 있다.
	• 환상적인 캐릭터와 함께 흥분되는 모험적인 이야기로 구성되고, 말과 노래와 동작이 완벽하게 어우러진 체험활동이 된다.
	• 유아는 자신의 삶에 대한 이야기를 읽고, 쓰고, 노래하고, 춤추고, 웃으면서 그들의 삶과 결부된 경험을 자연스럽게 체험할 수 있다.
	• 능동적이고 자발적인 음악극 경험이다.
	  - 유아가 자신이 경험한 세계를 이해해 나가도록 도와준다.
	  - 이야기를 구성하거나, 대사를 익히고 분석하게 해준다.
	  - 그룹 안에서 협동작업을 하면서 지적, 언어적, 사회적 발달을 통합적으로 이루어 나가게 해준다.

참고

음악극의 음악교육 내용 간 통합적인 구성

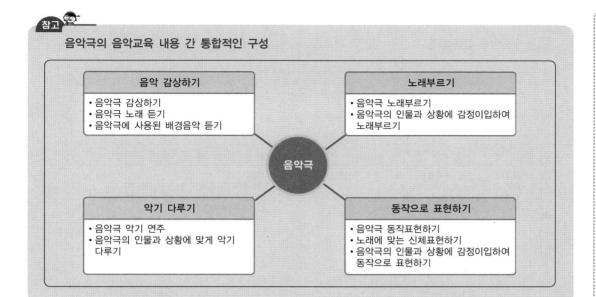

음악 감상하기
- 음악극 감상하기
- 음악극 노래 듣기
- 음악극에 사용된 배경음악 듣기

노래부르기
- 음악극 노래부르기
- 음악극의 인물과 상황에 감정이입하여 노래부르기

악기 다루기
- 음악극 악기 연주
- 음악극의 인물과 상황에 맞게 악기 다루기

동작으로 표현하기
- 음악극 동작표현하기
- 노래에 맞는 신체표현하기
- 음악극의 인물과 상황에 감정이입하여 동작으로 표현하기

음악극

참고

음악극의 발달영역 간, 교과영역 간의 통합적인 구성

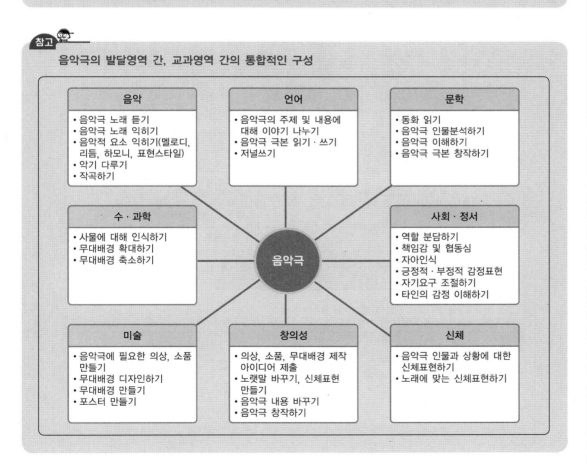

음악
- 음악극 노래 듣기
- 음악극 노래 익히기
- 음악적 요소 익히기(멜로디, 리듬, 하모니, 표현스타일)
- 악기 다루기
- 작곡하기

언어
- 음악극의 주제 및 내용에 대해 이야기 나누기
- 음악극 극본 읽기 · 쓰기
- 저널쓰기

문학
- 동화 읽기
- 음악극 인물분석하기
- 음악극 이해하기
- 음악극 극본 창작하기

수 · 과학
- 사물에 대해 인식하기
- 무대배경 확대하기
- 무대배경 축소하기

사회 · 정서
- 역할 분담하기
- 책임감 및 협동심
- 자아인식
- 긍정적 · 부정적 감정표현
- 자기요구 조절하기
- 타인의 감정 이해하기

미술
- 음악극에 필요한 의상, 소품 만들기
- 무대배경 디자인하기
- 무대배경 만들기
- 포스터 만들기

창의성
- 의상, 소품, 무대배경 제작 아이디어 제출
- 노랫말 바꾸기, 신체표현 만들기
- 음악극 내용 바꾸기
- 음악극 창작하기

신체
- 음악극 인물과 상황에 대한 신체표현하기
- 노래에 맞는 신체표현하기

음악극

MEMO

참고

유아 음악극 활동 과정

계획하기

- 음악극을 할 수 있을까?
- 음악극을 어떻게 할 수 있을까?
- 음악극을 하려면 어떤 준비를 해야 할까?

노래부르기

- 대집단, 소집단, 개별활동
- 기존의 음악극 노래 반복해서 듣기
- 동화의 장면과 연결된 노래를 다양한 방법으로 부르기
- 리듬, 박자, 악기와 연결하여 노래부르기
- 노래가사 바꾸어 부르기
- 노래 녹음하기
- 리듬이나 박자, 악기와 함께 활동할 수 있는 놀이자료를 음악영역에 배치하기

등장인물 분석도 구성하기

- 대집단, 소집단
- 동화를 듣고 동화의 인물 분석하기
- 4~5명이 공동으로 토의한 후 등장인물 분석도를 작성하기
- 등장인물 분석도를 통해서 인물들의 느낌, 정서, 연기 분석하기

역할분담하기

- 대집단
- 주인공, 등장인물, 스텝의 역할에 대해 의논하여 역할 정하기
- 등장인물들을 늘릴 수 있는 방법들에 대해서 토의하기
- 주인공과 등장인물 그리고 스텝이 해야 할 일들을 구체적으로 토의하기
- 주인공과 등장인물, 그리고 스텝의 역할을 바꾸어 하기

실행하기 (통합 활동 구성하기)

동작으로 표현하기

- 대집단, 소집단
- 인물들에 맞는 신체표현하기
- 등장인물들이 화가 났을 때, 겁이 났을 때, 겁을 줄 때 등에 대한 동작이나 표현을 장면에 보다 적합하게 표현하기
- 신체표현 탐색을 위해 사람이나 동물들이 화가 나거나 겁을 줄 때의 그림자료나 비디오 화면을 보여 줌으로써 신체표현을 지지하기

소품 만들기

- 대집단, 소집단, 개별활동
- 소품으로는 어떠한 것이 필요하고, 무엇으로 만들 수 있는지를 토의한 후 만들 작품과 재료를 결정하여 작업하기
- 포스터 만들기, 무대의상, 무대배경, 소품 만들기

전시하기

- 음악극이 진행된 전개 과정 전시하기
- 진행순서에 따른 사진과 결과물 전시하기
- 등장인물 분석도, 역할분담표 전시하기
- 노래에 맞게 정해진 신체표현하기
- 의상, 소품, 무대배경 디자인 및 결과물 공연하는 모습 전시하기

공연 및 평가하기

- 음악극 공연 및 감상하기
- 영유아 음악극을 비디오로 시청 후 반성적인 평가하기
- 음악극을 실행해 보고, 공연한 후의 느낌이나 감상을 자유놀이시간에 저널쓰기하기

출처: 심성경 외 5인, 「유아음악교육」, p.111

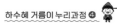

참고

사례 : '흥부와 놀부' 음악극 활동 과정

기간	활동 과정		활동내용	활동형태	집단구성
1주	계획 하기	동화듣기	흥부와 놀부 동화듣기	동화	대집단
		음악극 계획하기	• 흥부와 놀부 음악극 계획하기 • 음악극의 준비절차에 대해 이야기하기	이야기 나누기	대집단
		등장인물 분석도 작성하기	• 등장인물 분석도 작성하기 − 흥부, 놀부, 아내, 아이들, 제비, 도깨비 • 흥부/놀부 벤다이어그램 그리기 • 소그룹으로 등장인물 분석도를 작성한 후 대그룹에서 종합적으로 완성하기	이야기 나누기 자유놀이	대집단
		노래듣기	흥부와 놀부 음악극 노래테이프를 자유롭게 듣기	자유놀이	대·소집단
2주 ~ 3주	실행 하기	노래부르기	• 흥부와 놀부 음악극 노래부르기 • 리듬·박자를 다양하게 활용하여 노래부르기 • 역할·상황에 따라 노래부르기 • 노래가사 개작하여 부르기	노래부르기	대집단
		소품, 의상, 무대 디자인하기	• 여러 가지 동화의 삽화를 보고 비교하기 • 등장인물과 제비의상 및 박, 보물소품 디자인하기 • 흥부와 놀부의 차이점 비교하여 디자인하기 • 재료의 선택과 기존의 설비를 활용할 수 있는 방법 토의하기(◑ 보물−블록, 의상−한복)	작업	대집단
		역할정하기	• 역할 및 스텝 정하기 • 등장인물과 스텝은 두 조로 나누어 배정하기	이야기 나누기	대집단
		노래 녹음하기	노래와 대사 녹음하기(이때 녹음되는 내용은 영유아 음악극 활동에 참여한 영유아들이 직접 노래나 대사를 녹음)	노래부르기	대집단
		동작으로 표현하기	• 노래에 따라 상황에 맞는 신체표현하기 • 등장인물 분석도를 참고하여 흥부, 놀부, 아이들, 도깨비, 제비에 맞는 신체표현하기 • 노래의 가사나 음악적 요소에 맞게 신체표현하기	신체표현하기	대집단
		소품, 의상, 무대배경 만들기	• 디자인한 소품, 의상 만들기 • 무대배경 그리기(공동) • 색종이 찢어 제목 만들기(공동) • 무대 위 작은 조명 만들기	자유놀이	개별 대·소집단
		저널쓰기	흥부와 놀부 음악극을 준비하면서 느낀 점에 대해 저널 쓰기	자유놀이	개별
4주	공연 및 평가 하기	무대배경 설치하기	• 무대배경을 무대 위에 설치하기 • 기존의 설비를 활용하여 설치하기	자유놀이	대·소집단
		연습하기	• 영유아들이 녹음한 노래테이프를 이용하여 연습하기 • 두 조로 나누어진 등장인물과 스텝의 역할 연습하기	자유놀이 노래부르기 신체표현하기	대집단
		공연 및 평가하기	• 1조와 2조 공연하기 • 공연할 때 찍은 비디오를 보면서 평가하기	자유놀이 이야기 나누기	대집단
		저널쓰기	공연이 끝난 후에 감상과 느낌을 저널쓰기	자유놀이	개별

UNIT 12 음악창작(음악 만들기)을 통한 유아음악교육

- 음악 만들기(music making)는 새로운 음악을 만드는 창작활동으로 학자들에 따라 음악창작하기, 창의적 음악 만들기, 즉흥연주하기 등 다양한 용어로 쓰이고 있다.
- 모든 영유아는 음악을 만들 수 있는 능력을 가지고 있으며, 영유아의 음악 만들기는 오선 악보에 음표를 그리는 작곡의 의미와는 구별된다.
  - 영유아가 놀이를 하다가 즉흥적으로 음을 읊조리거나 흥얼거리는 노래, 알고 있는 노랫말을 바꾸어 부르거나, 자신만의 방법으로 자유롭게 악기나 신체표현을 하며 음악적 아이디어를 표출하는 형태(Colwell, 2005) 등이 있다.
  - 이러한 음악 만들기는 연령이 증가하면서 음악적 발달 수준에 따라 적합한 음악적 이해를 형성하고, 음악적 개념이나 지식을 능동적으로 구성하면서 더욱더 창의적인 음악 만들기가 가능하게 된다(Hildebrandt, 1998).
  - 이는 영유아로 하여금 음악에 대한 자신의 감정을 능동적이고 주체적으로 표현해 볼 수 있는 의미 있는 경험이며, 특히 자신만의 독창적인 생각과 느낌을 표현하여 상상력과 창의력을 발달시키는 창작의 결과물을 만들어 낸다.
- 놀이를 통한 음악활동이나 자유로운 음악경험이 음악 창의성과 높은 상관관계가 있음을 볼 때, 음악 만들기 수업은 유아기부터 경험되어야 한다.

교육적 의미	음악 만들기는 영유아가 놀이를 하면서 즉흥적으로 노래를 만들어 부르거나, 악기를 자신의 방식대로 연주 혹은 목소리와 악기로 음악적 아이디어를 내는(MENC, 2005) 자발적인 음악경험을 통해, 음악의 아름다움을 느끼며 음악을 좋아하고 즐길 수 있는 심미적인 체험에 교육적 의미가 있다.	
교육적 효과	• 영유아의 적극적이고 능동적인 참여를 요구함으로써 학습에 대한 의욕과 동기, 흥미를 불러일으켜 자발적인 음악학습 태도를 형성하는 데 기여한다. • 주체적인 참여를 통해 자신만의 개성과 특색 있는 느낌을 음악으로 표현함으로써 성취감을 경험하는 학습활동이다. • 기보법 및 음악적 지식을 통한 음악적 능력의 발달과 함께 음악성 및 창의성을 향상시킬 수 있다.	
지도방법	다양한 소리 경험	• 유아는 영아 때부터 환경으로부터 많은 소리를 경험한다. • 처음에는 소리를 듣고, 소리나는 발음체를 만져 보며, 점차적으로 여러 물체를 활용해 자유롭게 소리를 만들고 탐구하면서 음악적 감수성을 개발해 나간다.
	유아의 사고	• 행위에 근거하여 감각적인 운동에서부터 추상적인 개념이 형성되는 방향으로 발달한다. • 신체 행위와 조작을 통해 음악을 탐구하고 관련 행동을 할 때, 가장 의미 있는 음악적 개념학습이 이루어진다.

MEMO

자발적 활동의 중요성	• 음악의 재료인 소리의 가능성과 그 음악적 표현력 자체를 유아 스스로가 탐구하는 기회를 가진다는 것은 교육적으로 상당히 중요하다. • 유아들은 다양한 놀이를 하면서 자신이 곧 소리를 만드는 창조자가 될 수 있다는 것을 배우게 된다.
유아가 만드는 소리	• 유아가 만드는 소리는 어떤 특정 악기만이 아니라, 가정에서 흔히 사용되는 주변 물체를 두드리거나 부딪쳐 내는 소리이다. • 간단하게 보이는 소리에 대한 탐구 과정에서 유아는 주의 깊게 듣고 비교하여 새로운 소리를 발견하려는 창조성이 점차 발달하게 된다.
유아기 음악성과 음악능력의 발달	• 음악기자재와 시설이 갖춰진 음악환경을 구비한다. • 부모와 교사 주도로 지속적인 관심과 배려를 아끼지 않는 음악적 분위기를 제공한다. • 유아의 다양한 음악활동을 격려하고 체계적인 음악교육을 제공하는 것이 필요하다. • 유아기 음악성의 발달 정도에 대해 성급하게 판단하지 말고, 유아가 지닌 다양한 음악성과 음악능력을 관심 있게 살펴서 음악성과 전인 발달이 조화롭고 균형 있게 이루어지도록 돕는 것이 무엇보다 중요하다.
유아의 음악창작 활동	• 인사하며 선율을 창작한다. • 교사의 리듬을 모방하여 그것을 치기 위한 리듬카드를 이용한다. • 유아들이 잘 아는 노래에 리듬 반주를 만든다. • 기존 곡 일부분의 리듬 바꾸기를 한다.

VI 유아음악개념의 발달

UNIT 13 음악적 개념(음악적 요소)

KEYWORD # 음악적 요소(셈여림, 빠르기, 리듬, 음색, 멜로디, 화음), 음악기호(크레셴도) 장조와 단조의 차이

1 역동성(다이나믹스, dynamics)

개념	• 역동성이란 소리의 표현으로 전반적인 소리의 크기, 어떤 음은 크게 또는 어떤 음은 작게 내는 악센트, 소리가 커지거나(강해지거나) 작아지는(약해지는) 변화를 말한다. – 역동성은 음악개념 중 가장 먼저 발달하는 것(역동성 중에서 유아가 가장 먼저 발달시키는 것은 음악의 셈여림에 관한 개념)이다. ※ 각론서에 따라 셈여림과 다이나믹스(dynamics), 역동성을 같은 용어로 사용하기도 한다.
① 셈여림/ 강·약 (loud–soft)	• 셈여림(loud-soft)은 음악에서 소리의 세고 여린 정도를 의미하는 것으로, 음악이 강하거나 부드럽게 진행되는 것 또는 강세를 주어 표현되는 것 등을 의미한다. • 이는 소리의 크고 작음이나, 강하고 약한 정도를 의미한다. – 작곡가는 악보에 셈여림 기호를 표시하여 어떤 정도의 크기로 노래를 부르거나, 악기를 연주할 것인지 표현하게 된다. – 셈여림은 곡을 풍성하게 해주고, 흥미를 돋우어 인간의 감정을 풍부하게 만들어 준다. – 유아들을 지도할 때에 시각적 영상이나 그림 자료들을 통해 인식시켜주면, 더욱 효과적으로 반응을 이끌어낼 수 있다. 　📖 포르테와 같이 큰 소리를 설명할 때에는 큰북을 연주해 주면서 큰 바윗돌의 그림을 보여주고, 피아노의 작은 소리를 설명할 때에는 작은북을 연주하면서 모래알의 그림을 보여주는 것이다. • 소리는 크고 작은 소리가 있으며, 같은 곡에서 음이 커지거나 약해져서 음의 셈여림이 있다는 것을 알게 된다.

셈여림 기호	이름	뜻
pp	피아니시모(pianissimo)	매우 여리게
p	피아노(piano)	여리게
mp	메조 피아노(mezzo piano)	조금 여리게
mf	메조 포르테(mezzo forte)	조금 세게
f	포르테(forte)	세게
ff	포르티시모(fortissimo)	매우 세게

pp	*p*	*mp*	*mf*	*f*	*ff*
피아니시모 매우 여리게	피아노 여리게	메조 피아노 조금 여리게	메조 포르테 조금 세게	포르테 세게	포르티시모 매우 세게

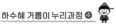

② 악센트 (accent)	• 특정 음을 특히 세게 연주하도록 지시하는 것으로 악센트(>, <, ∧), 스포르찬도(sf, sfz), 포르찬도(fz)가 있다. • 음의 셈여림의 변화는 악센트에 의해서 서서히 일어날 수도 있고 갑자기 일어날 수 있다는 것을 알게 된다. • 점차적인 셈여림의 변화와 갑작스러운 셈여림의 변화를 감지하고 이에 반응하여 표현하는 능력을 기를 수 있다.

③ 변화 (음의 세기 변화)	• 음의 세기 변화는 소리가 커지거나 작아지는 변화를 의미한다. 　- 음악의 성격을 나타내기 위해 사용하며 음악의 분위기에 영향을 준다. 　- 작은 소리에서 큰 소리로 변화되는 과정을 크레센도(crescendo), 반대로 큰 소리에서 작은 소리로 변화하는 과정을 디크레센도(decrescendo)라 한다. 즉 음악에는 점점 커지는 소리와 점점 작아지는 소리가 있으며, 음의 세기 변화는 음악적 표현 중 '감정의 강도'를 나타내는 역할을 한다. • 음의 셈여림이 음악의 분위기에 영향을 미친다는 개념을 발달시키게 된다. 　⑩ 갑자기 커지는 음의 변화는 안정감을 주지 못하며 변덕스럽고 깜짝 놀라는 느낌을 준다는 것을 알게 되는 것이다. • 음악에서 미묘한 분위기의 변화를 효과적으로 정확하게 표현할 수 있는 능력을 기른다.

기호	이름	뜻
cresc. ◁	크레센도(crescendo)	점점 세게
decresc. ▷	디크레센도 (데크레센도, decrescendo)	점점 여리게
dim.	디미누엔도(diminuendo)	
>, ∧	악센트(accent)	그 음만 특히 세게
sf, sfz	스포르잔도(sforzando)	
fz	포르잔도(forzando)	
fp	포르테 피아노(fortepiano)	세게 곧 여리게

유아기에 적합한 역동성의 개념	• 같은 곡을 크게(강하게) 연주할 수도 작게(약하게) 연주할 수도 있음을 안다. • 같은 곡에서 점점 커지거나 점점 작아지게 연주할 수 있음을 안다. • 역동성의 변화는 점차 일어날 수도, 갑자기 일어날 수도 있다는 것을 안다. • 역동성의 변화는 음악의 분위기에 영향을 미치며, 갑자기 커지는 음의 변화는 안정감을 주지 못하며 변덕스럽고 깜짝 놀라는 느낌을 준다는 것을 안다.

2 리듬(Rhythm)

개념	• 리듬이란 길고 짧은 음과 침묵의 시간적 결합에 의한 진행질서, 즉 음악이 진행할 때의 시간적인 질서를 말한다.
	  – 리듬은 모든 음악에 포함되는 기본 개념으로, 강약과 삽입음의 길고 짧음에 해당하는 장단의 의미가 포함된다. 소리의 길고 짧음을 바탕으로 이어지는 일정한 소리 패턴은 박을 이루고, 곡의 원활한 흐름을 박자가 일정하게 이끌어 간다. 이 모두가 강약과 어우러져 리듬패턴을 이루고 리듬이라는 음악개념을 완성한다.
	  – 리듬은 음악의 기초를 이루는 요소 중 하나로 박/박동, 장단, 박자, 리듬패턴 등의 하위개념이 포함된다.
	
	Plus **리듬의 정의**
	• 리듬이란 음의 장단과 강세를 가진 음으로 묶어 일정한 규칙 형태로 조직화하는 것이며, 일정한 규칙은 시간 내의 규칙적인 분할로 생기는 것으로서 박과 관련이 있다.
	• 길고 짧은 소리가 결합할 때 만들어지는 패턴을 포함한다.
	• 음의 장단과 셈여림이 시간적으로 결합하여 진행하는 것이다.
	  – 수평적으로 진행되는 질서있는 음의 움직임
	  – 박자의 리듬은 강 약 중강 약(◎ ○)
	  – 리듬은 박(beat), 장단, 속도(tempo), 리듬패턴의 네 가지 요소로 구성된다.

**①
박(beat)**
	• 음이 일정한 간격을 두고 규칙적·반복적으로 표현되는 것으로, 리듬의 가장 작은 단위이다.
	  – 주로 발을 구르거나 손뼉을 치거나 손가락을 튕기는 자연스러운 단위를 뜻한다 (Daniel J. Levitin, 2002).
	    예 심장박동이나 물이 일정하게 똑똑 떨어지는 모습 또는 시계소리에서 박을 찾아볼 수 있다.
	  – 영유아가 노래를 부르거나 음악 감상을 할 때 몸을 좌우, 앞뒤로 흔들거나 손뼉을 치고 발을 구르는 행위를 하는 것은 박의 흐름과 움직임을 몸으로 체득하는 데 도움이 된다.
	• 음악의 리듬을 이해하는 기초가 되고 박자표와 상관없는 각 음표의 리듬 단위이다.
	
	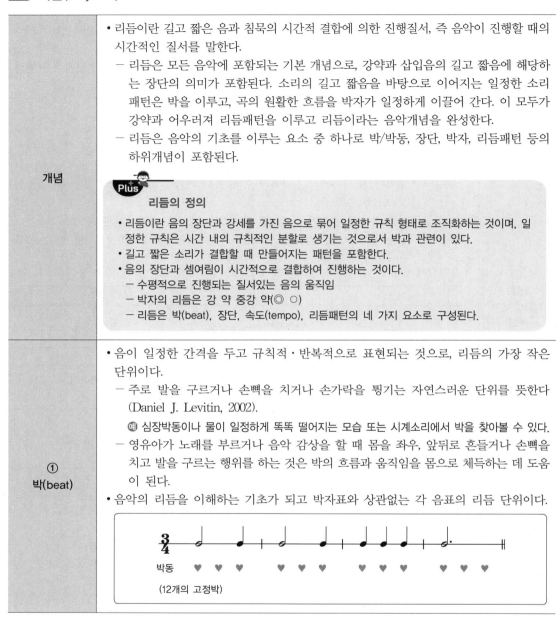

② **박자** (meter)	• 음의 흐름에서 셈여림이 일정한 간격으로 반복되는 것이다. • 박자는 규칙적인 박(beat)의 묶음으로, 일정 시간 강조된 센 음과 약한 음이 주기적으로 반복되면서 진행되는 것이며, 곡의 시작부터 끝까지 규칙적으로 나타난다. 　– 주로 강박이 먼저 오고 뒤에 약박이 따라오며, 2, 3, 4, 6박과 같이 주기적으로 오는 박이 묶여 2/4, 3/4, 4/4, 6/8 박자로 분류된다. 　– 박자를 나타내기 위하여 **2/4**, **3/4**, **4/4**, **6/8** 등과 같은 박자표로 표시하고 마디로 구분을 한다. • 영유아의 활동에서는 음악의 박자 설명보다 음악을 들으면서 자연스럽게 신체를 통해 음악을 표현하도록 한다. 　– 즉 영유아들이 음악을 들으면서 강박과 약박의 차이점을 인식할 수 있도록 신체로 표현하게 한다. 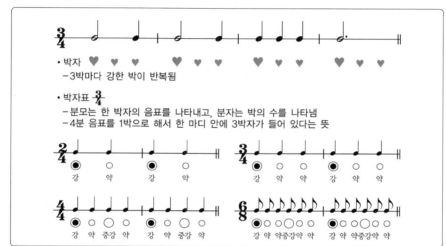
③ **장단** (duration)	• 장단은 음들이 시간적으로 얼마나 길고 짧은가를 나타내는 것으로 각각의 길이가 약속된 음표들로 표시한다(온음표, 2분음표, 4분음표, 8분음표). • 장단은 시간적으로 음이 지속되는 길고 짧음의 시간을 의미한다. 음악에서 마디에 따라 상대적으로 길고 짧음의 음이 어떠한 순서로 진행되는지에 의해 다양한 리듬이 만들어진다. 　– 이때 길고 짧음의 음은 4분음표(♩), 8분음표(♪), 2분음표(♩), 온음표(○)들로 표시한다. 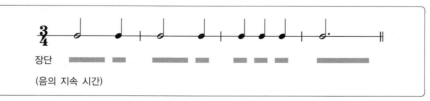

스타카토, 늘임표, 붙임줄		• 스타카토나 늘임표 또는 붙임줄과 같은 지시어를 사용하여 특정 음을 임의적으로 길거나 짧게 나타내는 경우가 있다. ① 스타카토(staccato) : 악보에서 주어진 음의 반(1/2)의 길이로 한 음씩 또렷하게 끊어서 연주하라는 의미이다.  ② 늘임표 : 음이나 쉼표를 본래의 박자보다 2~3배 늘려서 연주한다.  ③ 붙임줄(tie) : 높이가 같은 두 음을 끊지 않고 이어서 연주할 것을 지시하는 기호이다. 
④ 리듬패턴 (thythm pattern)		• 리듬패턴은 길고 짧은 음이 집단으로 묶여서 반복성(규칙성)을 보이는 것이다. – 음악은 길고 짧은 음으로 구성된 리듬패턴이 마디로 이루어지며, 멜로디나 노랫말은 몇 가지의 반복적인 리듬패턴을 지닌다. • 영유아는 리듬패턴을 경험해 봄으로써 점차적으로 음악과 연관된 분명하고 간결한 리듬 개념에 대하여 이해를 발달시켜 나간다. 

리듬 하위개념의 이해	예시	♩♩♩♩ 떳다 떳다 비행기 날아라 날아라			
	리듬 요소의 하위 개념	박(beat)	| | | |	| | | |	| | | |	| | | |
		박자	◎ ∘ ◎ ∘	◎ ∘ ◎ ∘	◎ ∘ ◎ ∘	◎ ∘ ◎ ∘
		장단	— —	— —	— —	— —
		리듬패턴 (두 가지)	1. ♩. ♪ ♩ ♩	2. ♩ ♩ ♩ ♩		

MEMO

	• 리듬은 음(音)과 무음(無音)의 길고 짧음이 모여 있는 그룹으로, 박자 위에 다양한 음표와 쉼표들로 구성된 패턴을 말한다. － 가장 먼저 일정한 간격을 두고 규칙적이고 지속적으로 표현되는 박(beat)과 박의 묶음이 규칙적으로 진행되는 박자(meter)가 중심이 되고, 서로 다른 음가, 즉 음표와 쉼표의 길고 짧음을 나타내는 장단(duration)이 이루어지며, 길고 짧은 음이 집단으로 반복적으로 묶여 있는 리듬패턴(rhythm pattern)으로 리듬이 구성된다.
유아가 다루기에 적합한 박의 개념	• 대부분의 음악은 규칙적이고 일관성 있게 마치 맥박처럼 계속 반복되는 박이 있으며, 이러한 박은 리듬의 흐름에 있어 정확히 나타난다는 것을 안다. • 어떤 곡은 느린 움직임의 박을 지니고 어떤 곡은 빠른 움직임의 박을 지닌다는 것을 알 수 있다. • 행진곡이나 대부분의 록음악은 강한 박의 느낌을 지니고, 자장가나 대부분의 분위기 있는 음악은 약한 박의 느낌을 지닌다는 것을 안다. • 같은 곡 중에서도 강박과 약박이 있어서 한 번의 강박이 나오면 하나 또는 그 이상의 약박이 뒤따르는 형식이 반복되어, 강－약이나 강－약－약 등으로 나타난다는 것을 안다.
유아가 다루기에 적합한 리듬패턴의 개념	• 음악은 길고 짧은 음으로 구성된 리듬패턴으로 이루어짐을 안다. • 멜로디(노래)는 몇 가지의 리듬패턴으로 이루어짐을 안다. • 리듬패턴은 반복되고 대조된다는 것을 안다.

3 빠르기(Tempo)

정의	• 음악이 연주되는 속도, 즉 느림과 빠름을 나타내는 것으로 기본(일정)박의 속도를 의미한다. － 이 기본박의 속도는 절대적 개념이 아닌 상대적 개념으로 같은 곡이라도 빠르기에 따라 느낌이 다르게 나타난다. 빠르기는 정서를 전달하는 요소로서, 우리는 빠른 노래는 즐겁고 느린 노래는 슬프다고 생각하는 경향이 있다. 이런 개념은 문화권이나 나이에 관계없이 놀라울 정도로 폭넓게 통용된다. 즉 빠르기는 속도뿐만 아니라 곡의 분위기까지 예측할 수 있다. － 음악에서 빠르기의 기준은 맥박의 표준 수(1분에 80회 정도)로 현재는 메트로놈을 사용하여 빠르기의 정도를 결정하며, 4분음표를 1분에 몇 번 칠 수 있는가를 기준으로 템포를 표기한다. － 1분당 1박의 속도를 어떻게 하느냐에 따라서, 즉 고정박의 속도에 따라서 빠른 곡인지 느린 곡인지 정해진다. － 보통 1분당 1박의 속도가 108~120정도를 보통 빠르기라 하고 그 이상은 빠른 곡, 그 이하는 느린 곡으로 간주한다. 　　⑩ 템포가 ♩ ＝80인 곡이라면 이 템포로 4분음표만 계속 칠 경우 1분에 80번을 치게 되는 속도이다. • 영유아에게는 상대적 빠르기에 대한 개념을 심어줄 수 있는 음악적 경험이 필요하다. － 음악활동 시 영유아에게 필요한 빠르기에 대한 부분을 제시하면 Allegro, Moderato, Andante가 있다.

MEMO

빠르기말(발음)	뜻	1분당 1박의 속도
largo(라르고)	아주 느리게	♩ = 40~60
largetto(라르게토)	아주 느리게	♩ = 60~66
Adagio(아다지오)	아주 느리게	♩ = 66~76
Andante(안단테)	느리게 (천천히 걷는 속도로)	♩ = 76~100
Andantino(안단티노)	조금 느리게	♩ = 100~108
Moderato(모데라토)	보통 빠르기로	♩ = 108~120
Allegretto(알레그레토)	조금 빠르게	♩ = 120~132
Allegro(알레그로)	빠르게	♩ = 120~168
Presto(프레스토)	아주 빠르게	♩ = 168~200
rit. (ritardando, 리타르단도)	점점 느리게	—
rall. (rallentando, 랄렌탄도)		
accel. (accelerando, 아첼레란도)	점점 빠르게	
a tempo(아 템포)	원래 빠르기 속도로	
a piacere(아 피아체레)	속도를 자유롭게	

유아가 다루기에 적합한 속도의 개념	• 어떤 곡은 상대적으로 느리며 어떤 곡은 상대적으로 빠르다는 것을 알 수 있다. • 대개의 곡들이 전체적으로 같은 속도를 유지하지만, 어떤 곡은 한 번 또는 여러 번 속도를 바꾸기도 한다는 것을 알 수 있다. • 곡의 속도 변화는 박자의 속도에 영향을 미친다는 것, 즉 곡이 빨라질수록 박자나 흐름이 빨라진다는 것을 알 수 있다. • 곡의 속도 변화는 음악 분위기에 영향을 미친다는 것, 즉 속도가 빨라질수록 더욱 흥분하고 열광적인 분위기가 되며, 곡이 느려질수록 조용하고 평온한 분위기가 된다는 것을 알 수 있다.

4 음색(Timbre)

정의	• 음색은 하나의 소리가 다른 소리와 구별되는 독특한 소리의 차이점을 말하며, 음색깔, 음질이라고도 한다.
	• 음색은 소리마다 가지고 있는 독특한 질(quality) 또는 색깔이며, 물체의 재료(종이, 나무, 금속), 크기, 구조, 소리 내는 방식(치기, 흔들기, 문지르기, 튕기기, 불기)에 따라 다양하게 나타나는 소리의 차이를 말한다.
	   – 같은 높이와 같은 세기의 음이라도 진동체의 구조, 재료 등에 따라 음색이 다르다.
	   – 음향공학적으로 볼 때 음색의 차이는 주파수의 조합 차이에 의한 것이다.
	• 영유아는 자신의 목소리나 가족·친구의 목소리, 자연환경에서 나는 소리, 여러 가지 리듬악기소리 및 건반악기, 현악기, 관악기소리를 탐색하고 비교함으로써 각 소리의 특성과 차이를 이해하며 다양한 소리의 차이를 지각할 수 있게 된다.
	   – 음색을 구분하고 느낌을 감각하는 것은 감상과 창작 학습의 기틀이 된다.
	
	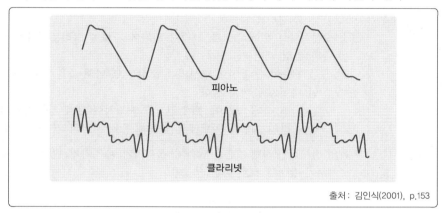
	출처 : 김인식(2001), p.153
	
	◈ **피아노와 클라리넷의 음색 비교**

유아기 음색의 개념	• 유아들은 엄마의 목소리와 다른 사람의 목소리 또는 남자와 여자의 목소리, 기타와 피아노와 같은 악기의 소리, 집단으로 연주하는 오케스트라와 독주하는 악기의 소리에 대해서 지각할 수 있게 된다.
	• 음악적 소리와 비음악적 소리, 악기의 유형을 지각한다.
	• 유아들이 음색에 관해 발달시키는 개념은 다음과 같다.
	   – 유아는 각기 다른 주변 환경과 자연소리를 변별하게 된다.
	   – 유아는 각각 다른 사람의 목소리를 변별하게 된다.
	   – 유아는 각기 다른 악기소리를 변별하게 된다.
	   – 사람의 목소리, 악기, 주위 환경의 소리를 전자화한 전자소리를 변별하게 되고, 서로 다른 전자소리가 어우러져 음악적인 소리로 만들어짐을 알게 된다.

MEMO

5 선율(가락, Melody)

정의	• 음의 고저와 장단이 시간적으로 의미 있는 방식으로 조직되어 고유한 음높이의 흐름을 나타내는 것이다. • 음의 높낮이와 음의 긴소리, 짧은 소리가 시간적으로 구성된 것을 의미한다. 　− 음이 높고 낮음의 방향성을 가지고 위로 올라가거나 아래로 내려가기도 하며, 반복되기도 한다. 또한 차례로 진행하거나(순차적 진행) 건너뛰어가기로(도약적) 진행하기도 한다. • 멜로디는 어떤 곡을 듣고 그것이 무슨 곡인지 알아낼 수 있게 도와준다.
① 고저	• 고저는 음의 높낮이(높고 낮음의 정도)를 말한다. 　− 정해진 시간 동안에 만들어지는 일정한 높이의 진동수가 많을수록 높은 소리가 되고 진동수가 적으면 낮은 소리가 되며, 음이름(C, D, E, F, G, A, B)을 사용하여 절대적인 음높이를 표시한다. • 오선 및 줄(선) · 칸 　① 오선 : 악보 위에 음표를 그리기 위하여 가로로 그리는 5개의 선이다. 　② 줄과 칸의 개념 　　− 줄과 줄이 만나 칸이 형성되며, 오선은 맨 아래 줄을 첫째 줄로 시작하여 맨 윗줄인 다섯째 줄까지 있다. 　　− 칸은 맨 아래 부분이 첫째 칸으로 시작하여 넷째 칸까지 있다. 　　− 줄과 칸의 개념은 악보에서 음표와 음표 사이의 거리를 바로 알게 한다.
② 음 흐름	• 음의 전체적인 진행 흐름을 말하며, 올라가기, 내려가기, 반복하기, 차례가기, 건너뛰기, 도약하기 등으로 표현된다.

유아가 다루기에 적합한 멜로디의 개념	• 노래는 고유한 멜로디로 이루어짐을 인식하고, 노랫말 없이도 무슨 노래인지 안다. • 멜로디는 방향성이 있어 높이 올라가고 내려가거나 또는 같은 음에 머무르는 등 음높이의 다양한 변화로 이루어짐을 안다. • 멜로디는 다양한 리듬의 음으로 이루어짐을 안다. • 어떤 멜로디는 노랫말이 있고 어떤 멜로디는 노랫말이 없다는 것을 안다. 노랫말이 있는 멜로디는 '노래'라고 하고 노랫말이 없는 멜로디는 '곡조', '주제', '악곡'이라고 한다는 것을 안다. • 멜로디는 고유의 특징을 지워주는 음정패턴들로 이루어짐을 안다.

6 화성(Harmony)

정의	• 화성이란 화음들의 움직임으로 둘 또는 그 이상의 음이 동시에 소리나는 것이며, 대개 2부나 3부 합창 같은 경우에 표현된다. − 두 개 이상의 화음이 일정한 규칙에 따라 이어져 진행되는 것이다. − 여러 성부에서 음악이 울리지만, 주선율이 1개의 성부에 있고 나머지 성부는 주요 선율을 뒷받침하는 화음 반주로 되어 있다. 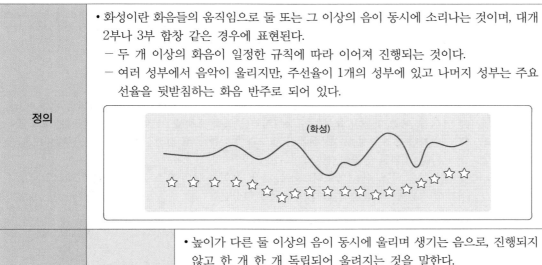 (화성)
화음과 화성의 비교	**화음 (chord)**	• 높이가 다른 둘 이상의 음이 동시에 울리며 생기는 음으로, 진행되지 않고 한 개 한 개 독립되어 울려지는 것을 말한다. − 화음에는 울림이 어울리는 '협화음'과 어울리지 않는 '불협화음'이 있다. • 3화음(triads) − 장조와 단조 음계의 각 음을 밑음으로 하여 3도와 5도 위의 음들을 쌓아올려 만든 세 개의 음으로 구성된 화음을 의미한다. 예 도·미·솔, 파·라·도, 솔·시·레 등의 화음이다. • 주요 3화음(primary or fundamental chords) − 실제 반주에서는 3화음 중 파·라·도는 도·파·라로, 솔·시·레는 시·레·솔로 자리바꿈하여 편리하게 사용하는 것이 일반적이다. − 도·파·솔을 각각의 밑음으로 시작하는 도·미·솔의 으뜸화음, 도·파·라의 버금딸림화음, 시·레·솔의 딸림화음 등 세 개의 화음을 가리켜 주요 3화음이라고 한다. − 주요 3화음은 대부분의 동요를 반주하는 데 무리 없이 사용할 수 있다. 도·미·솔의 으뜸화음은 Ⅰ도 화음, 버금딸림화음 도·파·라는 파·라·도 Ⅳ도 버금딸림화음을 자리바꿈한 것이며, 딸림화음 시·레·솔은 솔·시·레 Ⅴ도 화음을 자리바꿈한 것이다.

		− 간혹 악구 변화를 위해 곡의 중간이나 곡을 마치기 직전에 흔히 사용하는 네 개 음 구성의 솔·시·레·파는 딸림7화음이라 부르고 V7이라고 표기한다.
	화성 (harmony)	화음들의 움직임으로써, 두 개 이상의 화음이 일정한 규칙에 따라 이어져 진행되는 것을 말한다.
유아가 다루기에 적합한 화성의 개념		• 둘 또는 그 이상의 다른 음이 동시에 소리날 때, 그 결과 서로 어울리는 소리인 화성이 생긴다는 것을 안다. • 혼자 멜로디만 노래로 부를 수도 있고, 피아노로 연주할 수도 있다. 그러나 여럿이 화음을 넣어 부르거나 혼자라도 화음을 넣는 피아노 반주에 맞추어 노래할 때 또는 오토하프나 기타를 연주할 때와 같이 화성을 동반하여 연주할 수도 있음을 안다. • 화성은 각기 다른 음성과 음성, 서로 다른 악기와 악기, 또는 악기와 음성이 합쳐짐으로써 만들어진다는 것을 안다.

7 형식(Form)

정의	• 음악의 형식은 일정한 절차나 양식에 따라 음악의 다양한 요소, 즉 셈여림, 음색, 선율, 리듬, 빠르기 등의 요소들이 전체적인 구조적 조직을 이루는 것으로, 이러한 요소들이 반복하여 통일성을 강조하거나 대조와 변화를 통해 긴장감과 새로움을 나타내며 아름다운 소리를 만들어 간다. • 형식은 리듬, 선율(멜로디), 화음, 음색, 셈여림 등의 요소가 전체적인 음악으로 배열·조직되어 그 결과로 음악의 형식이 형성된다. • 형식의 기본인 악곡은 동기(motive, 2마디), 작은악절 또는 악구(phrase, 4마디), 큰악절(8마디 또는 2개의 악구)로 구성된다.

🏠 악곡의 구성요소

동기	악곡을 구성하는 가장 작은 단위로서 보통 2마디로 이루어진다.
부분동기	2마디로 이루어진 동기를 한 마디씩 갈라놓은 것을 말한다.
악구 (작은악절)	2개의 동기가 연결되어 형성되며 보통 4마디로 이루어진다.
악절 (큰악절)	2개의 악구로 형성되며 보통 8마디로 이루어진다.

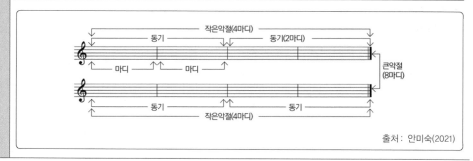

출처 : 안미숙(2021)

작곡가의 음악적 아이디어에 따라 음악적 구성요소 및 개념을 반복해 통일성을 강조하거나, 대조와 변형을 중요시하는 형태로 조직되기도 하고, 여러 가지로 변형되기도 한다 (Campbell & Scott-Kassner, 1995).

반복(●)	뒤의 작은악절이 반복되는 것이다(A-A).
대조(▲)	뒤의 작은악절이 대조되는 것이다(A-B).
변형(◐)	뒤의 작은악절이 변형되는 것이다(A-A').

형식의 조직 형태

• 형식을 구분하기 위한 첫 단계는 처음 시작되는 작은악절(4마디)을 하나의 틀(●▲◐)로 보고, 다음 진행되는 작은악절을 비교·분석한다.
  - 형식은 선율과 리듬의 2가지로 분석할 수 있으며, 형식의 발달은 음악의 구성요소 및 발달에 의존하기 때문에 보편적으로 제일 늦게 유아에게 형성된다.
    ① 선율로 분석
      ● : 처음 시작하는 작은악절(4마디)의 선율을 표시한다. (기본)
      ▲ : 처음 시작하는 작은악절(4마디)과 완전히 다른 선율인 경우 표시한다. (대조)
      ◐ : 처음 시작하는 작은악절(4마디)과 선율이 비슷한 경우 표시한다. (변형)
      ※ 표시한 도형에 따라 신체표현해 보기
      예 ●-양손 흔들기 / ▲-무릎치기 / ◐-한손 흔들기
      예 이동동작으로 표현해 보기(●-걷기 / ▲-점프 / ◐-발끝으로 걷기)
      예 리본막대로 표현해 보기(●-좌우 흔들기 / ▲-원으로 돌리기 / ◐-위아래로 흔들기)

    ② 리듬으로 분석
      - 처음 시작하는 작은악절(4마디)을 이루고 있는 리듬을 기본으로 하여, 그 다음 진행되는 작은악절(4마디)의 리듬을 비교해 본다. 처음 시작하는 작은악절의 흐름과 리듬이 비슷한지(◐/변형), 반복되는지(●/반복), 다른 리듬의 흐름으로 시작하는지(▲/대조)를 찾아보며 도형으로 구분해 본다.

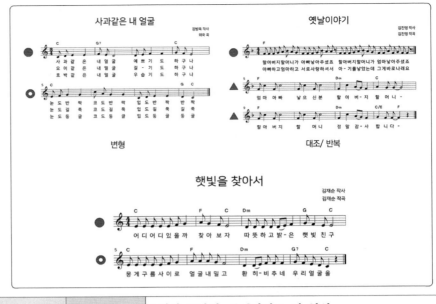

형식의 유형	가요 형식	한도막형식	1개의 큰악절, 즉 8마디로 된 형식
		두도막형식	2개의 큰악절, 즉 16마디로 된 형식
		작은세도막 형식	3개의 작은악절, 즉 12마디로 된 형식
		세도막형식	3개의 큰악절, 즉 24마디로 된 형식
	응용 악곡의 형식	소나타형식	• 세도막 형식으로부터 발전된 것으로 악곡의 형식 중 가장 완성도가 높다. • 제시부, 발전부, 재현부로 구성된다.
		론도형식	• 영어의 round와 같은 뜻으로, 빙글빙글 돈다는 의미이다. • A－B－A－B－A, A－B－A－C－A－B－A와 같이 테마(A)가 여러 번 나타나며 그 중간에 재현부나 부주제(B 또는 C)가 나타난다.
		카논과 푸가 형식(canon & fugue form)	• 두 성부 이상(예 소프라노와 알토)의 멜로디로 구성되는 복합적인 악곡의 형식이다. • 카논은 반복을 의미하고, 푸가는 주제가 여러 성부에서 반복적으로 여기저기 나타나는 형태를 말한다.
유아가 다루기에 적합한 형식의 개념			• 음악작품에는 앞, 중간, 끝부분이 있다는 것을 안다. • 음악작품은 중심 악구(프레이즈)에 대해 간단한 전주곡의 구실을 하는 서두 부분이 있다는 것을 안다. • 음악작품의 어떤 부분은 명확하게 알 수 있는 멜로디(주제)로 이루어져, 행진곡이나 대중가수의 노래 등을 변별할 수 있음을 안다. • 같은 작품에서 몇 가지 형태나 부분들이 대비되는 부분이 있고, 다시 반복되는 경우가 많다는 것을 안다.

Plus+ 장조와 단조

❶ 계이름과 음이름

계이름	도	레	미	파	솔	라	시
음이름	다	라	마	바	사	가	나
영어 음이름	C	D	E	F	G	A	B

※ 장조 : 'Major'(메이저) / 단조 : 'Minor'(마이너)

❷ 조표의 순서

파 도 솔 레 라 미 시

시 미 라 레 솔 도 파

※ 조표 붙이는 순서 : #과 ♭을 붙이는 순서는 '정반대'

❸ 장조의 으뜸음 찾는 법

㉠ #조표일 때 : 조표의 맨 마지막에 있는 #이 계이름 '시'가 되어 바로 그 위의 음이 으뜸음 '도'가 된다.

사장조   라장조   가장조

㉡ ♭조표일 때 : 조표의 맨 마지막에 있는 ♭이 계이름 '파'가 되어 4음 아래 음이 으뜸음 '도'가 된다(맨 마지막에서 바로 앞에 있는 ♭자리가 으뜸음 '도'가 된다).

바장조   내림나장조   내림마장조

❹ 단조의 으뜸음 찾는 법

• 단음계의 시작음은 계이름 '라'에서 시작된다.
• 도표에 따른 장조의 으뜸음 '도'에서 세 음 아래로 내려온 '라'가 단조의 으뜸음이 된다.

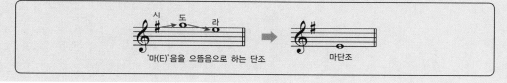

'마(E)'음을 으뜸음으로 하는 단조   마단조

❺ 장 · 단조 찾는 법

　㉠ 장조 찾기

	• 가장 오른쪽에 있는 '레#'자리를 계이름 '시'로 볼 때, 악보상 '미'의 자리가 으뜸음 '도'가 된다. • 으뜸음 자리의 음이름은 '마', 영어 음이름은 'E'로, '마장조' 또는 'E Major (이 메이저)'라고 읽는다.
	• 가장 오른쪽에 있는 ♭자리를 '파'로 볼 수도 있고, 맨 오른쪽 바로 앞의 ♭자리를 으뜸음 '도'로 볼 수 있다. • '라♭'자리가 으뜸음 '도'가 되며, 음이름은 '내림 가', 영어 음이름은 'A♭', '내림 가장조' 또는 'A♭ Major(에이 플랫 메이저)'라고 읽는다.

　㉡ 단조 찾기

	• 가장 오른쪽의 '레#'자리를 계이름 '시'로 볼 때, 악보상 '도'의 자리가 으뜸음 '라'가 된다. • '도#'은 '올림 다', 영어 음이름은 'C#'으로, '올림 다단조' 또는 'C# Miner (시 샵 마이너)'라고 읽는다.
	• 가장 오른쪽의 '레♭'자리를 파로 볼 때 그 앞의 '라♭'이 '도'가 된다. • 악보상 '라', 즉 도에서 3단 내려와 '라'를 찾으면 악보상 '파'가 되며, 음이름 '바', 영어 음이름은 'F'로, '바단조' 또는 'F Minor(에프 마이너)'라고 읽는다.

연주 및 감상에 도움이 되는 용어

• 이음줄(slur) : 높이가 다른 두 개 이상의 음을 연결하여 부드럽게 연주할 것을 지시하는 말이다.
• 다카포(da capo : D.C.) : 악절 끝부분에 D.C.로 표시되어 있으면 처음으로 되돌아가서 마침표에서 끝내라는 연주 약속이다.
　- 마침표는 Fine 또는 ‖로 표시되며 Fine과 ‖를 함께 쓰기도 한다.
　- 악절 끝부분에 D.C.(처음부터)로 표시하는 것이 보통이지만 "D.C. al Fine"이라고 써서 곡 중간까지 반복하여 끝내기도 한다.
• 달세뇨(dal segno : D.S.) : 달세뇨는 이 표가 붙은 마디에서 𝄋표가 붙은 마디로 돌아가서 마침표 Fine 또는 𝄌에서 끝내라는 뜻이다. D.S. 대신 S로 표시하기도 한다.

VII 유아음악교육론

UNIT 14 코다이(Kodály)

KEYWORD # 손기호

1 음악교육의 철학

- 코다이는 음악적 감수성이 예민한 영유아들의 특징을 강조하여 기초적인 음악교육이 단계적으로 이루어져야 한다고 주장하면서 아래와 같은 음악교육 철학을 강조하였다.
  ① 음악은 모든 사람의 것이다(음악은 모든 어린이의 것이다).
    - 민족 음악의 부흥을 위해 음악은 선택된 소수 상류계층의 것이 아니라 모든 사람이 즐기고 공유할 수 있어야 한다.
    - 음악은 모든 어린이가 즐기고 공유할 수 있어야 하므로 그는 헝가리의 모든 유아에게 독보력과 기보력, 즉 악보를 읽고 쓰는 능력을 길러주는 데에 힘썼다.
  ② 음악은 적극적인 참여를 통해 즐겁게 경험되어야 한다.
    - 음악은 삶 자체가 되어야 하며, 적극적인 참여가 음악의 이해와 공감을 이끈다.
    - 노래부르기에서 아이들이 노래를 부르면서 자연스럽게 음악에 맞춰 몸을 움직이는 행동을 살펴볼 수 있는데, 이렇게 노래 속에서 음악과 신체동작 간의 긴밀한 연관성을 발견할 수 있다. 즉 그들은 노래를 부르면서 신체를 움직임으로써 음악적 감정을 몸소 적극적으로 표출하는 것이다.
  ③ 음악교육은 어릴 때부터 시작되어야 한다(음악학습은 조기에 시작되어야 한다).
    - 3~7세는 다른 어떤 분야보다 음악교육에서 가장 중요한 기간에 해당한다.
  ④ 음악은 모국어를 배우듯이 매일 일상에서 자연스럽게 시작되어야 한다.
    - 우리는 어머니가 하는 말을 듣고 따라하면서 언어를 배우게 되며, 음악을 배우는 과정도 이와 마찬가지이다. 우리의 문화와 생각, 풍습이 그대로 깃든 민요를 배우고 익힘으로써 자연스럽게 음악을 익히게 된다.
  ⑤ 목소리는 모든 사람에게 주어진 자연적인 악기이며, 조기 음악지도에 있어서 '함께 노래부르기'는 독창이나 악기 연주보다 더 효과적이다.
  ⑥ 어린이들은 매일의 일과로서 음악을 경험해야 한다.
    - 음악은 삶이며, 매일같이 음악을 배움으로써 자극을 받아 더 쉽게 잘 배울 수 있기 때문에 음악교육의 지속성이 필요하다.

⑦ 민족문화의 유산인 민요를 음악교육 교재로 사용한다(민족 음악으로 교육시키는 것이 좋다).
    - 민속적 음악은 짧은 형식, 5음 음계, 간단한 언어가 사용되어 효율적으로 교육할 수 있으므로 이를 음악교육에 활용하는 것이 좋다.
    - 더욱이 영유아들은 어머니가 하는 것을 따라하면서 배우게 되는데, 어머니가 부르는 민요를 자연스럽게 모방하기 때문에 민요는 음악적 모국어라 할 수 있다.
    - 나아가 민요를 통해 형식과 음악적 문화유산 등을 이해할 수 있다.
⑧ 예술적으로 가장 가치 있는 악곡만이 음악학습의 교재가 되어야 한다.
⑨ 음악은 훌륭한 음악교사에 의해 가르침을 받아야 한다.
    - 바르게 교육받은 훌륭한 교사
    - 어린이를 존중하고 관심을 가지며 대할 줄 아는 교사
    - 어린이들의 음악적 능력을 최대한으로 향상시키고 전인적 성장에 도움을 주는 교사
    - 교사의 질적 향상을 위해 지속적으로 노력하는 교사
⑩ 유아의 성장단계에 따라 음악내용을 체계화하고 학습순서를 계열화한다.
⑪ 노래부르기로 시작해야 한다.
    - 노래부르기는 유아들의 본능적 언어이다.
    - 노래를 부르고 싶다는 것은 자연스러운 욕구이다.
    - 노래부르기는 음악적 표현의 수단이며, 감성과 지적 발달을 촉진한다.
    ※ 음악지도에서는 독창보다 함께 노래부르기를 강조한다.
⑫ 질 좋은 음악으로 음악교육이 행해져야 한다.
    - 어릴 때부터 질 높은 음악을 접해야 성인이 되어서도 좋은 음악을 계속 접하게 되므로 질 높은 악곡을 음악학습의 교재로 선정해야 한다.

2 음악교육의 목적과 목표

목적	코다이는 '음악은 모든 사람의 것으로 모든 사람은 음악교육을 받아야 한다'고 주장하였다. 그는 모든 국민의 음악적 교양을 향상시키고자 하였으며, 모든 이가 음악교육을 통해 음악성을 개발하고, 음악을 즐김으로써 풍요로운 삶을 영위하는 것에 음악교육의 목적을 두었다.
목표	• 영유아의 발달적 측면을 고려하여 다양한 방법으로 리듬과 선율을 지도한다. • 음악학습의 순서와 음악적 문해력(musical literacy, 읽고 쓰기)을 통해 체계적인 음악학습을 한다. • 노래부르기를 강조한다.

3 코다이의 음악교수법

(1) 리듬기호를 통한 리듬지도

음표의 길이를 음가로 표시하는 '리듬기호'를 통한 체계적 리듬지도

• 달크로즈는 소리를 몸으로 표현하는 소리의 시각화를 주장하였는데, 여기에서 더해 코다이는 "들을 수 있는 것은 볼 수 있어야 하고, 볼 수 있는 것은 들을 수 있어야 한다"고 주장하면서 리듬의 시각화에서 나아가 이를 형상화하였다.

① 초반에는 신체동작을 통해 박에 대한 감각을 몸 전체로 느끼도록 해 주는 것에서부터 시작하고 있다.

② 영유아들과 초등학교 저학년 아동에게는 찬팅(chanting), 손뼉치기, 걷기 등을 통해 박자감각을 익히도록 했고, 이를 위해 박을 나타낸 그림으로 학습시키면 효과적이라고 하였다.

③ 이후에는 유아들의 연령에 따라 그림의 크기로 음의 길이를 암시하는 방법을 적용하고 있다. 6세경에는 3음으로 된 노래를 배우면서 악보 읽기를 시작할 수 있는데, 이때의 악보는 기둥과 기(旗)만으로 되어 있는 단순한 악보를 권장한다.

　─ 코다이 리듬지도의 주요 특성은 수리적인 분할방식의 음표이름 사용보다 실제로 박과 리듬을 느낄 수 있도록 각 음표에 음가를 표시한 것인데, 대표적인 것으로는 리듬기둥만으로 표시한 리듬기호나, 둥근 원 안에 음가를 색칠한 리듬창을 이용한 것이 있다.

　　🎵 수학을 모르는 유아들은 이 음표의 음이 얼마나 길고 짧은지를 이해하지 못하므로, 수리적인 분할방식의 음표이름(4분음표, 8분음표) 사용보다 실제 박과 리듬을 느낄 수 있도록 각 음표에 음가를 표시하도록 하는 코다이 리듬기호를 창안하였다.

　─ 코다이는 리듬의 음가를 분명히 하려고 음표 머리가 없는 리듬기둥으로 표기한 리듬기호를 창안하였으며, 박자표는 음가를 뜻하는 숫자와 음표를 사용하여 표기하도록 하였다. 예를 들면, 2/4박자에서는 한 박의 음길이를 분명히 하려고 음가를 뜻하는 (숫자) 4라는 수리적인 표시 대신 4분음표($\downarrow$)를 사용하여 2/4분음표($\frac{2}{\downarrow}$)로 표기하는 것이다.

🔖 기존의 리듬지도와 코다이식 리듬지도의 비교

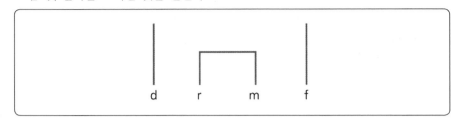
기둥악보 **(막대악보)**	• 리듬을 처음 배울 때, 리듬의 음가를 분명히 하기 위해서 음표 머리가 없고 기둥만 있는 기둥악보를 사용하여 읽는다. − 기보훈련으로 리듬은 머리를 생략하여 기둥만 표시하고, 음높이는 기둥 밑에 계이름 첫 글자를 표시한 것을 말한다. d r m f

리듬음절
(rhythm
syllables)
	• 코다이가 채택한 리듬음절은 19세기 프랑스 이론가 슈베(Emile-Joseph Chvev)에 의해 개발된 것을 적용한 것이다.
	  − 박과 리듬을 느낄 수 있도록 각 음표에 음가를 표시한 것으로 리듬의 음가에 따라 읽는 것을 '리듬음절'이라고 말한다.
	  − 리듬을 나타내는 소리인 리듬음절은 패턴의 관계에 따른 영유아의 리듬학습에 매우 효과적이므로, 음악을 배우는 기초단계에서부터 활용되는 것이 좋다. 이는 리듬의 길이에 따라 정교하게 읽을 수 있고, 리듬을 들을 때 리듬 이름을 연상할 수 있어 리듬을 쓰는 데에도 도움이 될 수 있다.
	• 리듬음절은 리듬의 길이를 말로 표현하는 방법으로 리듬음가에 따른 이름을 의미하며, 코다이는 교수법 초기 단계부터 리듬을 이 리듬음절로 소리내어 읽게 하였다.
	  − 음정에도 이름이 있듯이, 리듬에도 이름을 붙여 음악을 말하고, 듣고, 이해하는 도구로 활용한다. 즉 타, 티, 티리티리, 타아 등으로 리듬 길이에 맞는 음절을 붙여 리듬을 읽을 때 사용한다.
	    ⓪ '사과 같은 내얼굴' 노래를 배우기 전 단계에서 리듬을 익히기 위해 리듬음절로 불러보도록 하는 것이다.
	  − 코다이의 리듬기호 음가표시는 음절이 세분화되어 있어 음가 구별이 더 명확히 표시(⓪ ☐ 을 '티티'로 읽는다)된다.
	  − 이때 강조되는 것은 반드시 일정박을 치는 것이며, 일정박을 기준으로 하여 각 음표의 길이 차이를 확실하게 이해했을 때, 리듬의 이름(⓪ ♩, ♪ 등)을 가르치도록 한다.
	• 활동의 예시
	  − 교사가 리듬막대(리듬악기) 등으로 일정박을 들려준다.
	  − 교사는 그림을 가리키며, 영유아는 손뼉치기(다양한 신체동작 등)를 한다.
	  − 리듬치기가 익숙해지면 리듬음절(ta, ti−ti, ti−ri−ti−ri)로 말하며 손뼉치기(무릎치기)를 한다.
	  − 교사가 리듬음절의 악보(기둥악보/막대악보)를 가리키면 영유아는 리듬음절로 말한다.
	  − 탈부착이 가능하게 만들어 다양한 리듬음절을 놀이로 접근한다.

기존의 음표(표기)	코다이 리듬기호(표기)	코다이 리듬기호(읽기)
♩	|	타(ta)
♪♪	⊓	티티(titi)
𝅗𝅥	| |	타아(ta-a)
♪♩♪	⊓|⊓	티타티(ti ta ti)
♪♪♪♪	⊓⊓	티리티리(ti ri ti ri)
♪．♪	⊓	팀리(tim ri)
𝅗𝅥．♪	|．♪	타이티(tai ti) 탐티(tam ti)

🏠 코다이 리듬 기보법 및 리듬음절

전통적 기보법	♩	♪♪	𝅗𝅥	𝅝	♫♫	♪．♪	♩．♪	𝄾
코다이 기보법 (리듬 음가)	|	⊓	𝅗𝅥	𝅝	⊓⊓	⊓	|．♪	𝈐
코다이 리듬음절	타(ta)	티티 (ti-ti)	타아 (ta-a)	타오아오 (ta-o-a-o) (ta-a-a-a)	티리티리 (ti-ri-ti-ri)	팀리 (tim-ri)	타이티 (ta-i-ti)	쉼 (shh)

코다이 리듬기호

(2) 노래지도

노래지도는 코다이 교육에서 기본적인 음악교육 내용이다. 가장 이상적인 노래지도방법으로써 교사의 육성으로 가르치는 것을 제안하였는데, 노래부르기를 통해 귀는 음정을 구별하는 훈련을 함과 동시에 영유아가 가락을 맞출 수 있는 음악성을 유지시켜 준다고 하였다.

이동도법에 의한 계명창 (movable do system of solmization)	**조성의 변화에 따라 으뜸음인 '도'가 움직이는 '이동도법'에 의한 계명창** • 코다이의 이동도법 계명창은 독보력 향상을 위한 효과적인 음악교육 방법으로, 조가 바뀌더라도 각 계명 사이의 음정은 일정하기 때문에 정확한 음정으로 노래 부를 수 있다는 것이 특징이다. • 이동 '도'에 의한 계명창을 통해서 조성관계나 복잡한 이론적 설명을 피하고, 이동도법에 의해 '도'의 위치만을 알려주어 유아가 상대적인 음 관계를 익히면서 여러 조에서 노래할 수 있는 능력을 키우게 한다. • 코다이는 초기 단계부터 상당 기간 동안 C장조(다장조), G장조(사장조), F장조(바장조)의 조성에 국한시킨 이동도법 훈련방식을 통해 독보력이 길러질 수 있도록 지도하였다.

	두문자	

- 코다이의 두문자는 오선에 음표를 그리지 않더라도 초보자들이 계이름을 읽고 쓰는 데 용이하도록 창안되었다.
- 쉽게 읽을 수 있도록 만든 문자로, 각 계이름의 첫 자(자음)를 사용하였다. 음역의 높이는 중앙 do(도)를 기준으로 한 옥타브 위의 음은 do'로 표시한다.

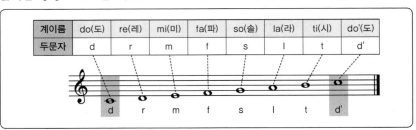

계이름	do(도)	re(레)	mi(미)	fa(파)	so(솔)	la(라)	ti(시)	do'(도)
두문자	d	r	m	f	s	l	t	d'

◈ 코다이의 두문자와 오선

두문자

코다이의 '손기호'로 시각적 음정감 계발

손기호

- 독보력(악보 읽기)을 신장시킬 수 있는 방법으로 손기호를 사용하여 학습하는 방법을 창안하였다.
  - 유아기는 아직 음정감각도 확실하지 않고 음악적인 기호인 음표와 음이름을 이해하기 어려우므로 유아들에게 악보를 읽게 하는 것은 대단히 어려운 학습이다.
  - 손기호는 음높이를 시각적 높이나 모양을 통한 표현으로 전달하기 때문에 음악을 잘 모르는 유아들도 쉽게 음을 지각하고 악보를 읽을 수 있도록 한다.
- 손기호란 손의 위치나 모양으로 음의 고저나 선율의 상행·하행의 진행 및 흐름을 표현하는 것으로서, 시각적 이미지를 통해 유아의 음감을 강화시킬 수 있다.
  - 손기호의 위치 변화를 위해 팔을 상하로 움직이는 동안 유아는 음의 흐름과 고저를 정확히 이해하며, 손기호 사이의 폭에 의해 음정에 대한 감각도 효과적으로 개발될 수 있다.
  - 두 손을 이용하면 조바꿈과 화음도 표시할 수 있기 때문에 조성과 음이름에 대한 개념 이해가 촉진되며, 추상적인 음악적 개념을 실제로 보고 느끼는 경험을 통해 효과적으로 음이름 지도가 이루어질 수 있다.

MEMO

• 손기호는 손 모양으로 계이름을 보여 주어 쉽게 음악을 배울 수 있도록 하는 도구이다. 계명창을 할 때 사용하며, 손의 높이와 모양으로 공간에서 음높이를 인식하므로 주어진 음을 정확하게 지각하고 이를 정확하게 소리낼 수 있도록 도와준다. 이때, 손기호는 각 계이름별 시작하는 '손의 위치'가 중요하므로 이에 유의해야 한다.
　- 공간상에서 음높이의 거리는 음정에 대한 감각을 기르고 음높이와 선율의 흐름을 시각적으로 보게 함으로써 읽기 능력을 발달시키는 데 도움이 된다. 이 외에도 음의 관계, 악구(phrase) 표현 등을 손의 움직임을 사용하여 지도한다.
　- 음높이와 선율의 흐름을 시각적으로 보게 함으로써 읽기와 내청능력을 발달시키는 데 도움이 된다.
• 장점
　- 공간상에 음높이와 계이름이 확실하게 나타나며, 노래 부르는 음높이와 이름에 대해 음정 개념이 형성된다.
　- 손기호를 사용하여 피아노나 다른 악기의 도움 없이 음을 끌어낼 수 있는 장점이 있으며, 손기호를 보면서 실제 들리지 않는 음과 소리를 떠올리는 내청(inner hearing) 능력을 기를 수 있다.
• 한계 및 대안
　- 아직 영유아들은 높낮이에 대한 인식이 힘들고 섬세한 손모양을 나타내기 어려우므로 각 발달단계에 따라 접근하며 몸 전체를 통해 표현할 수 있도록 하였다.
• 배경
　- 귀도 다레초(Guido D'Arezzo)가 손마디에 음이름을 표기하는 방법으로 시작하여, 영국인 존 커웬(John Curwen)이 여러 가지 손 모양으로 계이름을 지도하면서 손기호의 원형이 만들어졌고, 코다이는 이 체계를 확립하였다(임미경 외, 2010).

🏠 코다이의 손기호 모양과 음계

이름	손모양	설명	응용해 보기 (도레미송 노래)
Do(도)		으뜸음. 주먹을 가볍게 쥐고 배꼽 높이로 옆으로 향하게 한다.	'도'는 두 주먹 쥐고
Re(레)		으뜸음에서 위로 향하는 첫음. 손바닥을 펴서 위로 비스듬히 향하게 한다.	'레'는 지붕 만들고
Mi(미)		'레'의 손끝 높이에서 옆으로 평행이 되게 한다.	'미'는 다리 만들고
Fa(파)		반음. 두 음 사이가 가까워지려고 하는데, 항상 '파' 음이 '미'로 향하기 때문에 엄지를 아래로 향하게 한다.	'파'는 손가락 아래
So(솔)		'파'보다 위에 손등을 바깥쪽으로 향하게 하여 보인다. 코 높이 정도이다.	'솔'은 두 눈 가리고
La(라)		가장 표시하기 어렵다. 손목을 구부려서 비스듬히 바깥쪽으로 하여 보이며 엄지를 안으로 향하게 한다.	'라'는 귀신 손가락
Ti(시)		'도'-'시' 사이의 반음. '시' 음은 '도'를 향해 해결되므로 검지를 약간 비스듬히 위로 향하게 한다.	'시'는 도깨비의 뿔
			도는 다시 두 주먹 :‖ 도 레 미 파 솔 라 시 도 솔 도

출처: 채완병·조용기(1999), 안미숙 외(2016) 재구성

Fi(파♯) : fa(파)음과 같으나 엄지의 방향을 위로 향하게 한다.

Si(솔♯) : so(솔)음에서 엄지를 들어 올린다.

➜ 위의 그림에서 보듯이, '파'와 '시'의 손기호를 살펴보면, '파'는 '미'로 내려가는 음
의 성향을, '시'는 '도'로 올라가려는 성향을 시각적으로 파악할 수 있다.

**계단음계,
음계사다리**

• 음계에는 온음과 반음이 있는데, 음의 간격을 이해하고 소리 내는 데 좋은 방법이
계단음계, 음계사다리이다.
 − 계단이나 사다리의 모양을 통해 음의 간격을 시각화하여 눈으로 확인할 수 있도
록 한다.
 − 모든 음의 높이는 똑같지만, '미와 파', '시와 도'는 높이가 다른 음높이의 반으로
표현되었다.

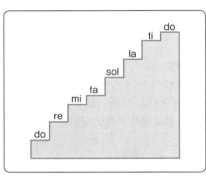

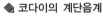

◈ 코다이의 계단음계

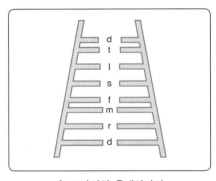

◈ 코다이의 음계사다리

선율지도

(유아의 성장단계에 따른) 음악내용 체계화와 학습순서 계열화

• 코다이는 영유아의 성장 발달 측면을 고려하여 음높이와 음정의 학습 순서가 정해
져 있다.
 − 학문 내용상의 논리적 체계보다 성장단계에 따른 내용체계가 우선해야 한다는
것을 의미한다.
 − 선율 5음계에 있어 음악 논리상 도, 레, 미, 솔, 라 순서로 진행되지만, 코다이는
영유아에게 단3도의 하행 음정인 두 음(솔−미, 두문자 s−m)부터 선율지도를
한다. 이 음정은 어린이 찬트나 엄마가 아이 이름을 부르는 음형(name-call)에
서 자주 나타나는 친숙한 음정으로 영유아의 범세계적인 음악 어휘이다.
 − 이어 세 음(솔−미−라, 두문자 s−m−l)으로 된 선율 진행으로서 흥미롭게도 지
금까지 전 세계의 어린이들은 솔−미(s−m)의 두 음이나 솔−미−라(s−m−l)의
세 음을 사용한 찬트나 게임 노래 등을 가장 즐겨 부르는 것으로 알려져 있다.
 − 다음은 네 음(솔−미−라−도)으로 된 선율을 노래하는 순서로 접근해야 하며,
5음 음계(솔, 미, 라, 레, 도) 지도 후, 7음 음계 지도에 이어서 임시표(♯, ♭) 순
서로 지도한다고 제시하였다.

　　　– 장조 음계에 의한 선율에서 음악적 능력이 향상되었을 때, 단조 음계, 선법, 온음
　　　음계, 그리고 변형된 음계에 의한 선율로 옮겨가며 가르쳐야 한다.
• 선율지도를 진행할 때는 반주 없이 교사의 육성으로 가르칠 것을 주장하였는데, 이는
피아노 반주 없이 노래를 부르면서 서로의 음정을 조절하여 정확한 음의 높낮이를
찾을 수 있기 때문이다.
• **선율지도의 방법**
　– 교사의 노래를 듣고 손기호 계명에 맞추어 따라 부른다(청각적 경험 제공).
　– 융판과 펠트천으로 만든 음표 등 음악적 기호 또는 오선이 그려진 자석 칠판과
　　자석으로 된 보표를 이용해 기보한다(쓰기).
　– 기보한 악보를 눈으로 읽으며 다시 노래한다(듣기, 쓰기, 읽기의 3단계 학습과정
　　을 통한 독보력 신장).

4 코다이 음악교수법의 적용

이동도법에 의한 계이름 부르기	• 이동도법에 의한 계이름 부르기를 활용하되, 2선 악보의 사용으로 조성과 음정의 개념 및 악보에 대한 이해를 촉진시키고 독보력을 신장시킨다. – 즉 2선 악보의 사용으로 선과 칸의 개념 및 3도 음정을 유아에게 인지시킨다.  ◈ 〈비야 오너라〉의 2선 악보
모국어 학습 원리에 근거한 '청창법'	• 시창법(sight-singing)에만 국한하지 말고 모국어 학습 원리에 근거한 청창법(rote-singing)으로 노래부르기를 지도한다. • 피아노 반주를 듣기에 앞서, 악보를 보지 않고 교사의 노래를 귀로만 듣고 따라 부르는 청창지도를 통해 청감각을 계발한다.
'내청훈련'을 통한 음감 개발	• 노래를 배울 때 노래 중간에 신호에 따라 속으로 음을 생각하면서 부르는 내청훈련의 기회를 제공하여 음감을 개발시킨다. • 내청훈련교구: 아이스콘과 인형 ① 아이스콘에서 인형이 나오면 노래를 부르다가, ② 인형이 점차 안쪽으로 들어가면 그 속도에 따라 노랫소리도 작아지고, ③ 완전히 들어가면 마음속으로 노래하다가 다시 인형이 나오면 또 노래를 한다.
그림악보를 활용한 기억력 증진	칠판에 리듬악구나 짧막한 그림악보를 그린 다음 한 마디나 한 악절씩 지우면서(또는 프레이즈나 짧막한 노래의 리듬카드를 이용하여 한 카드씩 감추면서) 리듬을 익힌 후 나중에는 전체를 외우도록 하여 악곡에 대한 기억력을 증진시킨다.

신체표현과 리듬 창작활동	• 노래부르기 지도에서 노랫말에 따른 신체표현이나 동작표현 위주의 활동, 손뼉치기, 발구르기, 무릎치기 등의 표현을 노래 리듬형에 맞춰 창조적으로 지도한다. － 리듬 모방, 리듬 카논과 문답식의 리듬 창작활동으로 리듬감을 증진시키고, 민요 고 유의 특징적인 리듬패턴을 타악기로 반주하게 하여 민속적 리듬과 친숙하게 만든다.
시각적 보조자료 활용	음악개념의 이해를 촉진시키고 학습과정을 용이하게 하는 시각적 보조자료를 많이 활용 한다. 예 리듬기둥은 나무젓가락으로 만들고, 리듬카드나 그림 설명을 위한 괘도를 준비하며, 천에 펜으로 보표를 그리고, 단추나 원형 물체를 음표 머리로 사용하거나 자석으로 된 보표 칠판과 음표 등 다 양한 보조자료를 활용하여 효율적인 학습이 이루어지도록 한다.

UNIT 15 달크로즈(Dalcroze)

KEYWORD # 유리드믹스, 솔페지(솔페이지), 즉흥연주

1 음악교육의 철학

- 달크로즈는 음악을 이해하고 표현의 가능성을 확대하기 위해 가장 먼저 훈련해야 할 악기는 인간의
몸, 즉 신체라고 주장하였다. 그는 소리를 통한 마음과 신체 사이의 즉각적인 반응인 동작을 음악으
로 연결시키는 독창적인 음악교육 방법을 고안하였는데, 신체 움직임을 통해서 음악개념과 느낌을
지각하고 내면화해야 한다고 보았다.
- 특히 '리듬'이 음악의 의미와 예술적 생동감을 부여하는 근본적인 요소라고 보고, 청음훈련을 통한
리듬과 이에 어울리는 신체표현의 조화를 음악교육의 기초방법으로 여겼다. 듣는 것은 신체표현으로
연결되고 결과적으로 신체표현을 통한 청음훈련은 악기 연주로 이어지기 때문에, 신체표현이 음악개
념을 익히는 데 필요한 기본 표현수단으로 사용된다고 주장하였다.
  - 따라서 달크로즈의 음악교육은 영유아들이 음악을 듣고 리듬에 맞춰 신체로 표현하여 온몸으로
  느낌으로써, 음악이 주는 즐거움과 흥미를 향유하는 것이다. 이러한 신체의 움직임인 음악적 경험
  을 통해 영유아들이 자신의 생각과 감정, 자아를 표현하는 것에 친숙하게 됨으로써, 누구나 가지고
  태어나는 음악적 잠재력을 어린 시기에 충분히 이끌어 내고 이를 발달시킬 수 있음을 주장하였다.
- 달크로즈는 음악의 원천은 인간의 감정(emotion)으로서, 음악을 이해하게 하고 음악표현의 가능성을
확대하기 위해서는 귀나 마음 또는 소리내는 방법을 훈련하는 것만으로는 충분하지 않고, 인간의 몸
전체를 훈련해야 한다는 결론을 내리면서 음악 공부를 위해 가장 먼저 연습해야 할 악기가 신체라고
본 것이다.
① 음악은 지적이기 이전에 감각적으로 받아들여져야 한다(음악은 이론적이기보다는 감각적으로 교
육되어야 한다).
② 음악적 느낌이나 생각은 신체 움직임을 통해 표현되어야 한다(신체를 통한 통합적 교육과 표현을
중요시하였다).
  - 음악적 기본 개념들은 신체를 통해 가르치고 표현되는 것이 좋다.

③ 듣기 훈련이 모든 음악학습의 우선이 되어야 한다(청음훈련이 모든 학습에 있어 우선적으로 행해져야 한다).

④ 영유아의 음악적 경험은 단계적으로 이루어져야 한다.
   – 리듬 공부와 청음훈련의 과정 후에 악기에 대한 공부를 하는 것이 좋다.

⑤ 영유아의 개별성과 독창성을 중시하여야 한다.

⑥ 음악의 본질 개념(리듬, 셈여림, 박자, 속도, 음의 고저, 음의 구성)에 대한 학습과 신체를 통해 이를 이해하고 표현해 보는 경험이 중시되어야 한다.

⑦ 신체 모든 부분이 감각기관이므로 이들의 발달을 도모하여야 한다.
   – 특히 근운동 감각(kinesthrtic, 신체와 정신 사이에 전달하는 역할을 하는 감각이며, 신체의 움직임과 음악을 연결시키는 중요한 기능 수행)은 음악과 관련된 중요한 감각으로, 이를 음악과 연계하여 훈련해야 한다.

🖱 **음악론**

• 청음교육을 절대적으로 중시한다.
   – 청음훈련은 생리학적 요소를 가지고 있기 때문에 이른 시기에 이루어져야 하며, 특별한 연습이 요구된다.
   – 청음훈련의 필요성을 느껴 음악과 신체를 하나로 통합하는 유리드믹스 교수법을 창안하였다.
• 음악을 단지 귀로만 듣는 것이 아니라 몸 전체로 느끼도록 교육해야 한다.
   – 듣는 힘은 청각 이외의 다른 감각요소와도 관련되어 있으므로 손을 비롯한 신체 전체의 움직임이 중요하다는 사실을 발견하였다.
   – 음악은 인간의 감정을 표현하는 것으로 그 감정은 인간의 몸 전체에서 감각을 통해 표현되기 때문에 몸의 훈련을 강조하였다.
• 아동의 몸은 리듬의 중요한 요소인 박자감을 생리적으로 가지고 있다고 본다.
   – 음악의 감각은 근육감각이며, 음악의 기초는 '움직임과 리듬'이라고 규정하였다.
   – 리듬감각을 발전시킴으로써 인간의 즐거움을 표현하고, 정신적인 구속의 원인이 되는 근육조직을 훈련시켜 인간을 해방시킬 수 있다고 보았다.
• 달크로즈는 음악교수법의 이론적 체계로 유리드믹스(리듬학습), 솔페지, 즉흥연주의 통합적인 음악교육을 제시하였다. ➡ 타고난 리듬감각과 청각 능력의 발달, 창의력 신장을 강조하였다.
   – 음악이론의 일반적 훈련으로 솔페지, 화성 등을 즉흥창작과 곁들여 창조적으로 전개함으로써 음악성을 계발하고자 하였다.

유의점

유아에게 획일적인 움직임의 패턴을 강요하고 하나의 모양을 전원이 똑같이 모방하도록 하거나 비담화적인 교재만을 사용하는 것은 지양해야 한다.

---

2   달크로즈의 음악교육 목적과 목표

목적	달크로즈는 청음훈련을 통한 리듬감의 숙달과 이를 신체표현으로 신속히 연결하는 것이 효과적인 음악교육의 핵심이라고 하였다. 음을 듣고 느끼는 감정을 바로 신체표현으로 연결해 보고 악기 연주까지 이어지도록 고안한 달크로즈의 교수법은 신체 움직임을 통한 음악적 표현이 궁극적인 목적이었다.
목표	• 달크로즈의 독특한 음악교수 방법을 통해 구체화한 음악교육의 목표는 다음과 같다. 　– 소리에 대해 정확한 청음 발달을 이루어야 한다. 　– 자유롭고 활발한 창의력이 개발되어야 한다. 　– 신체 운동을 통해서 음악적 리듬감을 발달시켜야 한다.

3 음악교육 방법

- 달크로즈는 인간의 타고난 리듬 감각과 청각 능력을 최대한 발달시켜 창의력을 토대로 이를 계발하기 위한 음악교수법으로 '유리드믹스'라는 음악학습의 접근방법을 창안하였고, 유리드믹스의 지도를 통해 발견한 음악교육의 원리와 방법을 활용하여 '솔페지'와 '즉흥연주'의 교수법을 제시하였다.
- 달크로즈의 세 가지 교육법은 하나로 이어져 있어 구분 없이 통합적으로 수업에 적용해야 한다.
  - 달크로즈의 3대 교수법인 '유리드믹스, 솔페지, 즉흥연주'는 별개의 개념이 아니며, 철학적으로 같은 뿌리를 가지고 밀접하게 연계되어 있다.

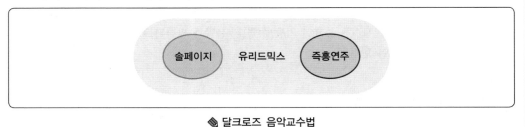

◈ 달크로즈 음악교수법

개요		• 음악교육은 음악을 듣고 동작으로 표현해 내는 유리드믹스를 중심으로 솔페지, 즉흥창작으로 이루어진다. • 유리드믹스에서 발견한 음악지도 원리와 방법을 '악보 보고 부르기, 청음훈련, 즉흥연주'에 활용한다.

	유리드믹스	• 신체적 경험을 통해 음악의 원리를 깨닫게 하는 교육 방법이다.
		   - 신체는 음악을 파악하는 도구로서 모든 움직임은 음악적 이해를 위한 방법이 된다.
		   - 음악과 신체를 통합한 리듬교육(음악에 맞는 리듬동작)을 말하며, 음악적 신체표현을 강조한다.
		• 들리는 소리를 보이는 소리로 바꾸는 과정이다.
		   - 신체적 동작을 통해 리듬감을 체득하는 것이다(신체동작의 경험 ➡ 음악적 이해력 신장).
		   - 음의 높낮이와 강약에 따라 음악을 듣고 느끼는 감정을 표현하게 하므로 음악교육뿐만 아니라 무용·연극 등 광범위한 예술에 영향을 미친다.

	솔페지	• 음을 예민하게 듣는 연습을 말한다. - 내청능력을 길러주기 위해 악전, 시창, 청음교육을 통합시킨 것이다.
	즉흥연주	• 자유로운 창작능력 계발을 위한 즉흥연주이다. - 다양한 악기·목소리·신체를 활용해 즉흥적으로 표현하는 것이다.

(1) 유리드믹스(eurythmics)

의미		• 유리드믹스는 음악의 리듬을 신체의 움직임으로 표현하는 달크로즈의 독창적인 리듬지도 체계로, 가장 기초적이고 초보적인 단계에서 주로 사용하는 음악 지도방법이다.
		• 유리드믹스는 음악의 요소인 박자, 선율, 셈여림, 형태 등 다양한 요소를 지도하기 위하여 그 음악적 개념을 먼저 신체의 움직임을 통해 경험할 수 있도록 하는 달크로즈의 교수법 이다.
		   – 음악에 따른 신체적 움직임에는 가락의 흐름, 화성의 변화, 프레이즈 등 모든 종류의 음악적인 움직임이 있다.
		• 음악의 기초 학습이라 할 수 있는 음악 구성요소 및 개념을 신체적 운동과 결합하여 제시한 유리드믹스 과정은 '보이지 않는 소리(들리는 소리)를 움직임을 통해 보이는 소리'로 바꾸게 된다.
		   – 즉 이는 구체적이고 형식화된 율동이나 춤곡 등과는 달리, 음악의 리듬에서 느껴지는 이미지를 몸짓으로 표현해 내는 것이다.
		• **내용**
		   – 음의 속도 및 강약 이해, 음의 고저(높낮이) 및 길이 이해, 악센트 이해, 리듬패턴 이해, 악구(프레이즈), 리듬카논 이해, 당김음, 리듬 적기
		• **유리드믹스에 속하는 하위 유형(리듬의 유형)**
		   ① 아리드미 : 박이 불분명하고 공간 속에서의 움직임과 흐름이 없는 리듬
		   ② 어리드미 : 박이 정확하고 규칙적으로 진행되지만 단조롭고 기계적인 리듬
		   ③ 유리드미 : 정확하면서도 공간 속에서의 다양한 박의 흐름을 담은 생명력 있는 리듬

목적	정신적·감정적 측면	인식력, 집중력, 통합반응력, 사회성, 창의력, 뉘앙스 감지 및 표현력 등을 기른다.
	신체적 측면	다양한 동작경험을 통하여 신체조절력, 움직임의 용이성, 정확성, 움직임을 통한 자기표현력 등을 기르고, 신체의 각 부분을 조화롭게 계발한다.
	음악적 측면	연주, 독보, 기보, 즉흥연주 등을 가능하게 하는 청감각과 개성 있는 반응력, 즉 신속·정확하게 청취하고 그 음향에 대하여 개성 있게 반응하는 능력을 기른다.
기본 원리		• 리듬을 치거나 발을 구르는 것과 같은 단순한 신체 활동뿐만 아니라, 많은 근육조직을 이용하여 몸 전체를 사용하는 활발한 리듬경험을 가질 수 있다. • 자신의 움직임을 스스로 조절할 수 있을 때 리듬을 올바르게 표현하고 신체적인 조화도 이루어지게 되므로 움직임을 스스로 조절할 수 있는 특별한 훈련이 필요하다. • 리듬에 따른 상징을 해석하여 신체적으로 움직이는 것은 많은 리듬의 경험을 통해 배울 수 있는 매우 중요한 것이다. • 자신이 들었던 것을 행동으로 표현하는 과정을 통하여 '청음'능력을 발달시킬 수 있다. • 몸, 마음, 감정은 리듬을 표현하는 데 있어서 매우 중요하다. • 리듬에 따른 느낌을 신체를 이용하여 자유롭게 표현함으로써 창조적인 면을 기를 수 있다. • 음악을 듣고 자신의 의지대로 신체적인 표현을 해본다면 위대한 예술작품에 무관심하지 않게 될 것이다.

신체표현에서 활용할 수 있는 동작		• 유리드믹스에서의 신체표현에서 활용할 수 있는 동작은 '제자리에서의 움직임'과 '공간에서의 움직임'의 2종류가 있다(유승지, 2001; Choksy 외, 2001). 　- 제자리에서의 움직임 : 비이동 동작으로, 제자리에서 신체의 특정 부위를 움직이는 것이다. 　- 공간에서의 움직임 : 이동 동작으로, 자유롭게 공간을 이동하면서 이루어지는 것이다. ➜ 위의 2가지 동작은 유리드믹스에서 가장 기초적인 동작이라고 할 수 있다.
방법	① 음의 속도 (tempo) 이해	점점 빠르게 또는 느리게, 갑자기 또는 부드럽게 등으로 동물의 동작을 연상시키면서 그 모양을 모방하게 한다. ⑩ 코끼리의 걸음은 무겁고 느리게 걷는 모습으로, 다람쥐·참새 등이 움직이는 모습은 발걸음 간격을 좁게 하여 자주 움직이거나 발끝을 사용하여 가볍고 빠르게 움직이는 모습으로 표현한다.
	② 음의 셈여림 (강약) 이해	유아들에게 음의 셈여림(강약)을 흥미 있게 지도하기 위해 일상에서 찾아볼 수 있는 자연현상의 변화나 유아들의 관심이 많은 현상들을 재료로 삼을 수 있다. ⑩ 폭풍우가 험악하게 닥쳐오는 상황을 가정하고 그 과정을 표현해 보게 한다. 폭풍이 점점 세지다가 절정에 이르면 천둥이 치는 것을 묘사하고, 폭풍우가 사라져 가는 것은 점점 여리게 표현한다. 폭풍의 생성과 소멸을 표현하는 과정에서 교사는 극적인 표현을 가미하고, 음악적 함축성이 있는 적당한 반주(또는 손뼉이나 악기를 이용하여 아주 세게 천둥 표현)를 제시해야 한다.
	③ 음의 고저 (높낮이) 이해	• 음의 고저를 신체로 표현할 때, 키를 세우거나 허리를 낮추는 동작으로 나타낼 수 있다. • 음계의 상행과 하행은 전진과 후진 동작 또는 팔을 위 아래로 움직이는 동작으로 나타낼 수 있다. 　- 음의 높이에 계명을 붙이고 리듬을 바꾸어 보는 것 외에도, 교사가 지시하는 음을 손가락으로 가리키는 동작을 통해 음의 고저를 표현하고, 솔페즈(계이름 부르기) 연습도 겸할 수 있다.
	④ 음의 길이 이해	• 음의 길이에 대한 지도는 ♩(4분음표)를 단위로 시작한다. • 어린 유아인 경우 기호의 사용보다 감각적으로 듣고 신체로 반응하도록 하는 것이 효과적이기 때문에 걸음걸이로 음표의 길이를 나타낼 수 있다. ⑩ 음의 길이를 습득하기에 좋은 리듬 운율을 지닌 "곰 세 마리의 걸음걸이"를 이야기로 그려 신체로 표현한다. 　: 아빠 곰이 2분음표로 천천히 보폭을 크게 하여 걸으면, 엄마 곰은 4분음표로 보통 보폭으로 걷고, 아기 곰은 8분음표로 보폭을 짧게 하여 종종 뛰게 된다.
	⑤ 음의 악센트 이해	손뼉치기, 발구르기, 껑충 뛰기, 무릎치기 등을 통해 이해할 수 있다. ⑩ 손뼉을 치는 도중에 악센트의 지시가 있으면 한 번만 책상을 세게 치거나 강한 박수를 치게 할 수 있고, 또 걷는 중에 발을 구르거나 손뼉을 치게 하는 방법도 있다.
	⑥ 리듬패턴 이해	리듬패턴의 이해를 돕기 위해 팔로 박자를 저으면서 리듬에 맞추어 걷게 하거나, 손뼉과 무릎치기 동작을 사용할 수도 있다. ⑩ 리듬패턴을 손뼉으로 치면서 한 박자씩 걷는 동작을 한다. ⑩ 손뼉 한 번(한 박자)과 무릎을 두 번(반 박자 두 번)씩 치는 동작을 해 본다.

	⑦ 악구(phrase) 이해	리듬형이 모여서 한 개의 프레이즈가 성립되는 것을 이해시키면서 리듬감을 체득하도록 한다. 📌 두 사람(A와 B)이 한 팀이 되어 A는 ♪♪로 네 발자국 스텝을 밟아 나간 다음 ♩로 멈추면서 자유로운 동작을 취하면 B는 한 프레이즈 늦게 같은 동작을 취한다. 또 다른 방법은 A가 네 발자국 스텝을 밟은 후 자유로운 동작을 취하면 B는 그 뒤를 따라 A와 대조적인 동작으로 멈춘다.
	⑧ 리듬카논 이해	• 교사는 리듬악기나 음반악기, 피아노, 오르간 등 선율악기를 사용하고, 이때 유아들은 발구르기, 손뼉치기 등의 동작을 같이 하거나 새, 짐승 등을 흉내냄으로써 리듬카논에 대한 이해를 높일 수 있다. – 돌림노래는 가장 단순한 카논의 하나로서, 반복되는 짧은 단편들로 구성된 이러한 캐논 형식의 노래를 통해 이해를 도울 수 있다.
	⑨ 당김음 이해	• 같은 음 강약의 여린 부분과 센 부분이 결합되어 여린 부분이 센 부분으로, 센 부분이 여린 부분으로 되어 셈여림의 위치가 바뀌는 것이다. • 한마디 안에서 또는 두 마디에 걸쳐 이루어질 수도 있는데, 두 마디에 걸쳐 있는 당김음을 표현하는 방법은 호선(tie)으로 나타낸다.
	⑩ 리듬 적기	리듬을 표기하는 것으로, 신체표현을 할 때 선을 그리는 것으로 나타낸다. 📌 보통 빠르기에 대해 그리는 기준선의 크기와 굵기를 정하고, 음악이 강하고 느려졌을 경우에는 선을 굵고 크게, 그리고 빠를 때의 선은 작고 가늘게 그린다.
교육적 효과	신체 발달	• 대·소근육이 고루 발달하여 신체표현 능력이 향상됨으로써, 정확하면서도 표현력이 뛰어난 연주를 할 수 있게 된다. • 영유아들은 음악을 듣고 전체 몸을 움직이거나 손뼉치고 발을 구르는 등의 활동을 하면서 스스로 움직임을 조절하는 능력을 신장시킬 수 있으며, 이런 지속적인 훈련은 신체적 조화를 이끌어 낸다. – 어린 영유아들은 처음에는 통제 능력을 기대하기 어려우므로 나이와 연령별 특성에 적절한 신체 활동을 지도하는 것이 필요하다. 📌 유아들의 몸 전체를 움직이는 활동에서 시작하여 나중에는 손뼉을 치는 등의 활동으로 점차 세세하게 발전시켜야 한다.
	청음능력 향상	음악을 들었던 내용을 표현해 내는 과정 속에서 머리와 몸으로 이해할 수 있게 되어 청음능력이 향상되고, 음악을 해석하는 역량과 즉흥연주 능력이 고루 발달된다.
	사회성 함양	• 유리드믹스는 개개인으로 진행할 수 있지만, 그룹 활동으로 진행되기도 한다. 함께 신체 활동을 하면서 서로 영향을 주고받게 되는데, 이런 활동 속에서 영유아들의 자연스런 사회성 발달도 꾀할 수 있다. – 여러 사람과 협력하는 수업을 통해 집단에서의 사회성이 발달되고, 자신의 잘못된 행동을 교정시키는 기회를 가질 수 있으며, 자신의 능력을 더욱 발전시키고자 하는 자발적인 의지를 가지게 된다.
	정신적 자기조절능력 증진	음악에 실어 자유롭게 몸으로 표현해 보는 활동을 통하여 자신의 생각과 의지를 나타내는 계기가 마련되고, 이는 유아들의 정신적 자기조절능력을 증진시키게 된다.

정서발달	인간의 희로애락을 표현하는 다양한 음악을 유리드믹스를 통해 예민하게 들으면서 감정표현이 풍부해진다.
인지발달	다양한 종류의 카논을 경험하고, 이를 통해 기억력, 인지력, 집중력이 향상된다.
창의성 향상	• 음악을 듣고 보이지 않는 소리를 보이는 소리로 만들어 내는 창의적 신체 표현의 경험은 사고력과 상상력을 동원하는 과정을 이끌어 내므로 창의성이 발달하게 된다. • 자유롭게 표현하는 과정을 통해 창의력을 자극한다.

(2) 솔페지(솔페이지, 솔페즈)

기본 입장		• 악보를 보고 계이름으로 노래를 부르는 계명창을 뜻하는 것으로, 소리의 높낮이와 관련된 모든 교육을 일컫는다. 달크로즈는 솔페지가 내청(inner hearing)과 음형(tonal pattern)의 기억능력을 발달시켜 준다고 생각하고, 기보법을 배우기 전에 솔페지 활동을 경험해야 한다고 하였다. 　－ 솔페지 교육은 음의 높낮이와 선율의 흐름을 신체로 표현한다는 점에서 유리드믹스와 유사하며, 이를 통해 음의 높고 낮음을 구별하고 음들 간의 유기적인 관계를 파악하는 능력을 기를 수 있다. • 달크로즈는 솔페즈를 통해 청음능력을 향상시키고, 특히 계이름으로 노래를 부름으로써 마음속으로 음을 상상하는 내청능력이 생겨 음의 높낮이와 음들간의 관계를 파악하는 역량이 발달한다고 주장하였다. 　－ 이러한 과정을 통해 학습자들은 단순히 '음(pitch)'을 정확하게 부르는 것에 머무르지 않고 '음과 음 사이의 상호관계'를 끊임없이 생각하게 되어 '내청능력'을 키우게 된다. 즉 솔페즈 교육 방법을 이용한 내청훈련은 '사고하는 목소리(thinking voice)'를 이용해서 소리를 듣는 과정이다. • 악보의 시창과 청음 교육이 통합되어 음의 높낮이, 리듬, 음질, 화성, 조성 파악능력을 동시에 계발시킨다. • 솔페지 학습을 통하여 악보의 전체적인 이해와 정확한 표현능력을 얻으며, 즉흥연주의 기초를 다지게 된다.
	한 줄 악보 및 5선 악보	• 솔페지 교육의 특징은 선율의 움직임을 신체동작과 연결하여 학습하는 것으로, 이러한 신체 반응과 소리를 내는 등의 활동 후에 악보 읽기(5단계로 구성)와 쓰기가 교육되어야 한다고 주장하였다. 　－ 영유아를 대상으로 한 음악교육인 경우 1단계 악보 읽기를 활용하는데, 1단계에서는 '한 줄 악보'를 시작으로 단계적 접근을 통해 '다섯 줄(5선) 악보'로 확장하고 손동작 또는 몸동작을 사용하여 계이름과 음정을 익히는 방법 등이 사용되고 있다. 　－ 즉 음의 높낮이 순서를 몸의 높낮이와 연계하여 계이름 부르기를 먼저 한 다음, 한 줄 보표를 통한 악보 읽기를 단계적으로 배우는 것이다.

① 악보 읽기(한 줄, 두 줄 악보)

한 줄 악보	→ 미 레 미 파 미 / 미 ○ ○ ○ ○ ○
두 줄 악보	솔 / 미

• 한 줄 선을 미라고 하면 '미-레-미-파-미'로 표현할 수 있다.
• 두 줄 악보에서 선을 솔, 미라고 정하면, '미-레-미-파-솔-미'로 읽을 수 있다.

② 손동작으로 읽기(손동작을 통한 계이름 익히기 방법)

	도	레	미	파
방법 Ⅰ	무릎	무릎 위	배꼽	가슴
방법 Ⅱ	차렷	조	금	씩
	솔	**라**	**시**	**도**
방법 Ⅰ	가슴 위	눈	머리	만세
방법 Ⅱ	벌	리	기	만세

출처 : 성하연(2014) 논문 재인용
[원 출처 : 홍성애(2007), 「현대음악 교수법에 관한 연구」]

고정도법에 의한 계이름 부르기	• 청음교육에서 음악의 조성에 따라 계이름이 바뀌는 '이동도법'에 의한 계명창을 강조한 코다이와 달리, 달크로스는 '고정도법'에 따라 음악을 듣고 움직이는 활동을 한다는 차이점이 있다. • 고정도법은 계이름을 부를 때 조와 관계없이 'C'음은 항상 '도'로 불러야 하는데, 이는 절대음감을 익힐 수 있도록 하기 위해서이다.
교육적 효과	• 음의 높고 낮음을 구별하고 음들 간의 유기적인 관계를 파악하는 능력을 기를 수 있다. • 솔페지 학습은 음들을 몸의 움직임과 결합함으로써 학습자가 악보에서 리듬꼴과 가락, 음정, 프레이즈, 셈여림표 등을 보면서 마음속에 그 음악을 떠올릴 수 있게 만든다. • 하나의 악보를 가지고 여러 가지 형태로 바꾸어 불러 보는 달크로스의 솔페지 교육은 소리의 내재된 질서를 머리로 파악하고 귀로 예민하게 분석하여 음악적인 소리를 만들어 들을 수 있게 되는 *내청능력을 기르는 데 좋은 방법이 될 수 있다. • 음을 예민하게 듣는 연습을 통해 내청과 음형의 기억능력을 발달시켜 준다. • 악보를 읽고 즉시 음을 떠올리는 능력을 습득하도록 돕는다.

＊내청능력
• 내면에서 들을 수 있는 능력, 즉 마음속에서 음을 상상하는 능력을 말한다.
• 이는 노래 도중 몇 마디는 소리내어 부르고 몇 마디는 마음속으로 소리 없이 불러보는 연습을 해 봄으로써 향상시킬 수 있다.

(3) 즉흥연주

기본 입장	• 즉흥연주는 모든 음악행위가 통합된 것으로서 음악을 만들어 내기 위해 모든 음악적 요소인 셈여림, 음색, 선율, 리듬, 빠르기, 화음, 형식 등을 개성 있게 결합하여 표현하는 것이며, 악기 연주를 포함하여 목소리나 동작 등을 즉흥적이고 창의적인 음악적 표현과 상상력이 자유롭게 어우러지도록 하는 음악적 경험을 하는 것이다.
	• 즉흥연주의 목적은 동작과 관련된 리듬 요소 및 소리와 관련된 요소들이 창의적으로 결합하여 음악을 표현하는 능력을 기르기 위한 것이다. 이를 위해서는 영유아들의 음악적 충동을 이끌어 낼 수 있는 음악창작의 자료(말, 시, 움직임, 노래, 이야기, 피아노 등 다양한 교구)를 마련해 주어야 한다.
	   − 달크로즈 교수법에서 즉흥연주에 가장 많이 사용되는 악기는 피아노이며, 이는 즉흥적인 자신의 음악적 의도를 자유롭게 표현하기에 가장 적절하다고 보았기 때문이다.
	• **다양한 장르의 즉흥연주를 경험할 수 있는 활동 유형**
	   − 음악의 느낌에 따라 사람이나 동물의 특징을 신체로 표현하는 활동
	   − 다른 사람이 치는 리듬을 듣고 기억하여 그대로 연주해 보거나, 이를 변형시켜 전혀 다른 리듬을 만들어 연주하는 활동
	   − 교사가 제시하는 선율에 학생이 자유롭게 선율을 만들어 응답하는 활동

목적	• 음악적 요소들을 개성 있게 창의적으로 결합하여 음악으로 만들고 표현하는 능력을 기르는 것이다. • 즉흥연주의 목적은 동작과 관련된 리듬 요소 및 소리와 관련된 요소들이 창의적으로 결합하여 음악을 표현하는 능력을 기르기 위한 것이다.

특징	• 즉흥연주를 위한 가장 유용한 악기는 피아노라고 보고, 매체로서의 피아노 역할을 중시하였다.
	   − 피아노는 음의 높낮이와 셈여림의 표현이 자유롭고 정확한 음정을 낼 수 있어 개인의 음악적 의도를 즉흥적이며 자유롭게 표현하기에 가장 적절하기 때문이다.
	• 피아노 외에도 다양한 매체의 사용을 장려하며, 즉흥연주를 모든 일상생활과 연관시켜 활용하고 있다.
	   − 즉흥연주에서 주로 사용되는 매체는 동작, 목소리, 악기가 있다.
	     ① **동작 즉흥연주**: 즉흥연주는 미리 준비되어 있지 않은 연주로서, 달크로즈 음악교수법에서의 동작은 단순한 수단이 아니라 신체적인 움직임을 음악적인 움직임과 연관시킴으로써 음악에 관한 추상적인 개념들을 명확하게 만드는 방법이다.
	     ② **목소리나 악기의 즉흥연주**: 청음과 리듬적인 동작의 결합으로 개인에게 내재되어 있는 창의성과 축적된 경험들은 개인마다의 독특한 음악적 주장을 만들기 위해 상호작용하는 것이다.
	• 교사의 역할을 강조한다.
	   − 교사는 즉흥연주를 통해 음악적으로 다양한 변화를 창작하고 발전시킬 수 있도록 훈련되어야 하며, 이를 바탕으로 학생의 음악적 충동을 이끌어 냄으로써 음악창작의 계기를 마련해 주어야 한다.

> 교사가 피아노로 달리는 모습을 즉흥적으로 연주하고 유아들은
> 그 음악에 따라 자유롭게 신체적인 표현을 함
>
> ⬇
>
> 교사가 한 유아에게 자신의 오른쪽의 높은 건반으로
> 날아가는 새의 움직임을 나타내게 하면서, 다른 한 유아에게 왼쪽의 낮은 건반들로
> 사자의 움직임을 소리내도록 권함
>
> ⬇
>
> 교사의 즉흥음악과 자연스럽게 어우러지는 음악을 만들도록 이끌어 냄

◈ 즉흥연주의 예시

UNIT 16 **오르프**

음악교육의 철학

- 오르프는 음악, 언어, 동작이 삼위일체가 되어 음악교육을 해야 한다고 강조하였다.
- 오르프는 음악교육활동의 근원을 '기초음악(elemental music)'에 두었다.

> **기초음악(원초적 음악)**
> - 기초음악이란 나이와 상관없이 몸, 언어, 음악(리듬, 가락)과 같은 원시적이고 초보적인 음악 형태를 바탕으로 하여 단순하고 다듬어지지 않아 거의 신체 활동에 가까운 것으로 이는 누구나 배우고 즐길 수 있다.
>   - 인간이 진화해 온 과정처럼 음악을 배워야 한다고 보았다. 원시시대에는 음악과 무용이 하나의 영역이었는데, 현대사회로 진화해오면서 이들이 분리되었다는 것이다. 이에 유아들에게 음악과 무용을 구분해서 교육하는 것보다 통합적 개념에서 교육하는 것이 적절하다고 하였다.
>   - 이러한 기초음악은 발달하려는 속성과 가능성을 가지고 있는 것으로(Landis & Carder, 1972; Schneider, 1969), 인간의 발달과정에 따라 단계적으로 영유아의 음악성과 음악교육이 이루어져야 한다고 보았다.
>   - 따라서 음악학습은 쉽고 자연적인 활동에서부터 점차 진전된 학습으로 나아가야 하는 것으로 기초음악은 이미 내면에 지니고 있는 음악과 신체동작(춤), 그리고 언어가 하나로 통합되어 존재하는 음악이라고 말할 수 있다.
> - 오르프는 음악교육에 있어 리듬을 음악의 원천적인 요소로 보았는데, 리듬은 율동적인 움직임으로부터 나오고, 선율은 언어의 리듬으로부터 나오며, 화음은 리듬과 선율과 울림의 상호작용으로부터 나오는 것이라고 했다.
>   - 음악의 구성요소에 대한 이러한 인식은 새롭고 독특한 지도방법을 창안하게 하는 원인이 되었다.
>   - 오르프의 리듬이란 가장 자연스러운 음악적 반응으로, 어린이가 태어나는 순간부터 말이나 행동 등을 통해 경험하고 느끼며 표현하는 즉흥적 요소이자 음악교육의 시작이라고 할 수 있다.

① 음악은 나이와 능력 수준에 구애됨이 없이 모든 어린이를 위한 것이다.
  - 음악교육은 재능을 가진 사람만을 위한 것이 아니라, 평범하고 재능이 별로 없는 사람도 모두 참여할 수 있는 폭넓은 것이어야 한다고 생각했다.

② 음악은 직접적인 경험이어야 한다(음악적 체험은 직접적인 경험과 적극적인 참여에서 이루어진다).
- 음악에 관해 배우는 것이 아니라, 직접 실행하고 직접적인 경험을 통해 기회를 갖는 것이어야 한다.
- 유아들이 좋아하는 여러 가지 활동(게임, 손유희, 짧은 동시, 놀이 시 부르는 '놀이요')은 유아음악교육의 중요한 재료가 되므로, 이를 통해 유아의 음악교육을 시작할 것을 제안하였다.

③ 음악의 경험은 어릴 때 시작해야 하며, 놀이를 하듯 경험하여 점진적으로 복잡한 단계까지 발전시킨다.

④ 음악적 경험은 적극적 참여를 통해 이루어진다.
- 오르프는 그의 저서 『Schulwerk : Past and Future』에서 '슐베르크'는 학생이 감상자에 머무르는 것이 아니라 적극적인 참여자의 역할을 하도록 마련한 자료라고 하였다.

⑤ 음악은 성격상 기초적인 것이어야 한다(유아음악교육은 기초음악에 바탕을 두어야 한다). 즉 누구나 배우고 즐길 수 있는 것으로 신체 활동과 밀접하게 연결되어 있다.
- 언어, 움직임, 노래가 통합된 총체적인 음악으로, 가장 쉽고 자연스러운 단계에서부터 음악학습을 시작해야 함을 강조한다.

⑥ 음악은 놀이와 대화, 노래, 신체동작, 악기 연주 등이 통합되어 이루어지는 하나의 총체적인 경험이어야 한다.
- 음악교육의 기본 목적은 유아의 창조적 능력을 계발하는 것이며, 그러한 능력은 즉흥적인 활동 속에서 자연스럽게 길러진다.
- 또한 유아의 세계에서는 말하기와 노래부르기, 시와 음악, 음악과 신체동작, 놀이와 춤 등이 분리되지 않는 것이어야 한다.

⑦ 리듬과 선율이 음악의 출발점이다.
- 리듬과 가락이 시발점인데, 리듬은 말의 형태, 가락은 리듬의 형태로부터 발전된 것으로 리듬이 가락보다 더 강력한 음악 요소이다.

⑧ 비음악적인 유아는 없다(음악적이지 않은 어린이는 없다).
- 전혀 음악적이지 않은 유아는 없으며, 누구나 어떠한 시점에서 음악에 접근할 수 있고 이를 가르칠 수 있다.

⑨ 총체적인 음악교육을 강조하였다.
- 음악, 언어(말하기), 동작(신체표현)이 유기적인 관계 속에서 하나의 영역으로 결합되어야 한다.
- 총체적인 음악교육을 통해 기본요소인 리듬부터 교육할 것을 제안하였다.

⑩ '파'와 '시'를 뺀 나머지 5음 음계 노래를 초기 교육 교재로 사용해야 한다.
- 솔(G)과 미(E)의 두 음정으로 노래부르기를 하는 것에서 시작하여 '솔-미' 두 음정을 익힌 다음에는 '라(A)'가 추가되고, 차례로 '레(D)'와 '도(C)'가 추가 사용된다.

• 유아에 의한 창의적인 즉흥연주가 핵심이다.
- 음악의 기능을 배우기 전에 즉흥적인 음악을 만들 수 있는 기회를 부여하고 음악적 실험을 하게 함으로써, 유아의 본능을 자극하여 자연스럽게 스스로를 표현하고자 하는 욕구를 개발시켜 주고자 한다.

• 유아들의 자유로운 음악경험을 통해 즉흥적으로 그 멜로디에 어울리는 중심리듬을 찾아내 건반 타악기로 오스티나토 또는 보르둔 형식을 연주하게 한다.
- 오스티나토 : 일정한 리듬이나 가락이 곡 전체를 통해 계속해서 되풀이되는 것으로, 단순하고도 반복적인 리듬(선율, 화성)의 흐름을 말한다.

– 보르둔 : 길게 지속되는 낮은 음, 베이스의 반주를 가진 악곡을 말하며, 5도나 8도 관계의 두 음정이 계속 반복되어 연주되면서 리듬 변화를 주는 움직임이다.

• 합주나 그룹 활동을 장려한다.
  – 오르프는 개개인의 활동에 머무는 것이 아니라 합주나 그룹 활동들을 장려하였는데, 이는 합연으로 소리의 조화를 경험하고 책임감과 함께 구성원 간의 조화와 배려를 추구하고자 하는 목적을 지니고 있다.

• **코다이 vs 오르프**
  – 오르프는 "유아가 먼저 음악을 읽고 쓰도록 가르쳐야 한다"고 주장한 코다이와는 달리, 음악의 기능을 배우기 전에 즉흥적인 음악을 만들 수 있는 기회를 부여하고 음악적 실험을 하게 함으로써, 유아의 본능을 자극하여 자연스럽게 스스로를 표현하고자 하는 욕구를 계발시켜 주고자 하였다.

저서	• 오르프의 음악학습교재 『오르프 슐베르크』
	  – 오르프와 키트맨(Keetmand)은 '기초음악'이라는 개념을 바탕으로 하여 어린이를 위한 음악학습 교재인 슐베르크를 탄생시켰다.
	  – 오르프 슐베르크는 말 그대로 모든 어린이들을 대상으로 하여 음악교육에 대해 펴낸 책이다.
	  – 민요나 일상생활에 관련된 내용이 많이 사용되었으며, 중주나 합주도 다뤄지고 있다.
	  – 이 책은 총 5권으로 구성되어 있는데, 다양한 수준의 악곡들을 수록하고 있다. 각 권의 단계는 배워야 할 내용의 순서에 맞게 되어 있어서 다음 단계를 배우기 전에 학습하는 것이 좋다. 물론 악곡은 교사가 학습자에 맞게 자유롭게 선택할 수 있으나, 다만 작품을 다루는 과정에서 창조적으로 이끌어 주어야 할 것이다.
	• 오르프 음악학습 체계는 『오르프 슐베르크』를 통해서 이해할 수 있으며, 음악학습의 내용적 체계는 ① 교수법적 요소, ② 학습활동적 매체, ③ 음악적 요소로 나눌 수 있다.

🏠 **오르프의 음악학습 내용적 체계**

음악교육 구성	분류	내용
학습 체계	『오르프 슐베르크』	• 기초음악에 의한 내용 – 1권 : 5음 음계(판타토닉–'도, 레, 미, 솔, 라')를 바탕으로 작곡된 노래들이 수록되어 있고, 쉽게 접근할 수 있다. – 2권 : 장조, 보르둔이 포함된 곡 – 3권 : 장조, 딸림화음이 포함된 곡 – 4권 : 단조, 보르둔이 포함된 곡 – 5권 : 단조, 딸림화음이 포함된 곡
	제1권에서 5음 음계를 사용한 이유 ① 반음이 없어 유아들이 노래하기 쉽다. ② 조성과 화음 변화가 없어 불협화음을 초래하지 않는다. ③ 실로폰과 같은 건반타악기의 연주가 쉽다.	
학습내용적 체계	(1) 교수법적 요소	모방, 탐색, 악보 읽기 및 쓰기, 즉흥연주
	(2) 학습활동적 매체	① 말하기, ② 노래부르기, ③ 신체동작, ④ 악기 연주
	(3) 음악적 요소	오스티나토, 보르둔, 론도, 카논

MEMO

음악교육의
목적과 목표
	• **목적**
	   – 즉흥연주를 통한 창의성 개발과 전인교육
	• **목표**
	   – (즉흥연주를 통해) 창의성을 개발하는 것으로 자발적이고 능동적으로 행해짐으로써 영
	     유아가 기쁨을 얻고, 신체 움직임을 통해 자연스럽게 음악을 경험하고 습득하는 즉흥연
	     주 및 표현활동을 강조하였다.
	   – 음악적 경험을 바탕으로 유아의 말과 동작을 자연스럽게 사용한다.
	   – 유아에게 언어, 동작, 놀이, 노래는 종합체로 간주된다.
	   – 유아가 모든 음악적 경험에 능동적으로 참여하여 즉각적인 즐거움과 의미를 알도록
	     한다.
	   – 리듬과 멜로디의 의미를 몸 전체로 알려 주고, 이와 같은 경험을 기초로 하여 음악개념
	     을 이해시키며 악보를 기록하는 방법을 알도록 한다.
	   – 음악의 기본요소를 경험하게 한다. 언어의 리듬형태에서 시작해 리듬적인 경험을 부여
	     하며, 어린 시절의 자연스런 노래, 극히 단순한 가락에서부터 멜로디적인 경험을 주고,
	     반복적인 음률의 연주에서 다성 감각과 화성적인 경험을 하도록 한다.
	   – 리듬적이고 멜로디적인 경험에서 음악적인 상상력과 즉흥연주 능력을 계발시킨다.
	   – 감각을 바탕으로 개인적인 창조성을 계발하고, 앙상블 활동을 통하여 능동적인 참여를
	     발달시킨다.

1 교수법적 요소 – 모방, 탐색, 악보 읽기 및 쓰기, 즉흥연주

> • 음악교육의 시작은 모방(따라하기)에서부터 비롯되며, 유아들은 교사를 모방하는 것을 통해서 자연
> 스럽게 즉흥연주, 즉 창작으로 나아간다.
> • 즉흥연주와 창작활동을 통해 유아들은 창의성과 독창적인 표현능력을 발달시키게 된다.

모방
(imitation)
	• 들려 준 소리나 음악을 그대로 흉내 내는 것을 말한다.
	   – 아동은 교사를 모방하는 과정에서 관찰력, 지시에 따르는 능력, 몸을 자유로이 움직
	     이는 능력 등을 개발할 수 있다.
	• **모방 활동의 유형**
	   ① 동시 모방(똑같이 움직이기 : 교사와 동시에 움직이기)
	     – 교사와 유아가 같이 해 보는 기존의 방법으로, 교사가 음악적 지시를 내리는 동
	       시에 아동이 따라하는 모방을 말한다.
	       예 가라사대 게임, 사이먼이 말하기를 게임 등을 활용한다.
	   ② 기억 모방
	     – 교사가 유아에게 음악적 지시를 내리고 이를 기억하게 한 다음 일정 시간 뒤에
	       따라하게 만드는 모방 활동으로, 교사가 가르친 신체동작, 소리, 리듬패턴, 곡조
	       등을 기억했다가 똑같이 해 보는 학습방법을 '기억 모방' 또는 '메아리 모방'이라
	       고 한다.

− 이는 유아 음악발달의 모든 단계에서 선율과 리듬에 대한 기억 능력을 발달시키는 데 중요한 수단이 되며, 즉흥연주 단계에 도달하기 위한 예비 단계(기초과정)에 해당한다.
− 나이가 어린 유아들은 교사가 노래, 악기로 연주한 것을 똑같은 매체(노래, 악기)로 모방하고, 고학년이 되면 교사가 연주한 것을 다른 매체로 모방한다.

③ 중복 모방
− 교사가 간단한 동작을 보여 준 다음 새로운 동작을 가미하면서 유아에게 특별한 지시가 있을 때만 따라하도록 하는 학습방법이다.
− 교사가 먼저 A동작을 유아에게 보여주고 B라는 다음 동작으로 넘어갈 때, 유아가 A동작을 모방하기 시작하는 것을 말한다. 교사가 C동작을 할 때 유아는 B동작을 따라하게 된다.

탐색 (exploration)

• 스스로 음악적인 체험과 발견을 하는 학습과정으로, 모든 매체에서 배운 것을 새로운 방법으로 적용·표현해 볼 수 있는 탐색의 기회를 제공한다.
− 오르프 음악교육 방법에서는 유아에게 항상 새로운 것을 찾도록 유도한다. 같은 악기라도 새롭게 연주하도록 격려하는 것이며, 이 과정은 즉흥창작의 준비과정이 된다.
− 교사는 이미 부여된 음악 내용을 유아가 변화시켜서 새로운 음악을 만들 수 있도록 지도한다.
− 같은 음이라도 더욱 빠르게 또는 아주 느리게 연주하도록 하거나, 여러 가지 악기로 다양하게 연주하여 여러 음을 느끼도록 도와준다. 곡의 빠르기, 강약 등에 변화를 주어 여러 음색을 느끼게 하는 것도 한 방법이며, 장조에서 단조로, 즉 같은 으뜸음조를 이용하여 단조의 느낌을 체험하게 하기도 한다.
− 실제로 음을 느끼게도 하지만, 때로는 상상으로 음악을 느끼게 할 수도 있다.
• **탐색활동의 내용**
− 탐색활동은 소리의 탐색, 공간의 탐색, 형식(짜임새)의 탐색으로 나누어진다.
• **교사의 역할**
− 교사는 유아들이 음악적 자료를 탐색하도록 도우며, 유아들은 탐색을 통해 창의적 표현능력을 기르게 된다.

악보 읽기 **(literacy)**	• 음악을 처음 배우는 시작단계에서부터 반드시 '악보를 읽고 쓰는 것'을 가르쳐야 하는 것은 아니지만, 기보법을 모르는 상태로 계속 음악을 배워가는 것을 불가능하다고 보았다. • 악보를 읽거나 쓰는 과정이며, 처음에는 쉬운 과정부터 시작하여 더 발전된 악보까지 보게 된다. − 유치원에서는 4분음표 또는 8분음표 정도로 간단하고 쉬운 것부터 시작하며, 음계도 '도−레−미−솔−라' 등 기본적인 것부터 소개한다. − 악보교육은 단지 음악을 읽기 위한 보조수단이므로 음악 전반에 관한 교육이 실시된 후에 이루어져야 한다. • 가시적 기보법을 먼저 소개하고 필요에 따라 정식 악보기법을 가르치는 것이다. 즉 먼저 그림 기보법으로 악보 읽기를 가르친 다음, 유아가 성장함에 따라 정식 악보를 가르친다.
즉흥창작 **(improvisation)**	• 즉흥창작은 음악이나 동작을 즉석에서 만드는 것을 의미하는 것으로, 이는 음악을 배우는 모든 과정에서 일어날 수 있는 활동이기도 하다. − 즉흥 작곡 과정에 도달하기 전에 그 전 단계의 과정인 모방, 탐색, 악보 읽기 등이 이루어져야 하는데, 이는 아동 스스로 자신이 창작한 음악을 기록할 수 있어야 하기 때문이다. • 즉흥창작은 유아의 창의성 계발을 위해 중요한 과정으로, 유아들이 자신의 수준에 맞게 음악을 자유롭게 창작하는 과정이다. 즉흥창작은 기술과 음악에 대한 이해가 어우러진 오르프의 음악교육 방법 중 최종 과정에 해당한다. − 창작은 악보를 읽기 전부터 가르칠 수 있고, 악보를 읽기 시작하면 음악에 대한 이해가 깊어져 음악적 구조를 더욱 쉽게 이해할 수 있다. − 초기 단계에서는 친숙하고 쉬운 리듬과 동작, 노래, 악기 연주부터 시작한다. • 즉흥창작은 음악을 배우는 모든 과정에서 일어날 수 있는 활동으로 음악소리에 맞추어 자유롭게 몸을 움직이는 창작활동은 기초 단계에서부터 시도될 수 있다. 시각적 자극이나 상상적인 이미지 등을 율동이나 악기 연주 등으로 표현할 수 있고, 이를 노래로 만들 수도 있다. • 형식(form)은 오르프 음악교사가 가장 중시하는 요소이다. − 하나의 형식을 형성하기 위하여 응답형의 형식을 취하기도 하고, 새로운 것을 창작하기 위하여 기존의 구조를 사용하기도 한다. − 유아는 우선 스스로 멜로디나 리듬을 만들게 되는데, 이 패턴이 하나의 악구(phrase)가 되고, 이 악구가 모여서 하나의 형식을 이루게 되는 것이다. − 리듬과 멜로디의 응답형식은 오르프 교수법에서 많이 쓰는 방법이다. 　　　　♩♩ | ♫♩　　　　　　　　　　♫♫ |♩♩ 　⑩ 교사가 솔 미|솔솔미를 연주하면, 유아는 이에 대한 응답으로 솔솔미미|솔 미 등을 연주하는 것이다. • **즉흥창작의 장점** − 창작 시간을 통해 아동은 교사로부터 독립성을 배우게 되고, 각각 자신의 음악 수준에 맞춰서 작곡을 하게 된다. • **탐색 vs 즉흥창작** − 탐색의 과정에서 이미 배운 음악을 변화시켜 보는 경험을 했다면, 즉흥 작곡 과정에서는 새로운 음악을 창작하는 것이다.

2 학습활동적 매체 – 음악교수법(＝ 4가지 교수매체)

오르프는 다양한 체험을 통해서 음악에 접근하도록 하는 활동을 위한 학습 매체를 말하기(speech), 노래부르기(singing), 신체표현(movement), 악기 연주(instruments)로 분류하였다.

말하기 (speech)	• 말하기(speech) : 말의 형태 ➡ 리듬의 형태 ➡ 노래부르기 • 말하기는 영유아가 일상생활에서 사용하는 단순한 언어를 시작으로 낱말, 동물·과일 이름, 사물 및 짧은 대화 등에 리듬을 붙여 음악적으로 읽게 하는 것이다. 　－ 글을 습득하기 이전, 말하기 활동을 통해 언어에 내재된 리듬을 음악활동의 수단으로 이용하는 것이다. 　－ 리듬은 음악을 구성하는 원천적인 요소로서 언어와 동작과 음악에 모두 존재하는 것이다. 오르프는 음악의 가장 기초를 리듬으로 보고, 언어와의 깊은 관련 측면에서 말리듬을 이용한 리듬교육이 가장 먼저 이루어져야 한다고 하였다. 　－ 리듬교육은 리듬의 발생이 자연적으로 이루어져야 하며, 음악적 능력보다 먼저 나타나는 언어를 이용하여 음악을 경험하면 더욱 효과적이라고 보았다. • 말하기는 유아들이 글을 깨우치기 전부터 가장 자연스럽게 음악활동을 할 수 있는 학습 수단의 하나로, 평소 사용하는 일상적인 언어에 내재되어 있는 말의 리듬을 이용하는 음악활동이다. 　－ 즉 영유아들이 성장하는 동안 주변과 자기 자신을 인식하기 위한 일차적인 수단은 바로 언어(말)이며, 이는 가장 자연스러운 음악의 귀중한 자료로서 음악과 언어와 움직임이 하나로 통합되는 방법이다. 　－ 말리듬은 음정 없이 언어와 잘 조화되는 리듬으로 모국어의 친숙한 속담, 시, 동화, 놀이 등을 학습 매체로 삼아 말하기로써 쉽게 접근하는 원리를 적용한 영유아 음악교육이다. • 오르프는 이와 같은 말하기를 음악경험의 중요한 접근방법이라고 보아 말의 형태가 리듬의 형태로 발전하고, 이것이 다시 노래부르기까지 발전하여 영유아가 자연스럽게 음악을 습득할 수 있게 된다고 말한다. 이때 여러 가지 신체동작(손뼉치기, 무릎치기, 발구르기)으로 그 말이 리듬을 연주하는 등의 연속적인 체험 과정으로 발전시킬 수 있다. • 말하기는 짧은 문장으로 확장해 리듬을 넣어 음악의 요소 및 개념[셈여림, 박자와 빠르기, 레가토(legato)나 스타카토(staccato, 형식)] 등으로 접근하여 지도할 수 있으므로 가장 자연스러운 음악 체험의 과정이다. • 말은 일상적으로 사용하는 것으로 생활주제나 개념들을 말로 리듬화한 말리듬으로 표현하면서 언어의 장단, 강약, 박자감을 느낄 수 있도록 하였다. 그러므로 언어에서 리듬을 찾는 지도방법은 자연스러운 현상이다. • 말리듬을 만드는 방법(rhythm speech) 　① 동시에서 골라 읽어주기 　② 리듬 찬트 붙이기(이때 동시의 내용을 보고 어떻게 리듬 찬트를 할 것인지 토론한다.) 　③ 신체동작 하기(손뼉치기, 발구르기, 왼/오른 무릎치기, 친구 어깨치기 등) 　④ 오스티나토를 부르기(오스티나토는 동시의 동요에 맞는 재미있는 의성어나 리드미컬한 대사를 골라 규칙적으로 붙인다). 　⑤ 악기 연주하기[반드시 몸동작을 먼저 한 다음, 악기(오르프 악기)로 연주]

*5음 음계(펜타토닉) 솔(G)과 미(E)의 두 음정으로 노래부르기를 하는 것에서 시작하여 '솔-미' 두 음정을 익힌 다음에는 '라(A)'가 추가되고, 차례로 '레(D)'와 '도(C)'가 추가 사용된다.

노래부르기 (singing)	• 노래부르기는 음높이를 사용하여 선율을 만드는 것으로, 말리듬 활동과 연결된다(상호 보완적이다). 　– 처음에는 말의 리듬학습에서부터 출발하여 짧고 간단한 찬트나 말을 통한 문답식의 대화로 시작하다가 점차 발전하면 노래부르기를 할 수 있다. 즉 말하기와 노래부르기를 하나의 학습으로 결합시킴으로써 두 가지 활동이 서로 강화되고 확대된다. 다시 말하면, 말의 리듬에서 파생되는 음높이와 율동감이 자연스럽게 선율을 만들어 내고 있는 것이다. 　– 리듬을 붙인 말로 노래를 만들어 부를 때 리듬으로부터 자연스럽게 선율이 발생되도록 유도하고 있으며, 영유아들이 말로 읽거나 표현할 때 그 말의 리듬과 함께 소리들이 지니고 있는 음높이를 발견하고 그것을 노래로 전환하도록 해준다. • **노래부르기의 체계적인 교수학습방법 – 단계적 음정 지도** 　① 처음에는 가장 단순한 두 음 '솔(G)－미(E)'(하행 단3도)로 시작하며, 교사와 유아, 또는 유아들끼리 서로 응답(선율의 문답하는 형식)하거나 교사의 노래를 모방한다. 　② 3음 스케일 '솔(G)－미(E)－라(A)', 그리고 한 음씩 추가하여 4음인 '솔(G)－미(E)－라(A)－레(D)', 5음으로 된 '솔(G)－미(E)－라(A)－레(D)－도(C)' 순으로 음이 추가된다. 솔, 미, 라, 레, 도로 이루어진 *5음 음계(펜타토닉)는 온음으로만 구성되어 있어 불협화음이 생기지 않기 때문에 카논이나 즉흥연주 등 여러 가지 형태로 활용된다. 노래지도가 충분히 이루어지면 이후 '파', '시' 음을 포함한 7음계로 전개한다. • 간단하고 반복되는 멜로디를 이용하되, 유아기는 아직 음역이 발달 중이므로 유아들이 쉽게 따라할 수 있는 음정의 단계로 진행한다. • 수업을 진행하는 교사는 사전에 충분히 곡을 숙지해야 한다. 🏠 **노래부르기 적용 방법의 예** <table><tr><th>방법</th><th>적용</th></tr><tr><td>가사</td><td>감사합니다. 고맙습니다.</td></tr><tr><td>두 음을 사용한 노래부르기(솔-미)</td><td></td></tr><tr><td>세 음을 사용한 노래부르기(솔-미-라)</td><td></td></tr><tr><td>5음계를 사용한 노래부르기</td><td></td></tr><tr><td>문답으로 노래부르기</td><td>질문: 좋아하는 색깔은?　대답: 노란색 노란색</td></tr></table>
신체표현 (신체동작, movement)	• 신체동작은 신체적인 움직임을 말하는 것으로, 음악을 몸으로 이해하고 자신의 생각과 느낌을 표현하는 창의적인 교육 방법이다. 　– 음악을 몸짓으로 표현하는 것은 본능적이고 자연스러운 자기표현방법이며, 오르프에 의하면 영유아는 신체동작을 통해 리듬, 빠르기, 음색, 선율의 흐름과 다이나믹, 강약 등 여러 다양한 음악의 구성요소 및 개념을 경험한다. 　– 또한 영유아 스스로 내면의 소리와 감정을 바깥으로 표출하는 수단이며, 나아가서는 역할극이나 춤 등 좀 더 발전된 형태로 표현할 수 있다.

- 리듬은 직접적인 신체감각과 느낌으로 이해되어야 하기 때문에 신체를 통한 리듬교육은 매우 중요하며, 음악에 즉흥적으로 반응하여 좀 더 복잡한 신체표현을 하는 기회를 제공하기도 한다. 여기에는 영유아의 일상적인 움직임이 모두 포함된다.

즉흥연주 및 표현 강조
- 오르프는 즉흥활동을 강조하였는데, 이것은 첫째, 창의·창조적 능력 개발을 위함이고, 둘째, 그들의 적극적 참여를 이끌어 내기 위함이다.
- 오르프는 즉흥연주가 음악교육에서 가장 마지막 과정이라고 보고 있으며, 창의적으로 사고하는 기회를 통해 체험하는 것에 중점을 두고 있다.
  - 결과적으로 기교를 익혀 매끄럽고 훌륭한 연주를 하는 것을 목표로 했던 것이 아니라, 음악을 만들고 즐기는 과정에 더욱 의미를 부여하고 있는 것이다.
- 영유아들은 자유롭고 즉흥적인 활동 속에서 창조적으로 생각해내는 과정의 기회를 제공받게 되는데, 이로 인해 그들은 심미적 즐거움을 느끼게 되며, 이것이 오르프가 의도한 것이다.

악기 연주 (instruments)

- 악기 연주는 오르프의 학습활동적 매체에서 필수적인 학습이다.
  - 오르프는 영유아들의 민감한 청각을 자극하는 개성 있는 소리와 다양한 음색 등을 경험하는 기회를 제공해야 한다고 보고, 간단한 악기 연주와 합주가 가능한 개성적이면서도 서로 조화를 이룰 수 있는 악기를 창안했는데, 이것이 '오르프 악기'이다.
- 오르프가 제작한 악기들은 주로 연주하기 쉽고 '원시적 매력'을 지닌 타악기식 선율악기가 중심을 이룬다.
  - 선율악기는 연주 시 사용되지 않는 음판(건반)을 떼어내고, 필요한 음판만으로 간단하게 구성할 수 있도록 탈부착이 가능한 악기이다.
- 악기에 의한 음악학습은 놀이 학습방법을 그대로 적용한다. 놀이과정에서 영유아는 자신이 원하는 악기를 음악적으로 표현하도록 하고, 악기를 사용하는 놀이를 통해 소리 내는 논리적 방법과 재료로 음향을 자유롭게 조작하면서 진정한 음악적 만족감을 경험할 수 있도록 한다.
- **오르프 악기의 특징 및 악기 연주의 의의**
  - 오르프는 누구나 쉽게 연주할 수 있도록 음반악기에서 불필요한 음을 제거하거나 연주기능을 최소화시킨 쉬운 악기들을 개발하였다. 선율악기의 경우 원하는 음의 건반을 떼었다가 다시 붙일 수 있게 세팅이 가능하다. 이는 유아들의 연령과 학습 정도의 차이에 따라 받아들일 수 있는 한계를 고려한 접근법이라고 할 수 있다.
    - **예** 노래부르기에서와 마찬가지로, 처음에는 '솔', '미' 두 개의 음판만으로 연주하게 하다가 단계적으로 인접한 음을 하나씩 첨가하여 연주하도록 지도한다. 결과적으로 유아들이 악기를 다루기 쉬우면서 즉흥연주를 손쉽게 할 수 있도록 도와주는 역할을 한다.
  - 두드리거나 치기를 좋아하는 인간의 본능적 특성과도 잘 맞고, 유아들의 신체적 발달 특징(소근육 발달의 미숙으로 대근육을 사용하여 연주)에도 적합하다.
  - 신체의 협응력이 떨어지는 영유아들도 보다 쉽게 악기 연주가 가능하므로 이는 음악활동에 많이 사용되는데, 악기 연주는 영유아들로 하여금 음정 관계를 시청각적으로 경험하게 할 수 있다.
  - 악기 연주를 통해 소리의 어울림에 대한 영유아들의 감수성 계발이 가능하고, 이것은 추후 다른 학습자와 함께 앙상블 연주를 해 보는 체험을 가지면서 다성 음악을 접하는 계기도 마련해준다.

신체악기	목소리	• 오르프에서 악기로 사용되는 목소리는 '트', '츠', '파' 등 입으로 낼 수 있는 다양한 소리의 효과들이다. 이러한 의성어와 소리 효과는 리듬 앙상블, 음의 높낮이, 음색 등을 학습하는 데 효과적이다.
	신체타악기	• 신체를 사용하여 타악기소리를 내는 것인데, 신체의 여러 부위를 타악기라고 간주하고 신체 각 부위를 이용해 두드리고 마주치거나 구르거나 하는 등의 방식으로 다양한 소리들을 표현함으로써 여러 종류의 타악기와 같은 효과를 낼 수 있다. ─ 네 가지 신체타악기의 음높이는 '손가락 튕기기, 손뼉치기, 무릎치기, 발구르기'의 순이며 악기 연주 시 악기의 음색이나 연주 위치 역시 같은 순서이다. ─ 실제 악기로 연주하기 전에 연습해 보는 예비과정으로 사용되기도 한다.

무선율 타악기 (리듬 타악기)		• 음악에 대한 흥미를 돋우는 교육용 악기로서, 일정한 음정이 없으며 박자감각을 익히는 데 쓰인다.
		• 신체타악기로 리듬을 충분히 익힌 다음에 무선율 타악기로 연주한다.
		• **신체악기와 리듬악기의 관계**
		  ─ 손가락 튕기기 ➡ 금속울림 악기: 트라이앵글, 핑거심벌즈로 연주
		  ─ 손뼉치기 ➡ 나무울림 악기: 우드블록, 우드스푼으로 연주
		  ─ 무릎치기 ➡ 가죽울림 악기: 핸드드럼으로 연주
		  ─ 발구르기 ➡ 큰 타악기: 큰북으로 연주

	금속울림 타악기	트라이앵글, 아고고벨, 핑거심벌즈, 윈드차임, 슬레이벨
	나무울림 타악기	마라카스, 캐스터네츠, 리듬막대, 우드블록
	가죽울림 타악기	탬버린, 봉고
	큰 타악기	북, 팀파니
	기타	에그쉐이크, 휘슬 등

선율악기 (건반 타악기)		• 오르프의 건반타악기는 음색이 다양하고 음역이 넓으며, 공명통이 있어 음질이 좋고, 음판을 분리하여 연주할 수 있기 때문에 다른 악기에 비해 상대적으로 다루기 쉬우며, 음정 관계를 시각적·청각적으로 강화시키는데 도움이 된다는 특성이 있다. 　－ 오르프 악기의 이러한 특성 때문에 오르프 음악교수법은 즉흥창작에 의한 음악활동과 함께, 음악의 멜로디에 오스티나토와 보르둔을 통해 반주를 함으로써 앙상블 음악활동이 가능하여 화음지도를 할 수 있다. 　－ 또한 음악 듣기, 노래부르기, 신체표현하기, 악기 연주하기, 음악창작하기의 5가지 음악영역을 통합한 총체적인 음악활동을 할 수 있으므로 통합적 음악교수법으로서 유아음악교육에 적합하다. • **오르프 악기의 의미** 　－ 좁은 의미: 칼 오르프가 악기제작가인 칼 맨들러의 도움을 받아 개량한 글로켄슈필, 실로폰, 메탈로폰 등의 선율 타악기를 말한다. 　－ 넓은 의미: 선율 타악기와 더불어 다양한 종류의 무선율 타악기와 관악기인 리코더, 현악기인 비올라, 다감바, 첼로 등을 포함하고, 나아가 신체타악기까지도 포함된다. 　－ 하지만 엄밀히 말하면 선율 타악기를 제외한 나머지 악기들은 오르프가 직접 개량하거나 제작한 악기들이 아니기 때문에 오르프 악기라고 칭하기는 어렵다.
	실로폰 (목금)	소프라노·알토·베이스·콘트라베이스 실로폰
	메탈로폰 (철금)	소프라노·알토·베이스 메탈로폰
	글로켄슈필 (종금)	소프라노·알토 글로켄슈필
관악기	리코더	• 리코더는 나무 또는 플라스틱으로 만들어졌으며, 플루트와 같은 소리를 낸다. • 오르프는 가끔 소프라노 리코더와 알토 리코더를 지도법에 사용하면서 유아들에게 리듬합주나 오스티나토를 연주시켜 즉흥성을 키워 주었다. 　－ 소프라니노, 소프라노, 알토, 테너, 베이스, 그레이트 베이스 리코더 등을 활용하였다.
현악기		• 고전악기로 보는 현악기들은 보르둔 형식이나 오스티나토 형식으로, 다른 멜로디 악기들을 위해 기본화음을 붙여 간단한 반주를 하는 데 사용된다(비올라, 첼로, 기타).

3 음악적 요소 – 오스티나토, 보르둔, 카논

오스티나토	• 일정한 리듬이나 가락이 곡 전체를 통해 계속해서 되풀이되는 것으로, 단순하고도 반복적인 리듬(선율, 화성)의 흐름을 말한다. • 오스티나토는 한 성부에서 한두 마디의 일정한 음형을 곡의 부분이나 곡 전체를 통하여 끊임없이 반복하는 것을 말한다. – 단순하고 반복적인 리듬패턴은 영유아들에게 안정감을 주므로 쉽고 즐겁게 음악에 참여할 수 있다. – 영유아는 오스티나토를 통해 다양한 앙상블을 경험하고, 리듬, 멜로디, 화성 훈련에 많은 도움을 받을 수 있으며, 초기 앙상블 연주의 중요한 기반이 된다. 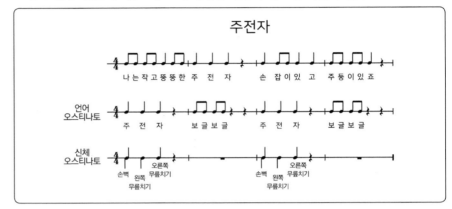 
언어(말) 오스티나토	동시나 노래에 나오는 재미있는 의성어나 리드미컬한 대사를 골라 규칙적으로 사용하는 것을 말한다. **예** 좋아좋아, 주룩주룩
신체 오스티나토	노래에 일정한 패턴으로 신체를 이용하여 소리를 내는 것을 말한다.
노래 오스티나토	멜로디와 오스티나토가 어울려서 아름다운 화음을 느낄 수 있다.

보르둔	• 보르둔은 연주할 노래의 조성에 해당하는 으뜸음(Tonic)과 5도 위의 딸림음(dominant) 또는 한 옥타브의 음을 동시에 연주하는 것으로 가장 기본적인 화성 반주이며 연주하기도 쉽다. 이 때문에 영유아의 합주와 즉흥연주의 반주로 많이 사용된다. − 반주가 단순하지만 리듬, 음역, 음색 등을 통해 다양한 효과와 즐거움을 만들고, 다성 감각과 화음감도 경험할 수 있다. • 5도나 8도 관계의 두 음정이 계속 반복되어 연주되면서 화성에 리듬 변화를 주는 움직임이다. 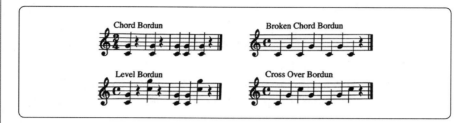

코드 보르둔	C(도)와 G(솔)음을 동시에 연주하는 것이다.
레벨 보르둔	둘 이상의 성부에서 연차적·순차적으로 연주하는 것이다.
브로큰 보르둔	C(도)와 G(솔)음을 번갈아 가며 연주하는 것이다.
크로스 오버 보르둔	레벨 보르둔과 브로큰 보르둔이 혼합된 형태로, 손을 교차하여 연주하는 것이다.

카논	• 카논은 대위법적인 음악 형식으로, 한 성부가 먼저 노래를 시작하면 시작점을 다르게 하여 다른 성부가 같은 노래를 부르는 형태를 의미한다. − 이때 두 성부가 화성의 진행이 같아야 하기 때문에 같은 멜로디를 부르지만 화음을 쉽게 경험할 수 있다.

UNIT 17 고든(Gordon)

KEYWORD # 오디에이션, 모방-암호풀이 단계

1 음악교육의 철학

- 음악적 모국어 학습과정을 통해 오디에이션 능력을 향상시킬 수 있다고 본다.
  - 음악을 배우는 과정은 언어를 배우는 과정과 동일하므로 음악교육을 위해 계열화된 학습 과정이 중요하다.
  - 많은 말을 듣고 모방해보는 경험을 통해 말을 배우는 것처럼, 음악을 감상하고 연주해보는 충분한 경험을 통해 음악적 자기표현력을 배운다고 주장한다.
  - 말처럼 듣고 배워야 하며, 이러한 경험이 많아야 악보 읽기와 쓰기의 학습 준비가 되었다고 본다.
- 영유아는 음악적 잠재력을 가지고 태어나므로 음악교육은 빠르면 빠를수록, 즉 어릴 때부터 시작할수록 좋다.
  - 영유아기는 일생의 음악적 발달의 기초를 형성하는 결정적 시기이며, 특히 출생에서 5세까지의 음악적 경험은 성장 후 음악에 대한 이해와 감상, 성취에 지대한 영향을 미친다.
  - 영유아에게 풍부하고 다양한 음악을 접하게 하는 것은 이후에 경험할 형식적이고 필수적인 음악 학습을 위한 준비가 된다는 점에서 매우 중요하다.
  - 실제로 고든의 음악학교에는 8개월부터 18개월까지의 영아를 위한 반이 개설되어 있다.
- 음악교육은 유아가 음악을 이해하고 즐기는 능력을 기르는 것이며, 이를 위해서는 반드시 음악을 오디에이션 할 수 있어야 한다.

2 음악교육의 목적과 목표

목적	• 음악을 진정으로 이해하고 즐기는 능력을 길러내고, 자신의 생각과 느낌을 자유롭게 표현할 수 있도록 돕는 것이다. • 음악을 즐기고 이해함으로써 풍요로운 삶을 영유하도록 하는 데 있다고 하였다. 언어가 인간 발달의 기본적인 것처럼 음악도 그러하다고 보았으며, 영유아는 음악을 통하여 자신과 외부 세계, 그리고 삶을 통찰하게 된다고 하였다(Gordon, 1997).
목표	음악교육의 목표는 영유아가 음악을 이해하고 즐기는 능력을 기르는 것으로 반드시 음악을 오디에이션 할 수 있어야 그만큼 음악을 즐길 수 있다고 하였다.
원리	• 영유아가 언어를 배울 때 먼저 듣고, 말하고, 읽고, 쓰는 과정으로 발달하듯이 음악교육의 원리는 언어를 학습하는 과정과 유사하다. 　- 언어와 음악의 학습과정이 매우 유사하며, 언어능력이 발달함에 따라 음악적 능력도 함께 발달하게 된다(Linde, 1999). 　- 영유아가 음악을 배워가는 과정이 언어 및 인지발달 과정과 유사하며, 영유아 시기에 음악을 귀로 많이 듣는 경험이 있어야 악보 읽기와 쓰기의 학습 준비가 되었다고 할 수 있다.

쓰기(Writing)		음악 만들기(Composition)
읽기(Reading)		악기 연주(Performance)
말하기(Speaking)		노래부르기(Singing)
듣기(Listening)		감상(Music appreciation)
언어	**발달단계**	**음악**

3 고든의 음악교육 방법

내용	① 음악 적성, ② 오디에이션, ③ 교수법 요소, ④ 음악학습이론
방법	리듬 오디에이션, 리듬·선율의 노래, 가사 없는 노래와 찬트, 오디에이션 노래부르기

1) 음악교수 내용

(1) 음악 적성

- 음악 적성은 영유아가 음악을 학습할 수 있는 내적 잠재력의 가능성을 말한다. 이는 선천적인 것이지만, 환경적인 부분과 교육의 영향을 무시할 수 없다(Gordon, 1995).
  - 음악 적성은 누구나 선천적으로 가지고 태어나지만, 그 능력은 동등하지 않다. 이는 후천적인 음악적 환경 요인에 의해 형성된다.
  - 환경은 영유아의 적성과 능력 개발에 커다란 영향을 미치며, 적성은 후천적 교육에 의해서도 개발되기 때문에 아무리 소질이 있어도 이에 대한 적절한 환경이 주어지지 않으면 그 소질은 더 이상 발전될 수 없다.
  - 음악 적성(음 상상력, 리듬 상상력, 음악적 감수성, 음악적 표현력)으로 구성되는 음악적 잠재력은 음악적으로 사고할 수 있는 역량(Colwell, 1992), 혹은 음악을 학습할 수 있는 '잠재적 가능성'으로 정의한다(Gordon, 1986).
- 고든의 정의에 입각하면 음악적 잠재력(musical aptitude)은 누구나 가지고 태어나지만, 교육이나 음악적 환경에 의해 9세까지 변화된다(9세 이전에 음악적 자질은 모두 형성된다).
  - 태어난 직후의 음악 적성이 가장 높기 때문에 음악적성의 제일 중요한 시기는 태어나서 18개월까지로 보며, 두 번째로 중요한 시기는 3~5세까지로 본다.

| 출생 | 유동적 음악잠재시기 | **9세** | 고정적 음악잠재시기 = 음악 성취 | 성인 |

음악 적성 = 음악적 잠재력의 발달

MEMO

*음감 능력
음의 고저, 선율, 화
성 등과 같이 음이
가지고 있는 여러 가
지 요소를 인식하고
분별하는 능력이다.

*리듬감 능력
수평적 진행의 질서
있는 음의 장단, 박
자, 빠르기 등을 분별
하는 능력이다.

유동적 음악잠재시기 (유동 음악 적성 단계)	• 9세 이전의 시기 • 이 시기에는 *음감과 *리듬감이라는 2개의 구성 요인을 인식할 수 있다. • 9세 이후에는 음악 적성이 더 이상 발달하지 않고 고정되기 때문에 이 시기에 적절한 음악학습(다양한 음악경험)과 풍부한 음악환경을 제공해 주는 것이 중요하다. • 9세 이전의 영유아기는 음악교육의 최적의 시기이며, 이 기간에 양질의 음악교육을 통한 음악적 잠재력 개발이 필요하다. • 이 시기는 고정적 음악잠재시기의 수준을 결정짓는다고 볼 수 있으며, 영유아기 음악교육 및 음악 기초교육의 중요성을 시사한다.
고정적 음악잠재시기 (고정 음악 적성 단계)	• 9세 이후의 시기 • 이 시기에는 선율, 화성, 템포, 박자, 음악의 문장, 밸런스, 스타일 등 24개의 구성 요인을 인식할 수 있다.

(2) 예비 오디에이션 – 예비 오디에이션의 형태(유형)와 하위 단계

• 음악적 옹알이를 하는 과정에서 오디에이션을 발달시킬 수 있게 발달단계에 맞도록 음악적 감수성을 개발한 것이다.
• 음악적 옹알거림의 단계에서 영유아는 음성의 특징을 재잘거리며 노래하는 '음정의 옹알거림' 과정을 거치며, 빠르기와 박자가 존재하지 않는 이상스러운 '리듬의 옹알거림' 과정을 거친다.
  – 이 단계에서 부모나 교사가 형식적 교수를 시도하는 것은 적절하지 않으며, 음악적 이해를 도울 수 있는 비형식적인 안내를 해야 한다.

> 🏵 고든의 저서 「신생아 및 취학 전 아동의 음악학습이론」(1990)
> • 오디에이션의 발달을 이해할 수 있는 지침서로서, 어린 유아의 음악교육이 어떻게 이루어지며 어떤 순서로 가르쳐야 하는지에 대한 주요 내용이 담겨 있다.
> • "대부분의 유아는 예비 오디에이션 단계에 속해 있으며, 이 시기 전의 음악훈련은 효과가 거의 없다."
> • 각각의 오디에이션 유형은 선행하는 유형을 토대로 하고 있으며, 이상적인 상황은 아동이 대략 생후부터 학교에 입학해 공식적인 음악수업을 받게 되는 6세까지 단계적으로 예비 오디에이션을 거치는 것이라고 보았다.
> • 아동이 어떤 예비 오디에이션 유형에 속해 있는지에 따라 음악 연령이 결정되므로, 아동의 음악 연령은 실제 연령과 다를 수 있다.

> • 유아들은 '예비 오디에이션(preparatory audiation)' 과정에 참여한다.
>   – '예비 오디에이션'은 0~7세부터 오디에이션에 들어가기 전에 경험하는 오디에이션 단계를 말한다. 즉, 영유아가 음악적 중얼거림기에서 벗어나지 않는 음악적 심리의 발달단계를 말한다.
>   – 영유아는 음악에 관심을 보이고 직접 음악적인 활동을 하기도 한다. 이때 청음을 통해 음악 어휘력을 개발하고 음악의 다양함을 경험하는 것은 오디에이션을 준비하는 학습의 과정이다.

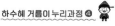

- 환경에 대해 무의식적인 상태
  - 환경에 대해 의식하지 못하고 반응하는 유형이다.
  - 일종의 준비단계로 유아는 주로 음악과 주위의 소리를 들으면서 학습한다.
- 출생에서부터 만 4세까지 진행되며, 이 형태는 대부분 수동적 듣기에 의한 학습으로 이루어진다. 영유아는 자기 주변에 대해 자신의 발달 정도에 따라 자신만의 방법으로 수용한다.
- 이 단계에서는 비체계적이고 비형식적인 교수 방법이 적합하다.
- 잠재력을 발달시키기 위해 다양한 조성과 박자로 된 음악을 많이 들려주는 것이 좋다.

> | 문화화 단계에 도움을 주기 위한 방법 |
> - 음악에 맞춰 옹알이를 하거나 몸짓을 하도록 이끌어 준다.
> - 유아들이 스스로 노래를 만들도록 이끌어 준다.
> - 일정한 패턴의 음과 리듬을 불러주어 유아들이 이를 따라 부르려고 노력하도록 이끌어 주되, 유아들이 노래를 모방할 수 있을 것이라고 기대하지 않아야 한다.

문화화 (문화이입, 문화접변) [출생에서 2~4세]	① 수용 (흡수) 단계 [출생~ 18개월]	• 주위 환경으로부터 음악소리를 들고 청각적으로 무조건 받아들인다 (수집한다). 📷 음악과 소리에 반응하나 음악적인 반응은 아니고 소리에 인식하는 것으로, 반응이 없는 듯해 보이지만 입을 벌리고 자세히 쳐다보는 행동이 나타난다.

	②
	무의도적
	(임의적)
	반응 단계
	[1~3세]
		• 음악 소리에 몸짓이나 옹알이를 한다(음악과 연관이 되지는 않지만 소리에 반응을 한다).
		• 주변의 음악소리에 대해 연관성이 없는 동작(몸짓)이나 옹알거림으로 반응을 한다.
		  - 환경과 연결되지 않은 무의도적 반응을 하면서 옹알이 소리를 만들어내기 시작한다.
		    📷 음악과 연관되지 않지만 소리에 반응을 한다는 것이며, 소리나는 쪽으로 돌아본다거나 웃음 또는 무의식적으로 행하는 행위들을 말한다.

	③
	의도적
	반응 단계
	[18개월
	~3세]
		• 음악 소리에 몸짓이나 옹알이를 일치시키려고 한다(음악의 박자에 자기를 맞추고, 의식 단계로서 정교하지는 못하지만 음악에 따라 몸을 굴린다).
		  - 자신의 동작과 옹알이를 주변의 소리와 연결하려는(일치시키려는) 시도가 나타난다.
		    📷 음악의 박자에 몸을 굴리는 행위 등으로 자신을 맞추는 행동을 보이는 의식적인 단계이지만, 정교하지 못하다.

모방
[2~4세에서
3~5세]
		• 외부 환경에 초점을 둔 의식적 사고를 하며 반응하는 상태
		  ㅡ 체계적이고 비형식적인 환경 구성을 통해 다양한 대상에 대한 반복적인 모방이 이루어지도록 유도해야 한다.
		  ㅡ 모방의 두 단계는 같고 다름을 깨닫는 '자기중심주의의 탈피' 과정과, 개별적 음악현상 간에 형성된 관계성을 발견하고 그 의미를 깨닫는 '음악적 기호 이해'의 과정이다.
		
		  | 모방 단계에 도움을 주기 위한 방법 |
		  • 단순한 음정과 리듬패턴을 가진 노래를 들려준다.
		  • 유아가 성인들 혹은 다른 아동들이 노래하거나 몸을 움직이는 것을 모방하려고 할 때 잘 듣고 지켜봐야 한다.
		  • 이 단계에서 유아들이 보내는 시간의 편차가 매우 크므로 유아들이 자신의 모방상태를 스스로 알아차릴 수 있을 때까지 교사는 유아의 속도에 맞추어 기다려 주어야 한다.
		  • 다른 사람과 다르게 노래하며 움직이고 있다는 것을 아동이 인식하고 있음을 전적으로 확신할 수 있을 때에만 다음 단계로 진행하도록 이끌어 주어야 한다.

	④
	자기중심적
	성향 탈피
	단계
	[2~4세]
		• 자신의 몸짓과 소리가 주위 사람들의 몸짓·소리와 일치하지 않는다는 것을 인식하는 단계로, 엄마의 소리와 자기의 소리가 다르다는 것을 알게 된다.
		  ㅡ 유아는 자기가 무엇을 부르고 있는지, 어떻게 움직이고 있는지, 자신의 노래와 움직임이 다른 아동 또는 어른들이 노래하고 움직이는 것과 어떻게 다른지 인식하게 된다.
		  ㅡ 정확한 구별을 위해서는 자신과 다른 사람들의 노래와 움직임이 다르다는 것을 인지하는 능력이 요구된다.
		  ㅡ 개인 편차가 매우 큰 단계로, 어떤 아동은 몇 분만에 알아차리기도 하고 어떤 아동은 몇 달이 걸리기도 한다.

	⑤ 암호풀이 단계 [3~5세]	• 음악적 기호 이해, 암호해독 • 어른들이 연주하는 음악 세계에 들어가는 단계이다. • 주위의 음악 소리를 노래와 몸짓을 통해 다소 정확하게 모방하기 시작하며, 특히 음정과 리듬패턴을 어느 정도 정확히 모방한다.
동화 [3~5세에서 4~6세]		• 자기에게 초점을 둔 의식적 사고의 상태 • 피아제의 '조절'이라는 개념에 해당하는데, 외부의 현상을 자신의 내적 요구와 신체적 활동으로 일치시키려고 한다. ㅡ 즉 모방의 단계에서 '자신이 상대방과 같지 않다'는 것과 '자신이 의도한 대로 되지 않는다'는 것을 인식하면서 노래하는 것이 신체 활동과 조화되지 않는다는 것을 알게 된다. 그러므로 이 시기에는 유아가 자신의 소리와 호흡을 신체 활동과 조화시키려는 음악적 협응 능력이 발달할 수 있도록 해야 한다. • 자신의 노래가 호흡과 같은 몸짓과 조화를 이루지 못함을 아동이 인지하고 이를 조정하기 시작한다.

– 아동은 3~6세에 동화 단계에 들어선다. 하지만 음악적으로 풍부한 환경을 접하는 이상적인 상황을 가정한다면 아동의 동화 단계는 6세가 지나기 전에 통과되어야 한다.

| 동화 단계에 도움을 주기 위한 방법 |
• 단순한 음정, 리듬패턴을 노래해 준다.
• 아동의 리듬패턴에 맞춰 움직일 수 있도록 이끌어 준다.
• 유아가 자신의 소리와 호흡을 신체 활동과 조화시키는 음악적 협응 능력을 발달시킬 수 있도록 해야 한다.

⑥ 자기반성 [3~5세]	• 자신이 부르고 있는 노래가 몸짓 및 호흡과 조화를 이루지 못한다는 것을 인식한다(정확한 모방, 찬트, 자기 안에 음악적 요소가 없다는 것을 아는 시기로, 동작과 호흡이 협응되지 않는다). 즐거운 시기가 아니다. 　– 부르고 있는 노래가 몸짓 및 호흡과 조화를 이루지 못하는 것을 인식하는 것으로 정확한 모방, 찬트, 자기 안에 음악적 요소가 없다는 것을 안다. 　– 아동 자신이 부르고 있는 리듬패턴과 몸짓을 조정하고 있는지를 아동 스스로 인지해야 하며, 이런 인식은 다음 단계의 성공을 위한 필수조건이다. 　– 아동이 조정을 해내야 하는 것은 아니며, 단지 자신의 몸짓이 자신이 부르고 있는 노래의 리듬패턴과 조화를 이루지 않고 있다는 것을 인지하기만 하면 된다. 　– 아동의 몸짓과 리듬패턴의 불일치를 인식하면 조정 단계로 들어가도록 이끌어 주어야 한다.
⑦ 조정 (협응, 조화) [4~6세]	• 아동이 자신의 몸짓과 자신이 노래하고 있는 리듬패턴을 조화롭게 조정하는 법을 익히는 단계이다. 　– 보통 아동이 조정 단계에 들어서기 전부터 기관에 들어가서 숙련된 아동음악교육 전문가의 지도를 통해 정식적인 음악 수업을 받는 것이 이상적이다. 　– 아동음악교육 전문가는 아동 각각의 음악적 능력을 평가하고 아동들이 새로운 음악적 기술을 습득할 때 지도해 줄 수 있다. • 노래를 몸짓 및 호흡에 맞춰 조정한다(자기의 음악적 반응과 흐름을 이해하여 음악, 동작, 노래, 선율이 협응하는 시기이다).

(3) 오디에이션

오디에이션	• 오디에이션이란 상상하는 것을 시각화하는 것으로, 실제 들리지 않는 음악을 상상하여 마음속으로 듣고 이해하는 능력(또는 생각하는 능력)을 의미한다(Gordon, 1993). 　**예** 음악을 화성적·리듬적으로 이해하고, 사전 경험을 통해 다음에 어떻게 진행되는지 예상하며, 악보를 볼 때 악기 없이도 음악을 듣는 것과 반주 없이 음조와 박자 안에서 노래하는 것 등을 말한다. • 단편적으로 말하면 오디에이션이란 노랫말이나 음 없이 노래를 상상하여 마음속으로 불러보는 것을 의미한다고 할 수 있다. 　- 음악 소리가 더 이상 들리지 않거나 물리적으로 존재하지 않는 상태에서 음악을 이해할 수 있는 능력이다. 이는 어떠한 노래를 마음속으로 들을 때 단순히 노래의 선율만을 듣는 것이 아니라, 그 속의 조성, 박, 화음 등에 대해 더 높은 차원의 내청(inner hearing)을 하는 것이다. • **오디에이션 vs 청각지각력의 비교** 　- 음악을 듣는 순간에 오디에이팅(audiating)하는 것은 상대방의 말(언어)을 듣는 동안 생각하는 것과 같은 것(Gordon, 2000)으로 청각지각력(aural perception)과는 다른 것이다. 　- 청각지각력은 음악이 실제로 연주되는 것과 음악을 듣는 것이 동시에 일어날 때 발휘되는 것이고, 오디에이션은 음악을 듣거나 악보를 읽을 때, 이전에 들었던 음악을 기억해 내거나 악보로 옮겨 담을 때, 즉흥연주를 하거나 작곡을 할 때 음악을 만들어 낼 수 있는 능력을 말한다. 　- 고든은 '소리' 그 자체는 음악이 아니며 듣는 이로 하여금 소리가 '의미'로 받아들여질 때 비로소 소리는 음악이 된다고 주장하고, 이러한 음악적 '의미'의 발생은 영유아가 반드시 경험해야 할 교육적 소리 환경이라고 강조하였다(Gordon, 1998). 　- 따라서 음악을 잘 이해하기 위해서는 음악경험이 풍부해야 하고, 이를 위해서는 오디에이션하는 능력을 키워야 한다. • **오디에이션의 위계** 예비 오디에이션, 본 오디에이션이 있다. 　- 오디에이션은 8가지의 형태로 분류되며, 6단계의 위계적인 절차에 의해 진행된다. 　- 각 단계는 중복되기도 하며, 학습자의 음악능력에 따라 더 높은 단계로 나아갈 수도 있고 그렇지 못할 수도 있다.
오디에이션 학습 원리	• 고든의 주요 개념은 음악 적성(음 상상력, 리듬 상상력, 음악적 감수성, 음악적 표현력)으로 구성되는 음악적 잠재력과 오디에이션을 이해하는 능력이다. ① 육성의 상호작용 　- 고든은 영유아와의 음악적 상호작용을 이끌어 내기 위한 중요한 수단으로 '육성의 사용'을 강조하였다. 엄마와 교사가 영유아의 눈을 마주치며 육성으로 노래를 들려줄 때, 정서적 안정감과 음악적 교감을 나눌 수 있으며, 영유아의 반응에 순발력 있게 대처하여 활발한 상호작용을 이끌고, 자연스럽게 음악학습을 안내할 수 있다. 육성으로 불러주는 선율과 화음을 통하여 오디에이션 능력이 싹틀 수 있는 토대를 만드는 것에 그 목표가 있다.

② 지도가 아닌 안내하기
  - 교사가 영유아의 음악적 관심에 자연스럽게 반응하여 음악을 배울 수 있도록 이끄는 방식을 통해 영유아의 자발성을 갖게 한다. 자발성은 음악적 흥미를 통해 스스로 참여하도록 동기를 부여하는 것이다.
③ 동작과 놀이
  - 고든은 영유아의 음악적 능력을 음악과 동작을 통한 발달로 여기고, 이때 동작은 가사에 의존한 율동이 아니라 음악적 요소를 잘 경험하도록 돕는 것이라고 보았다. 동작은 음악적 소리에 대한 이해력을 증진시키며, 음악의 즐거움을 온몸으로 경험하도록 도와준다. 일상놀이, 상상놀이, 소품놀이 등 친구들과 함께하는 다양한 음악놀이 속에서 영유아들은 삶과 분리되지 않은 형태로 음악을 배워 풍요롭고 행복한 삶의 친구로서 관계를 맺게 된다. 음악은 놀이를 통해 가장 자연스럽게 학습되기 때문에 음악을 이용한 활동을 놀이로 구성한 음악적 활동들을 제공할 필요가 있다.
④ 개인차를 이해하는 교육
  - 체계적인 음악교육의 효과를 위하여 음악 적성 검사를 통해 학습자의 음악적 능력을 확인할 수 있다고 보았다. 개인마다 오디에이션의 능력이 다르므로 교사는 각 학습자에게 적합한 리듬과 음정패턴을 선택하며, 오디에이션 발달에 있어 학습자의 개별적인 연주경험을 매우 중요시한다. 이에 학습자가 혼자 리듬패턴이나 음정패턴을 연주해 보도록 하고, 다른 학습자가 연주하는 것을 들어볼 수 있는 개인의 연주 기회를 제공한다.

오디에이션 유형	제1형태 음악 듣기	• 자극 : 외적 자극 / 오이에이션 유형 : 음악소리
		• 친숙하거나 모르는 음악을 들을 때 생기는 오디에이션이다.
		  - 음악을 들으면서 그 음악을 이해하고 기억하려는 과정이다.
		  - 학습자가 음향 자극을 받았을 때 축적된 청지각을 통해 악곡에 담긴 어떤 대상, 질, 또는 관계를 인식하여 음악의 구조적 측면까지 이해하게 되는 것을 의미한다.

	제2형태 악보 읽기	• 자극 : 외적 자극 / 오디에이션 유형 : 악보 • 친숙하거나 모르는 음악 악보를 보고 읽을 때 생기는 오디에이션이다. - 악보를 읽을 때 청각적인 도움 없이 시각만으로 음을 마음속으로 떠올리며 연주하는 것을 말한다.
	제3형태 음악을 듣고 악보로 적기(기보하기)	• 자극 : 외적 자극 / 오디에이션 유형 : 악보 • 친숙하거나 모르는 음악을 듣고 악보로 적을 때 생기는 오디에이션이다. - 음악을 듣고 이해하며 악보를 시각적으로 읽는 제1형태와 제2형태의 오디에이션 능력을 미리 익혀야 한다.

제4형태
기억하고
연주하기: 음악을
생각하고 연주하기
	• **자극**: 내적 자극 / **오디에이션 유형**: 사고(음악 기억)
	• 친숙한 음악을 생각하고 연주할 때 생기는 오디에이션이다.
	   – 즉 친숙한 음악을 듣고 머릿속으로 생각하여 악기나 목소리로 연주할 때 이루어지는 오디에이션으로, 자신이 기억하는 음악의 리듬이나 조성을 재구성하여 연주하는 것이다.
	   – 머릿속으로 생각하여 연주하는 것이므로 악보 없이 기억으로 연주한다.

제5형태 기억하며 쓰기: 음악을 생각하고 기보하기	• **자극**: 내적 자극 / **오디에이션 유형**: 사고(음악 기억) • 친숙한 음악을 듣고 악보로 적을 때 생기는 오디에이션이다. – 즉 친숙한 음악을 듣고 그것을 회상하여 악보로 적을 때 생기는 오디에이션으로, 현재 음악을 들으며 악보로 적는 것이 아니라 과거에 들었던 음악을 회상하여 기보하는 것이다.

제6형태
창작하기와
즉흥연주: 음악을
창작하고
즉흥연주하기
	• **자극**: 내적 자극 / **오디에이션 유형**: 사고(음악 변형)
	• 생소한 음악을 창작하거나 즉흥연주할 때 생기는 오디에이션이다.
	   – 지금까지는 친숙한 음악을 중심으로 이루어지던 것에서 벗어나 생소한 음악을 창작하거나 즉흥연주를 할 때 생기는 오디에이션이다.
	   – 친숙한 음악을 듣고 회상하며 악보로 기보하고 연주하면서 익힌 다양한 음악능력을 사용하여 음악을 창조하거나 즉흥연주를 하는 것이다.
	   – 유아는 창작을 통해서 이미 습득한 음악능력이 향상되고 정교해진다.

제7형태 창작하기와 즉흥연주: 악보를 읽고 창작하고 즉흥연주하기	• **자극**: 내적 자극 / **오디에이션 유형**: 사고(음악 변형) • 생소한 악보를 읽으며 창작·즉흥연주를 할 때 생기는 오디에이션이다. – 즉 들어보지 못했던 생소한 악보를 읽을 때 이루어지는 오디에이션으로, 악보를 읽으며 새롭게 창작하거나 즉흥연주를 한다.
제8형태 창작하기와 즉흥연주: 악보를 적으며 창작하고 즉흥연주하기	• **자극**: 내적 자극 / **오디에이션 유형**: 사고(음악 변형) • 생소한 음악을 기보하며 창작·즉흥연주할 때 생기는 오디에이션이다. – 즉 생소한 악보를 받아 적으며 창작하거나 즉흥연주할 때 생기는 오디에이션으로, 이 시기부터는 음악적 성장 속도가 현저히 빨라진다.

오디에이션의 절차	**1단계: 소리를 지각하는 단계** • 들리는 소리를 무의식적으로 기억 속에 저장하는 단계로, 일상생활 속에서 들리는 음악에 대해 무의식적으로 음고와 음가를 오디에이트하는 것을 말한다. ― 무의식적으로 저장한 기억이기 때문에 2단계의 음악적 의미를 부여하지 않으면 금방 잊어버리게 된다. **2단계: 지각한 소리에 청각적 의미를 부여하는 단계** • 1단계에서 무의식적으로 들었던 소리들에 청각적 의미를 부여하는 단계로, 음고와 음가를 중심으로 패턴화하는 단계이다. ― 오디에이션을 통해 들었던 음악들을 친근한 음악과 새로운 음악으로 구별하면서 체계화한다. **3단계: 음정과 리듬을 근거로 소리를 음정·리듬패턴으로 조직하는 단계** • 주관적 또는 객관적으로 조성과 리듬을 결정하는 단계로, 박자와 조성감이 파악되는 단계이다. ― 2단계에서 구별한 음악을 분석하여 조성과 박자를 구별해 낸다. **4단계: 오디에이션이 계속되는 동안 선행단계에서 조직화된 패턴들을 저장하는 단계** • 1~3단계에서 이미 체계화된 음과 리듬패턴을 계속적으로 오디에이트하면서 조와 박자에 대해 확신하게 된다. ― 또한 빠르기, 음색, 형식, 강약, 반복 등의 음악요소들을 인식할 수 있게 된다. **5단계: 이전의 다른 패턴들과 비교하는 단계** • 이전에 저장, 즉 오디에이트했던 패턴들과 새로 지각된 패턴들을 비교·분석하면서 같은 점과 다른 점을 지속적으로 찾아낸다. • 과거의 경험을 통해 많은 패턴들을 저장하고 있다면 음악적 이해가 더 쉬워진다. **6단계: 이전까지의 과정을 통해 얻어진 모든 정보를 이용하여 앞으로 출현할 패턴들을 예견하는 단계** • 1~5단계까지 오디에이션이 계속되면 6단계에서는 앞으로 출현할 패턴에 대한 예측이 가능해진다. ― 예측이 맞다면 음악에 대한 이해가 깊어지는 것이고, 만약 틀린다면 다시 1단계에서 5단계까지의 오디에이션을 반복하면서 정확한 예측을 하도록 노력해야 한다.

(4) **고든 교수법의 주요 요소**

• 고든은 영유아 시기의 효과적인 오디에이션의 발달을 위해 다양한 패턴의 음악적 자극을 음악환경으로 제공한다.
 ⓐ 음악이 가지고 있는 패턴, 즉 리듬의 요소가 없는 음정패턴과 음정의 요소가 없는 리듬패턴을 따로 가르치는 것이 효과적이라고 주장하였다.
 ― 음정 및 리듬패턴의 효과적 학습을 위해 고든은 이동도법(Relative Solmisation)을 이용한 계명창과 리듬창법(Rhythmus-Solfege)을 고안했다.

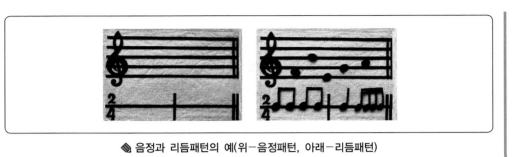

◈ 음정과 리듬패턴의 예(위-음정패턴, 아래-리듬패턴)

음정패턴	2, 3, 4개의 음 혹은 5개의 음 구성으로 이루어지며, 모든 곡은 음정패턴으로 구성되어 있다. ◙ 1도는 도, 미, 솔(3개의 음의 구성), 5도는 솔, 시, 레, 파(4개의 음의 구성)
리듬패턴	기본박이 일정한 '정규적 박자' 또는 기본박이 일정하지 않은 '비정규적 박자' 안에 있는 2개 이상의 음 길이를 말하며, 모든 곡은 리듬패턴으로 구성되어 있다.

⑸ **고든의 음악학습이론**

- 고든의 음악학습이론은 오디에이션 능력을 기르는 데 중점을 두고 있다. 고든은 피아제(Jean Piajet, 1896~1980), 가네(Robert Gagne, 1916~2002) 등의 이론을 음악학습 분야에 도입하여 연계학습이론을 제시하였다(이혜진, 2014).
- 연계학습이론은 음악을 배우는 과정을 이론화하여 설명하는 것으로 음악학습에서 반드시 먼저 소리를 들을 수 있는 정도의 수준까지 가르친 후 악보를 가르치기 시작해야 함을 주장한다.
  - 음악을 가르치는 순서가 중요함을 강조하며 '기능 연계학습이론'과 '내용 연계학습이론'으로 분류하고 있다. 오디에이션은 단계적·점층적인 절차로 진행되며 위계적인 성격을 가진다.

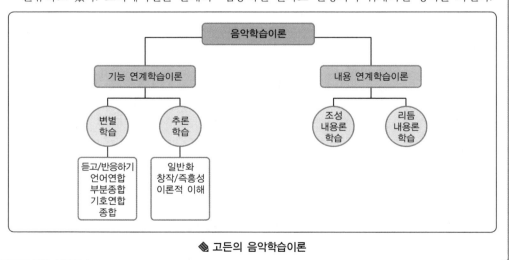

◈ 고든의 음악학습이론

MEMO

기능 연계학습 이론(기술학습 위계)	• 학습자가 학습내용을 어떻게 습득하는가에 대한 방법에 관한 이론이다. 　- 변별학습(5단계)과 추론학습(3단계) 과정은 순서대로 학습이 이루어지는 단계적 학습이 되도록 한다. • 고든은 기능 연계학습에서의 체계적 과정(변별학습과 추론학습의 과정)의 목적을 오디에이션 능력의 계발로 두고 이를 강조하였다.
내용 연계학습 이론(내용학습 위계)	• 내용 연계학습이론은 서양음악의 구성요소 중 조성과 리듬의 내용을 난이도별로 조직하여, 음악학습에 학습자의 음악적 수준에 적절한 내용을 체계적으로 적용할 수 있는 이론적 근거를 마련해 준다.

① 기능 연계학습이론 - 변별학습, 추론학습

변별학습		• 암기학습으로 기계적인 암기를 통해서 이루어진다. • 변별학습에서는 영유아가 무엇을, 어떻게 배워야 하는지에 대해서 교사가 직접 가르쳐야 한다. 　- 교사는 학습해야 할 내용을 제시하고, 유아는 교사가 제시한 학습내용을 듣고, 지각하며, 지각된 소리 사이의 차이들을 변별해 낸다. • 변별학습은 이미 알고 있는 음정패턴과 리듬패턴을 근거로 이루어지는 기본적인 학습형태이며, 추론학습의 준비단계이다. 따라서 변별학습이 선행되지 않은 경우, 변별학습보다 높은 수준의 학습인 추론학습을 하기 어렵다. 　- 음을 구별하는 능력을 기르는 학습으로, 이미 배웠던 것을 새로 기억해서 표현해 보는 활동으로 진행된다.
	듣고/ 반응하기	• 소리를 듣고 신체적으로 반응하는 단계이다. 　- 처음에 단순히 패턴을 귀 기울여 듣고, 들은 것을 따라해 보는 활동으로부터 시작한다. 🖱 들은 것을 따라해 보는 활동 • 노래를 듣고 따라 부르기 • 음악을 듣고 음악에 맞추어 몸을 움직여 보기 • 음악을 듣고 소리로 만들어 표현해 보기 • 음정패턴과 리듬패턴을 듣고 노래한다. 　- 단어를 많이 알아야 다른 사람의 언어적 표현을 잘 이해할 수 있는 것처럼, 음정패턴과 리듬패턴을 많이 알고 이해할수록 음악에 대한 이해의 폭을 넓힐 수 있다고 보는 것이다. **유의점** 음정학습과 리듬학습은 반드시 따로 분리해야 한다.
	언어연합	• 소리(음악이나 패턴)와 음절(단어, 음정음절, 리듬음절) 등을 결합시키는 단계: 익숙해진 여러 가지 음정패턴과 리듬패턴에 대해 적절한 명칭을 배우는 단계이다. 　- 이미 배운 패턴들을 언어적 명칭과 연결시켜 대상들의 차이점을 구별할 수 있도록 한다.

		• **리듬음절로 부르기**
		  – '듣기와 부르기' 단계에서 익숙해진 리듬패턴을 '두, 다, 디'와 같은 리듬음절로 노래한다.
		
		• **계명으로 부르기**
		  – '듣기와 부르기' 단계에서 익숙해진 음정패턴을 개별적으로 따라 노래 부를 수 있게 되면, '도, 미, 솔'과 같은 음정패턴을 계명으로 노래한다.

	부분종합	• 이전 단계에서 학습한 소리들을 종합적으로 인식하는 단계 : 학습자는 이미 배운 패턴을 그룹으로 듣고 그 성질을 구별하는 단계이다.
		  – 앞의 두 순서에서 배운 각기 다른 두 조성, 즉 장조와 단조를 소리 비교를 통해 차이를 인식하는 단계의 학습이다(교사는 일련의 장조 패턴과 단조패턴을 연속해서 계명 없이 노래한 후 앞의 패턴이 장조 인지 단조인지 묻고 가르쳐 준다).
		  – 2박과 3박의 비교패턴을 듣고 어느 패턴이 2박인지 3박인지 확인하는 활동이다.

	기호연합	• 소리와 음성을 기호와 결합하여 상징적으로 연합하는 단계 : 새로운 패턴이 아니라 앞서 학습을 통해 익숙해진 음정패턴과 리듬패턴을 기보체계에 맞게 읽고 써보는 단계이다. – 악보를 학습하는 단계에 도달하여, 이미 귀로 배우고 노래를 불러 인식하게 된 패턴이 어떠한 형태로 기보되는지 처음으로 눈으로 보고 알게 된다.
	종합	• 변별학습의 모든 단계들이 전체로 통합되는 과정 : 이전의 두 단계인 '부분종합'과 '기호연합'에서 학습한 내용을 통합하는 단계이다. • 기호로 제시된 소리들을 내적으로 들을 수 있으며, 물리적으로 들리는 소리들을 기호로 변환하는 단계이다. – 기호연합에서는 단어를 하나씩 읽을 수 있는 수준이었다면, 종합단계에서는 일련의 연속된 단어를 읽을 수 있게 하는 과정이다.
추론학습		• 음악적 경험으로 상상력을 기르는 개념학습이다. • 추론학습에서는 친숙하지 않은 조성패턴과 리듬패턴을 학습과정에 사용한다. • 변별학습에서 학습한 내용을 바탕으로 아동 스스로가 자신을 가르칠 수 있도록 교사가 안내해야 한다. • 추론학습은 변별학습의 단계가 충분히 이루어진 다음의 학습단계이므로, 학습자가 제시된 문제를 잘 해결할 수 없다면 변별학습의 과정으로 다시 돌아가야 한다.

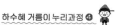

일반화	• 새로운 패턴을 듣고, 읽고, 쓰면서 이미 학습한 음악의 요소들과 구별하고, 익숙하지 않은 음악의 새로운 패턴들을 일반화하는 단계 : 변별학습에서 학습한 바를 기초로 낯선 음악에 대해서도 음악적 양상에 대해 정확히 규명하는 과정이다.
	  − 익숙하지 않은 음악과 이미 익숙해져 있는 음악을 비교하는 과정을 통해 완성될 수 있다.
	  − 교사가 한 패턴을 계명 없이 노래 부르면, 아동이 그 패턴을 계명으로 노래하는 활동이다.

창작/즉흥성	• 일반화된 요소들을 창작과 즉흥연주로 확대하는 단계 : 이미 배운 것이나 유추한 것이 아니라, 독창적인 패턴을 만들어내는 단계이다.
	  − 앞의 단계까지는 이미 배운 패턴이나 교사가 제시한 패턴을 활용하여 유추하는 학습이었다면, 창작/즉흥성에서는 아동 스스로가 독창적으로 창작해 낸 패턴을 읽거나 쓰게 된다.
	  ⓐ 으뜸 3화음의 주어진 패턴과 다른 패턴을 노래하여 만든다. 교사가 '도미솔'을 노래하면 아이들은 '솔미도', '솔도' 혹은 '미도솔' 등을 노래한다.

이론적 이해	• 음악의 원리나 개념을 소리와 연계하여 이해하는 단계 : 음악이론을 이해하고 상징적 음악기호를 소리로 내어보는 과정이다.
	  − 오디에이션이나 연주에 의해 음악적 언어를 구사하는 것을 이해하기 전에는 이론을 가르치지 않고, 그것을 습득한 후 음표에 관한 이론의 세세한 기술을 학습하는 단계이다.
	  − 언어를 학습하는 초기 단계의 아동들에게 문법을 가르치지 않는 것처럼, 음악교육에서도 음악적 언어를 이해하지 못하는 아동에게 이론을 소개하는 것은 바람직하지 못하다.
	  − 따라서 우선 오디에이션이나 연주경험을 통해서 음악적 언어를 구사할 수 있는 충분한 기회를 제공하고 난 이후에 이론적인 부분을 이해할 수 있게 해야 한다.

② 내용 연계학습이론

• 내용 연계학습이론은 서양음악의 구성요소 중 조성과 리듬의 내용을 난이도별로 조직하여 학습자의 음악적 수준에 적절한 내용을 음악학습에 체계적으로 적용할 수 있는 이론적 근거를 마련해 준다.
  − 두 가지 개별적 내용학습 단계로 조성내용 연계학습(음악에 따른 장조, 단조, 선법을 인식함)과 리듬내용 연계학습(다양한 박자를 분류함)을 오디에이션하는 것을 배운다.

2) 유아의 음악성 발달을 위한 교수·학습활동 - 점프 라이트 인(Jump Right In)

- 고든의 음악학습이론에 근거하여 창안된 음악놀이로, 영유아 음악교육과정으로 볼 수 있다.
- 영유아기의 음악교육이 영유아의 음악적 발달 특성을 인정하는 비형식적 지도의 형태여야 함을 주장하였다.
- 음악은 놀이를 활용할 때 가장 자연스럽게 학습되며 음악을 어렵지 않고 친근하게 느낄 수 있기 때문에 음악놀이를 통한 음악성 계발을 강조하였다.

① 가사가 없는 또는 가사가 있는 노래와 찬트 부르기의 활동이 제공됨

가사가 없는 노래와 찬트	가사가 있는 노래와 찬트
• 영유아는 인지구조로 인해 가사가 있는 노래를 들을 때에는 가사 때문에 음악에 귀 기울이지 않을 수도 있다. 따라서 가사 없는 노래와 찬트를 들려줌으로써 가사의 방해 없이 선율과 리듬의 구조를 느끼고 즐길 수 있도록 한다. • 영유아들은 가사가 없을 때 노랫말의 내용보다 음조와 박자를 이해하기 쉽다. • 가사 없는 노래는 음악의 느낌을 표현하기 때문에 음악을 내면화할 기회를 제공할 수 있다.	• 음악놀이에서 가사가 있는 노래와 찬트를 사용하면 음악에 담긴 의도를 표현할 수 있고, 유아들의 청각을 자극하는 음조와 박자의 다양성을 도와 유아의 듣기능력을 증진시킬 수 있다. • 가사는 음악에 대한 흥미를 유발하기도 하지만 때로는 가사 익히기에만 치중하게 될 수 있다. • 가사를 동작으로 표현하는 것은 미리 짜여진 틀에 따라 움직이므로 매번 같은 동작이 될 수 있다.

② 놀이를 통한 포괄적인 음악교육을 도모한다.

- '포괄적 음악교육'은 포괄적인 음악성의 계발을 지향하는 음악교육을 의미한다.
- '폭넓고 다양한 음악적 능력, 즉 음에 대해 감각적으로 지각·반응하며, 지적으로 분석·이해하고, 음을 창조적으로 조작·표현할 수 있는 종합적이고 총체적인 음악능력을 기르는 것'을 목표로 한다.

③ 언어학습과 같이 자연스러운 음악학습방법을 사용한다.

음악학습은 유아가 언어를 습득하는 과정처럼 태어나면서부터 그들 주위에서 말하는 언어를 들으면서 이루어진다고 보고, 음악적 놀이를 통해 자연스럽게 음악을 배울 수 있도록 한다.

④ 유아의 음악학습은 비형식적인 안내의 방법으로 이루어진다.

- 오디에이션이 이루어지기 전의 유아에게는 형식적인 교수가 아니라 음악적 이해를 돕기 위한 '안내'가 필요하다.
  - '안내'는 비형식적 특징을 지니므로, 유아에게 정보와 기술학습을 강요하지 않으면서 음악적 이해를 도울 수 있다.

안내	비형식적 안내 (비구조적 안내)	출생에서 3세 영유아에게 적합한 방법으로, 교사나 부모가 지도를 위한 구체적 계획을 하지 않는다.
	구조적인 안내	3~5세에게 적합하며, 부모나 교사는 무엇을 말하고 행해야 할지에 대해 구체적인 계획을 세우지만 유아에게 특별한 반응을 기대하지는 않는다.
형식적 교수 (구조적 교수)		평균적으로 5세 정도가 되어야 시작되고, 부모와 교사는 무엇을 가르칠지를 구체적으로 계획하며 수업시간을 조직하고, 유아에게 기대되는 특별한 반응유형이 있다.

⑤ 모방을 중요한 학습방법으로 사용한다.

- 유아는 교사를 모방하여 노래부르기와 옹알거리기, 음악적 놀이와 실험, 감상과 표현, 동작 등 모든 음악적 활동에 참여한다.
- 모방을 통해 이루어지는 음악과 신체동작 놀이는 자연스럽게 창의력을 기르게 하며, 이러한 과정을 통해 유아는 자기만의 음악을 전하듯이 오디에이션을 늘리게 된다고 주장한다.
- 모방의 과정은 오디에이션 개발에 필수적이다.

⑥ 음악·동작활동을 중요한 음악학습방법으로 사용한다.

- 동작은 유아의 음악성 발달과 관련하여 매우 중요하며, 동작을 통해 다양한 음악개념과 상호작용할 수 있다.
- 고든이 제시하는 동작의 요소인 '시간, 무게, 공간, 흐름'은 음악의 스타일, 강약, 빠르기, 프레이즈, 형식, 박자, 호흡 등과 상호작용하여 표현된다.
- 음악과 동작을 함께 익힐 때 음악과의 일체감을 갖게 되며, 능력적이고 적극적인 반응이 유도된다.

UNIT 18 스즈키(Suzuki)

1 음악교육의 철학

- 음악은 모국어를 배우듯 익혀야 한다.
- 음악교육은 빠를수록 좋다.
- 음악적 재능은 선천적인 것이 아니다.
- 음악능력의 발달에는 환경이 큰 영향을 미친다.
- 음악은 보다 흥미로운 것이 효과적이다.
- 음악교육에는 부모의 참여와 협조가 필요하다.
- 음악은 듣는 것이 중요하다.
- 음악학습은 매일 지속적으로 해야 한다.
- 음악은 끊임없는 반복학습이 중요하다.

2 음악교육의 목적과 목표

목적	재능교육을 통하여 전문적인 음악가를 양성하는 것이 아니라, 음악을 통하여 유아들이 가지고 있는 모든 음악적 잠재력을 최대한 개발하고 나아가 모든 어린이를 훌륭한 인간으로 키우고자 하는 데 근본 목적을 두고 있다.
	
	|참고 : 영적 교육 / 영적인 훈련|
	• 음악훈련의 영적인 본질은 영적인 훈련이다.
	  − 뛰어난 예술과 음악적 감각을 얻기 위해서는 순수한 마음이 필수불가결하다고 보았다.
	  − 스즈키 음악교육 방법의 목적은 음악훈련을 통해 감수성을 배양하고 다른 사람에게 봉사하며 마음과 정신이 빛나는 고귀한 인간을 길러내는 것이다.

목표	어릴 때부터 음악교육을 통해 아름다운 마음과 놀라운 감각성 및 뛰어난 능력을 소유하여 어느 분야에서든 훌륭하고 재능을 발휘하는 사람을 만드는 것이다.

3 음악교육의 기본 원리

1) 모국어 학습방법(mother tongue method)

(1) 모국어 학습의 원리

의미	• 음악과 모국어의 기능을 동일시하고, 모든 정상적인 유아가 5~6세에 모국어를 유창하게 배우는 것에 착안하여, 스즈키의 교육 방법은 '모국어'라는 개념에 기초를 두고 다른 과목에도 이 방법을 적용하였다.
	  − 영유아가 성장하면서 자연스럽게 자국의 말을 쉽게 할 수 있는 것은 유전성보다는 후천적인 영향에 의한 것이다.
	  − 자기도 모르는 사이에 모국어를 구사하는 능력이 개발되듯이, 유아들에게 적절한 음악적 환경을 제시하면 음악적 능력도 자연스럽게 발달할 수 있다고 보았다.
	  − 언어 발달능력을 위한 지도에는 뛰어난 교수법이 있으므로 그에 의해 모든 유아들은 잠재적 능력을 발휘하여 자유자재로 의사소통할 수 있으며, 언어 이외의 영역에 있어서도 언어와 같은 교수법에 의해 능력의 육성을 성공하게 할 수 있다.
	  − 단계적인 조기 음악교육을 강조하였다.
	• 스즈키는 영유아가 모국어를 저절로 습득하는 방식을 교육에 적용하여 '모국어식 학습 방법'을 창안하였고, 이를 음악교육에도 적용하였다.
	  − 모국어 학습방법으로 악기를 배운다는 것은 부모와 교사의 사랑과 칭찬 속에서 교육받는 것이며, 모국어를 배울 때와 같이 많이 듣고 꾸준히 반복하는 과정에서 능력을 자연스럽게 발견해 나가도록 하는 것이다.

(2) 모국어 학습과 재능교육의 주된 요소

① 환경		• 재능교육과 모국어 학습의 주된 요소 첫째는 '환경'이다.
	부모	• 우선 가정에서의 '부모'는 유아가 영향을 받을 수 있는 일차적인 환경이다. – 부모의 태도는 재능교육의 성패에 중대한 영향을 미친다. – 부모는 유아에게 그들이 노력하고 성취한 것에 대해 충분히 칭찬하여 긍정적인 반응을 보임으로써, 음악이나 다른 분야에서의 학습이 즐거운 경험이 되도록 하는 것이 중요하다. 유의점 지나친 기대는 가지지 않되, 노력에 대해서는 칭찬, 인정, 격려를 아끼지 않음으로써 동기를 유발시켜야 한다.
	교사	교사 역시 배움이라는 환경의 한 부분으로서 유아를 위하여 사랑과 지원, 격려의 태도를 가져야 한다.
② 반복		• 재능교육과 모국어 학습의 주된 요소 둘째는 '반복'에 관한 것이다. – 유아들은 녹음한 음악을 듣고 과제를 여러 번 반복연습한다. – 매일의 반복된 연습을 통해 유아는 자연스럽게 진보해 나가면서 능력이 향상되고, 이를 통한 배움의 과정에서 각 단계를 완성할 수 있다.

(3) 모국어 학습에 바탕을 둔 재능교육의 장점

조기교육	어린 나이에 교육을 시작하게 되면, 그에 비례하여 더 많은 연습 기간을 가지게 되므로 상대적으로 음악을 길게 접할 수 있다.
집중력 발전	유아의 집중 시간은 대체로 짧으나(예 3~4세의 유아의 집중 시간은 2~3분이 보통임), 반복적인 연습을 통해 집중력을 향상시킬 수 있다.
암기력 증진	처음에는 짧은 곡으로 시작하여 점차 긴 곡을 암기하고, 이전에 학습한 것을 지도시간마다 복습함으로써 암기력이 점차 늘어나게 된다.
음악적 형식의 발전	암기력과 함께 사고를 조직하는 능력이 커지므로, 음악적 형식에 대한 인식도 쉽게 발전한다.
심미적 감수성 발전	음악적 선율·화음·리듬·음색·짜임새 및 형식 등에 나타나 있는 심미적 감수성이 발달한다.

2) 재능교육(talent education)

(1) 기본 개념

- 재능교육 : 한 가지를 택하여 뛰어난 능력이 육성될 때까지 교육하는 것이다.
  - 모국어를 습득하는 과정에서 어린이들이 발휘하는 놀라운 능력에서 시작되었다. 사람의 능력이란 자극과 반복적인 훈련에 의하여 개발되는 특성을 가진 '재능의 근원'과 같은 것이다.
  - 즉 개발될 수 있는 음악적 소질을 바탕으로 교육하는 것으로 교육을 담당한 교사와 어머니의 조력, 그리고 훌륭한 지도자 밑에서 잘 짜여진 지도법으로 끊임없이 반복하여 훈련을 쌓으면, 다른 방면에서도 뛰어난 능력을 발휘할 수 있는 무한한 개발이 가능하다고 보았다.
  - 따라서 잠재된 능력이 발휘되도록 영유아기부터 조기교육을 통해 도움을 주어야 한다는 음악교육 철학을 가지고 있다.
- 또한 자신이 발견한 모국어 학습방법을 음악교육에 체계화하기 위해 '재능교육의 5원칙'을 정하였다.
- 음악적 재능
  - 모든 사람은 각기 특정한 재능을 갖고 태어나는 것이 아니라, 다만 개발 가능한 ✱능력·소질을 갖고 태어난다고 보았다. 모든 유아는 교육을 잘 받으면 잘할 수 있는 능력을 가지고 있다.
  - 즉 선천적이라기보다는 생후의 교육 방법에 따라 신장될 수 있는 것이므로 잠재된 능력이 발휘되도록 유아기부터 도움을 주어야 한다고 믿었고, 단계별 조기교육이 이루어질 수 있도록 3~4세 유아기부터 음악학습이 시작되어야 한다고 주장하였다.

재능교육 5원칙	조기교육	• 보다 빠른 시기 - '보다 빠른 시기'란 어릴수록 의욕적이고 받아들이는 속도가 빠르기 때문에 음악교육을 성공적으로 할 수 있다는 의미이다.
	훌륭한 교육적 환경	• 보다 좋은 환경 - '보다 좋은 환경'이란 부모나 교사가 음악을 많이 들려주는 경우 음악적 감각이 발달하고 창조력이 생기게 된다는 의미이다.
	반복훈련	• 보다 많은 연습과 훈련 - '보다 많은 연습과 훈련'이란 반복연습을 통한 습관 형성이 유아로 하여금 자신감과 성취감을 가지게 함으로써 음악교육의 효과를 높일 수 있다는 것이다.
	훌륭한 지도자	• 보다 뛰어난 지도자의 역량 - '보다 뛰어난 지도자의 역량'이란 교사가 뛰어난 자질과 실력을 갖추어야만 다양한 개성을 지닌 유아 개개인을 지도할 수 있다는 의미이다.
	훌륭한 교육 방법의 활용	• 보다 올바른 지도법 - '보다 올바른 지도법'이란 유아 스스로 바른 자세로 학습할 수 있도록 지도해야 한다는 의미이다.

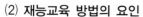

(2) 재능교육 방법의 요인

학습자 요인	동기유발 1	• 악기를 배우러 온 유아의 어머니에게 교육이념 및 방법을 설명하고, 유아가 늘 어머니와 함께 음악을 들을 수 있도록 권한다. – 그리하여 악기를 배우고 싶은 마음이 생기도록 학습동기를 유발하는 것이 재능교육의 준비 작업이다.
	동기유발 2	• 스즈키는 일주일에 한 번 이상 상급반과 초급반 유아들이 함께 연주할 것을 권장한다. – 이것은 초급반 유아에게 강한 학습동기를 유발하고, 노력하려는 성취동기를 이끌며, 경험하지 않은 곡을 감상할 기회와 음악적 표현법을 배울 기회를 준다.
환경 요인	청음교육	명확한 주제를 가진 간결한 음악 감상을 권장하는데, 그 예로 바로크 시대 음악이나 고전음악을 들 수 있다.
	암기식 교육과 독보력	악기 연주에서 언어능력 습득 방법과 마찬가지로 음악적 감각이나 연주기술, 기억력을 학습시키고 나중에 악보 읽기를 지도해야 한다고 주장한다.
	어머니의 조력과 훌륭한 지도자	• **어머니의 조력** 어머니의 조력은 재능교육의 핵심인데, 어머니는 유아와 함께 레슨에 참여하고 악기를 배우며 가정에서의 연습에도 함께 해야 한다. 스즈키는 어머니야말로 가장 훌륭한 교사라고 주장하였다. • **훌륭한 지도자** 어머니 외의 지도교사는 음악적 소양뿐만 아니라 유아의 심리를 잘 파악하여 유아를 사랑으로 대하며, 잠재된 능력을 발휘하도록 도와주는 사람이어야 한다고 강조하였다.

(3) 재능교육의 음악교수 방법

동기유발과 어머니의 조력	• 스즈키 음악교육 방법은 일본 민속심리학자들의 믿음, 즉 유아는 취학 전부터 예술에서 형식훈련을 시작해야 한다는 것에 바탕을 두었다. – 스즈키의 방법은 유아의 동기를 자극하는 데 민속심리학의 전통을 빌려온 것이다. – 새로운 유아는 처음에는 교육을 받는 다른 유아들의 모습을 어머니와 함께 관찰하고, 집에 가서는 그 음악을 듣는다. 어머니는 그것이 얼마나 재미있는지를 설명하고, 유아가 좋다면 거기에 참여할 수 있다고 말한다. – 유아의 동기가 고조에 도달했다고 생각되었을 때 첫 수업이 시작되는데, 이것은 보는 것을 통한 학습 시기의 과정이다. – 일단 수업이 시작되면 유아가 최초의 열정을 유지하도록 하는 것이 매우 중요하며, 여기서 가장 필요한 것이 음악적 동기유발이다.

집단학습	• 스즈키는 음악에 자연스럽게 접근하기 위해서는 개인레슨을 하기 전에 그룹레슨으로 초보단계를 두는 것이 효율적이라고 보았다. 　－ 그는 전체 속에서 개인을 발견하고, 개인들이 협력하여 전체를 이룬다는 관계의식을 심어주고자 하였다. • 수업은 집단으로 이루어지며, 먼저 온 사람이 수업을 받는 동안 다른 사람들은 관찰을 한다. 집단에 대해 비평의 말을 하면 그중 자신에게 해당되는 것을 찾아내 개선한다. 　－ 학생들은 다른 사람들을 모델화함으로써 배울 수 있고, 교사가 다른 학생들과 함께 하는 것을 봄으로써 그들 자신의 연주에 대한 단서를 알 수 있다. 　－ 편안하고 우호적인 분위기의 집단학습 형태가 더 즐거우며 교육적으로도 효과적이다. 　**유의점** 집단학습에서 지극히 내성적이거나 진도가 느린 유아의 경우 좌절감을 느낄 수 있기 때문에 지도교사의 세심한 지도가 필요하다.
반복훈련	• 정상적인 유아는 가정환경, 적절한 훈련과 연습만 뒷받침된다면 연주회 수준의 곡들을 연주할 능력을 계발할 수 있다고 주장한다. 　－ 음악적 재능은 환경과 교육의 결과라고 보기 때문에 지속성과 학습의 양으로 계발될 수 있다고 믿는다. • 스즈키는 반복교육과 관련해서 "능력은 훈련 없이 선천적으로 오는 것이 아니므로 우리 스스로 그것을 교육해야 한다. 올바른 방법과 연습에 따라 반복하는 것이 능력을 얻는 방법이다. 한 사람이 원리에 충실하다면 실패 없이 더 우수한 기술을 발전시킨다. 지름길은 없다. 반복을 부지런히 하고 지속적인 연습활동을 하는 것이 필요하다. 반복은 알맞은 능력이 될 때까지 계속된다."고 강조하였다. 　－ 스즈키는 반복에 시간을 투자함에 따라 능력이 효과적으로 발달하며, 새로운 자료를 배우는 것보다는 이전에 학습한 자료를 완벽하게 익히는 것이 더 중요하다고 보았다. • <u>반복훈련에 의한 지속적·단계적 교육</u> 　－ 악기 연주에 있어서 스즈키는 반복훈련에 의한 지속적·단계적 교육을 주장한다. 따라서 언어능력 습득방법과 마찬가지로 음악적 감각이나 연주기술, 기억력을 학습시키고 나중에 독보지도를 실시할 것을 주장했다. 　－ 반복훈련에 의한 기억학습 강조 : 처음에는 짧은 곡에서 시작해 점차적으로 긴 곡들을 기억시키고, 전에 학습한 것은 매 지도시간마다 복습하면서 연주 능력을 향상시킬 수 있게 한다. 　－ 반복훈련에 의한 기억학습에 익숙해지면, 유아들은 한 패턴 한 패턴에 대해 익숙하게 반응하게 된다. 　－ 단계적 교육에 의해 패턴에 대한 인식이 쉽게 발전되면 유아는 자연스럽게 악보를 읽을 수 있는 준비능력을 갖추게 된다.
청음교육	• 음악교육 방법으로 청음교육을 매우 강조한다. 　－ 유아들이 언어를 배울 때, 말을 하기 전에 먼저 같은 말을 여러 번 반복해서 듣고, 점차 뜻을 알게 되며 소리를 내듯이, 반복적으로 음악을 듣는 것이 음악적 재능을 계발할 수 있는 필수적인 환경이라고 생각했다. 　－ 가정 : 부모와 함께 명확한 주제를 가진 음악을 감상하도록 권장하였다. 　　**에** 바로크 시대 음악이나 고전음악 등이 그 예이다. 　－ 교사 : 청음능력을 발달시킬 수 있는 교수법을 강조한다.

토널리제이션	• 스즈키가 미국 현악기 지도자협회의 간부들과 함께 만들어 낸 용어로, 연습을 통해 악기의 소리를 아름답고 풍부하게 만들어 가는 것을 의미한다. • 유명한 음악가가 연주하는 아름다운 음을 듣고 똑같이 표현하도록 하는 학습방법으로, 아름다운 음을 잘 듣고 청각 능력을 길러 그와 같은 음을 낼 수 있도록 하는 것이다.

(4) 음악교수법의 적용

벽돌식 접근법 : 단계(step)	• 벽돌을 쌓는 방법과 마찬가지로, 한 가지 기법을 익힌 후 다음 기법을 익히고 나중에 하나의 완벽한 능력이 되도록 교육하는 것이다. 　― 스즈키 방법에 있어서의 각 세부 항목은 '단계'라 불렀다. 　― '단계'는 음악학습의 과정에서 유아가 파악할 수 있는 가장 작은 단위로, 이는 기술적인 정확성을 가지고 음악을 완성하는 데 도움이 된다. 　― 한 단계를 완성하여 그 부분을 쉽게 연주할 수 있게 되면 그 다음 단계를 첨가한다. 　― 이러한 방법으로 쌓이게 된 각 단계의 완성은 결과적으로 곡 연주에 필요한 복합적인 능력을 탄생시키게 되는데, 이것이 단계의 완성이 된다.
중지-준비	• 교사는 단계를 구성하고 있는 요소와 그것을 구분하는 방법을 이해할 때 '중지-준비'라는 테크닉을 사용하여 유아가 그 단계를 완전히 익히게 할 수 있다. • **중지-준비의 의미** 　― 신체적으로는 중지하고 정신적으로 준비하는 것을 뜻하며, 두 개의 연속적인 단계에서 일어난다. 　① 중지 : 유아가 완벽하게 익힌 첫 단계를 신체적으로 연주하면서 다음 단계를 올바르게 연주할 수 있도록 신체를 중지하는 것이다. 　② 준비 : 중지하고 있는 동안 정신적으로 다음 단계를 위해 마음과 손가락으로 다음 단계를 준비하는 것이다. 　📖 〈작은 별 변주곡〉 '변주곡 A'의 리듬으로 도(c²)를 연주하는 것을 충분히 연습한 후, 익숙해지면 도(c²)에서 솔(g²)을 연주하기 전에 마지막 도(c²)를 연주하고 '중지'하여 손가락을 벌려 4번 손가락으로 솔(g²) 위치를 미리 '준비'한다. 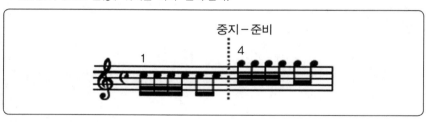 🖋 중지-준비 테크닉 • 두 단계를 연결하는 방법을 파악할 수 있게 되면, 두 단계가 완전한 단계로 통합되고 '중지-준비'는 거의 자동적으로 제거된다. 　― 이는 '중지' 없이도 어떤 음을 내야하는지 청취학습을 통해서 이미 알고 있기 때문에 가능하다.

		CHECK 1	CHECK 2	CHECK 3
Ⅰ. 유아음악교육의 교수–학습				
UNIT19	음악교육의 교수–학습 이론적 기초			
UNIT20	음악교육의 교수–학습 원리			
UNIT21	유아음악교육의 내용 선정의 원리			
Ⅱ. 유아음악교육의 환경 구성				
UNIT22	환경 구성			
Ⅲ. 전통예술				
UNIT23	전통음악과 춤			
UNIT24	장구와 장단			
UNIT25	전통놀이			

하수혜 거름이
누리과정
④ 예술경험

SESSION

02

유아
음악교육의
이해

유아음악교육의 교수 - 학습

UNIT 19 음악교육의 교수-학습 이론적 기초

행동주의 이론	• 칭찬을 통해 바람직한 음악적 활동이 계속 지속될 수 있도록 강화하는 것이다. • 음악수업보다 부정적 행동에 대한 음악치료의 방법으로 사용되는 기초가 되는 이론이다. • **한계** − 음악교육의 궁극적인 목표 가운데 하나를 학습자의 내면적인 세계를 표현하고 이해하는 것으로 본다면, 행동주의는 외현적인 행동에 초점이 맞추어져 있기 때문에 이 이론의 활용을 통해서는 의미 있는 음악교육의 실현을 기대하기 어렵다.

인지발달이론	• 유아의 발달과정을 고려하는 음악교수 방법에 관심을 가지는 계기가 된 이론이다. • 동화와 조절이 균형 있게 일어나도록 아동들의 음악활동을 구성하는 것이다.		
	지식의 구조	• 모든 지식은 세 가지의 방식을 통해서 표현해낼 수 있으며, 교사는 학습자의 연령과 발달단계에 따라 적합한 표상방식을 활용하여 지식을 정리하고 이를 전달하면 무슨 내용이든 누구에게나 효율적으로 가르칠 수 있다고 본다. • 지식의 구조는 동작적(작동적) 표상, 영상적 표상, 상징적 표상이라는 세 가지 표현방식을 통해서 나타낼 수 있다.	
		동작적(작동적) 표상	악기 연주, 노래 따라 부르기
		영상적 표상	소리와 그림의 연관
		상징적 표상	형식적인 음악 표기법

사회문화이론	• 유아는 유능한 또래 및 성인과의 상호작용을 통해서 배우게 되므로 유아음악교육을 수행하는 데 있어 교사의 역할은 중요하다. • 교사는 유아의 발달 수준과 인지적 과정에 대해 많은 관심을 가지고 지켜보아야 하며, 유아의 근접발달지대에 필요한 경험을 충분히 제공함으로써 유아의 발달을 촉진할 수 있도록 도와주어야 한다. − 유아는 점차적으로 음악에 대해 이해하고 음악적 요소와 친해지면서 이를 내면화하는 과정을 거치게 되어, 결과적으로 음악적 독립성을 획득하게 된다.
교수학습단계 이론	• 가네(Gagne)는 학습의 요인을 외적요인, 내적요인으로 나누어 고려해야 한다고 주장하였다. • 음악지도란 듣기부터 시작하여 들은 것을 기호화하고, 기호화한 것에 기초하여 즉흥적으로 변화주기까지 발전시킬 것을 강조한 고든의 음악학습이론에 영향을 미쳤다.

사회학습이론	• 유아들은 교사를 관찰하고 모방하는 과정에서 학습하므로 교사의 올바른 모델링은 유아의 음악에 대한 관심과 지식, 실제적인 표현방식에 영향을 미칠 수 있다. − 교사는 바람직한 음악활동의 모델 제공자로서 역할을 훌륭하게 수행할 수 있도록 항상 노력해야 한다.
다중지능이론	• 모든 아동이 선천적으로 어느 정도의 음악적 적성을 가지고 태어난다는 고든의 입장을 뒷받침해 주며, 적절한 환경조건과 교육을 통해 이러한 음악적 지능을 발달시킬 수 있다는 주장을 지지한다. • 모든 아동들이 똑같은 음악적 지능을 가지고 태어나는 것은 아니며, 음악적 지능의 전반적인 영역에서 아동들마다 개인차가 있을 수 있다고 본다. • 음악적 지능의 각 하위영역, 즉 음악을 지각하고 제작하는 능력, 음악을 작곡할 수 있는 능력 등의 각각 영역에서 아동들마다 강점과 약점의 차이가 있을 수 있다고 본다. • 아동 개인이 지닌 음악적 지능 영역에 대한 평가도 중요하게 여기고 있으며, 평가 결과에 따른 개별화 교육 프로그램도 마련되어야 할 필요가 있다고 주장한다.

UNIT 20 음악교육의 교수−학습 원리

**놀이학습의
원리**
	• 놀이학습의 원리는 유아음악교육이 놀이중심의 교수학습방법을 통하여 이루어져야 한다는 것이다.
	   − 유아는 혼자 흥얼거리기도 하고, 여러 가지 놀이기구와 신체를 이용해 리듬을 만들어 놀면서 음악활동을 한다.
	   − 따라서 유아음악교육은 유아가 몸의 움직임과 노래, 음악의 리듬을 잘 어울리게 함으로써 즐거움을 맛볼 수 있도록 놀이학습의 원리를 적용해야 한다.
	   − 또한 노래문답놀이, 리듬놀이, 악기놀이 외에도 노래하며 공치기, 줄넘기, 공기놀이 등의 다양한 음악놀이와 '가위바위보' 같은 다양한 음악게임을 통하여 유아가 음악활동에 대하여 흥미를 느끼고 자발적으로 음악활동에 참여하는 태도를 가질 수 있다.

개별화의 원리	• 개별화의 원리는 음악활동을 진행할 때 유아의 연령과 발달 수준에 따른 개인차를 고려하는 것이다.
	   − 유아 개개인은 독특한 개성을 지니고 있으므로 연령과 발달 수준에 따른 개인차를 고려해야 한다.
	• 유아음악교육의 교수학습 과정에서는 유아언어교육에 사용되는 문어와 구어에 필요한 단어 대신 음감패턴과 리듬패턴을 사용한다.
	   − 유아의 음악성 발달과정을 보면, 음감패턴을 먼저 습득하는 유아가 있는가 하면 리듬패턴을 먼저 습득하는 유아도 있다. 따라서 유아의 음악성 발달에 개인차가 있음을 고려하여 유아음악교육의 교수학습 과정에 개별화의 원리를 적용해야 한다.

	• 리듬감이 발달하여 리듬치기는 잘 하는데 음정이 불안정해 노래를 잘 못 부르는 유아는 악기를 나누어 자기 영역을 연주하게 하고, 음정감과 리듬감이 발달한 유아는 노래를 부르게 하는 등 각각의 유아의 발달을 세심하게 고려하면서 집단적인 음악활동을 하는 것이 필요하다. • 유아에 따라 개별적인 관심과 흥미가 다르므로, 악기놀이를 할 때에도 유아가 악기를 선택할 수 있도록 하고, 함께 노래를 부르거나 악기를 연주하는 음악활동에서는 노래부르기, 돌림노래로 부르기, 악기 연주를 분담하기 등 다양한 방법으로 하여 유아의 음악활동이 개인차를 고려해 개별화되도록 하여야 한다.
탐구학습의 원리	• 유아 자신이 능동적으로 음악활동에 참여하고 스스로 탐색하는 원리이다. • 유아가 자신의 감각을 통하여 사물이나 현상을 직접 경험함으로써, 스스로 인지, 사회정서, 신체 발달과 창의적 표현력을 증대시키는 주도자의 역할을 하게 하는 것이다. 　－ 음악활동에서 유아가 다양한 소리를 탐색하고 노래부르기, 악기 연주, 신체표현을 통하여 다양한 음악적 경험을 하도록 풍부한 기회를 제공해야 한다. 　－ 또한 유아가 다양한 악기와 생활도구를 직접 관찰하고 경험해 보도록 격려하며, 음악활동을 진행할 때 자신의 생각이나 호기심을 창의적으로 전개하도록 도와야 한다. 　예 단풍이 든 나뭇잎이 가을바람에 떨어져 굴러가거나 날아가는 모양을 음악에 맞추어 신체로 표현하기 위해서는, 먼저 유아들과 함께 바람이 부는 가을동산을 둘러보고 다양한 모양과 크기를 가진 여러 종류의 낙엽을 주워 오도록 한다. 그 다음 교실로 돌아와 밖에서 가져온 다양한 낙엽을 바람에 날려보면서 그 움직임을 탐구한 뒤 음악에 맞추어 낙엽이 되어 보는 신체표현활동을 단계적으로 전개하여 탐구학습 원리를 적용하도록 한다.
다감각·다상징적 표현활동의 원리	• 다감각적 시청각자료(예 그림, 색깔있는 악보, 음계 사다리, 기호 등)를 활용하면서 다양한 표현활동(예 그림, 조형미술, 신체표현, 극화놀이 등)을 중심으로 하여 음악교육 방법을 통합하는 것이다. • 시청각자료를 활용한 다감각적·통합적인 활동을 중심으로 교수학습방법을 선택할 뿐만 아니라, 다양한 감각(예 시각, 청각, 근육감각 등)을 통합적으로 이용하여 유아의 신체표현활동을 유도한다. 　－ 획일적인 모방율동이나 기능중심의 반복연습을 위주로 한 음악활동에서 벗어나, 영상자료, 구체적 표현활동, 게임 등을 이용한 통합적인 표상활동중심의 음악활동, 그리고 음악개념의 발달을 도모하는 교수학습방법을 적용하여 음악교육활동을 전개하는 것이다.

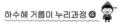

UNIT 21	**유아음악교육의 내용 선정의 원리**

발달적합성의 원리	• 발달적합성의 원리란 유아의 음악성, 신체, 정서, 인지발달에 적합한 음악교육의 내용을 구성하여 조직하는 것이다.		
	① 음악성 발달을 고려한 내용 선정	• 유아의 음역에 맞추어 노래부르기 능력의 발달에 적합한 음악활동을 구성하는 것이 유아음악교육에서 필수적으로 선행되어야 한다. – 유아의 노래부르기 발달단계에 의하면 유아가 노래를 부르게 하기 위해서는 노래 선율이 유아가 소리낼 수 있는 음역의 범위 안에 있어야 한다.	
		음역에 대한 견해	• 3~4세 유아는 레(D)에서 라(A)까지 음역을 지닌 노래를 쉽게 따라 부르며, 3~6세 유아는 낮은 음에서 높은 음으로 올라가는 노래보다 높은 음에서 낮은 음으로 내려오는 노래를 더 쉽게 부른다(김명순 외, 2001). • 영유아에게는 중앙 도(C)에서 라(A) 사이의 음역을 가진 곡이 노래부르기에 적절하다(이영자 외, 1999). • 멜로디 간격이 단순하고 5~6음으로 된 노래가 영유아에게 좋으며, 민요, 동요, 포크송이 노래부르기에 적절하다(이영 외, 1985).
	② 신체 발달을 고려한 내용 선정	• 유아의 음악활동은 대근육을 활용하는 단순한 동작을 먼저 하고, 점차 소근육을 활용하는 복잡한 동작을 표현하도록 유도한다. 또한 악기를 연주할 때에도 단계적으로 악기를 소개한다. – 즉 처음에는 신체를 이용한 신체악기를 연주하고, 다음으로 리듬악기와 국악기로 단순한 리듬을 연주하게 한 후, 제일 나중에 가락악기를 사용하도록 한다.	
	③ 정서발달을 고려한 내용 선정	유아의 음악활동은 노래게임이나 신체표현활동 등을 통해 자유롭게 자신의 정서를 표현하는 음악적 경험을 하도록 한다.	
	④ 인지발달을 고려한 내용 선정	• 유아를 위해 감각활동을 활용하는 것이 효과적이다. – 즉 구체적인 개념을 위한 음악활동을 먼저 선정하고, 추상적인 개념을 위한 음악활동을 나중에 하도록 하여 이를 서로 연계시키도록 한다. – 또한 음악개념 형성에서도 형식과 리듬 개념의 습득을 위하여 구체적인 사물이나 쉬운 언어를 이용한 음악활동으로 구성한다.	
생활중심의 원리 (= 동심원의 원리)	• 유아의 일상생활 경험을 소재로 한 교육 내용을 선정한다는 것을 의미한다. – 유아의 일상생활에서 들을 수 있는 소리나 신체를 이용한 소리를 듣게 함으로써, 유아의 흥미를 유발하고 학습 욕구를 자극한다. – 유아의 일상생활 주변에서 들려오는 다양한 도구 소리, 새소리, 바람 소리, 물소리 등의 자연 환경의 소리와 목소리, 손뼉치고 발구르는 소리 등의 신체 소리를 활용하도록 하는 것이다.		

	• 생활중심의 원리는 '동심원의 원리'라고도 불린다. 즉 음악교육의 내용을 구성하고 조직함에 있어서 유아에게 가장 직접적이고 구체적이며 밀접한 내용부터 시작하여, 점차 간접적이고 추상적이며 멀리 떨어져 있는 내용으로 동심원처럼 확대해 나가는 방법을 말한다. 예 유아음악활동의 내용은 '나'를 중심으로 하여 '우리집'과 '가족', '유치원'과 '친구'의 순서에 맞춰 가정, 유아교육기관, 지역사회로 동심원이 확대되어가듯이 구성하고, 내용 사이의 상호관계가 원활히 이루어지도록 음악교육의 내용을 조직화하는 것이다.
학습계열화의 원리 (= 나선형의 원리)	• 나선형의 원리란 다양한 음악활동이 단계적으로 심화 학습될 수 있도록 음악활동의 내용을 나선형으로 계열화하여 구성하는 것이다. − 이 원리는 교육 내용이 계열화되어 반복적으로 제시되므로 '반복학습의 원리', '학습계열화의 원리'라고도 한다. 예 유아의 음악개념 발달을 위한 음악활동을 구성할 때 리듬, 멜로디, 음색, 다이내믹스, 형식 등을 나선형으로 조직하여 반복적으로 학습시킨다. 유의점 각 음악활동을 통하여 반복적으로 학습하게 하되, 음악활동 시간은 유아의 주의 집중 시간에 적합하도록 10분~15분을 넘지 않게 계획해야 한다. 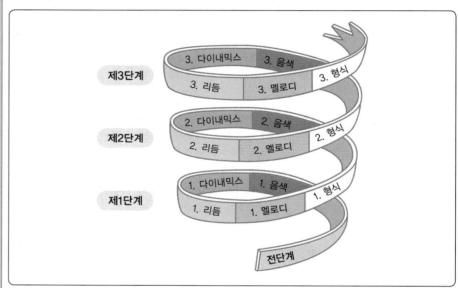
다양성과 통합성의 원리 (= 균형과 조화의 원리)	• 유아음악교육에 있어서 영역 간 균형과 조화가 잘 이루어지도록 음악활동의 주제별, 발달영역별 내용체계를 구성하는 것이다. • 다양성과 통합성의 원리란 음악 듣기, 노래부르기, 악기 연주하기, 음악의 신체표현하기, 음악창작하기의 다섯 가지 음악교육 영역을 골고루 통합하는 것이다. − 다양한 음악활동의 영역이 유아음악교육의 내용으로 구성되어 균형과 조화가 이루어지도록 음악활동의 주제별·발달영역별 내용체계를 구성하는 것이다. • 음악활동 내용 구성에서 의미하는 통합성의 원리는 다양성과 통합성이 함께 고려되어야 하며, 각 영역 사이에 순환적 상호작용이 활성화되어야 하므로 '균형과 조화의 원리' 또는 '순환의 원리'라고도 부를 수 있다.

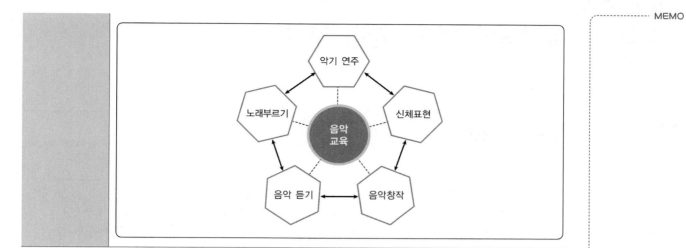

UNIT 22 환경 구성

구성		• 음악에 맞추어 신체를 자유롭게 움직일 수 있는 넓은 공간이 필요하다. • 소음이 많이 나는 영역이므로 다른 영역의 활동에 방해가 되지 않도록 배치한다. • 바닥에는 카펫을 깔아 안정된 분위기를 조성하며 소음도 줄일 수 있도록 한다. 🐭 음악적 재능을 촉진하는 물리적·사회적 환경 특성(Doxey & Wright, 1990) • 음악에 대한 부모나 교사의 긍정적 태도와, 음악이 아동에게 매우 중요하다고 믿는 신념 • 음악을 듣는 기회 및 음악에 활동적으로 참여하도록 하는 기회 제공 • 음악경험의 질과 양 • 유아의 음악적 시도나 실험에 대한 격려와 개방성 • 테이프나 악기 등과 같이 음악적인 물리 환경의 양과 질 • 가정에서 음악에 노출된 양 • 아동의 인지적 능력과 창의성 발달 정도 등
놀잇감 및 교재·교구	기본 교구	녹음기, 헤드폰, 카세트 테이프, 다양한 음악 테이프나 CD, 악보, 악기 관련 사진, 각종 연주회나 춤 공연 등의 사진이나 동영상 자료 등
	생활 속 악기	젓가락, 냄비 뚜껑, 깡통, 빨래판, 체, 콩, 부채 등
	우리나라 전통 악기류	장구, 소고, 북, 꽹과리, 가야금, 피리, 징 등
	외국 악기류	• 리듬악기(🔴 탬버린, 캐스터네츠, 트라이앵글, 방울, 리듬막대, 톤 블록, 우드 블록, 핸드벨, 마라카스, 기로, 손가락 심벌즈 등) • 멜로디 악기(🔴 실로폰, 멜로디언, 키보드, 피아노 등) • 현악기류(🔴 우쿨렐레, 기타, 만돌린 등)
	기타	• 스카프, 리본, 작은 낙하산 등의 신체표현 도구나, 음악 연주회, 춤 공연, 오페라 등에서 공연자가 입는 무대 의상 등 • 음악 관련 그림 및 사진 자료 　- 악기들의 사진 및 연주하는 모습, 노래하는 모습, 오케스트라의 사진, 오페라의 사진, 음악회 포스터, 음악을 듣는 모습, 옛날 악기의 모습과 연주 모습, 유명한 국내외 음악가 사진 등을 벽에 부착하여 프린트물을 통한 풍부한 음악환경을 구성한다. • 악보나 노래가사, 리듬패턴카드 　- 노래 그림악보, 악기 그림악보, 음악게임판 등을 벽에 부착하거나 책으로 만들어 제공하여, 암기나 기억에 의한 유아의 음악활동(🔴 노래부르기 등)에서 음악상징 기호나 음악프린트물에 접촉할 기회를 놀이 속에서 제공한다.

		• 음악 관련 책 　－ 유아들이 즐겨 부르는 노래를 그림과 함께 곁들인 노래책, 악기나 음악가에 관한 그림책, 전통 악기를 소개하거나 악기 연주하는 모습을 담은 그림책, 다른 나라의 희귀한 악기를 소개한 그림책, 악기를 만드는 과정을 소개한 그림책 등을 음악영역의 한 부분에 책의 앞장이 보이도록 전시한다. • 시청각 장비 및 컴퓨터 　－ 유아가 조작 가능한 녹음기, 유아 각자가 들을 수 있는 헤드폰, CD플레이어, 시청각 자료로 사용될 DVD, TV, 컴퓨터, 프린터 등을 비치한다. • 음악 테이프, CD류, 비디오 자료 　－ 다양한 소리와 곡이 녹음된 테이프, CD, 비디오 자료 등과 악기 제작이나 연주방법들을 알려주는 비디오, 테이프, 컴퓨터 음악활동 CD롬 등을 구비한다. 　－ 유아에게는 테이프나 CD의 겉장을 주고 음악을 들으며 겉장의 그림을 볼 수 있게 하지만, 자료의 전반적인 관리는 교사가 하도록 한다.
연령별 구성	3세	**음악 듣고 표현하기** • 다양한 장르의 음악을 듣고 자유롭게 표현해 보는 활동을 할 수 있도록 한다. 　－ 일상생활 동요나 놀이동요, 빠르기가 다른 음악 등이 녹음된 테이프와 카세트를 제공한다. 　－ 다른 사람들 앞에서 노래를 불러보는 시간을 가진다. 　－ 강약이 표시된 노랫말 판을 제공한다.
		악기소리 듣기 • 다양한 리듬악기나 직접 만든 악기, 녹음기 등을 비치한다. 　－ 여러 가지 타악기를 통하여 소리를 탐색해 보고, 리듬감을 익힐 수 있는 활동을 제공한다. • 원할 때는 언제나 활용할 수 있도록 한다.
	4세	**음악 듣기, 동작, 노래부르기, 악기 경험의 활동 제공** • 음악과 함께 몸을 마음대로 움직여 보고 노래를 부르며, 여러 가지 악기를 자유롭게 만지고 경험해 보도록 한다. • 다양한 리듬악기를 비치한다. 　－ 리듬악기류와 유아들이 직접 만든 마라카스, 수술, 리본막대, 우드블록, 핸드벨, 실로폰, 소고 등을 제시한다.
		동작활동 자료 신체를 이용하여 좀 더 창의적인 표현을 하도록 다양한 동작 카드, 한삼, 탈, 스카프, 접이부채, 응원 반짝이 수술, 리본 테이프, 풍선 등을 제공한다.
	5세	**음악을 들어보고 만들어가는 경험 제공** • 유아 스스로 조작 가능한 CD플레이어를 제공한다. 　－ 다양한 음악 테이프, 음악 관련 그림책, 녹음기, 헤드폰을 비치한다.
		간단한 연주 활동 제공 • 그림으로 된 간단한 가사악보를 벽에 부착하여 간단하게 연주를 해 보도록 한다. 　－ 실로폰, 핸드벨 등의 가락악기를 제공한다. 　－ 악기를 만들어 보는 경험을 한다.

		음률 영역 구성	전신거울을 두어 유아로 하여금 자기가 표현하는 모습을 볼 수 있도록 하여도 좋다.
		음률 활동을 위한 자료	• 음악을 들은 후 느낌을 그림이나 몸으로 표현해 볼 수 있는 자료를 제공한다. 　－ 다양한 동작카드, 한삼, 탈, 스카프, 접이부채, 응원 반짝이 수술 등을 비치한다. 　－ 노래극 놀이에 필요한 자료와 소품을 준비한다.
유의점	• 유아가 스스로 음률 활동에 참여할 수 있도록 여러 가지 매개체(⑩ 악기, 음악테이프, 리본, 의상 등)를 제공한다. • 움직이는 모습을 볼 수 있도록 벽에 큰 거울을 준비해 주는 것도 좋다. • 공연 관람, 지역 인사나 전문가 초대, 비디오 관람 등 다양한 방법으로 움직임과 춤 경험, 음악적 표현 및 감상활동을 하도록 한다. • 유아가 소리를 정확히 변별하는 활동을 할 때는 집중할 수 있도록 주변 소리를 차단하는 장치를 하도록 한다. • 움직임이나 춤과 관련된 활동을 할 때, 신체 접촉을 꺼리는 유아가 있으면 강요하지 않도록 하며, 서로 부딪히거나 다치지 않도록 미리 주의를 준다. • 우리나라 전통 악기와 함께 다른 나라의 악기를 다양하게 준비한다. • 유아가 쉽게 다룰 수 있는 리듬악기나 타악기에서 시작하여 점차 멜로디 악기로 확장한다.		

III 전통예술

UNIT 23 전통음악과 춤

KEYWORD # 정간보, 사물놀이에 쓰이는 악기

1 우리소리의 교육

우리소리의 특성	• 화성이 없는 단선율의 수평적 음악이다.
	• 5음계 혹은 3음(4음)계로 이루어진 음악이다.
	• 곡선의 음악미를 가지고 있다.
	  – 한 음 한 음이 고정적이지 않고 유동적이며, 한 음에서 다음 음으로의 연결은 곡선으로 이어진다.
	• 요성과 농현의 표현이 주된 요소이다(요성과 농현: 음을 흔들어 내는 것).
	  – 요성: 피리, 대금 따위의 관악기 연주에서 떨어서 내는 소리, 또는 민요, 잡가 등의 판소리 창법에서 떨어서 내는 목소리이다.
	  – 농현: 거문고나 가야금 따위 한국 전통음악의 현악기 연주에서, 왼손으로 줄을 짚어 원래의 음 이외의 여러 가지 장식음을 내는 기법이며, 현(絃)을 희롱(戲弄)한다는 뜻에서 붙은 이름으로 보통 음을 흔들어서 물결과 같은 파동을 얻는 기법을 뜻한다.
	• 장단이 매우 중요한 역할을 한다.
	  – 3연음 계통의 장단이 대부분이며, 한 곡조 안에서 템포의 변화가 점진적으로 가속화된다.
	• 주로 강박으로 시작하여 약박으로 끝난다.
	• 음악의 속도는 숨을 기준으로 한다.
	• 악기 편성에 따라 기준 음이 달라지며, 음을 장식하는 농현은 흔드는 요성, 미끄러 떨어뜨리는 퇴성, 굴려서 높게 하는 전성 등으로 음악의 중심 음과 선법을 결정한다.
	• 12율명의 고유한 음이름과 정간보 등의 독특한 기보법을 가지고 있다.
	  – 율명: 한 옥타브를 12개(12개의 음)로 나누고 이를 12율(律)이라고 하며, 12율에는 두 글자의 한자(漢字)로 이루어진 율명(律名)을 붙여 불렀다. 읽을 때는 율명의 앞글자만 따서 읽는다.
	  ※ 같은 율명이라도 음악의 계통에 따라 실제 음높이가 다르다. 즉 기준음인 황(黃)은 평균율인 'C음' 혹은 'e♭음'에 가까운데 각각 당악계 음악과 향악계 음악에서 사용한다.

율명	1	2	3	4	5	6	7	8	9	10	11	12
	黃鍾 황종	大呂 대려	太蔟 태주	夾鍾 협종	姑洗 고선	仲呂 중려	蕤賓 유빈	林鍾 임종	夷則 이칙	南呂 남려	無射 무역	應鍾 응종

  – 정간보(井間譜): 현재 보편적으로 쓰이는 전통음악의 악보는 조선시대 세종대왕이 만든 정간보이다. 정간보는 음의 길이와 높이를 모두 알 수 있는 동양 최초의 *유량악보로, 우물 정(井)자 모양의 칸(間)에 율명(律名)을 적는데, 우물정(井)의 글자 모양(口)이 박의 단위가 되어 음의 길이를 나타내고, 율명은 음의 높이를 나타낸다.

*유량악보
음의 높이와 길이를 나타낼 수 있는 악보를 지칭하는 말로, 정간보를 비롯하여 오늘날 서양 음악의 오선보 따위가 이에 속한다.

| 우리소리 교육 | • 어릴 때부터 우리소리를 듣고 자라면 평생토록 우리소리를 좋아하고 사랑할 수 있게 된다.
• 우리의 언어와 관습 속에 이미 전통음악의 장단과 가락이 배어 있어 가정이나 교육기관에서 자연스럽게 우리의 소리를 들려줌으로써 전통음악을 오히려 쉽게 배울 수 있다.
• 우리소리 교육은 전통음악 전문가를 만들거나 직업적 연주를 만드는 기능의 습득이 아니라, 전통음악을 친숙하게 느끼고, 좋은 음악 표현이나 감상에 적극적인 태도를 가지며, 유아의 생활 속에 자연스럽게 전통음악을 받아들이는 습관을 기르는 데 있다.
• **목적** 유아에게 우리 민족 고유의 음악정서를 체험하게 하여 심신의 조화로운 발달을 돕는 것이다.
• **목표** 우리소리와 친근한 환경조성으로 우리소리에 대한 친화적 태도를 갖게 하고, 우리소리의 다양한 영역과 기본 요소들을 고르게 경험하며, 생각과 느낌을 창의적으로 표현하는 경험을 하는 동시에, 우리소리를 통하여 우리의 전통문화에 대한 애정과 자긍심을 갖게 하는 것이다. |

2 전통음악(국악)의 분류

| 민요 | • 누가 언제 만든 곡인지 알 수는 없지만 입에서 입으로 전해 내려온 우리 민족의 노래로 민족의 사상과 생활, 정서가 그대로 담겨 있는 대중음악이다.
• **메기고 받는 형식(문답식)** 우리 민요의 대표적 특성으로, 한 사람이 앞소리를 메기고 여러 사람이 뒷소리(후렴)를 받는 방식으로 부르는 것이다.
　- 한 사람이 독창으로 메기는 방법은 높은 음으로 질러내기도 하고, 보통의 평으로 내기도 하며, 저음으로 숙여 내기도 하여 변화를 끊임없이 추구해 나가는 반면에, 여럿이 받는 합창 부분은 메기는 부분과 달리 일정한 가락을 반복해서 받는 후렴구와 같다.
　- '강강술래', '쾌지나 칭칭나네' 등의 전래해 오고 있는 작업요, 노동요의 대부분이 메기고 받는 형식을 취하고 있다.
• **시김새** 시김새란 국악에서 주된 음의 앞과 뒤에서 꾸며주는 꾸밈음(장식음)을 말하며, 음악을 화려하고 멋있게 만들어주는 우리나라 고유의 표현이다.
　- 국악 고유의 독특한 요소에 해당하는 시김새는 거문고나 가야금 등의 현악기 연주에서 왼손으로 줄을 짚어 원래 음 외의 여러 가지 장식을 내는 기법인 농현을 포함한다.
　- 성악과 기악을 포함하여 모든 국악의 연주에서 발생되는 미묘한 음과 리듬의 변화, 떨림, 장식음 등의 독특한 연주기법, 혹은 이에 의한 음악적인 아름다움과 그에 따른 멋을 뜻하는 시김새는 가락의 자연스러운 연결이나 유연한 흐름 또는 화려함과 멋스러움을 위하여 떠는 소리의 요성, 흘러내리는 소리의 퇴성, 밀어올리는 소리의 추성, 구르는 소리의 전성을 포함한다.
• 민요의 대표적인 시김새인 '꺾는 음', '떠는 음', '흘러내리는 음'의 기호와 오선보상의 표기방법은 다음과 같다.

<table><tr><th>종류</th><th>용어</th><th>기호</th><th>표현방법</th></tr><tr><td>평으로 내는 소리</td><td>평성</td><td>o</td><td>• 원래의 음을 평으로 내는 소리
• 따로 표기가 없음</td></tr><tr><td>꺾는 소리</td><td>꺾는 소리</td><td>╲</td><td>• 한 음 높은 음에서 꺾어내리는 소리
　- 흘러내리는 소리보다 더 빨리 아래로 내려줌
• 음의 왼쪽에 표기</td></tr></table> |

떠는 소리	요성	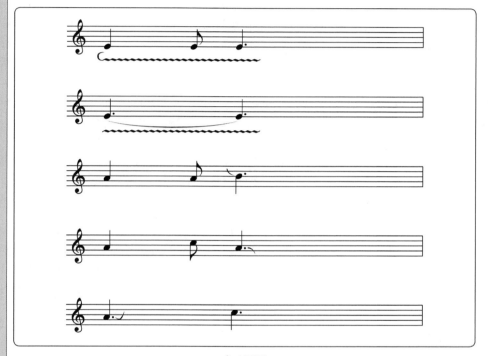	• 음을 굵게 떨어서 내는 소리 • 음의 밑에 표기
흘러내리는 소리	퇴성		• 음의 끝을 흘러내리는 듯이 내는 소리 • 음의 오른쪽에 표기
밀어올리는 소리	추성		• 음의 끝부분을 밀어올리는 소리 • 음의 오른쪽에 표기

◈ 시김새

판소리	• 판소리는 한 사람의 소리꾼과 고수가 펼치는 음악극 형식의 우리나라 전통 성악곡이다. 　- 소리꾼은 긴 이야기를 말과 동작을 섞어가며 노래 부르고, 고수는 장단에 맞추어 북을 친다. 　- 오늘날까지 전송되고 있는 판소리는 흥보가, 춘향가, 심청가, 수궁가, 적벽가 등 다섯 마당으로 현재 우리나라의 중요무형문화재 제5호로 지정되어 있으며, 유네스코가 선정한 세계문화유산에도 등록되어 있는 자랑스러운 우리의 음악이다. • **판소리의 구성요소** 　- 소리: 소리꾼이 부르는 노래 　- 아니리: 이야기의 상황 설명이나 우스갯 소리 등을 재미있게 말하듯이 표현하는 것 　- 발림: 소리꾼이 소리를 하는 도중에 하는 몸동작 　- 추임새: 고수가 장단을 치면서 흥을 돋우기 위해 '좋다', '잘한다', '얼씨구' 등의 소리를 내는 것
잡가	18세기 후반 이후 소리꾼이 긴 사설의 가사에 음을 붙여 앉아서 부르던 노래이다.

MEMO

산조	• 산조는 북이나 장고 장단을 반주로 하여 가야금, 거문고, 아쟁 등의 악기를 혼자 연주하는 기악 독주곡이다. - 산조의 가장 두드러진 특징은 점점 빨라지는 템포 구조, 즉 '한배에 따른 형식'이다. - 가장 느린 진양조장단으로 시작하여 점차 빨라지며, 중모리, 중중모리, 자진모리, 휘모리, 단모리 등으로 끝나는 음악으로서 듣는 이들의 감정을 점차 고조시켜 감으로써 음악의 긴장감과 흥을 더해 주는 특징이 있다.
가야금 병창	• 한 명 또는 여러 명의 연주자가 가야금 연주와 동시에 노래를 부르는 형태이다. 가야금 병창에 부르는 노래들은 단가(短歌)나 판소리의 한 대목, 또는 민요 등을 가야금의 연주법에 맞게 기악화하거나, 가야금의 선율을 노래의 선율에 맞춰 함께 연주하는 것이다. - 이때 가야금은 중요한 음이나 가락을 강조하기도 하고, 노래가 없을 때 장단을 채워주는 역할을 하기도 한다.
풍물놀이와 사물놀이	• **풍물놀이** 마을의 제사가 있거나 농사일을 할 때, 마을 잔치가 있을 때 연주되던 음악이다. - 꽹과리, 징, 장구, 북, 소고 등 타악기 중심의 음악으로 태평소 등과 함께 연주한다. 뿐만 아니라 춤과 놀이가 함께 하는 종합적인 연주 형태의 음악이다. - 풍물은 노래, 놀이, 춤이 어우러지는 종합적 표현 형태로 이전에는 농악이라고 했으나, 요즘에는 풍물이라고 칭하며 풍물놀이, 풍물굿이라고도 부른다. • **사물놀이** 꽹과리, 징, 장구, 북의 4가지 악기로 연주하는 음악이며, 그 가락은 풍물놀이 가락에서 취한 것을 토대로 발전시켜 오늘날 무대화되었다. - 장고 : 장고는 중간이 가늘다고 하여 세요고라고도 하고 장구라고도 한다. 장고는 오동나무를 깎아 만든 통에 개가죽이나 말가죽, 소가죽 등을 양쪽에 씌운다. 오른쪽 북 면(열편 또는 채편이라고 부름, 왼쪽 북 면은 궁편 또는 북편이라 부름)에서 높은 음이 나오도록 악기의 위치를 정하여 오른손에 끝이 둥근 열채, 왼손에 길게 뻗은 궁채(궁굴채)를 가볍게 잡고 장고를 친다. - 북 : 북은 보통 소나무나 오동나무 통에 소가죽을 매서 박달나무 또는 물푸레나무를 깎은 채로 두드린다. - 꽹과리 : 꽹과리는 소금(小金) 또는 꽹매기라고도 한다. 놋쇠를 얇게 펴서 만든 작은 악기로, 둥글고 납작한 나뭇조각을 단 채로 소리를 낸다. 소리가 커서 사물놀이를 할 때 지휘 악기로 활용된다. 꽹과리를 잡고 있는 쪽의 손가락을 꽹과리 뒤편에 넣어 소리 여운을 조절하는 연주 방법을 가리켜 막음새라고 한다. - 징 : 징은 금(金)이라고도 한다. 두툼하게 두드린 놋쇠의 징을 두껍게 천을 둘러 마감한 채로 내리치면 길고 그윽한 소리가 난다. 주로 장단의 머리박에 한 번씩 쳐 주며 전체 가락을 감싸는 역할을 한다. 🏠 **풍물놀이 vs 사물놀이** {{TABLE}}

🏠 **풍물놀이 vs 사물놀이**

구분	풍물놀이	사물놀이
악기 편성	꽹과리, 징, 장구, 북, 소고, 태평소	꽹과리, 징, 장구, 북
연주 형태	선반(서서, 춤을 추거나 행진하면서 연주)	앉은 반(앉아서 연주)
공연 장소	판(마당)	무대에서 연주
음악 형태	일반인이 연주하는 생활음악	직업음악인의 예술음악

3 전통음악의 요소

소리	• 공기를 통해 전달되는 음의 파동으로 진동 상태에 따라 순음, 고른 음, 시끄러운 음으로 구분한다. • 국악은 인간의 음성 중에서 음악적 노래 소리뿐만 아니라, 울음소리, 웃음소리 등의 비음악적 소리도 포함된다. • 주변에서 나는 다양한 소리에 관심을 갖게 한다. 　웹 자동차와 트럭의 소리는 어떻게 다를까?, 지붕에 떨어지는 빗소리는 어떻게 들릴까?, 사물놀이의 악기(장구 · 북 · 꽹과리 · 징) 소리를 들어볼까? (예로부터 징은 바람, 북은 구름, 장구는 비, 꽹과리는 천둥번개소리로 여겨왔음)
음색	• 소리의 특성으로, 한 소리를 다른 소리와 구별시켜주는 소리의 질을 의미한다. • 악기의 재료, 구조, 크기에 따라 음색이 결정된다. • 국악에서는 노래 부르는 사람의 목소리 특색(웹 맑은 소리, 탁한 소리, 쇳소리)을 존중한다. • 다양한 악기의 소리에 주목하게 하거나 같은 사물을 다양한 방법으로 소리내어 보게 한다. 　웹 엄마 목소리와 아빠 목소리는 어떻게 다를까?, 소리하시는 선생님의 강강술래 노래 목소리와 우리가 부르는 노래 목소리는 어떻게 다를까?, 장구 소리와 북소리는 어떻게 다를까?, 식탁과 싱크대에 숟가락을 두드리면 소리가 어떻게 다를까?
박/박자	• 박은 박자의 단위를 뜻하며, 박자는 일정한 시간 단위로 되풀이되는 악센트의 주기적 반복을 의미한다. • 국악은 박에 맞는 여러 장단이 있기 때문에 박자가 바뀌면 장단도 바뀐다. 　웹 강강술래는 노래 도중 12/4박자(중모리 장단)에서 12/8박자(자진모리장단)로 자연스럽게 박자(장단)가 바뀐다. • 2/4, 3/4, 4/4, 6/8, 12/4, 12/8, 9/8 박자 등의 노래를 듣게 하고 차이에 관심을 갖게 한다. • 우리음악의 박의 기준은 호흡의 주기에 두고 있고, 서양음악의 박의 기준은 맥박의 고동에 두고 있다. 　웹 강강술래를 따라 불러보고, 처음의 강강술래(12/4, 중모리장단)와 나중의 강강술래(12/8, 자진모리장단)가 어떻게 다른지 이야기해보자.
장단(리듬)	• 음악적 움직임의 패턴으로 장단과 셈여림이 시간적으로 결합하여 진행하는 것을 의미한다. • 국악은 '장단 중심의 음악'이라고 할 만큼 장단이 중요하다. • 국악에서의 장단은 리듬과 같은 역할을 한다. 　－ 즉, 국악에서의 장단은 음의 길고 짧음뿐만 아니라, 대부분 첫 박(합창단 '덩')을 강하게 소리내고 약박으로 끝내는 것처럼 강약이 살아 있다. 　－ 노래와 우리 장단에 맞춰 손뼉치기, 허벅지 치기, 또는 발구르기를 하면서 리듬을 느껴보게 한다. 　웹 장구치는 그림처럼 (세마치)장단에 맞춰서 허벅지를 두드려보자! 　웹 (자진모리장단의) 강강술래 노래를 부르면서, 손뼉과 허벅지를 쳐보자!

빠르기	• 음악이 연주되는 속도를 말한다. • 국악 중에 산조는 느린 장단으로 시작해서 점차 빠른 장단으로 변하는 특성이 있다. • 빠르고 느린 음악을 듣고 음악의 속도에 관심을 갖게 한다. • 국악에서는 완급, 즉 음의 느리고 빠른 속도를 한배라고 하는데, 숨을 기준으로 한다. 　－ 숨을 들이쉬고 내쉬는 표준적 한배를 기준으로 한다. 　－ 한배에 따른 형식은 빠르기에 의한 형식 또는 세틀 형식(만·중·삭)이라 하여 느림(만 　　대엽) ➡ 보통(중대엽) ➡ 빠름(삭대엽)의 단계를 거치는 형식을 말한다. 　ⓔ 강강술래에 맞춰 걸어보자. 걸음걸이가 어떻게 바뀔까?
셈여림	• 강함과 여림의 정도와 관련된 음악적 특성이다. • 강하게 연주될 때와 여리게 연주될 때의 차이를 느껴보게 한다. 　ⓔ 신날 때 내는 '아!' 소리와 배고플 때 내는 '아!' 소리는 어떻게 다를까?, 느린 강강술래 노래를 　　부르며 장단에 맞춰 천천히 걸을 때와 자진 강강술래에 맞춰 빠르게 걷다가 뛰어갈 때는 노래를 　　어떻게 다르게 불러야 할까?
음높이	• 음의 높고 낮음을 말한다. • 일정 시간 동안 진동수가 많으면 높은 음이 되고, 적으면 낮은 음이 된다. • 음높이는 가사의 내용과도 일치되는 경우가 많다. 　ⓔ '강강술래'에서는 달이 높이 떠오르는 것처럼 음을 높게 잡는다. • 유아에게 음악을 들려주고, 음의 높이를 손으로 표시해보게 한다. 　ⓔ 강강술래를 부르면서 낮은 소리가 나면 손을 아래로 내리고, 높은 소리가 나면 위로 올려보자.
멜로디 (가락)	• 음높이와 리듬의 조합으로 생기는 것이다. • 국악에서는 가락이라 하며, 한 음씩 끊어지지 않고 연결되는 곡선적인 흐름을 보인다. • 국악에는 음을 꾸며주는 다양한 표현방법으로 시김새가 있다. **Plus** 　**시김새(잔가락)** 　• 국악의 3대 요소(선율, 장단, 시김새) 중 하나로, 화성을 거의 쓰지 않는 국악에서 국악의 독특한 　　맛과 멋을 만든다. 　• 선율을 이루고 있는 골격음의 앞이나 뒤에서 제 음을 꾸며주는 장식적인 음이나, 음길이가 짧은 　　잔가락들을 말한다. 　• 선율선이나 절주의 자연스러운 연결 혹은 유연한 흐름을 위하여, 또는 화려함과 멋스러움을 위하 　　여 어느 음에 부여되는 표현기능까지를 포함한다. 　• 음을 '아－'하고 꾸밈없이 내지 않고, 음을 떨거나 꺾거나 흘리는 등의 우리만의 표현방법이다(쉽 　　게는 꾸밈음으로 이해하면 된다). 　• 민속악 계열의 음악에 많이 쓰이며 극적인 맛을 느끼게 표현해 준다. 　• 유아들은 잦은 '시김새'를 모두 따라하기에 무리가 있으므로 '시김새'를 덜어 표현하도록 한다. 　　－ 평으로 내는 소리와 떠는 소리의 구분이 되도록 확연히 구분해 소리내야 한다. 　• 관악기, 현악기, 타악기 등 악기에 따라서도 다르게 나타나는데, 각 악기의 주법화된 시김새들이 　　있다. 　　－ 농현 : 거문고나 가야금을 연주할 때 왼손 가운데 손가락과 약손가락으로 줄을 짚고 앞뒤로 　　　움직이며 진퇴(進退)하는 것을 농현이라고 하며, 관악기의 요성(搖聲)과 같다. 넓은 뜻으로는 　　　줄을 흔드는 것, 줄을 끌어내리거나(退聲) 줄을 밀어서 소리를 낸 다음 급히 제 음으로 끌어내 　　　리는 것(꺾는 소리), 줄을 급히 밀어올렸다가 다시 제 음으로 돌아오는 것(轉聲) 등을 통틀어 　　　의미하고, 좁은 뜻으로는 줄을 흔들어 소리를 내는 법만을 의미한다.

4 우리춤의 특성과 유형적 형태

우리춤의 특성	• 상체 중심(손, 어깨, 팔)의 춤이다. • 우리의 춤판은 무대 없이 평면 공간인 뜰이나 마당에서 관객과 함께 어우러져 행해 왔다. • 우리의 춤사위는 움직이는 듯하면서도 동작이 멈추어 있고, 멈춘 듯하면서 그 안에 움직임이 살아있는 동중정, 정중동의 높은 경지에 이르러 있다. • 춤의 동작, 즉 춤사위의 시작이 그 끝이 되고, 그 끝이 다시 춤의 시작이 되는 무한 연속의 반복적인 특징이 있다. • 춤의 구성이나 동작이 시종일관 자유스럽고, 자연스러운 표현으로 이루어진다.
우리춤 교육	• 기능의 습득이 아니라, 우리춤을 친숙하게 느끼고, 좋은 표현이나 감상에 적극적인 태도를 가지며, 유아의 생활 속에 자연스럽게 우리춤을 받아들이는 습관을 기르는 것이다. • **목적** 유아에게 우리 민족 고유의 정서를 체험하게 하여 심신의 조화로운 발달을 돕는 것이다. • **목표** 우리춤과 친근한 환경조성으로 우리춤에 대한 친화적 태도를 갖게 하고, 우리춤의 다양한 영역과 기본 요소들을 고르게 경험하며, 우리춤을 통하여 생각과 느낌을 창의적으로 표현하는 경험을 하는 동시에 우리의 전통문화에 대한 애정과 자부심을 갖게 하는 것이다.

궁중무용	• 조종의 공덕을 칭송하고, 군왕의 송수와 국가의 안태를 기원하는 무용이다.
	  – 의상이 현란하고, 정중하고 느리며, 깊이 있게 구사한다.
	  예 향악무, 당악무, 춘앵무, 처용무 등

민속무용	원시 민간신앙인 천신, 지신, 일월신, 부락제 등 각종 제사와 행사 또는 서민 대중의 세시풍속 중에서 자연발생적으로 싹튼 무용이다. 예 승무, 살풀이, 강강술래, 농악, 탈춤 등
의식무용	불교의 제의식이나 종묘의 제사, 굿 등에 쓰이는 무용이다. 예 나비춤, 바라춤, 법고춤, 문무, 별신굿 등
신무용	신문물과 함께 외국에서 유입된 서구 무용 등을 가리키는 말로서, 그 뒤 국내에서 창작된 것까지 포함한다. 예 화관무, 부채춤, 장구춤 등

5 전통무용의 요소

장소	• 신체를 움직이도록 마련된 시각적 공간을 말한다. • 신체의 움직임(예 앞으로, 똑바로)에 따라 공간에 생기는 길도 달라진다. • 일정한 장소(예 거실)에서 걸어 다니거나 팔을 흔들어 몸을 움직여 보게 한다. 예 현관에서 네 방까지 살금살금 걸어보자.
높이	• 움직일 때 만들어지는 높낮이를 의미한다. • 자녀에게 몸을 가장 낮게 또는 높게 만들어 보게 한다.
크기	• 움직일 때 차지하는 3차원 공간의 넓이를 의미한다. • 몸을 가장 크게 또는 가장 작게 만들어 보게 한다.

방향	• 움직일 때 이동하는 방향을 의미한다. • 오른쪽, 왼쪽, 앞으로, 뒤로, 위로, 아래로 움직여 보게 한다.
경로	• 공간에서 몸이 직선, 곡선, 또는 직선과 곡선의 조합으로 이동한 흔적을 의미한다. • 손으로 공중에 곡선, 직선, 지그재그 선을 그려보게 한다.
속도	• 공간에서 지속적 또는 갑작스럽게 몸이 움직이는 빠르기를 의미한다. • 점점 빠르게 또는 점점 느리게 걸어보게 한다.
리듬	• 움직임의 흐름이나 패턴으로 장단과 셈여림이 시간적으로 결합하여 진행하는 것을 의미한다. • 리듬이 있는 음악에 맞춰 몸을 움직여 보게 한다. ⑩ 음악을 잘 듣고 음악에 맞춰 몸을 흔들어 보자.
힘	• 움직임에서 강한 또는 약한 것으로 표현된다. • 군인이 행진하는 것과 나비가 팔랑이며 나는 것을 보고 느껴지는 힘을 비교하게 한다. ⑩ 군인과 나비의 움직임 중 어느 것에서 힘이 느껴지는지 말해 보자.
무게	• 몸의 위치를 변화시키거나 평형상태를 유지할 때 필요한 근육의 수축정도를 의미한다. • 진흙 속과 구름 위를 걷는다고 상상하며 걷게 한다. ⑩ 진흙 속과 구름 위 중 어디를 걸을 때 더 무게가 느껴질까?
흐름	• 한 움직임에서 힘이 어떻게 조절되는지를 의미한다. • 팔로 계속 불어오는 바람과 똑똑 떨어지는 빗방울을 표현하게 한다. ⑩ 바람과 빗방울 중 어떤 것이 계속 이어지는 느낌이 들까?
관계	• 신체 간의 관계, 다른 사람과의 관계, 사물과의 관계를 의미한다. • 손과 등, 자녀 손과 엄마 손, 자녀 다리와 책상 다리를 맞대보게 한다. ⑩ 네 손과 엄마 등을 맞대보자.
균형	• 신체의 근육이 몸을 지탱해 주어 넘어지지 않는 상태를 의미한다. • 균형을 잡아보게 한다. ⑩ 넘어지지 않고 한 다리로 서보자.

UNIT 24 장구와 장단

KEYWORD # 자진모리장단, 휘모리장단

1 장구

장구		

	• 장구는 우리나라의 대표적인 리듬악기 중 하나로, 그 명칭은 '채'로 치는 '북'이라는 뜻에서 유래한 것이다. 양편 머리가 크고 허리가 가늘다 하여 '세요고'라고도 불린다.
	• 장구의 구조는 크게 가죽으로 만든 북편과 채편 등 '북면', '울림통', 이 울림통의 양 북면을 연결해 주는 '조임줄' 이렇게 세 부분으로 나눌 수 있다.
	   – 장구의 채편은 대나무를 얇게 깎아서 만든 채(혹은 열채)로 치는데 '땡땡'거리는 높은 소리가 나서 산뜻하고 화려한 음색을 내며, 북편은 왼손 바닥이나 헝겊을 씌운 방망이 혹은 궁글채로 치는데 '궁궁'거리는 낮고 넓으며 듬직한 소리를 낸다.
	   – 양쪽 채편과 북편은 복판(크고 낮은 소리)과 변죽(작고 높은 소리)으로 되어 있다.
	• **장구를 연주하는 자세** : 장구를 몸의 중앙에 놓고 북편이 왼쪽, 채편이 오른쪽으로 가도록 놓는다.
	• **음악에 따른 연주법** : 장구로 반주를 할 때는 오른손에는 열채를 쥐고, 왼손은 맨손으로 치지만 사물놀이 등 곡에 따라서는 왼손에 궁글채를 쥐고 치는 경우도 있다.
	   – 오른손의 채로는 장구 채편 가죽의 가운데 부분인 복판을 치는 것이 일반적이나, 독창이나 독주의 반주나 실내악 연주에서는 음량이 작은 변죽을 친다.
	
	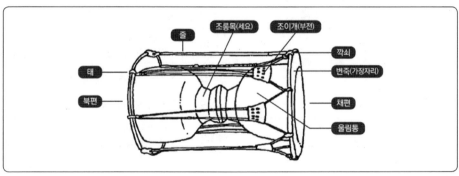		

북편	북편은 채편보다 통의 길이가 짧고 폭이 넓으며, 가죽이 거칠고 두꺼워 굵고 낮은 소리가 난다.	
채편	채편은 북편보다 통의 길이가 길고 폭이 좁으며, 가죽이 얇아 가늘고 높은 소리가 난다.	

조이개	• 조임줄에 토시처럼 끼워 장구의 채편이 팽팽한 탄력을 유지할 수 있도록 조율하는 장치이다.
	• 연주자가 조이개를 좌우로 움직여서 가죽의 장력을 조절하여 연주하는 것이 가능한데, 이 장력의 변화에 따라 장구 소리의 음고를 조절할 수 있다.
	   – 깔때기 모양의 조이개의 넓은 면 쪽에 있는 채편(조이개가 조여지는 쪽이 채편, 반대쪽은 북편) 쪽으로 조이개를 밀면 줄이 팽팽해져서 장력이 강해지며 탱탱하고 높은 소리가 난다.
	   – 반면, 북편쪽으로 밀면 줄이 늘어지게 되어 장력이 약해져서 낮은 소리가 난다.	

장구채	궁굴채	
	열채	
	잡는 법	 [왼손]　　　　[오른손]

구음	부호	악보	명칭	치는 방법
덩	◑	⨟	합장단	손바닥, 궁굴채와 열채로 북편과 채편을 동시에 친다.
쿵	◐	⌐	북편	궁굴채를 넘겨 채편을 친다.
쿵	○	⌐	북편	• 손으로 북편을 친다. • 왼손 궁굴채로 북편을 친다(손바닥, 궁굴채로 친다).
쿡	⊙	⊤	북편	북편을 손바닥으로 눌러 친다.
덕	│	♩	채편	오른손 열채로 채편을 친다.
더러러러	⋮	♯♫	굴림채 (채굴림)	• 열채로 채편을 굴린다. • 채편을 치고, 채를 가볍게 굴려 3번쯤 튕긴다(열채의 반동을 이용하여 순간적으로 겹쳐서 친다).
기덕	┊	♪♪	겹채	• 열채로 채편을 겹쳐 친다. • 채편을 치고 채를 가볍게 세 번쯤 튕겨 준다(열채의 반동을 이용하여 구르는 듯 튕겨 준다).
더	·	♩	찍음채 (채찍음)	열채로 채편을 약하게 찍어 친다(찍는 듯이 친다).

연주 표기 (좌측 라벨)

연주 방향

• 일반적으로 궁굴채(궁글채/궁채)는 왼손, 열채는 오른손으로 잡고 연주한다.
　– 유아들을 지도할 때는 보이는 그대로 따라할 수 있도록 교사가 장구 연주의 방향을 좌우 바꿔서 연주하는 것이 좋다. 즉, 왼손에 열채, 오른손에 궁채를 들고, 장구의 방향도 바꿔서 연주한다.

Plus 사물놀이의 장단의 연주법 및 기호(장구는 생략)

사물악기	기호	구음	연주법
꽹과리	○	갠	강하게 치기
	°	지	약하게 치기
북	○	둥	강하게 치기
	°	두	약하게 치기
징	○	징	강하게 치기
	°	지	약하게 치기

2 장단

개념 및 정의

- 장단은 소리의 길고 짧음을 나타내는 용어로, 장단에 따라 한 박을 이루는 소박의 개수, 한 장단을 이루는 박의 개수가 달라질 수 있다.
- 1정간이 한 박이며, 1박은 2개 혹은 3개의 소박(小拍)으로 이루어지는데, 2소박은 '하나-두울'로 세어 나갈 수 있으며, 3소박은 '하나둘셋-둘둘셋-셋둘셋'의 방식으로 셀 수 있다.
    - 한국음악에 사용되는 소박에는 2소박, 3소박, 그리고 2소박과 3소박이 섞여 사용되는 혼소박이 있다. 이 가운데 3소박이 가장 많고, 다음으로는 혼소박, 그리고 2소박이 가장 적다.
    - 2소박은 빠른 속도의 악곡에 주로 사용된다.
- 박 : 장단을 이루는 기본 단위이다.
- 소박 : 박 안에서 나뉘어지는 작은 박의 단위(♪)로 분박이라고도 한다.

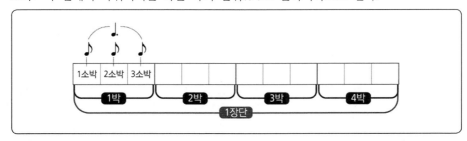

• 소박별 예시

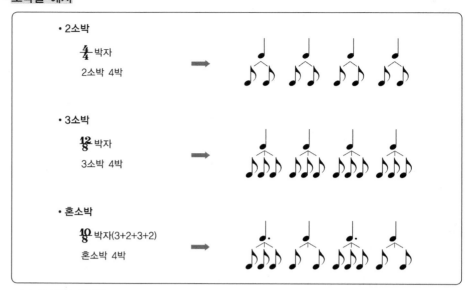

국악 장단 빠르기	진양조 ➡ 중모리 ➡ 굿거리 ➡ 중중모리 ➡ 세마치 ➡ 자진모리 ➡ 휘모리(단모리) (진양조는 초등학교 때까지 잘 사용되지 않는다)

국악 장단		• 정간보의 글씨 크기와 굵기는 소리의 크기와 세기를 표현한 것이다. • 노래를 익숙하게 즐겨 부를 수 있을 때 허벅지로 장단을 치면서 흥겹게 불러본 뒤, 장구를 사용한다.
	인사장단	• 인사장단 : 본래의 '인사굿'을 대신해 1999년 교육부 자료에서 처음 쓴 유아용 용어이다. • 연주자가 등장 및 퇴장할 때 인사하며 치는 장단이다. •8분의 12박을 기본으로 하나, 마지막 박자는 인사를 할 때 쓰이므로 정박에 넣지 않고 늘임표를 사용하여 쓰기도 한다.

MEMO

중모리장단	• 4분음표(♩)가 한 박이 되어, 보통 빠르기의 12박자가 한 장단을 이룬다. • 4분음표(♩) 한 박은 한 정간으로 나타나고, 한 정간은 8분음표(♪) 두 개, 즉 두 개의 소박이 모여 이루어진 것으로 2소박 12박자의 12정간이 한 장단이 된다. 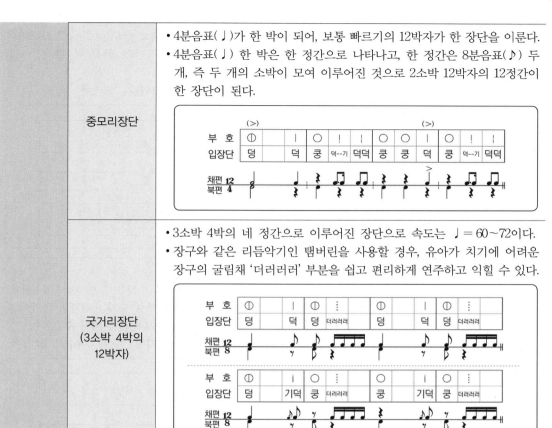
굿거리장단 (3소박 4박의 12박자)	• 3소박 4박의 네 정간으로 이루어진 장단으로 속도는 ♩ = 60~72이다. • 장구와 같은 리듬악기인 탬버린을 사용할 경우, 유아가 치기에 어려운 장구의 굴림채 '더러러러' 부분을 쉽고 편리하게 연주하고 익힐 수 있다. 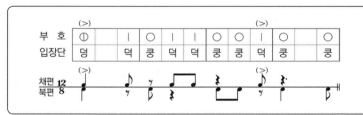
중중모리장단 (3분박 느린 4박의 12박자)	• 3소박 느린 4박의 네 정간으로 이루어진 장단으로 속도는 ♩ = 60~96이며, 서양음악의 박자 표기법으로는 12/8박자로 표기한다.

세마치장단 (3소박 3박 장단)	• 3소박 3박의 세 정간이 한 장단이 된 형태로 속도는 ♩ = 72∼108이다. • 민요, 판소리 등의 민속 음악에서 쓰이는 장단의 하나로써, 활기찬 느낌을 준다. • 세마치장단의 노래 : '어린이아리랑', '밀양아리랑', '색종이' 등 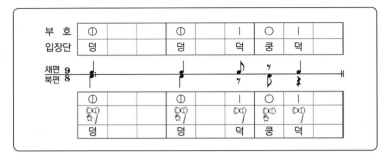
자진모리 장단 (3소박 빠른 4박의 12박자)	• 빠른 곡에 적합하다. • 3소박 4박의 네 정간이 장단이 된 형태로 속도는 ♩ = 90∼110이다. • 휘모리장단보다는 느리지만, 잦은 박으로 빠르게 치는 경쾌한 장단에 맞추어 활동하면 유아들이 음악적 요소를 보다 쉽게 익힐 수 있다. • 자진모리장단의 노래 : '바늘귀 꿰세', '군밤타령', '꼭꼭 숨어라' 등 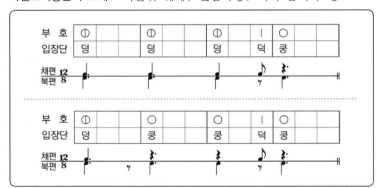

기출 - 2014

'이거리 저거리 각거리'

노랫말	①			①			①			|	○	
	이	거	리	저	거	리	각			거	리	

기출 - 2012

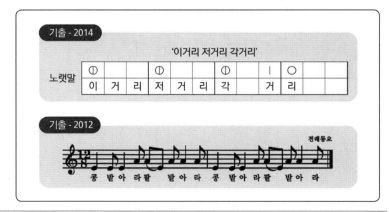
|

- 4분음표(♩)가 한 박이 되어 한 정간이 나타나고, 한 정간은 8분음표(♪) 두 개, 즉 두 개의 소박이 모여 이루어진 것으로 2소박 4박의 네 정간으로 이루어진 장단이다.
- 판소리와 산조에서 사용되는 민속악 장단의 하나로, 산조에서는 휘모리 장단으로 연주하는 부분(악장)을 가리키기도 한다.
- 휘모리라는 이름에서도 알 수 있듯이 회오리바람처럼 매우 빠르게 휘몰아치는 장단이다.
- 휘모리장단의 노래 : 「춘향가」의 「호남각처로 분발」, 「심청가」의 「심청이 인당수에 빠지는 대목」, 민요 「옹헤야(보리타작 소리)」 등

휘모리 (단모리) 장단 (2소박 4박)

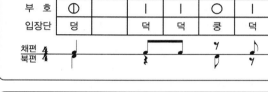

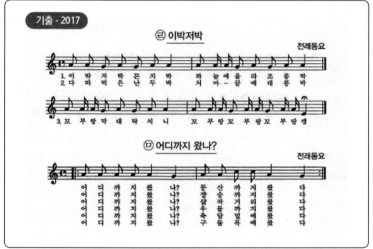

기출 - 2017

UNIT 25 전통놀이

고누	• 두 사람이 말판에 말을 벌여놓고, 서로 많이 따먹거나 상대의 집을 차지하기를 겨루면서 노는 민속놀이이다. 　－ 지방에 따라서 꼬누·고니·꼬니·꼰·꼰쥬(제주도) 등으로 불린다. 별다른 도구 없이 아무 곳에서나 두 사람만 되면 언제든지 벌일 수 있는 놀이이므로 민간에서 폭넓게 오래 전승되고 있다. 　－ 종류에는 우물고누·네줄고누·다섯줄고누·여섯줄고누 등의 줄고누와 곤질고누·패랭이고누·호박고누·자동차고누 등이 대표적인 것이다. 또한 밭고누·팔팔고누·포위고누·장수고누·왕고누 등이 있다. 그 밖에 이름이 없는 것도 많은데, 그 이름은 대개 말판의 모양에 따라서 붙여진 것이며, 말판에 따라서 두는 방법이 다르다.
고무줄놀이	• 주로 여자아이들이 고무줄의 탄력성을 이용해 리듬에 맞추어 노는 어린이놀이이다. 　－ 노래에 맞추어 고무줄을 발목에 걸어 넘는 놀이로 초등학교 어린이들이 즐겨 한다. 고무줄 길이는 일정하지 않으나 3~4m 정도가 적당하며, 2~4명이 하는 것이 보통이다.
공기놀이	• 다섯 개 또는 그 이상의 조그맣고 동그란 돌을 가지고 던져 손으로 잡으며 노는 어린이놀이 겸 민속놀이이다. 　－ 둘이나 셋 또는 그 이상의 어린이가 모여 편을 짜서도 한다. 계절과 장소에 관계없이 행해지며, 전국에 퍼져 있는 보편적인 놀이이다. 지방에 따라 여러가지 이름으로 불리는데, 경상북도에서는 '짜게받기', 경상남도에서는 '살구', 전라남도에서는 '닷짝걸이', 그 밖에 '좌돌리기'·'조개질'·'좌질'이라고도 한다.
구슬치기	• 주로 남자아이들이 유리구슬을 땅에 던져놓고 다른 구슬로 맞춰 따먹는 어린이놀이이다. 　－ 구슬의 지름은 1cm가량이며 구슬을 맞히기 위해서는 발바닥으로 밀어 차거나, 손가락으로 퉁기거나 선 채로 던지기도 한다. 구슬을 사용하기 전에는 돌멩이를 이용했던 것으로 미루어, 매우 오래 전부터 있었던 놀이로 보인다. 인원은 두세 사람이 하는 경우가 많으나, 여럿이 패를 짜서 즐기는 수도 있다.
그림자놀이	촛불이나 등잔불 등 불빛 가까이에서 손을 움직여 벽이나 창문에 여러 모양의 그림자가 나타나는 것을 즐기는 민속놀이이다.
딱지치기	• 종이로 만든 딱지를 땅바닥에 놓고 다른 딱지로 그 옆을 쳐서, 땅바닥의 딱지가 뒤집히거나 일정한 선 밖으로 나가면 따먹는 어린이놀이이다. 　－ 지역에 따라 '때기치기' 또는 '표치기'라고도 한다.
땅따먹기 (땅뺏기)	땅에 일정한 범위를 정하여놓고, 자기 땅을 넓히고 상대방의 땅은 빼앗아 가는 어린이놀이이다.
사방치기	• 땅따먹기의 변형된 놀이로 남녀아동이 함께 즐겼으나, 후에 여아들의 놀이로 정착되었다. 　－ '말차기' 또는 '먹자놀이'라고도 불린다. 　－ 이 놀이는 운동장이나 평평한 마당에 가로 1m, 세로 3m 정도의 직사각형 모양으로 금을 긋고, 10개의 칸을 만들어 1이 쓰인 왼쪽 첫 칸부터 출발하여 오른발을 들고 왼발로 한 칸씩 차면서 10개의 칸을 다 돌아야 하는 놀이이다.

봉사놀이	• 남녀 구별 없이 즐겼던 집단 놀이이다. 　− 도구는 한복바지의 대님이나 허리띠, 목도리, 여아들의 댕기, 손수건 등의 소지품으로 　　술래의 눈을 가리고 뒤로 묶은 후 눈을 가리지 않은 친구들이 손뼉을 치며 달아나면, 　　소리가 나는 쪽으로 더듬어가다 한 친구를 붙잡아 술래역할을 넘기는 놀이이다.
비석치기 (비석놀이)	일정한 거리에 작은 비석 돌을 세워놓고 이를 맞혀 쓰러뜨리는 어린이놀이이다.
실뜨기	• 실뜨기는 실의 양 끝을 연결해서 두 손에 걸고, 두 사람이 주고받으며 여러 모양을 만들며 　즐기는 놀이이다. 　− 주로 여자들이 하는 놀이로 길이 1m쯤 되는 실이나 노끈의 양 끝을 맨다. 두 사람이 　　마주 앉아 실테를 짓고, 번갈아 가며 손가락으로 걸어 실을 떠서 모양을 바꾼다.
윷놀이	정월 초하루부터 대보름까지 즐기며, 4개의 윷가락을 던지고 그 결과에 따라 말(馬)을 사용 하여 승부를 겨루는 민속놀이이다.
자치기	• 자치기는 길고 짧은 두 개의 막대로 치며 노는 어린이놀이이다. 　− 주로 마당이나 골목 등에서 하는데, 메뚜기치기 · 마때라고도 한다. 　− 긴 막대를 채라 하고, 짧은 쪽은 알 또는 메뚜기라 하여 양쪽 끝을 뾰족하게 깎는다. 　　채로 알의 끝을 쳐 공중으로 튀어 오른 것을 다시 채로 힘껏 쳐서 멀리 보낸다. 이때 　　채로 '재어서' 점수로 삼는 까닭에 자치기라고 한다. 　− 채를 쥐고 공격하는 편을 포수, 수비하는 편을 범이라고 부르며, 보통 놀이할 때 몇 점 　　내기를 할지 점수는 미리 정한다. 놀이 방법이나 진행 순서는 지방에 따라서 그 내용에 　　차이가 있다.
칠교놀이 (탱그램)	7개 나무조각으로 이루어진 정사각형의 도형을 이리저리 움직여 여러 형상을 만드는 어린이 놀이이다.
팽이치기	• 팽이치기는 겨울철에 얼음판 위에서 팽이를 채로 쳐서 돌리는 어린이놀이이다. 　− 우리나라에서 삼국시대에 이미 널리 유행한 것으로 보이며, 팽이는 박달나무 같이 무겁 　　고 단단한 나무나 소나무 관솔 부분을 깎아서 만든다. 　− 무엇보다 균형이 잘 잡혀야 팽이가 흔들리지 않고 오래 돌아가며, 팽이 끝에는 작고 둥 　　근 철제 뿔이나 못을 박아 쉽게 닳지 않으면서 오래 돌아가도록 한다. 　− 보통 팽이는 채로 몸통을 쳐서 돌리는데, 채를 쓰지 않고 돌리는 바가지팽이 등도 있다. 　　팽이돌리기를 경쟁적으로 하는 팽이싸움에서는 주로 오래 돌리기가 기본이 된다.
제기차기	제기를 가지고 공중으로 높이 차서 떨어뜨리지 않는 놀이이다.
투호놀이	투호(投壺)는 정월에 항아리(壺)를 일정한 거리에 놓고 화살 던지기를 통해 승부를 겨루는 인공 도구놀이이다.

		CHECK 1	CHECK 2	CHECK 3
Ⅰ. 유아미술 발달이론				
UNIT26	성숙주의 이론			
UNIT27	인지발달이론			
UNIT28	개성표현이론			
UNIT29	지각발달이론			
UNIT30	발생반복이론			
Ⅱ. 유아미술 발달단계-평면표현				
UNIT31	로웬펠드			
UNIT32	켈로그			
UNIT33	슈마허			
UNIT34	버트			
UNIT35	일반적인 평면표현 발달단계-한국미술교육학회			
UNIT36	평면표현 발달단계-가드너			
Ⅲ. 유아미술 발달단계-입체표현				
UNIT37	입체표현 능력의 발달			
UNIT38	로웬펠드			
UNIT39	브리테인			
UNIT40	슈마허			
UNIT41	골롬브			
UNIT42	이길종			
UNIT43	일반적인 입체표현 발달단계			
Ⅳ. 유아미술 감상 능력 발달단계				
UNIT44	가드너			
UNIT45	하우젠			
UNIT46	롯친스			
UNIT47	파슨스			
Ⅴ. 유아미술표현				
UNIT48	유아미술표현의 특징			
UNIT49	유아미술과 원시미술			
UNIT50	유아미술표현의 유형-리드			
UNIT51	유아미술표현의 유형-김정			
UNIT52	유아미술표현의 유형-로웬펠드			
UNIT53	유아미술표현의 유형-버크하트			
UNIT54	유아미술표현의 유형-권상구			

하수혜 거름이
누리과정
④ 예술경험

유아미술

유아미술 발달이론

유아의 그림에 대한 이해는 학자가 접근하는 관점에 따라 다양하다. 대표적 이론으로 유아들의 발달단계에 따라 그림이 단계적으로 발달한다는 관점인 성숙주의 이론, 유아들이 느낀 것을 그린다는 관점인 정신분석 이론, 유아들이 아는 것을 그린다는 관점인 인지발달이론, 그리고 자신이 본 것을 그린다는 관점인 지각발달이론이 있다.

UNIT 26 성숙주의 이론(발달적 이론)

KEYWORD # 성숙주의 이론의 개념

개념	• 성숙주의 이론은 영유아의 미술발달이 선천적 유전 능력과 영유아의 성장 순서에 따라 연속적이고 계층적으로 이루어진다는 입장이다.
	  − 전형적인 이미지를 그린다고 보는 관점으로 발달적 이론이라고도 부른다.
	• 유아는 선천적으로 미술표현 능력을 가지고 있어서 성장하면서 그 능력도 단계적으로 발달하는데, 이러한 미술 단계는 유아의 인지적, 정서적, 신체적 발달과 조화되어 나타난다고 보았다.
	
	🖱 **성숙주의 이론**
	• 성숙주의 이론은 진화론적 사고를 태동으로 시작된 발달이론이며, 아동의 타고난 유전적 요인에 의해 인간의 성장과 발달이 이루어진다는 이론이다.
	  − 아동 발달이론 중에서 가장 오래된 이론이며, 이에 의하면 영유아의 발달은 주로 생물학적·유전적 요인에 의해 좌우되는 것으로 간주되고, 행동이란 유전적 암호에 의해 생물학적으로 결정되는 것이다. 따라서 새로운 행동의 출현은 환경 또는 경험에 의해 좌우되지 않으며, 개인의 연령과 깊은 상관이 있다고 본다.
	  − 성숙주의 이론에 의하면 아동은 연령의 증가에 따라 성장할 수 있는 자질과 능력을 가지고 태어났으므로 그에 도움이 될 만한 건전한 환경을 필요로 한다는 것이다. 특히 학습환경은 유아가 학습활동을 자유롭게 선택하도록 안내해 주는 우호적인 교사와 함께 잘 준비된 환경이 있어야 한다. 성숙주의 견해에 기초한 유아교육 프로그램은 아동에게 정서적으로 풍부한 환경을 제공함으로써 자기표현을 충분히 도와주며, 준비도(readiness)의 개념이 이러한 견해의 중심이 된다.

대표적 학자	• 성숙주의 이론의 가장 대표적인 학자는 로웬펠드(Lowenfeld, 1982)와 켈로그(Kellogg, 1970)이다. ① 로웬펠드 　－ 유아의 미술 발달은 선천적인 유전 능력이 전개되는 것으로 각 단계는 연속적이고 계층적이다[유아의 미술표현 단계는 긁적거리기(2~4세), 전도식기(4~7세), 도식기(7~9세)의 단계를 거친다]. 　－ 각 단계들은 유아가 성장·발달해 가면서 자연적인 형태로 전개되므로 예정된 발달의 단계에 따라 유아의 미술도 단계적으로 성장한다. 즉 유아들은 각 단계를 모두 거쳐야 하며, 순서에 따라 다음 단계로 발전할 수 있다. ② 켈로그 　－ 유아가 자연스럽게 표현하는 과정을 통해 미적 감각과 창의성을 키울 수 있음을 주장하였다. 　－ 유아는 그들이 그리고 싶은 것을 그리면서 대개 그의 경험을 통합적으로 발달시키고, 성인들의 고정되어버린 생각에 의해 재능이 손상되지 않는다면 위대한 예술가로 발전될 수도 있다고 주장했다.
교사의 역할	• 미술활동의 과정에서 유아의 경험이 그의 발달단계를 나타낸다고 보기 때문에 교사나 성인의 직접적이고 의도적인 교수법은 무의미하다. 　－ 따라서 성숙주의 입장에서 볼 때 교사의 역할은 유아의 발달적 요구와 수준에 적합한 환경을 조성하고, 발달에 적절한 미술 자료를 제공해 주어 유아가 스스로 자연스럽게 자신의 내적인 표현을 할 수 있도록 돕는 역할을 해야 한다.

UNIT 27　인지발달이론

KEYWORD # 인지발달론적 관점에서 유아의 그림 해석

개념	🖱 **인지발달이론** • 인지발달이론은 인간의 지적 발달을 규명하기 위하여 아동의 사고기능을 연구하며, 아동의 지적 성장은 성숙요인과 환경요인의 상호작용의 결과라고 가정한다. • 인지발달이론에서는 아동을 독특한 인지구조를 지닌 전인적 존재로 보고 있으며, 아동의 발달도 예측 가능한 불변적인 순서에 따라 점진적으로 진행하는 과정이라고 규정하고 있다. • 인지발달이론에 따르면 유아는 본 것을 그리기보다는 자신이 알고 있는 것을 그린다고 보는 입장으로, 유아의 미술표현은 인지적 과정의 결과로 설명한다. 따라서 유아는 자신이 아는 것만 표현하기 때문에, 유아가 알지 못하거나 개념화할 수 없는 것을 그린다는 것은 불가능하다고 주장한다. • 인지발달이론에 따르면 유아의 그림은 발달 수준에 따른 것이 아니라 자신의 개념 형성을 나타낸다. 　－ 인지적 능력이 발달할수록 더욱 풍부하게 세부적인 묘사를 할 수 있으며, 어떤 대상에 대해 개념이 정확하게 형성되지 않거나 인지적 능력이 부족한 경우에는 묘사된 이미지가 치밀하지 않고 연속적으로 반복되는 형태를 보인다고 한다.

	• 인지발달이론에 의하면 사물의 내부가 투명하게 보이는 투시적인 그림이나 현실적이지 않은 시점으로 유아가 그림을 그리는 이유에 대해, 보이는 대로 그리는 것이 아니라 알고 있는 것을 그리기 때문이라고 설명한다. 　**예** 옆에서 본 동물의 다리를 2개로 표현하기도 하고 4개로 표현하기도 하는데, 동물의 다리를 4개로 표현한 유아는 동물의 다리가 4개라고 알고 있기 때문이다. • 아동이 알고 있는 것과 아는 것을 조작하여 표상하는 방법은 발달단계별로 뚜렷하게 나타나는 특성이므로, 그림에서 나타나는 발달 정도와 방향성은 아동이 거치는 발달단계에 의해 예측 가능한 것으로 본다. 　– 즉 아동은 처음에 마구 휘둘러서 그리는 단계를 지나 나이가 들고 경험이 증가함에 따라 대상을 구체적으로 표상할 수 있게 되어, 사실적으로 인식할 수 있는 그림을 그릴 수 있는 단계를 거치게 된다는 것이다.
대표적 학자	• 인지발달이론의 대표적인 학자로는 피아제(Piaget)와 인헬더(Inhelder)가 있으며, 이들은 영유아의 인지적 성장과 미술 발달을 연관지어 단계적으로 설명하고 있다. 또 다른 학자로는 구디너프와 해리스(Goodenough & Harris, 1926)가 있다. 　① **피아제** 　　– 인지발달이론은 피아제의 이론에 그 배경을 두고 있으며, 피아제는 감각운동기, 전조작기, 구체적 조작기, 형식적 조작기로 인지의 발달단계를 나누었다. 따라서 유·아동의 그림은 인지와 관련을 가지며, 각 발달단계에 의해 표현된다. 　　– 감각운동기 영아는 대부분 끄적거리기를 하며, 전조작기 유아는 선, 원, 네모 등을 사용하여 사물을 표현한다. 구체적 조작기의 아동은 좀 더 표상적인 도식 그림을 그릴 수 있으며, 형식적 조작기 아동은 사실적인 그림을 그릴 수 있다. 　　– 실제로 2, 3세 유아들이 처음 연필을 잡게 되면 아무 목적 없이 긁적거리다가 점차 어떤 형태가 나타나면서 그 그림에 대한 의미를 찾게 되는데, 피아제(Piaget & Inhelder, 1969)는 이를 우연적 사실성의 단계라고 불렀다. 그 다음 5~7세에 이르면 자신의 사고 수준에 따라 주변의 세상을 자유롭게 표현해 나간다. 　② **구디너프와 해리스** 　　– 구디너프와 해리스(Goodenough & Harris, 1926)는 지능의 성숙을 나타내는 척도로 유아의 그림을 사용하여 분석하는 표준화 검사로서 「Draw-a-man test(인물화 검사)」를 개발하고 적용하였다. 　　– 이 표준화 검사는 비언어적인 지능검사로서 인물표현이 얼마나 세부적으로 그려졌느냐에 따라 지능을 측정하는 검사도구이며, 유아들이 알고 있는 지적 능력이 미술 표현의 반영임을 보여주고 있다. 　　　· 유아의 인지능력이 발달할수록 보다 자연적이고 풍부한 요소들을 묘사해 낼 수 있다. 　　　· 어떤 대상에 대한 개념이 덜 형성되거나 지적으로 미숙한 유아는 묘사된 이미지가 엉성하며 치밀하지 못하고, 연속적으로 반복된 형태를 되풀이하는 경향이 있다. 　　　· 각 대상을 묘사하는 세밀함의 내용과 그 정도에 따라 점수화할 수 있다고 보고, 평가 기준에 의해 객관화된 점수를 주어 채점한다.

인물화 검사	• **방법**: 주로 3~12세 아동에게 적용 가능하며, 집단검사 또는 개별검사가 모두 가능하다. 검사시간에 제한은 없으나 10~30분 정도 소요된다. **장점** • 인물화 검사를 통한 지능측정은 검사방법인 인물화 그리기 방법 자체가 아동의 흥미를 끌수 있다. • 검사시간이 자유롭고 검사자의 지시가 번거롭지 않아서 아동이 검사자에 의해 방해받지 않고 그림그리기에 몰두할 수 있다. • 언어를 사용하는 다른 지능검사와 비교할 때, 인물화 검사는 그림을 사용하므로 글자를 읽고 말하기 어려운 취학 전 아동이나 언어적 장애가 있는 아동에게 적용할 수 있다. • 아동이 검사자의 설명을 듣고 대답하는 형식의 문답식 구조가 아니기 때문에 청각장애아동이나 오랜 시간 집중하기 어려운 아동의 지능을 측정하는 데 용이한 방법이다.

UNIT 28 개성표현이론

KEYWORD # 개성표현이론(정신분석 이론)적 관점에서 유아의 그림 해석

개념	• 개성표현이론은 유아가 느낀 것을 그린다는 관점으로, 유아는 강한 정서를 구체화하여 그림으로 표현하므로 유아의 심리적·인성적 특징이 그림을 통하여 나타난다고 본다. 즉, 유아들의 그림은 그들이 느낀 것을 그대로 그려 나가는 강한 정서의 표출구이자 구체화이기도 하며, 그들 나름의 개성을 자유롭게 표현해 나가는 하나의 표현방법이기도 하다. – 영유아의 미술을 보는 관점 중 개성표현이론은 프로이드의 심리학적 이론에 배경을 두어, 영유아가 표현한 그림에는 무의식적인 정신세계가 투사되어 나타난다고 본다. 이러한 관점은 미술치료나 심리적 진단을 위한 하나의 자료로 미술작품을 활용하는 시도들과 관련이 있다. • 개성표현이론의 관점에서는 미술을 프로이트의 잠재의식의 표현으로 간주하며, 미술을 유아들의 '무의식, 정서, 감정, 인지, 사고, 개성'을 시각적으로 재현하는 형태로 보고 있다. – '영유아는 그들이 느낀 것을 그리며, 그들이 그린 것은 내면 깊숙한 곳으로부터 표출되는 것이다'라는 관점으로, 영유아는 자신이 가진 지식을 반영하는 것이 아니라 자신이 느낀 것을 그리며, 영유아가 그린 것은 그들 내면의 정서적·심리적 요인의 반영이라고 보는 것이다. 따라서 영유아가 표현한 형태나 색의 미술적 표현 등을 통해 그들의 감정과 정서, 생각, 개성을 읽어나갈 수 있다. – 유아는 억압의 상태로 있던 본능적 욕구를 미술적 표현으로 반영하므로, 그들의 미술작품은 정서와 개성을 중심으로 파악되어야 한다는 것이다. 따라서 정서 표현의 결과물인 미술작품을 평가한다는 것은 적절하지 않다고 본다. • 객관적인 사실보다는 유아가 느낀 내면적인 감정을 표현하며, 그림 속에 나타난 선의 형태, 색 등은 이런 정서적인 묘사를 더 강조하게 된다. – 자신이 생각했을 때 의미가 있는 부분은 크게 확대하여 그리지만, 별 의미가 없거나 중요하지 않다고 생각되면 작게 혹은 생략하여 그린다. 　예 동생과 손을 잡고 걸어가는 자신을 그릴 때, 동생의 몸보다 자신의 손을 잡은 동생의 손을 더 크게 확대하여 표현하는 경우이다.

대표적 학자	• 대표적인 학자로는 알슐러(Alschuler)와 해트윅(Hattwick)이 있으며, 유아는 많은 무의식이 잠재되어 있고 이 잠재된 무의식은 정서와 개성으로 미술표현에 반영된다고 주장한다.
	   – 유아의 그림을 분석하여 그것은 우연적으로 나타나는 것이 아니라 그림이라는 사회적 행동으로 표출된 아동의 심리 상태라고 가정하고 그 관계를 살펴보았다.
	   – 그들은 유아가 성숙함에 따라 처음에는 그림 속에서 정서를 표현하는 데 관심을 갖다가 이후 점차 문자와 같은 언어적인 표현으로 변화한다고 가정하였다.

유·아동의 그림	• 그림은 논리적 사고력과 언어적 유창성이 발달하기 이전인 11세 이하의 아동들에게 있어서 자신의 내면을 드러내는 가장 자연스러운 표현 수단이다. • 어린 유아에게 있어서 그림은 제2의 언어적 역할을 담당한다. 유아는 그림을 그릴 때 자발적이며 성인보다 자기방어가 낮아 말로 표현하지 못하는 느낌이나 생각, 공상, 갈등, 걱정, 그리고 자신을 둘러싼 세상에 대한 지각을 보다 투명하게 드러내는 경향이 있다. – 유·아동들은 자신도 모르게 그림 속에 다양한 형태와 색, 선과 같은 미술적 요소 등을 빌려 자신의 무의식을 상징하여 그려놓는다. 그러므로 유아들의 그림 표현을 통해, 단순한 유아의 미술적 표현을 넘어서 그들의 심층 심리를 이해할 수 있게 된다. • 그림이 개인의 심리적 측면을 반영한다고 보고, 그림에 나타난 색채와 구도, 주제의 크기 등에 관한 분석을 하였다. **색을 사용하는 방법에 따른 심리 상태** • 색을 이중으로 칠할 때 밑에 칠한 색은 마음속 본래의 감정을 의미하고, 위에 칠한 색은 행동의 양식을 표현한다. 이는 자기의 진짜 정서를 외부에 표현하지 않으려는 이중적 심리를 내포한다고 본다. • 색을 분리하여 칠하는 것은 관심을 외부로 향하게 하여 주위의 기대에 부응하려고 하는 갈등의 심리성향을 의미한다. • 색을 섞어 칠하는 경우는 적극적인 성격을 가지고 있고, 자신의 감정을 자유롭게 표현하려는 성향을 나타낸다고 본다. • 색을 계획성 없이 난잡하게 칠하는 것은 언제나 유아 같은 감정에 머무르려는 퇴행적 욕구의 표현을 반영하거나 또는 또래와 반대로 적절한 적응이 결핍된 거친 행동의 반영이라고 볼 수 있다. **그림의 크기에 따른 성격 특징** • 주제가 되는 대상을 적절한 크기로 표현하는 것은 원만하고 지적이며, 조직적이고 안정된 성격과 행동경향을 나타낸다. • 주제를 지나치게 작게 그리는 아동은 열등감, 불안, 자기억제와 같은 특성을 암시한다고 보았다. **구도에 따른 심리적 특성** • 구도가 중앙에 위치할 때는 주체적·긍정적 행동의 성격을 나타낸다. • 왼쪽으로 치우친 때는 강박적인 행동, 자기의 욕구와 충동에 의한 직접적이고 정서적인 만족을 추구하는 경향을 보인다. • 오른쪽으로 치우친 때는 안정적·통제적인 행동을 하여 욕구와 충동을 절제할 수 있으며, 지적 만족을 추구하는 내향적 성격의 특징을 보인다. • 그림의 구도가 위로 치우친 때는 노력형·공상형으로 초연하고 지적인 반면, 아래로 치우친 때는 우울, 침착, 열등감의 표현이라고 볼 수 있다.

UNIT 29 지각발달이론

KEYWORD # 지각발달이론적 관점에서 유아의 그림 해석

개념	• 인지발달과 반대로 영유아는 알고 느낀 것을 그리는 것이 아니라 본 것을 그린다는 이론으로, 유아들이 사물을 본 대로 그린다고 생각하는 관점이다. 　- 즉 아동들의 그림은 그들이 시각적 세계를 지각하는 방법을 그대로 묘사하므로 유아들의 작품을 통해 스스로 어떻게 시각적 세계를 지각하는지 구체적으로 알 수 있다. • 지각은 성장하면서 분화 과정을 거쳐 전체에서 부분으로 발달해 간다. 　- 지각의 분화, 즉 '유아들이 처음에는 분화되지 않은 전체를 지각한 이후에 세부를 지각하게 되는 과정, 그리고 대상의 특징을 인식하고 비교하며 대조할 수 있게 되는 과정'은 유아의 학습과 경험에 의하여 촉진될 수 있다. 　- 따라서 지각발달이론에서는 유아보다 성인의 지각이 더 복잡하다고 간주하며, 유아의 미술표현능력은 지각의 분화 정도에 비례하여 발달해 간다고 보고 있다. 　　| **인지발달이론과 지각발달이론의 차이점** | 　　인지발달이론가들은 아동이 가지고 있는 나무에 대한 개념이 구체적이지 않아서 추상적인 형태로 그렸다고 해석하는 반면, 지각발달이론가들은 아동이 대상의 구조만을 지각하기 때문에 이와 같은 형태로 표현하였다고 보며, 지각은 성장하면서 분화되고 복잡해진다고 주장한다. 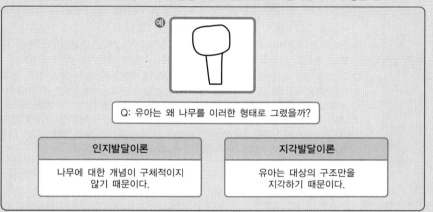
대표적 학자	• 지각발달이론의 대표적인 학자인 아른하임(Arnheim)에 따르면 유아는 분화되지 않은 전체를 먼저 지각한 다음 세부를 식별한다고 보고 있다. 　- 따라서 유아가 대상을 지각한다는 것은 대상의 구조를 지각하는 것으로서 사람의 경우에는 머리와 몸통, 팔・다리로, 나무의 경우에는 둥근 원형의 나뭇잎 부분과 긴 네모 형태의 나무둥치로 지각한다는 것이다. 　- 이러한 개략적 지각은 유아가 성장하면서 분화 및 정교화되어 세부적 특징을 지각할 수 있게 발달해 간다고 본다. 　- '지각이란 지각 구별력을 통하여 전체로부터 부분으로 발달해 간다'는 형태 심리학자들의 견해를 수용하여, 지각의 과정은 유아들의 성숙에 따라 그 지각능력이 보다 세부적으로 증진된다고 본 것이다.

유·아동의 그림	• 유아들은 초기에 사물을 동그라미로 그려 나타내는데, 이는 사물이 동그라미 형태이기 때문이 아니라 사물을 상징적으로 나타내기 때문이다. − 예를 들면 사람을 표현할 때 머리와 몸통, 팔다리로 표현하고, 나무는 네모진 나무 둥치와 둥근 원형으로 표현한다. − 이는 유아가 사물을 볼 때 망막에 맺혀 형성된 지각적 전체 혹은 전체적인 영상으로 보기 때문이다. 즉 사물을 각 부분의 집합으로 보지 않고 전체적인 이미지로 본다. − 유아들은 그림에 표현한 것보다 더 많은 것을 보지만, 처음에는 외형적이고 대략적인 특성을 묘사하게 된다. 그러나 점차 유아가 성장하면서 지각하는 능력이 분화되고 복잡해져서 세부적인 특징을 자세히 지각할 수 있게 되는 것이다.

UNIT 30 발생반복이론

개념	• 발생반복이론은 미술표현 발달과정이 인류의 발달과정에서 나타나는 일반적 표현양식의 발달과 유사한 단계를 거친다고 보는 관점이다. − 따라서 이 관점에서는 유아의 미술발달 과정은 원시미술의 표현과정에서 나타나는 변화들을 단축하여 반복적으로 보여주고 있다고 본다. 예 원시미술과 유아미술의 공통점은 사물을 상징하는 선이나 형태를 그리면서 자신에게 의미 있는 부분은 과장하고 의미 없는 부분은 생략하는 기법을 사용하는 것이다. 예 이집트 벽화 속 사람의 경우 몸은 앞을 향해 있지만 발은 옆을 향해 있고, 얼굴을 옆모습을 그리고 눈은 정면에서 본 것처럼 그린 특징을 발견할 수 있다. 이는 벽화 속 인물의 모습이 실제 사람의 형상을 그대로 그린 것이 아니라 코가 높다는 것을 표현하기 위해 얼굴 중 코는 옆에서 본 모습을 그린 것이다. 아동들의 그림 역시 이러한 특징과 유사하게 평면상 사물의 정면과 측면이 동시에 그려지는 공존화(신크로니즘)현상이 나타난다. 이는 대상의 실제 형태보다는 자신이 표현하고자 하는 의도나 개념이 잘 드러나도록 묘사하는 특징을 드러낸 것이다.
대표적 학자	• 발생반복이론의 대표적인 학자는 켈로그(Kellog)로, 그는 아동미술작품 100만여 장을 연구하여 기본 패턴을 추출하였고 성인들과 다른 아동미술의 특징을 정리하였다. − 켈로그에 의하면 유아는 성인과는 다른 미적 관심을 가지고 있고, 인류가 거쳐 온 전형적인 집단의식을 표현할 수 있으며, 유아가 자유롭게 표현하도록 자연스러운 상태로 두면 스스로 미적 감각과 창의성을 키울 수 있다고 제안하였다. − 그리고 아동미술을 평가하기 위한 기준으로 아동이 자신의 활동에서 얼마나 즐거움을 얻고 있는지를 고려해야 한다고 하였다.

II 유아미술 발달단계 – 평면표현

UNIT 31 평면표현 발달단계 – 로웬펠드(Lowenfeld)

1 기본 관점

- 로웬펠드는 유아의 미술이 발달단계별로 분명한 특성과 차이가 있으며 유아의 미술표현도 단계적으로 변화하게 되므로, 교사들은 자연스럽고 적절한 아동미술 표현의 발달과정에 대해 지나치게 간섭하지 않아야 한다고 주장하였다.
  - 유아의 마음은 어른의 마음과 다르므로 유아의 그림을 어른의 작품과는 다르게 보아야 한다고 주장하였다. 또한 유아의 타고난 특성을 존중하였고, 유아는 표현과 경험에 대한 자신의 체계를 가지고 있으므로 간섭은 배제되어야 한다고 하였다.
- 교사의 임무는 유아의 잠재적 능력이 실현되도록 적절한 환경적 조건을 만들어 주는 것이므로, 교사나 부모가 유아들에게 단순한 색칠하기 그림책을 제공하거나 그대로 따라 그리도록 하면 유아들의 창의적 능력을 억누르게 된다고 생각하였다.
  - 이러한 로웬펠드의 발달단계 이론은 '전인적 아동'이라는 진보주의자의 생각에 근거하고 있으며, 유아의 그림에 담겨 있는 형식과 내용은 유아의 사회발달단계에 의해 영향을 받는다고 보았다.
  - 유아의 자발적인 표현과 자연스러운 성장을 중요시하였고, 모든 유아의 내부에는 창의성이 내재되어 있으므로 교육은 창의적인 능력을 계발시켜야 한다고 하였다.
- 로웬펠드는 각 유아의 다양성에 의한 차이뿐만 아니라 발달속도의 차이에도 불구하고, 미술 발달의 전체적인 양상과 발달의 진행은 매우 유사하다고 보았다.
  - 어떤 한 단계의 발달과정을 수행할 수 있기 위해서는 그 전 단계를 통과하여야 한다는 것을 가정하고 있으며, 유아가 태어나 성장하면서 일정한 발달단계를 거쳐 순차적으로 발달하는 것이 중요하다고 생각하였다.
  - 따라서 유아의 발달단계를 정확하게 파악하여 수준에 맞게 주제, 동기 부여, 재료 등을 제공해야 한다고 주장하였다.
  - 동시에 발달단계를 기본으로 하는 접근과 개인적 차이를 고려하는 접근도 이루어져야 한다고 보았다.

2 평면표현 능력의 발달단계

🏠 **로웬펠드의 발달단계에 따른 구분 및 주요 특징**

발달단계	연령	특징
난화기	2~4세	자아표현의 시작
전도식기	4~7세	재현의 첫 시도
도식기	7~9세	사물에 대한 개념 형성
여명기	9~11세	형태에 대한 사실적인 표현에 관심
의사실기	11~13세	사실적이고 합리적 표현
사춘기	13~16세	창의적 활동

(1) 난화기(2~4세)

기본 관점	• 난화란 마구 그린다는 뜻으로 유아가 의미 없이 마구 끼적거리면서 낙서하는 것을 뜻한다. 　- 유아가 그려놓은 무의미한 선은 무엇인가를 그린다는 목적보다는 연필이나 크레파스를 움켜쥐거나 손에 들고, 손과 팔이 움직이는 대로 그려지는 무질서한 선으로 나타난다. 이는 단지 손의 근육운동과 그 결과로 나타난 흔적을 즐긴다고 볼 수 있다(근육운동 자체의 움직임에 흥미를 느끼게 된다). 　- 모든 문화권의 유아 그림에서 나타나는 보편적인 형태이며, 이후의 미술 표현의 기초가 된다. • 난화기는 특별한 목적 없이 근육의 움직임의 결과로 생긴 선들을 발견하고 즐기는 자기표현의 첫 단계로, 이 시기 유아들은 난화를 통하여 충분한 만족감을 얻을 수 있도록 격려되어야 한다. 　- 유아는 자신의 난화를 의도적으로 통제할 수 없으므로, 부모와 교사가 움직임에 대한 통제를 요구하는 활동을 강요하는 것은 바람직하지 않다. • 난화는 특정형태를 표현하거나 상징을 가진 의도를 표현하는 것이 아니므로 성인의 관점으로 해석하여 관찰하는 것은 적절하지 않고, 형태 그 자체로 이해하는 것이 필요하다. • 선과 형태를 창조할 수 있는 기회를 주고 근육운동과 협응 능력을 발달시키며, 처음으로 환경과 그림이 관계를 맺도록 한다. • 긁적거리기를 통해 자신감을 향상시키고 작품에 대한 독립심과 책임감을 부여하는 것이 중요하다. • 창의적인 활동에 있어서 중요한 환경의 구성과 적당한 재료들을 제공해야 한다. • 환경에 대한 인식을 발달시키기 위해 자극과 동기를 부여하고, 창의적인 활동을 위해 격려와 칭찬을 해주어야 한다.

①
무질서한
긁적거리기
(1세~2세반)
	• 생후 18개월에 시작되며 2세나 2세 반까지 지속된다.
	• 무분별한 긁적거리기는 그릴 수 있는 도구를 손에 쥐고, 무엇인가를 그린다는 특정한 목적 없이 팔이나 손의 움직임에 따라 우연히 나타난 흔적이라고 볼 수 있다.
	  – 자신의 근육을 자유롭게 통제하는 데 어려움이 있기 때문에 어설프고, 팔의 움직임에 따른 결과로 나타나는 선은 무질서하며 불규칙적인 선으로 구성된다.
	• 무질서한 근육운동으로 손놀림이 조절되지 않고, 손에서 이어지는 선들의 형태들이 연결되지 않고 뚝뚝 끊어지며, 크레파스나 사인펜, 연필 등을 이용해 손에 잡히는 대로 종이 위 또는 방바닥과 같은 아무 곳이나 방향감각 없이 끄적거려놓는 낙서를 즐긴다.
	  – 움직임 그 자체를 즐거워하고 만족해하며, 자신의 신체운동의 결과로 생긴 선들을 발견하고 즐거움을 느끼므로, 이 시기는 어떠한 간섭도 불필요하며 원하는 대로 마음껏 끄적거릴 수 있는 환경을 조성해 주는 것이 필요하다.

②
조절된
긁적거리기
(2세 후반~
3세 후반)
	• 유아가 자신의 움직임과 종이 위에 그려진 흔적들 사이에 관련이 있음을 발견하고 조절하는 시기이다.
	  – 끄적거림의 결과가 우연히 나타난 것이 아니라 자신의 손과 팔의 움직임으로 인해 생기는 결과임을 인식하게 되고, 다양하게 시도하려고 한다.
	• 무질서한 낙서가 차츰 규칙적인 반복의 형태로 나타나며, 어떤 선을 나타내고자 의도적으로 노력하는 모습을 보인다.
	  – 동작이 반복되고 시각과 근육활동 간의 협응이 이루어지기 시작하여, 점이나 작고 불규칙한 선 대신에 팔의 움직임을 조절해 규칙적인 방향과 반복되는 원, 수직·수평 운동이 나타난다. 또한 끄적거림의 양상이 더욱 다양해져 소용돌이 모양, 고리 모양 등이 나타난다.
	  – 따라서 마구 끄적였던 선들이 수평 ➡ 수직 ➡ 파형 ➡ 혼합형 ➡ 원형으로 발전해 나간다.
	• 유아는 자신의 시각적 통제와 크레파스의 움직임을 즐기는 시기로 다른 창의적 의도를 가지고 있지 않으므로, 무엇을 그렸는지 물어보는 등 지나친 간섭을 하거나 통제하는 것은 삼가야 한다.
	• 이 시기의 유아들이 무엇을 그렸는지 알 수 없어도 성인들이 유아의 그림에 관심을 보이고 벽이나 바닥에 낙서를 하더라도 야단치지 않는 등 마음껏 그림을 그릴 수 있는 환경을 제공해 주고 격려하는 것이 중요하다.
	
	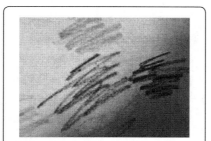 
	◈ 수평선이 반복된 형태 ◈ 원이 반복된 형태

③
**명명하는
긁적거리기
(3세 후반~
4세경)**

- 단순한 근육운동으로 이루어지던 난화가 점차 생각할 수 있는 이미지 표현으로 의미를 부여하려는 상상적 활동을 시작하게 되어 이름을 붙이기 시작한다(⑩ "이건 엄마야", "이건 내 친구야").
  - 이처럼 난화에 이름을 붙이는 것은 유아의 사고방식이 근육 운동적인 것에서 상징적인 것으로 변화하였음을 보여준다.
- 자신이 긁적거려 놓은 것에 이름을 붙이기 시작하며, 그림을 통한 창조적 사고가 시작된다.
  - 자신이 그린 것과 자신이 알고 있는 주위의 사물을 관련시켜 이름을 붙여 봄으로써 주변 세계와 그려진 흔적 사이의 관계를 발견하게 되는데, 지금까지는 동작에만 관련되어 있었으나 이제는 동작과 주위의 세계가 연결된 것을 나타낸다. 이러한 과정은 사고의 변화를 가져오는 중요한 계기가 된다.
- 이 시기의 표현은 시각적 사고와 관련을 가지므로 교사는 유아의 새로운 사고방식 유형에 대해 칭찬을 하며 자신감을 갖도록 도움을 주는 것이 중요하다.
  - 유아가 자신이 그린 그림에 대해서 말해주는 이야기들을 존중하여 잘 들어주고, 긁적거리며 표현하는 과정을 즐길 수 있도록 도와주어야 한다.
  - 교사는 유아가 그리려고 한 것이 무엇인지 해석하거나, 시각적인 사실성을 발견하려고 시도해서는 안 된다(⑩ 유아가 그린 엄마 얼굴에 눈, 코, 입이 빠져 있다고 지적하면서 보충해서 그리라고 하는 것은 유아에게 혼란과 당혹감을 주며 도움이 되지 않는다).
- 아직 어떤 모양을 의도하고 그리는 것은 아니고 의도적으로 긁적거리기를 하는 것에 불과하며, 표현된 형태도 구체물로 설명되지 않을 정도로 극히 주관적이다.
  - 둥근 원을 그리고 싶으나 비뚤어진 원을 그리게 되어 명칭과 그림이 유사하지 않은 경우가 많다. 따라서 성인의 시각으로 난화를 관찰한다면 유아가 말한 것과 비슷한 것을 그림에서 찾아보기 어려울 수 있다.
  - 동그라미로 표현되어진 형태에 아빠, 빵, 까까 등으로 자주 명칭이 바뀐다.
- 그림 그리는 것은 유아가 자기 환경에 대해서 어떻게 느끼는지를 기록하는 것이 되고, 긁적거리기는 의사소통의 중요한 수단으로 적용한다.

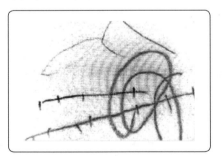

❧ 기찻길로 이름 붙인 형태

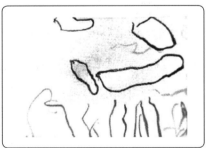

❧ 화분으로 이름 붙인 형태

⑵ 전도식기(4～7세)

특징	• 전도식기는 자기 주변의 대상과 환경을 그리고자 시도한다고 하여 표상 시도의 초기 단계 혹은 재현의 첫 시도 단계라고 본다. 　－ 난화기와는 다르게 의식을 갖고 그리며, 대상과 그린 것과의 관계를 찾아나가는 시기이다. 　－ 과거에 경험했던 것에 대한 개념을 상징적으로 표현하고자 하며, 끊임없이 새로운 개념을 찾게 됨에 따라 상징적인 표현들도 계속해서 변하게 된다. • 상징적 도식 표현의 기초 단계로서 2차원적인 그림을 그리기 시작하고, 그 그림은 상징적이며 눈에 반영되는 세상을 표현한다기보다는 이미 알고 있는 내용을 상징적으로 그린다. 즉 본 것보다는 아는 것을 표현하려고 하는 점이 특징이다. 　－ 인물뿐만 아니라 나무, 해, 산 등을 주로 그리며, 모든 것을 자기중심적으로 표현하고, 반복을 통해 한정된 개념을 발달시킨다. 이는 자기가 본 대상을 사실적으로 묘사하는 것이 아니라, 지각한 대로 표현하는 발달적 특성을 보여준다. • 전도식기 첫 표현의 상징은 주로 '사람'으로 처음에는 머리와 다리만 있는 두족인 형태로 표현하다가 점차 팔, 몸통, 손가락, 발가락 등 세부적인 모습을 표현하게 된다. 　－ 원은 머리를 나타내고, 원으로부터 나온 두 개의 선으로 두 개의 다리를 표현하며, 원 바깥쪽에 있는 두 개의 선으로 작은 팔을 표현하는데, 이러한 두족인의 모습이 개구리 초기 모습과 비슷하다고 하여 올챙이식 표현이라고도 부른다.  　－ 아른하임(Anheim)은 이러한 형태의 표현이 유아가 사람으로 인식할 수 있는 가장 간단한 형태로 그리는 것이라고 하였다. • 전도식기의 유아들은 실제 대상의 특성과 관계없이 자신의 감정과 정서를 더 중요하게 생각하므로, 객관적이고 사실적인 색이 아닌 자신이 좋아하는 색을 주관적으로 선택하는 경우가 많다. • 자기중심적 사고, 직관적 사고, 물활론적 사고, 상징적 사고에 의해 그림을 표현한다. 이 시기의 그림은 유아중심적인 표현으로서 그들의 정서와 감정을 그대로 담아서 나타난다. 　－ '자기중심적 사고'에 의해 자신이 좋아하는 사람을 크게 그리고, 싫어하는 사람은 작게 그리거나 생략하여 표현한다. 　－ '직관적 사고'에 의해 사물의 특성을 한 면에서만 이해하고, 대상을 단면적·지각적으로 표현한다. 　－ '물활론적 사고'에 의해 의인의 표현을 하며, 대상을 모두 상징적으로 그려 넣는다. • 공간개념은 아직 발달하지 않아 자기중심적인 공간개념을 나타낸다. 　－ 성인의 공간 개념과는 다르게 질서가 없고, 입체감 없이 자기를 중심으로 대상을 배열한다. 공간은 자신을 둘러싸고 있는 것으로 인식하여 도화지를 돌려 그리거나, 종이에 여기저기 두서없이 나열하는 카탈로그식 그림을 그린다.

• 전도식기 유아들의 자유롭고 융통성 있는 사고는 창의력 발달에 필요한 요소이므로, 유아가 즐거움을 느끼는 색과 형태를 마음껏 사용할 수 있도록 충분한 기회를 제공하는 것이 필요하다.

(3) 도식기(7~9세)

＊도식
• 의도적인 경험으로 변화시키지 못할 정도로 계속 반복해 이루어진 유아의 개별적 개념표현을 말한다.
• 어떤 사물에 대한 도식은 유아가 계속 반복하여 시도한 결과, 최종적으로 도달한 개념이 된다.

＊기저선
땅이나 바닥, 아래쪽을 의미하는 선이다.

＊하늘선
기저선과 대응되는 선으로 하늘을 의미하는 선이다.

특징	
	• 도식기가 되면 형태 개념을 습득하여 사물에 대한 일정한 ＊도식을 형성하고, 그것을 반복적으로 사용하여 그림을 그린다. 　− 도식은 대부분 기하학적인 형태로 원, 삼각형, 사각형 등으로 이루어지며, 주변의 사물이나 인물, 공간을 표현할 때 자신만의 독특한 방법으로 도식을 만들어 반복적으로 나타낸다(◉ 화면에 등장하는 인물 10명의 모습이 동일한 형태로 표현되는 것). 　− 이 시기 유아는 나비, 집, 나무, 동물들을 일정하게 도식화된 형태로 표현한다. 예를 들면 유아가 그린 나무는 동그라미와 사각형을 합친 것이고, 집은 삼각형과 사각형을 합쳐서 표현해 나간다. 이와 같이 도형을 통한 나무와 집 표현은 그들 나름의 나무와 집에 관한 도식을 나타낸다. 　− 이러한 표현도식은 유아의 성격이나 사물에 대한 개념에 따라 다르게 나타나는데, 특별한 의미를 가진 경험에 따라 중요한 부분을 확대하거나 과장하여 그리게 되고, 중요하지 않은 부분은 축소하거나 생략하기도 하며, 주관적인 인물과 공간개념을 표현한다. • 도식기가 되면 사물이 지닌 색채에 대한 도식이 생겨 사물의 색을 결정할 때 자신의 느낌이나 주관만으로 선택하지 않고, 사실과 유사한 객관적 선택을 하려고 한다. 　− 예를 들면, 나뭇잎은 똑같은 초록색, 나무줄기는 무조건 갈색, 바다는 파란색으로 그려 넣는 것을 고집하며, 색에 대한 선택도 개념화되는 시기이다. • 이때부터 공간개념이 형성되기 시작하여 자기중심적인 공간개념에서 벗어나 공간관계에 대한 질서를 인식하게 된다. 　− 공간개념이 형성되기 시작하여 최초로 ＊기저선(Base line)이 나타난다. 기저선이라는 상징선을 그어 하늘과 땅을 구별하고, 그 기저선 위에 집과 사람 등 사물을 배치하여 땅 위에 집과 사람이 있음을 표현한다. 그리고 구름이나 상단 기저선을 이용하여 하늘을 표현한다. 　− 이처럼 기저선을 이용하는 것은 공간관계에 대한 질서를 인식하고 있음을 보여주는 것이다. 기저선은 2개로도 나타나며 점차 세분화된 공간을 표현한다. • 장식적 표현이 나타나며 원근과 상하, 배경에도 관심을 가져 이를 나타내려고 하지만, 아직은 주관적인 공간개념을 표현한다. 　− 이 시기 유아는 시간과 공간의 의식이 혼동되어 한 종이에 다른 공간과 시간을 나타내기도 하고(시공간 동시성), 화면을 펼쳐서 그리는 전개도식 표현, 평면과 입면이 함께 나타나는 표현, 내부와 외부의 것을 동시에 표현(투시적 표현)하기도 하는 등 주관적 방법을 통해 공간을 표현하기도 한다.

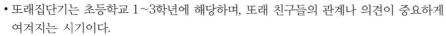

(4) 또래집단기(여명기, 9~11세)

특징	• 또래집단기는 초등학교 1~3학년에 해당하며, 또래 친구들의 관계나 의견이 중요하게 여겨지는 시기이다. 　－ 또래 친구들의 표현을 보고 따라하거나 비슷하게 그려나간다. • 도식에서 벗어나 대상을 조금 더 사실적으로 그리고자 한다. 즉 이 시기의 아동들은 시각과 지각의 발달로 거의 객관적인 상태에서 사물을 관찰하며, 주위 환경에 대해서도 관심을 가진다. • 기저선이나 주관적인 공간표현에서 벗어나 사물이 겹쳐 있는 중첩과 기저선 사이의 공간을 인식한 표현이 가능하며, 위에서 내려다본 모습을 표현할 수 있다. 　－ 아동들은 더 이상 기저선을 그리지 않으며, 대신 거리감이 있게 땅과 하늘을 그리고, 더 적당한 색을 선택하여 자연스럽게 사용하게 된다. • 사람의 모습은 더 세부적으로 그리고 성(性)적 특징에 따라 다르게 표현하는데, 특히 머리카락, 옷, 골격을 더 세부적으로 묘사한다.

(5) 의사실기(11~13세)

특징	• 초등학교 3학년에서 5, 6학년에 해당하는 시기로서 이 시기의 아동은 지각이 발달하여 논리적 사고가 가능해진다. 또한 '지각적 사실주의'에서 '시각적 사실주의'로 전환되며, 대상을 똑같이 그리고자 노력한다. 　－ 대상의 묘사에 운동감이 있으며, 3차원적 입체 공간에 관한 표현이 가능해진다. • 이 시기의 아동은 사실적으로 표현하려고 애쓰며, 이전 시기인 상징기에 형성된 개념적 표현 사이에서 고심하고 혼란을 느끼기도 한다. • 배경과 원근감, 비례 등과 같이 대상의 세부표현이 늘어나고, 정교한 미적 표현이 증가한다. • 이 시기의 아동들은 자기가 본 것을 주로 표현하려는 시각형 아동과, 느끼는 내용을 주로 표현하려는 비시각형 아동으로 나누어 볼 수 있다. 　－ 시각적으로 보는 것에 관심이 있는 아동은 그리는 대상에 전체적으로 관심을 두는 반면, 시각적으로 보는 것이 미숙한 아동은 흥미 있는 부분만 자세히 관찰하고 과장되게 그린다. • 관찰력이 증대되어 사물을 객관적으로 보는 경향이 강하며, 성별에 따라 기호나 표현형식, 기법이 점차 달라진다. • 발상에 대하여 상상을 통해 계획적으로 일을 추진해 나갈 수 있으며, 비판력이 증대되고 감상이나 평가도 할 수 있게 된다. • 자아의식이 싹트고 협동과정의 작품에서 사회성을 발휘한다. • 이 시기에 이르러 그림에 대한 애착을 갖고 소질을 키워가는 아동이 있는가 하면, 그림을 포기하는 아동이 점점 많아지는 현상이 일어나기도 한다.

MEMO

(6) 결정기(사춘기, 13~16세)

특징	• 결정기는 청소년기에 해당하는 기간으로 창의적으로 그림을 표현하고자 하는 시기이다.
	• 공간적 사실기라고도 하며, 자아인식 능력과 함께 환경에 대한 인식능력이 급격하게 발달하는 시기이다.
	  − 미술표현에 있어서 형태에 대한 사실적 묘사뿐만 아니라 입체적 공간의 크기, 색채, 명암, 원근 등을 민감하게 표현하려고 노력한다.
	• 환경을 창의적으로 받아들이며 시각형, 촉각형, 중간형으로 표현유형이 뚜렷하게 구분된다.
	  − 시각형 : 외부의 현상을 눈에 보이는 대로 묘사하여 객관적이며, 인식적이고 분석적인 표현이 강하게 나타난다(⑩ 친구의 얼굴을 그릴 때, 친구를 정확하게 그리기 위해 비례와 각도 등을 생각하여 세부적으로 그려나간다).
	  − 촉각형 : 온몸의 감각을 통해 촉각적 표현을 하여 주관적이며, 정서적이고 충동적인 표현이 강하게 나타난다(⑩ 친구를 그릴 때, 친구의 다정한 눈빛이나 축구를 잘하는 다리를 강조하여 그려나간다).
	  − 중간형 : 시각형과 촉각형의 절충적인 성격의 표현이 나타난다. 대부분의 사람들이 중간형의 표현유형을 보이는데, 중간형의 특징적인 표현은 가까운 것은 진하게 먼 것은 연하게 나타내는 색채의 원근표현이나 3차원적 명암, 공간표현을 사용하여 묘사하는 것이다.

 참고

평면표현 발달단계 − 김정(金正)

• 김정은 평면표현의 발달단계를 신생아기, 난화기, 전도식기, 도식기, 여명기, 의사실기, 사춘기로 나눈다.
  − 로웬펠드가 제시한 평면표현의 6단계에서 신생아기가 추가되었다.

신생아기
(1~3세)
	• 연필을 입에 대기도 하며 무엇인가 끄적이는 시늉을 하는 단계이다.
	  − 끄적거림이 가능한 시기는 70주 이상이 되어야 한다.
	• 이와 같은 끄적거림은 우리나라 아이들이 서양의 아이들보다 빨리 이루어진다.
	  − 신생아기의 그림 그리기 행동은 생물학적·동물학적 휘적거리기 행동에 의한 것이다.
	  − 이러한 행동을 표현활동으로 간주하기는 어렵지만, 유아의 성장발달에 그 의미가 있다.

평면표현 발달단계 － 게이츠켈(Gaitskell), 허위츠(Hurwitz), 데이(Day)

조작단계 (2~5세)	• 손으로 쥘 수 있는 것으로 마구 그리는 단계이다. • 마구 그려진 선들은 독특하게 사용하는 시각적 상징체계의 전초가 된다. • 수직·수평선을 그리거나 사선, 곡선, 물결선, 둥근 선 등 다양한 반복의 선을 사용하다가 동그라미 형태의 반복이 나타난다. 이것은 상징표현과 조직적 표현의 중간적 형태로 만다라라고도 한다. • 점차 자신이 그린 그림에 이름을 붙이기 시작하며, 이러한 이름은 자신의 표현을 상징적으로 받아들여 그린 대상과 그려진 표현을 동일시하는 것이다. • 마구 끼적거리는 조작단계와 통제하는 조작단계, 명명하는 조작단계를 거친다.
상징적 표현의 단계 (6~9세)	• 그려진 형상과 내면과의 관계를 맺고 형상에 의미를 부여하는 단계로서 미분화된 상징에서 복잡한 시각적 상징으로 발달한다. • 두족류나 올챙이 인물표현은 사람의 머리에서 다리가 나온다고 생각하는 것이 아니라, 자신이 그리고자 하는 사람에 대한 상징적 표현으로서 그렇게 그리는 것이며, 나이가 들어감에 따라 머리카락, 배, 손과 발, 옷, 목 등을 그려 점차 분화시켜 나간다. • 간단한 방법으로 그들의 환경에 상징을 관련시키기 시작하여 서로 다른 시간이나 공간에서 발생한 사건들을 하나의 구성으로 모아 표현하기도 하고, 그러한 그림에 대해 어떤 이야기를 표현한다.
사춘기 이전단계 (10~13세)	• 대상과 닮게 그리려고 노력하는 단계로서 상징적인 표현에서 벗어나 명암, 원근, 질감 등을 활용해 사실적으로 표현하려고 한다. • 다른 사람의 시각에 민감하므로 매우 조심스럽게 접근하며, 비판적 시각을 갖게 됨에 따라 자신의 시각과 표현 사이의 불일치를 발견하게 되어 미술을 포기하는 경우도 있다. • 표현에 관심을 갖게 함으로써 다양한 표현을 통해 이를 극복하고 자신감을 가질 수 있도록 격려해야 한다.

UNIT 32 평면표현 발달단계 – 켈로그(Kellogg)

1 기본 관점

- 켈로그(Kellogg, 1969)는 아동미술의 분석에서 미국을 비롯한 30여개국의 아동그림 백만 점 이상을 20년에 걸쳐 수집하여 아동 그림의 발달단계를 연구하였다.
- 켈로그는 초기 끼적거림에서 인물 모습이 나타나기까지의 발달과정을 중심으로 초보적인 낙서를 20여 종류로 구분하고 끼적거림을 구성별로 분류하여, 초보적인 낙서를 바탕으로 이루어지는 기하학적인 형태로 십자형, 대각선 십자, 원, 사각형, 삼각형과 불규칙하고 다양한 폐곡선을 합한 여섯 가지로 기본도형을 분류했다.
- 이 기본도형들이 모여 발전된 형태로 만들어지는 과정을 거쳐 인물표현이 나타나는데, 이는 어느 지역을 막론하고 아동들이 같은 연령대에서 동일한 것을 같은 방식으로 그리는 일반적이고 보편적인 발달단계를 거친다고 하였다.

🏠 **켈로그의 아동미술 발달단계**

발달단계	세부단계
난화기(1~2세)	기본적인 난화
	난화의 배치
도형의 출현(2~3세)	초기 도형 형태
	기본도형
도형의 정교화(3~4세)	콤바인
	에그리게이트
	만다라형
	태양형
	방사형
	사람그림
초기회화(4~5세)	

2 아동미술 발달단계

(1) 난화기(1~2세)
= 초보적인 낙서, 낙서기, 패턴단계, 패턴시기, 끼적이기(끄적거리기)

기본 관점	• 2세 전후의 유아들은 팔의 다양한 단순동작으로 그리기를 하는 의미 없는 긁적거림이 나타나는 시기이다. − 유아들은 점에서부터 시작하여 수직선, 수평선, 곡선, 지그재그선 등의 20가지 난화를 중심으로 그림을 그려나간다. − 이와 같은 난화들은 유아들이 그림을 그려나가는 데 작은 요소들이 된다. 즉, 하나의 난화에 또 다른 난화를 겹쳐서 그리기도 하고 서로 결합하기도 하는 것처럼 요소들이 합쳐져 대상의 형태를 재현해 나가는 것이다.

• 그림의 기본 형태 단계가 나타나는 시기로 1~2세에 해당한다.
− 유아가 2세 전후 시기가 되면 낙서형태가 나타나는데 이 시기 유아의 그림에서는 끼적거리기와 함께 간단한 형태부터 복잡한 형태까지 기본적인 선형이 발달된다.
− 유아가 표현하는 실험적인 끼적거림의 종류는 대체로 선형과 도형으로 이루어진다.
• 켈로그는 이러한 난화기를 20가지 종류의 패턴으로 분류하였다.
− 이와 같은 기본적인 난화는 기본선으로 이루어진 구성이므로 어떤 그림에서나 찾아볼 수 있어 유아들의 작품을 세밀하고 포괄적으로 설명해 주는 데 그 의미가 있다.
− 이 중에서 크레파스나 손가락을 이용하여 가장 쉽게 그릴 수 있는 것은 6번 반복된 수직선, 7번 반복된 수평선, 8번 반복된 사선, 9번 반복된 곡선에 해당하는 난화이며, 이들은 손을 빨리 움직이는 것을 반복하여 이루어지는 복선형에 해당한다.

🏠 기본적인 20가지 난화 패턴(= 기본 난화, 기본적 끼적이기, 기본 형태)

기본적인 난화

1	∙ ∙	점	11		폐곡선
2		수직선	12		피로선
3	—	수평선	13		고리선
4	\ /	사선	14		반복된 고리선
5	⌢	곡선	15		달팽이선
6		반복된 수직선	16		반복되어 덮인 원
7		반복된 수평선	17		반복된 원
8		반복된 사선	18		펼친 원
9		반복된 곡선	19		교차된 원
10		개곡선	20		불완전한 원

난화의 배치	• 난화의 배치는 우선 눈으로 볼 수 있어야 하고, 눈과 손의 협응이 이루어져야 구성이 가능하다.
	    – 일반적으로 유아들이 선긋기와 같은 난화작업에 열중하다 보면 전체적인 배치나 구도를 생각하지 않게 될 것이라고 생각하지만, 켈로그는 유아들이 얽혀 있는 선이나 삼각형, 직사각형과 같은 모양을 만들어 낸다는 것에 주목하였다.
	• 2~3세 유아들이 종이의 가장자리를 인식하여 다양한 방법으로 종이를 사용해 나타난 배치패턴은 아래와 같이 17가지의 형태로 제시하였다.
	    – 이러한 배치패턴을 통해 유아들은 종이를 가로로 놓고 그리기를 좋아하며, 각 구도패턴은 유아들이 자신이 그릴 난화의 위치를 통제하기 위하여 손과 눈의 협응을 이용한다는 것을 알 수 있다.	

🏠 **난화의 배치패턴(= 끼적이기의 배치)**

출처 : Kellogg(1969)

1		전반적 배치	10		2/3 분할
2		중앙 배치	11		1/4 페이지
3		공간을 둔 경계	12		한쪽 부채꼴
4		수직 절반	13		양쪽 아치형
5		수평 절반	14		세 코너 활 모양
6		양쪽 균형 배치	15		양 코너 피라미드형
7		대각선 절반	16		지면 횡단형
8		연장된 대각선 절반	17		기본선 부채꼴
9		대각선 축			

(2) 도형의 출현(2~3세)

= 도형 시기, 도형 단계, 기초 도형, 배치 단계

특징	• 이 시기는 단순한 도형이 출현하는 단계로 2~3세경에 해당한다. 　- 유아들은 2세경이 되면 명확한 배치형태가 나타나는 끼적거리기를 하다가, 3세가 　　되면 단일선을 이용하여 둥근형, 사각형, 삼각형, 십자형, 대각선 십자형, 불완전한 　　동그라미(비정형화된 도형)로 6개의 초기 도형이 나타난다. 　- 유아들은 단순한 형태의 도형을 그리기 시작하면서 모양에 대한 인식을 하게 되고 　　중앙의 의미도 알게 된다. 　- 또한 이 시기에는 하나의 도식만을 사용하지 않고, 도식 중에 두 가지가 모여서 새 　　로운 형태로 결합해 연합(combine)을 이루기도 한다.  출처: Kellogg (1969) ◈ 6개의 초기 도형

(3) 도형의 정교화(디자인 단계, 3~4세)

기본 관점		• 이 시기는 도형들이 조합이나 집합을 이루면서 디자인을 시작하는 시기로, 도형들을 붙여 그리거나 겹쳐서 그리게 되고 점차 정교해진 도형을 만들어 낸다. 즉 보다 균형 잡힌 선 구성을 하게 되면서 도형들이 정교화되어 디자인 단계의 특성을 보이는 시기이다. 　- 이때 도형 두 개가 결합하여 연합을 이루는 콤바인(combine)과 셋 이상의 도형이 서로 결합하여 집합을 이루는 에그리게이트(aggregate)가 동시에 나타난다. 　- 3~4세경 유아들은 도형 두 개가 결합하여 연합을 이루는 콤바인과 에그리게이트 등을 이용하여 디자인을 하기 시작한다.
	연합(결합) /콤바인 (Combine)	• 기본 도형 중 2개를 합쳐 그리는 것이다. 　- 유아는 6개의 기본 도형을 통해 36개의 연합이 가능한 도형의 모양을 그릴 수 있게 되며, 6개의 기본 도형을 세 가지 방식으로 연합할 때 총 66가지의 도형을 그릴 수 있게 된다. 　- 대체로 연합(결합)은 유아가 반복적인 경험을 통해 선 구성에 대한 시각적인 이론체계를 점진적으로 형성하게 되는 자기학습과정에서 습득하게 된다.

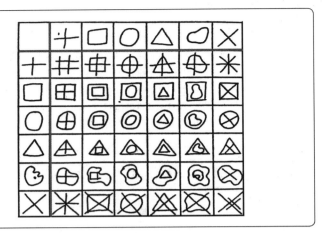

📎 36가지의 연합

🏠 66가지의 기본 도형 연합

연합	분리된 것	겹친 것	포함한 것
직사각형과 직사각형	▫▫	⊞	▣
직사각형과 타원형	▫○	◁▷	▣ ▣
직사각형과 삼각형	▫△	▶◀	⚠ ◺
직사각형과 제멋대로의 형	▫◌	◈	▣ ▣
직사각형과 그리스 십자	▫+	⊞	⊞
직사각형과 대각 십자	▫✕	◹✕	⊠
타원형과 타원형	○○	◎	◎
타원형과 삼각형	○△	◁	◈ △
타원형과 제멋대로의 모양	○◌	◌	◎ ◌
타원형과 그리스 십자	○+	✛	⊕
타원형과 대각 십자	○✕	◌✕	⊗
삼각형과 삼각형	△△	◭	▲
삼각형과 제멋대로의 모양	△◌	◌	▲ ◌
삼각형과 그리스 십자	△+	△+	▲
삼각형과 대각 십자	△✕	◮	▲
제멋대로의 모양과 제멋대로의 모양	◌◌	◌	◌
제멋대로의 모양과 그리스 십자	◌+	◌+	◈
제멋대로의 모양과 대각 십자	◌✕	◌✕	◈
그리스 십자와 그리스 십자	++	#	
그리스 십자와 대각 십자	+✕	✳	
대각 십자와 대각 십자	✕✕	✳	

출처 : Kellogg(1969)

	조합(집합)/에그리게이트(Aggregate)	• 기본 도형 중 셋이나 그 이상의 도형을 합쳐 그리는 것으로, 가능한 조합(집합)의 수는 무한대이며, 보통 2~3세에 이루어지나 복잡한 집합은 3~4세에 만들어진다. 　- 유아는 그림을 스스로 배워 익혀감에 따라 자기가 가장 좋아하는 효과를 낼 수 있는 근육의 압력이나 사용을 위해 가장 손쉬운 것을 알게 된다. 이러한 도형의 구성은 3~5세 사이에 난화기를 충분히 표현한 유아에게서 나타난다.  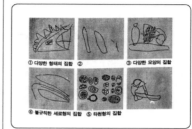 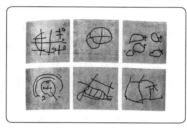 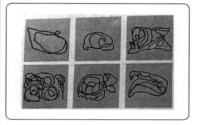 📖 십자, 대십자의 불규칙한 도형의 조합　📖 초보적인 끄적거림으로 이루어진 집합
디자인 형태	① 만다라형	도형의 정교화 단계에서 나타나는 특징적인 형태로는 에그리게이트의 일종인 만다라 모양, 태양 모양, 방사선 모양이 있다. • 만다라는 산스크리트어로 '사각형으로 둘러쌓인 원'이라는 뜻인데, 유아 그림에서는 원 안에 십자가가 반복되어 그려진 형태, 원이 여러 개 모인 형태, 사각형에 원이 포함된 형태, 원을 중심으로 팔방으로 뻗어나간 형태 등으로 나타나는데, 연합이나 집합의 일종이다. 　- 만다라 형태의 출현과 이후 태양형의 출현은 만다라형에서 태양형에 이르는 미술에서의 보편적 발달단계를 보여준다.  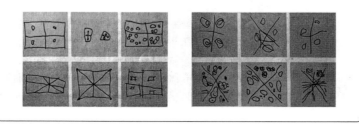

	② 태양형	• 두 개 이상의 원이 겹치지 않고 원 안에 십자가 모양이 없는 형태를 말하며, 한 개의 원에 일정하지 않은 짧은 직선이 그려진 형태이다. 　－ 유아들은 2세가 되면 직선과 곡선을 모두 그릴 수 있게 되는데, 태양 그림은 이 능력이 숙달된 후 3세경이 되어서야 그릴 수 있다. • 만다라와 태양의 출현은 유아 그림에서 처음으로 사람을 그리게 하는 자극이 되어, 태양과 원을 단위로 한 집합으로서 태양형의 얼굴과 태양형의 인물이 나타나게 된다. 　－ 태양 모양에서 점차적으로 원시적인 얼굴 형태를 그릴 수 있으며, 이후에 팔, 다리가 보이는 인물화를 볼 수 있다.
	③ 방사선형 (방사형)	• 한 점 혹은 작은 면에서 사방으로 선을 방사하듯 그려 넣는 형태로 초보적 끄적거리기 과정에서 손이나 팔에서 느껴지는 리듬감의 자연스러운 표현으로 볼 수 있다. 　－ 원에서 직선이 사방팔방으로 나오며 원과 직선의 두 가지가 같이 표현된다. 원에서 방사선을 내며 도형이 점차 다양하게 표현되는 것이다. 　－ 방사선 표현은 인물을 그릴 때 팔과 다리를 배치하는 데 중요한 영향을 끼친다.
인물화 (4세)		• 사람에 대한 최초의 그림은 타원형 도형들의 복합으로 나타난다. 일정하지 않은 원의 형태 속에서 점, 선, 원, 네모, 세모 등으로 얼굴을 표현하고, 만다라형 인물 또는 방사선형 인물을 그린다. 　－ 초기의 인물화는 유아들이 자기 주변의 인간을 관찰해서 시각적으로 얻은 결과라기보다는 과거의 반복되어진 도형들에서 얻어내는 형태이다. 즉 끄적거림에서 점차 발전해 나가는 과정을 통해 나타난 결과이다. • 아동의 인물 표현: 얼굴 모양과 비슷한 다른 도형들이 나타나는 태양 모양, 만다라 모양, 방사선 모양 등을 발견하여 구체적인 그림을 그릴 수 있게 된다.

- 디자인 시기에서 나타나는 만다라 모양은 인물화의 발생을 예고하고 있으며, 점차 태양 모양으로 변하여 최종적으로 인물화에 이르게 된다.
- 얼굴의 집합체와 만다라형의 몸통 부분을 합한 형태를 취한다.
- 유아가 팔이 없는 인물을 그리는 이유는 아직 미성숙하거나 잊어버렸다기보다는 그런 사람이 유아에게는 더 좋게 보이며, 유아가 생각하는 비율에 의해서 머리나 다리를 만들어내기도 한다고 보았다.

✎ 만다라형 인물

✎ 방사선형 인물

⑷ 초기회화 시기(4~5세)

특징	• 사실적 그림을 시작하는 단계로 주로 동물, 식물, 건물 및 수송기관 등 다양한 주변대상을 그려 나간다. • 유아가 처음 그리는 동물과 사람의 형태는 동물과 사람의 특성이 혼합되어 나타나, 동물의 특성을 지닌 사람, 사람의 특성을 지닌 동물로 그려지기도 한다. 　- 동물의 표현은 사람의 표현과 비슷하며, 귀를 크게 그려서 토끼나 곰, 강아지를 그린 것이라고 말한다. 　- 나무나 꽃과 같은 식물의 표현도 사람의 표현과 유사하게 나타난다. 　- 수송기관이나 건물은 도형을 결합하거나 조합하는 형식으로 그린다.  출처: 이현아, 「유·아동 미술교육의 이해」, p. 76 김은심 외 3인, 「유아미술교육」, p.125

UNIT 33 평면표현 발달단계 – 슈마허(Schirrmacher)

끄적거려서 흔적 만들기 (1~2세)	• 유아의 첫 미술 경험은 감각 운동적 활동을 통해 종이 위에 *끄적거리기*를 하는 것이다. • 필기도구를 탐색하고 *끄적거려서* 흔적을 만든다. • 초기에는 되는대로 *끄적거리다가* 점차 의도적으로 조절하면서 *끄적거리기*를 하고, 끄적거린 것에 이름을 붙인다.
자신에게만 의미 있는 형체로 그리기 (2~4세)	• 원의 주변에 선을 여러 개 그어서 해를 그리거나, 원에 눈, 코, 입을 그려서 얼굴을 만들고, 직선을 그어서 팔, 다리만 있는 사람을 그린다. • 사물의 실제 형태나 크기, 색과는 무관하게 그림을 그리고, 공간 표현도 제멋대로 하여 자기만의 상징을 다른 사람이 잘 알아보기 어렵다.
다른 사람이 알아볼 수 있는 그림 그리기 (4~6세)	• 다른 사람이 알아볼 수 있을 정도로 사물과 유사하게 그린다. • 그러나, 아직도 크기, 비율, 배치, 원근법 등은 제멋대로 하여 밖에서 안이 보이는 것처럼 투사식 그림을 그린다. 우리집　　　　 버스를 타고 가요
사실적 그림 그리기 (5~8세)	사물의 크기, 형태, 비율, 색, 명암, 원근, 입체감 등을 표현하여 사실적으로 그린다. 예 기저선을 그리고 멀리 있는 사물은 작게 그린다.

UNIT 34 평면표현 발달단계 – 버트(Burt)

KEYWORD # 버트의 평면표현 발달단계(묘사적 상징기)

> 아동의 미술표현의 발달은 무엇을 그렸는지 알아볼 수 없는 난화의 단계에서 주변의 물체와의 관련을 시도하는 개념적 표현인 상징의 단계, 사물을 객관적으로 파악하려고 하는 사실의 단계로 진행된다.

난화기 (2~4세)	목적 없는 난화기	• 아무런 목적 없이 어깨 근육에 의해 선을 긋는 단계로 단순히 어깨를 움직이는 근육 운동이다. – 어깨 근육은 어깨에서 시작하여 팔 전체를 움직이며, 오른쪽에서 왼쪽으로 옮겨지면서 선을 긋는다.
	목적 있는 난화기	난화를 하는 것에 집중하여 주의를 기울이며, 그린 것에 이름을 붙이는 단계이다.
	모방하는 난화기	어깨 운동이 분화하여 손목 운동이나 손가락 운동으로 점차 발전하며, 여러 가지 대상을 모방하여 그리는 단계이다.
	제한된 난화기	관심 있는 사물의 특정 부분을 열심히 묘사하여 그리며, 다음 단계로 넘어가는 과도기적인 단계이다.
선묘화기 (4세)		• 시지각이 발달하며 그림에 있어서도 사람의 형태(인물)를 주로 그린다. • 머리는 동그라미로, 눈은 점으로, 두 다리는 가는 선으로 사람의 형태를 그리는 것이 보편적이다.
묘사적 상징기 = 서술적 상징기 (5~6세)		• 인물의 모습이 상당히 정확해지면서 형태가 더욱 구체화되며, 주로 상징을 사용하여 반복적으로 대상을 그려나간다. 다만 이 시기에는 엉성한 상징적 도식으로 표현한다. • 일반적 도식이 유아에 따라 조금씩 다른 유형으로 나타나며, 얼굴 모습은 틀에 박힌 형태로 표현한다. • 이 시기 유아들은 마음에 드는 모형에 오랫동안 반복하여 집착하는 특징을 보인다.
묘사적 사실기 = 서술적 사실기 (7~8세)		• 유아들은 아직 눈에 보이는 그대로의 시각적 표현보다는 개념적인 표현을 주로 그린다. – 즉 시각적이기보다는 개념적이어서 그가 본 것을 그리는 것이 아니라, 알고 있는 것이나 생각하고 있는 것을 그린다. – 개별적인 것보다는 논리적인 것, 현존하는 인물보다는 일반적인 유형이나 개념을 그린다. – 자신이 좋아하는 것, 기억에 남는 것, 흥미로운 것, 경험·욕구·정서에 의한 표현이 주를 이룬다. • 얼굴의 측면 묘사가 시도되며, 장식적 세부 사항에 흥미를 느낀다.

시각적 사실주의 (9~10세)	• 개념적인 기억이나 상상, 경험을 그리던 것에서 벗어나서 주위 대상을 그리고자 노력한다. • 즉 보이는 것을 똑같이 그리고자 하고, 원근법, 중첩, 명암 등 시각적인 표현을 사용하며, 풍경화를 주로 그린다. 　– 자연을 보고 그리며, 풍경화가 시작되는 시기이다.
억제기 (11~14세)	• 눈으로 본 대상을 사실적으로 표현하지 못하는 데서 의욕이 떨어지게 되고, 눈으로 본 것을 그대로 그리지 못하는 것에 대하여 표현적인 억제가 일어난다. • 자신이 그린 그림에 불만을 가지며 미술표현이 침체되는 시기이다. • 언어발달과 신체의 발달이 왕성하게 이루어져 언어 매체를 통해 표현하는 것으로 흥미가 바뀐다. 이로 인해 자신의 감정이나 생각을 구태여 그림으로 나타내려 하지 않는다. • 그림에 있어서도 자기발명적인 디자인이 등장하기 시작한다. • 인물모습은 사라지게 되고, 풍경이나 과학기구, 기물 등의 표현으로 소재가 전환된다.
예술적 부활기 (15세 이후)	• 15세 이후 예술적 재능이 월등해지며, 미술표현에 있어 남녀의 성별에 따라 차이가 나타난다. 　– 여아는 풍부한 색과 우아한 형태의 아름다운 선을 보여주며, 장식적인 그림을 주로 그린다. 그러나, 대부분의 사람들은 전단계인 억제기에서 끝나게 된다.

UNIT 35 일반적인 평면표현 발달단계 – 한국미술교육학회

유희적 난화기 (4세 이하)	표현을 놀이로 즐기며 끄적거리는 과정 • 유희적 난화기는 유치원 이전의 유아에게 해당하며, 그림을 그리기보다는 놀이를 하며 마구 끄적거림으로 표현하는 과정이다. 즉 유희적으로 놀면서 낙서를 하는 시기를 말한다. • 유희적 난화기는 '마구 그리는 난화기', '조절된 난화기', '명명하는 난화기'의 세 단계를 거친다. • 이 시기에는 2세를 전후로 켈로그가 설명하는 기본 난화를 집중적으로 표현해 나간다. • 3세가 되면 기본 난화들의 조합과 결합이 이루어진다. • 또한 이 시기에는 네모, 세모, 동그라미, 십자형, 엑스자형, 불규칙 원형 등의 6개 기본 도형이 출현하며, 기본 난화와 함께 그려나간다. 　– 이와 같은 과정을 통해 만다라, 태양형, 태양형의 인물 등을 그린다.

탐색적 상징기
(4~6세)
	자신의 주위에 제한된 사물을 상징적으로 표현하는 과정
	
	• 이 시기에는 유아 자신의 주변 대상과 환경 등 다양한 주제를 표현한다.
	  − 이와 같은 표현은 유희적 난화기에 보여주었던 난화와 도형의 결합, 조합에서 얻어진 '상징'을 통해 이루어진다. 즉 대상의 모든 형태를 상징적으로 그려 나간다.
	  − 사람의 표현은 난화와 도형을 통해 나타나는 만다라와 태양형을 통해 표현되기 시작하여 더욱 구체화된다. 즉 만다라나 태양형을 그리고 짧은 직선을 방사형태로 그려 눈과 코, 입 등을 그려나간다. 이와 같은 태양형의 인물에서 방사선이 정리되면서 팔, 다리 등이 묘사되며, '두족류', '올챙이식 인물' 표현 등이 나타난다. 유아의 인물 표현은 유아가 눈으로 지각하고 머리로 개념화된 '사람'에 관한 통합된 표현이다.
	  ➔ 따라서 각 유아의 개인차가 가능하지만, 사람을 그려 나가는 발달과정이 존재하는 것은 아니다.
	• 유아는 인물을 그려 나가면서 동물, 건물, 식물, 수송기관 등 다양한 주제를 표현해 나간다.
	  − 주제의 표현에 있어 사람의 모습은 동물과 흡사하게 표현된다.
	  예 사람의 표현에 귀만 크게 그리고 토끼, 사슴이라고 말하며, 머리는 정면, 몸통과 다리는 옆면을 조합하여 그려 넣는다(정면성, 동시성의 표현은 직관적 사고에 의해 대상이 두드러지는 특성을 지각하고, 그 느낌을 이미지화하여 표현하는 것이다).
	
	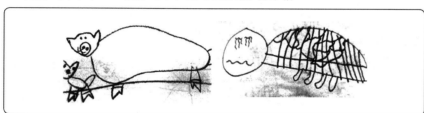
	
	• 건물이나 식물, 수송기관은 '상징'을 이용하여 표현해 나간다.
	  − 표현하는 주제들은 도형을 상징화하여 표현 대상을 그려 넣는다(예 사각형에 작은 사각형을 그려 건물과 창문을 표현하고, 나무와 꽃은 직사각형에 동그라미를 붙여 그린다).
	  − 이와 같은 유아의 표현은 같은 주제와 같은 모양으로 계속 반복된다.
	  예 스테레오 타입(Johnson, 1965) : 모든 유아는 그림을 그리면 하늘, 구름, 해, 달, 꽃, 집, 사람, 나무 등 공통된 주제를 정형화된 표현으로 반복하여 그린다. 그림 주제가 바뀌어도 모든 그림에 집, 하늘, 해, 잔디가 공통적으로 표현되기 때문에 '집−하늘−해−잔디의 습관'(Landis)이라는 명칭이 붙여졌다.
	• 자기중심적 표현을 많이 사용한다.
	  − 자신이 좋아하는 사람은 크게 그리거나 이쁘게 그리고, 자신이 싫어하는 사람은 작게 그리거나 안 그리는 등의 표현을 사용한다.

분화적 상징기 (6~9세)	**환경의 모든 대상과 공간을 상징적으로 표현하는 과정**
	
	 • 로웬펠드가 제시하는 평면 발달단계상 도식기에 해당하는 시기이다. 이 시기 유아들은 상징에서 어느 정도 벗어나 다양한 주제를 표현하고자 노력하지만, 아직 미분화로 인한 여러 가지 표현들을 볼 수 있다.
	 • 공간에 관한 개념이 생겨 공간을 표현하고자 시도하지만, 미분화된 공간의 표현들이다.
	   − 기저선이 나타나면 땅위를 표현하고, 혹은 상위 기저선의 역할로 구름을 나열하여 그려 넣는다.
	   − 투시적 표현으로 건물이나 물고기의 배 안이 다 보이는 표현, 공간을 펼쳐서 그리는 전개도식 표현 등이 나타난다.
	   − 그 밖에 직각성의 실수, 중앙원근법의 표현 등을 볼 수 있다.
	 • 이 시기에 유아들은 남녀를 구별하여 그림에 표현한다.
	   − 여자는 삼각형 치마를 입히거나 머리에 리본 등의 장식을 달아서 성별을 구별시켜 그리는 표현이 나타난다.

형태적 사실기 (9~12세)	**대상의 형태를 사실적으로 묘사하려고 노력하는 과정**
	
	 • 로웬펠드의 평면표현 발달단계상 또래 집단기에 해당하는 시기이며, 피아제의 인지발달단계상 구체적 조작기에 해당한다.
	   − 탈중심화에서 벗어난 시각적 사실주의에 입각하여 표현한다.
	   − 이 시기에는 상징적, 도식적, 주관적 표현에서 벗어나 사실적으로 표현하고자 노력한다.
	 • 또한 형태의 반복이 점차 사라지고, 반복되지 않는 새로운 형태를 계속하여 그리고자 시도하며, 상징적 표현에서 사실적 표현으로 전환된다.
	 • 세부적 표현을 사용하고자 시도한다.
	 • 공간표현에 있어서도 미분화되었던 공간표현에서 벗어나 원근법, 비례 등을 중시하여 사실적인 공간표현을 하고자 노력한다.

공간적 사실기 (12세 이상)	**대상과 공간의 입체성을 사실적으로 표현하려는 과정**
	
	 • 12세 이상 청소년기에 해당하며, 형태에 대한 사실적 표현뿐만 아니라 공간에 관한 사실적 표현이 가능해진다. 따라서 입체적인 공간을 고려하여 표현하고자 한다.
	 • 완성 작품에 집착하기 시작하며, 기능적인 면에 관심을 기울인다.
	 • 이 시기의 학생들은 로웬펠드가 제시한 것처럼 시각형과 촉각형으로 나누어진다.
	   ① 시각형
	     − 자신의 환경을 눈으로 바라보고 표현하며, 시각적으로 보이는 대상과 공간을 사실적으로 표현하는 데 온 관심을 기울인다.
	     − 시각형은 관찰자로 환경을 바라보며 사물의 외형부터 접근한다.
	     − 시각적으로 정확한 것, 외형, 비례, 원근 등을 고려하여 표현한다.
	   ② 촉각형
	     − 자신의 신체 감각과 정서적으로 유대관계가 강한 것에 대해 주관적으로 표현하며, 근육감각이나 촉감에 대한 인상, 자신과 정서적 관계를 맺고 있는 모든 경험들이 주요 매개체가 된다.
	     − 자신의 정서적 경험과 주관적 느낌에 의해 주제와 공간을 표현한다.

UNIT 36 **평면표현 발달단계** – 가드너(Gardner)

기본 관점	• 가드너(1991)는 감각운동기에 해당되는 영유아가 생후 18개월 동안 감각을 통해 세상을 탐색한다고 주장한 피아제의 의견에 전적으로 동의하였으며, 유아의 인지발달이 유아미술 발달단계와 연관이 있다고 보았다. • 다중지능이론을 통해 가드너는 유아의 인지발달이 특정 지능에서 각 단계에 따라 순차적으로 발달하기보다는 다양한 영역의 지능에서 물결이 일듯이 동시에 이루어지면서 그리기가 발현된다고 주장하였다.
첫 번째 물결단계 : 가벼운 관계 (만 1.5~2세)	• 물체와 사건의 관계를 이해한다. – 영아들은 상징을 사용하여 물체와 행동을 표현할 수 있음을 안다고 보았다. 　예 영아가 고양이를 그리는 동안 입으로 '야옹'하고 소리를 내며 그리는 것은 영아가 자신이 그림으로 그리는 고양이가 실제 고양이를 상징하고 있음을 인식하고 있다는 것을 의미한다.
두 번째 물결단계 : 공간적 관계 (만 2~3세)	• 사물의 공간적 관계를 이해한다. – 만 3세 무렵에 '지형도'라고 불리는 두 번째 물결이 발생한다고 보았다. 　예 유아는 사물의 공간적 관계를 이해할 수 있기 때문에 두 개의 원을 위 아래로 그린 후, 위쪽에 있는 작은 원을 머리로, 밑에 있는 큰 원을 몸으로 표현한다.
세 번째 물결단계 : 수 관계 (만 3~5세)	• 수개념을 표상한다. – 만 4세 무렵에 수가 의미하는 것을 유아가 알게 되면서 이를 그림으로 표현한다고 보았다. 　예 강아지를 그리기 위해 네 개의 다리, 두 개의 눈, 하나의 코, 두 개의 귀, 하나의 입을 그린다.
네 번째 물결단계 : 기호관계 (만 5~7세)	• 자신만의 방법으로 상징을 만들거나 문화적으로 의미가 있는 상징을 학습한다. – 만 5세에서 만 7세경 사이의 유아들은 상징을 재조직하고 창의적으로 구성하여 그림을 그린다고 보았다. – 자신만의 방법으로 상징을 그리거나 기존의 상징을 재조직하여 새로운 상징을 만들기도 하며, 자신의 그림 밑에 글이나 숫자와 같은 기호를 사용하여 명명한다. 　예 고양이를 그린 후에 '고양이'라고 적거나, 가족을 그린 후 밑에 '아빠', '엄마', '나' 혹은 이름을 적는다.

평면표현 발달단계의 비교

로웬펠드 (Lowenfeld)	리드(Read)	버트(Burt)	김정	켈로그(Kellogg)
낙서기, 난화기(2~4세): 생각이나 의도를 표현하기보다는 근육감각의 쾌감을 즐기며 끄적거리는 그림 • 무질서한 끄적거리기 • 통제된 끄적거리기 • 명명된 끄적거리기	낙서기(2~4세): 의미 없는 끄적거림에서 의미있는 끄적거림으로 발전해 가는 시기 • 맹목적 낙서 • 유목적 낙서 • 모방적 낙서 • 국부적 낙서	난화기(2~5세) • 목적이 없는 난화기 • 목적이 있는 난화기 • 모방하는 난화기 • 제한된 난화기	신생아기(1~3세): 휘젓거리는 행동으로 생물학적 또는 동물학적 수준의 표현	패턴시기, 낙서기 (Pattern Stage, 2세 이전) • 기본적인 난화기 • 구도패턴
전도식기(4~7세): 의도적인 표현의 시작	선묘사기(4세): 사람을 주로 그리며, 원으로 머리, 점으로 눈, 선으로 팔을 표현	선묘화기(4세): 시지각이 발달하고 사람의 형태를 주로 그리며, 동그라미에 점을 찍어 눈으로 표현하고 두 선을 연결하여 다리를 표현	난화기(3~5세): 낙서에 가깝다가 4세에 이르러 그림이 등장, 동그라미를 자주 그리며 얼굴 표현을 즐김	도형 시기, 도형의 출현(Shape Stage, 만 2~3세에 시작): 모양을 발견하는 시기 • 창의적 도형 형태 • 도형
도식기(7~9세): 계속적인 반복으로 도식적인 그림을 그림	묘사적 상징기(5~6세): 느끼는 대로 형태를 표현하고 좋아하는 것을 반복해서 그림	묘사적 상징기(5~6세): 사람의 형태가 구체화되며 주로 상징을 사용하여 반복적으로 그림	전도식기(5~7세): 의식적인 표현으로 그림을 그리며, 선묘를 즐겨 그림	디자인 시기, 도형의 정교화(Design Stage, 만 3·4세에 시작) • 콤바인 • 에그리게이트 • 만다라 • 태양형 • 방사형
또래집단기(9~11세)	사실적 묘사기(7~8세): 주관적인 지식에 의해 기억하는 것을 그리며 세부묘사가 가능	묘사적 사실기(7~8세): 시각적 표현보다는 좋아하는 것, 기억에 남는 것, 경험·욕구·정서에 의한 표현이 나타나는 시기	도식기(7~9세): 객관적인 묘사를 하기 위해 노력하며 동시적 표현이 나타남	그림 시기, 초기 회화(Pictorial Stage, 만 4세에 시작): 동물, 인물, 사물을 그리는 시기
의사실기(11~13세)		시각적 사실주의 (9~10세)	여명기(9~11세)	
결정기(13~17세)		억제기(11~14세)	의사실기(11~13세)	
		예술적 부활기 (15세 이후)	사춘기(13~15세)	

Ⅲ 유아미술 발달단계 – 입체표현

UNIT 37 | 입체표현 능력의 발달

1 유아기 입체표현 능력의 발달(이정욱 · 임수진, 2003)

탐색 단계	<ul><li>찰흙을 가지고 놀고 즐기면서 평면의 형태로 대상을 구성하는 시기이다.</li><li>2세 정도의 유아들은 찰흙을 보고, 만지며, 냄새를 맡아보고, 찰흙을 다룰 때 나는 소리들을 듣는 등 다양한 감각을 이용하여 찰흙의 속성을 탐색한다. – 의도 없이 찰흙이 주는 감촉을 즐기는 시기로, 평면표현 발달의 무분별한 긁적거리기에서 나타나는 특징을 보여준다.</li><li>유아들은 점차 체계적으로 찰흙을 다루게 되며, 긴 뱀 모양을 만들거나 작은 공이나 케이크와 같은 단순한 형태들을 만들게 된다. – 우연히 만들어낸 형태들을 반복하여 만들게 되는 이 시기의 행동들은 어느 정도 자신의 근육을 통제할 수 있음을 의미하며, 평면표현 발달의 조절된 긁적거리기와 유사한 발달적 특성을 나타낸다. – 재료를 다루는 것에 따른 형태의 변화를 경험하고, 그 재료가 주는 특성 자체를 즐기게 되면서 재료의 특성뿐만 아니라 재료에 대한 흥미와 호기심을 가지게 된다.</li></ul>
상징 단계	<ul><li>3~4세 정도가 되면 유아들은 이전에 만들었던 뱀이나 공 등의 형태에 굴리거나 빚는 등의 과정을 결합하여 새로운 형태들을 만들어 낸다. 예 동그란 작은 조각을 다른 형태 꼭대기에 올려 새로운 형태를 만든다.</li><li>인물에 대한 입체표현의 탐색이 시작된다. – 초기에는 납작하고 둥근 형태에 짧은 막대 모양을 놓거나, 둥근 형태와 긴 형태가 결합되는 형태인 만다라가 나타나고, 다음에 다리, 몸통, 목의 순으로 발달한다. – 유아들의 입체표현 발달과정에서 나타나는 이러한 순서는 유아들이 중요하다고 여기는 부분에 대한 지각을 반영한다.</li><li>의도를 가지고 조직적으로 계획하여 만든 것보다는 우연한 행동의 결과로 나타난 것이 많다. – 결과물은 개인적인 의미를 가진 것들이므로 다른 사람이 보았을 때 형태를 인지할 수 없는 경우가 많다.</li><li>평면표현의 이름을 붙이는 긁적거리기 단계와 유사한 특성을 보인다. – 자신이 만든 것에 대해 언어로 설명하거나 이름을 붙이기도 한다.</li><li>교사는 유아들이 만든 것에 대해 관심을 가지고 상호작용하여 유아들의 흥미와 관심이 지속되도록 격려한다.</li></ul>

창조 단계	• 4~5세 정도의 유아들은 미리 무엇을 만들지 계획한 후 제작을 시도한다. • 자신이 만들려고 하는 형태에 적절한 기술과 방법을 발견할 수 있게 되며, 결과물은 표현하고자 하는 실제물과 유사한 특징을 가지고 있어 다른 사람들도 무엇을 만들었는지 인지할 수 있다. • 주로 평면으로 표현하며 세부표현에 관심이 많고, 눈, 코, 입 등을 표현할 때 작고 둥글며 납작한 찰흙 덩어리를 붙여 표현하는 상징 표현을 사용한다. • 점차 평면적 표현에서 입체적 표현으로, 부분적인 것에 대한 표현에서 전체적인 표현으로, 상징적 표현에서 눈, 코, 입과 같은 형태를 새겨서 나타내는 사실적인 표현으로, 움직임이 적은 표현에서 많은 표현으로 발달해 간다. • 관심 있는 것이나 흥미 있는 것은 과장하고, 그렇지 않은 것에 대해서는 생략하거나 작게 만드는 특징을 보인다. • 도구를 사용하는 데 흥미를 갖기 시작하며, 다양한 도구나 부속품들을 사용하여 세부적인 형태를 만드는 것에 관심을 가진다. • 무엇을 만들 것인가에 대한 내용 선정에서부터 재료와 자료를 다루는 방법, 표현기법 등에 있어 유아들의 독특한 창조성을 존중하며, 미숙하지만 새로운 방법으로 입체표현을 시도하는 유아들의 노력을 격려해야 한다.

UNIT 38 입체표현 발달단계 – 로웬펠드(Lowenfeld)

난화기 (2~4세)	\multicolumn 2	• 난화기는 평면표현 발달단계에서 아무런 목적 없이 마구 긁적거리는 단계이다. 즉 소근육의 운동에 의한 표현으로 이해된다. • 입체표현 발달단계에서도 난화기는 아무런 목적 없이 찰흙을 가지고 놀며 탐색하는 소근육 운동 단계로 이해할 수 있다. 즉 난화기의 시기는 재료를 탐색하고 다루는 기술을 익히고, 손가락과 근육을 사용하는 경험을 갖게 된다.
	① 무질서한 난화기	• 찰흙이라는 자료에 관심을 갖고 탐색하는 시기로, 어떤 시각적인 목적 없이 찰흙을 굴리고 두드리며 치는 행위가 나타난다. – 찰흙을 가지고 떼었다 붙였다 하면서 가지고 노는 단계로 무엇인가를 만들고자 하는 것이 아닌 손의 근육을 움직이며 가지고 노는 근육운동의 단계이다.
	② 조절하는 난화기	• 유아의 소근육이 어느 정도 발달하여 근육을 어느 정도 조절할 수 있어 찰흙을 주면 굴리거나 비벼서 공 모양이나 긴 막대기, 뱀 모양으로 형태를 만들어 표현할 수 있는 단계이다. – 단, 이 시기에도 막대와 둥근 모양을 제작하는 데에 있어 어떤 목적을 추구하지 않는다.

③ 명명하는 난화기	• 무엇인가를 그려놓고 이름을 붙이는 것처럼 찰흙으로 만든 것에 대해 이름을 붙이는 단계이다. 　─ 찰흙을 가지고 알 수 없는 형태를 만든 후 '이건 비행기야! 붕~!'하며 가지고 노는 단계이다. 　─ 명명하는 난화기 단계에서 유아들은 다른 물체나 대상에게 상징을 넣어 표현하며 놀기 시작하는 가작화 놀이, 상상놀이가 가능해진다. 지금까지의 유아들이 찰흙의 촉감을 느끼고 사고하던 운동 지각적 사고에 머물렀다면, 명명하는 난화기 단계에서의 유아는 찰흙 덩어리에 이름을 붙여 상징을 시작하는 상상적 사고로의 전환을 경험한다.
전도식기 **(4~7세)**	• 전도식기의 유아들은 찰흙을 가지고 주변 대상과 환경을 표현하고자 다양한 시도를 한다. 즉 여러 형태를 찰흙으로 표현하면서 끊임없이 표현양식을 변화시킨다. 　─ 엄마를 비롯하여 최초로 사람을 표현하고자 시도하지만, 찰흙을 동그랗게 만든 후에 손가락으로 눌러 눈, 코, 입으로 표현하거나 대강 찰흙 덩어리를 세워 놓고 손가락으로 눌러 눈, 코, 입을 표현한 후 '엄마'라고 한다. • 이 시기의 유아들은 자신이 알고 있는 개념을 의도적으로 표현하기 위해, 혹은 원하는 형태를 만들기 위해 찰흙 덩어리로부터 어떤 부분을 긁어내거나 원하는 부분을 돌출시켜 나타내거나 덧붙이기도 한다. 　─ 그러나 큰 덩어리로 표현하는 것이 대부분이고, 아직 세부적인 형태를 나타내지는 못한다. • 이 시기에는 재료를 숙달할 수 있도록 하기 위한 기회 제공이 필요하다.

도식기 **(7~9세)**		• 도식기의 유아들은 소근육 발달에 의해 자신의 주변 대상과 환경을 더욱 구체적으로 표현해 나간다. 또한 지금까지 모든 표현 대상을 눕혀서 마치 그림을 그리듯 표현한 '평면적 표현'에서 벗어나, 사람을 만들어 직립시키고자 하는 시도를 엿볼 수 있다. • 형태를 덧붙이거나 제거하면서 변화 과정을 통해 대상의 전체와 부분의 위치, 안과 밖 등의 공간을 이해한다. • 입체 재료를 다루는 유아들의 표현방법은 분석적 방법과 종합적 방법 두 가지로 나누어진다.
	분석적 방법	• 유아에게 찰흙을 주면 찰흙을 전체에서 세부로 눌러 들어가면서 형태를 만드는 특징이 나타난다. • 분석적 방법을 취하는 유아는 평면표현의 '시각형'에 해당하는 것으로, 눈으로 본 것에 중점을 두며 비례, 원근, 명암, 형태 등을 중시한다. • 시각적·객관적인 것을 중시하며, 부분보다는 전체를 이해하고 표현해 나간다.
	종합적 방법	• 유아에게 찰흙을 주면 찰흙의 부분 부분을 떼어낸 뒤, 다시 붙여 전체의 형태를 만드는 특징이 나타난다. • 종합적 방법을 취하는 유아는 평면표현의 '촉각형'에 해당하는 것으로, 본 것보다는 주관적인 느낌과 생각에 중점을 두어 표현하는 입장이다. • 비시각적·주관적이며, 전체보다는 부분을 중시하여 표현해 나간다.

또래 집단기 (여명기) (9~11세)	• 다양한 주제를 표현하고자 하며, 더욱 사실적으로 만들고자 노력한다. 즉, 도식으로부터 벗어나기 시작하여 세부의 표현이나 입체적 표현을 나타내고자 시도한다. 　－ 사람을 만드는 데 있어서도 전체의 비례를 생각하여 만들려고 노력하며, 이 시기에는 찰흙에 무늬를 찍거나 구멍을 내는 등 공간의 개념이 도입된다. • 다양한 3차원 프로젝트가 실시될 수 있으며, 찰흙 외적 공간을 사용해 입체적으로 만드는 것과 더불어 질감을 표현한다. 　－ 형태와 공간의 가능성을 탐색하기 시작한다. 　－ 표현 대상을 점차 주변으로 넓혀가는 시기이다. 　－ 재료의 특성에 민감해지는 시기이다. 　－ 자유롭고 즉흥적으로 재료를 결합할 수 있는 기회를 부여하는 것이 바람직하다.
의사실기 (11~13세)	• 의사실기의 아동들은 평면표현 발달단계에서와 같이 대상을 사실적으로 만들어 나가고자 노력한다. 그러나 이 시기에는 무의식적으로 소조하는 단계에서 의식적으로 조각하는 단계로 넘어가고자 한다. 　－ '소조'는 대상을 보고 그것과 닮게 만들려는 것이고, '조각'은 어떤 의도를 나타내기 위해 상상적이고 추상적인 주제를 다루는 것이다. 　－ 이와 같은 소조와 조각의 방법적 차이로 인해 아동이 입체 재료를 다루는 데 있어 두 가지로 나누어진다. 즉 아동은 입체 재료를 이용해 분석적 방법과 종합적 방법에 의하여 표현대상을 만들어 낸다. 　－ 따라서 분석적 방법에 의해 만들어 나가는 아동은 정확하며 사실적으로 만드는 데 주력하고, 종합적 방법을 취하는 아동은 자신의 느낌과 정서에 입각하여 주관적으로 표현하는 데 집중한다.
결정기 (사춘기) (13~16세)	• 결정기의 아동들은 분석적 방법과 종합적 방법의 차이가 뚜렷하게 나누어진다. 즉 시각형과 촉각형으로 구분되어 입체 대상을 표현해 나간다. 　－ 한 예로 사람의 두상을 만드는 주제가 주어지면 시각형, 즉 종합적 방법의 아동들은 찰흙으로 전체적인 두상의 형태를 만든 후 입을 파고 코를 붙이며 눈 주위를 오목하게 파낸 후에 세부적으로 만든다. 그 다음에는 귀와 머리를 붙이고 정리하여 만들어 나간다. 　－ 그러나 촉각형, 분석적 방법의 아동들은 찰흙으로 턱의 밑 부분을 만든 후에 턱 위의 이와 혀를 만들고 코를 붙이고 눈, 귀와 근육, 머리카락을 만들어 완성시킨다. 즉, 촉각형은 주관적인 느낌과 정서로 표현대상을 만들어 나간다. • 육면체 블록을 조각해서 대상을 사실적으로 표현하고, 형태에 대한 정확한 지각으로 비례와 움직임을 정확히 묘사하며, 개인적인 감정도 나타낸다.

MEMO

UNIT 39 | 입체표현 발달단계 − 브리테인(Brittain, 1979)

2세	찰흙을 두드리고 잡아떼며 다시 붙이는 등의 활동을 한다.
3세	찰흙을 굴려서 공 모양을 만들거나 길게 굴려서 뱀 모양을 만든다.
4세	여러 개의 공 모양을 함께 붙여서 좀 더 복잡한 형태를 만들고, 이것에 이름을 붙인다.
5세	• 유아가 무엇을 만들 것인지를 먼저 이야기하고 제작에 착수한다. − 대부분 입상 형태로 만들지 못하고 납작한 형태로 만든다. − 그림 그리기에서처럼 머리와 다리만 있는 사람을 만들거나, 신체 각 부분을 찰흙으로 빚어서 배열한다. − 찰흙을 가늘고 길게 밀어서 사람 윤곽을 만들고, 그 안을 찰흙으로 메우는 식으로 사람을 만든다. 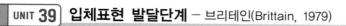

UNIT 40 | 입체표현 발달단계 − 슈마허(Schirrmacher)

찰흙이 무엇인지 탐색하는 단계 (2세)	• 찰흙을 두드리고 주무르고 잡아떼면서 탐색하고 실험한다. • 찰흙으로 무엇을 만드는 것에는 거의 흥미를 보이지 않는다.
찰흙으로 무엇을 만들지 모색하는 단계 (3세)	• 찰흙을 가지고 의도적으로 무엇을 만들지는 않는다. • 찰흙을 굴리거나 밀어서 우연히 뱀이나 공 모양을 만들고, 이런 활동을 반복해서 여러 작품을 만든다.
제작 단계 (4세)	• 찰흙으로 좀 더 복잡한 형태의 작품을 만들 수 있다. • 자신이 만든 작품에 대해 설명하기를 좋아하며, 작품을 극놀이에 활용하기도 한다.
사전에 계획하여 제작하는 단계 (5세)	• 찰흙으로 무엇을 만들지 미리 계획하여 제작한다. • 작품도 상당히 사실적으로 제작되어 무엇을 만든 것인지 다른 사람이 알아볼 수 있다.

UNIT 41 입체표현 발달단계 – 골롬브(Golomb)

KEYWORD # 골롬브의 입체표현 발달단계(분화기 인물표현의 형태)

탐색기 **(2~4세)**	• 탐색기의 유아는 찰흙을 가지고 놀면서 탐색하는 시기로, 주무르고 뭉치는 활동을 하다가 납작한 떡 모양이나 막대모양, 공 모양 등을 만들기 시작한다. • 둥근 찰흙 덩어리를 조잡한 형태로 잡아 늘여서 길게 사람을 표현한다. 　– 최초의 인물표현은 둥근 덩어리에 조잡하고 대칭적인 구조들을 만들어 내는 것에서 시작하여 공모양이나 원반모양의 얼굴 표현 등 그림에서 만다라식, 혹은 태양형의 인물과 유사한 형태를 만들어 나간다.
분화기 **(4~5세)**	• 분화기의 유아들은 그리기와 마찬가지로 사람 표현이 지배적으로 나타난다. 　– 두족류의 인물, 올챙이식 인물 표현과 같은 형태로 사람의 모습을 만들어 나간다. 즉 그림을 그리듯 평면적으로 만들고, 인물 표현에 있어 손가락, 발가락, 머리카락과 같은 세부적 표현은 아직 나타나지 않는다. 　– 큰 원반이나 동그란 모양에 다리를 붙여 회화적으로 납작하게 표현한다. 　– 따라서 인물 표현에 있어 신체 구조의 비례는 거의 무시되어져서 만들고, 모든 대상의 표현이 앞모습에 집중되어 나타난다.
완성기 **(6세 이후)**	• 완성기의 유아들은 분화기의 유아보다는 좀 더 자세하고 상세하게 사람을 표현하고자 노력한다. 　– 사람을 표현할 때 몸의 주요한 골격 부분들을 전체적으로 균형 있게 만들고, 부분적으로 자세하게 표현해 나간다. • 대상에 대한 크기나 비례에 대한 인식이 시작되어 사물을 비례대로 표현하려고 노력하고, 전체적인 모양과 세부에 신경을 쓰기 시작한다. • 그러나 입체적으로 세워지는 직립형태가 아닌 평면에 누운 형태로 표현되어 아직은 3차원의 입체적인 표현은 미흡한 상태이다. 　– 표현이 안 되어지는 부분은 말로써 보충하려고 한다.

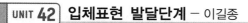

UNIT 42 입체표현 발달단계 – 이길종

맹목적 조형기 (3~5세)	유아는 찰흙의 촉감을 느끼며 자유롭게 형태를 만들어 이름을 붙이거나 설명한다.
경단기 (5~7세)	• 소근육의 발달과 함께 찰흙을 동그랗게 만들 수 있으며, 만든 것을 쌓아올리는 등의 다양한 시도가 가능해진다. • 남녀의 성별 차이를 인식하고 만들어 놓는다.
상징기 (7~9세)	• 주변 대상이나 환경을 표현하면서 그 특징을 파악하여 나타내고자 한다. 따라서 사람의 표현도 신체 일부를 알면서 표현하고자 노력한다. • 눈으로 본 것과 알고 있는 것에 관해 나름대로 인지하여 표현하고자 노력한다.
유발적 사실기 (9~11세)	정적이고 상징적인 표현방식이 동적인 표현으로 바뀌면서 사실적인 표현방법을 시도하는 시기이다.
분석적 사실기 (11~13세)	• 시지각의 발달과 함께 눈으로 본 것을 사실적으로 만들고자 하며, 작은 부분도 섬세하고 정밀하게 묘사하고자 노력한다. • 자기중심에서 벗어나 친구들과 공동 작품, 혹은 협동 작품을 만들고자 한다.
억제기 (13~15세)	억제기에 해당하는 아동・청소년은 창작에 다소 흥미를 잃고 억제하고자 한다. 그러나 사물의 질감, 양감, 운동감 등 객관적・사실적인 표현을 강조해 나타내고자 노력한다.

UNIT 43 일반적인 입체표현 발달단계 – 한국미술교육학회

1 탐색적 유희기(4세 이하)

특징	• 탐색적 유희기는 입체 재료를 가지고 놀면서 탐색하는 과정으로, 이는 크게 두 가지 과정으로 나누어 살펴볼 수 있다.
	① 찰흙을 가지고 노는 과정: 이 과정은 다시 '무의도적인 유희기', '규칙적인 유희기', '이름 붙이는 유희기'로 나누어진다.
	② 초기 인물 형태 탐색 과정: 초기 인물표현을 입체 재료로 표현하는 과정으로, 소근육의 발달을 통해 자신이 본 것을 만들고자 하며, 최초의 사람을 표현하고자 시도한다. 그러나, 입체적인 재료를 평면적으로 다루려고 하고, 부족한 부분은 언어로써 보충하고자 한다.
	  − 이 과정은 평면표현의 발달단계상 만다라식 인물표현, 태양형의 인물, 올챙이식 인물과 같은 초기 인물표현을 입체 재료로 표현하는 과정이다.
	  − 이와 같은 초기 인물 형태는 '막대모양의 인물 형태', '공 모양의 인물 형태', '평면적 배치 인물 형태'와 같은 세 가지 유형으로 나타난다.

① 찰흙을 가지고 노는 과정	무의도적 유희기	평면표현 발달단계상 마구 그리는 난화기에 해당하며, 아무런 의도 없이 찰흙을 가지고 놀면서 탐색하는 과정이다.
	규칙적인 유희기	3세 정도에 해당하는 유아의 입체 발달과정으로, 소근육에 힘이 생기면서 찰흙을 동그랗게 만들거나 긴 막대모양을 만드는 과정을 가지는 것이다.
	이름 붙이는 유희기	찰흙으로 무엇인가를 만든 후에 이름을 붙이고, 이를 가지고 노는 과정으로서 많은 말로 설명하고자 한다.
② 초기 인물 형태 탐색 과정	막대모양의 인물 형태	찰흙을 긴 막대기 모양처럼 만든 후에 다른 찰흙을 세부적으로 붙이거나, 손가락으로 눌러서 눈과 코, 입을 표현하고 언어로써 보충하여 설명하는 것이다.
	공 모양의 인물 형태	• 찰흙을 동그랗게 만들어 납작하게 한 후에 손가락으로 눌러 눈, 코, 입을 표현하는 형태이거나, 다른 찰흙 덩어리를 동그랗게 만들어 눈사람처럼 표현하는 것이다. • 어린 유아는 얼굴만으로도 그 사람의 전체 상을 담고 있다고 인지하기 때문에 동그란 얼굴만으로 자신이 표현한 대상이라고 생각한다.
	평면적 배치 인물 형태	동그랗게 찰흙을 만들고 그 위에 작은 찰흙 덩어리를 이용해 세부적으로 눈, 코, 입과 팔, 다리를 붙여 마치 그림을 그리듯 평면적으로 표현한 인물 형태이다.

2 평면적 상징기(4~8세)

특징	• 입체 재료를 평면적·상징적으로 표현하고자 하는 단계이다.
	• 평면적인 표현은 입체 재료를 가지고 마치 그림을 그리듯 평면적으로 만들어 놓는 것을 말한다. 즉 3차원의 입체감·공간감에 관한 개념이 부족하고, 표현력이 따르지 않기 때문에 평면적으로 표현하는 것이다.
	    – 따라서 사람을 만들어도 아직 직립이 안 되는 사람의 형태를 만들어 놓는다. 그러나 유아는 자신이 만든 사람을 서서 활동하는 사람으로 인지한다.
	    – 유아가 만든 평면적 표현의 사람은 서 있는 사람이 아닌 마치 누워있는 사람과 같으며, 유아가 만든 동물도 누워있는 동물로 표현된다.
	• 이 시기에는 탐색적 유희기에 보였던 초기 인물의 형태에서 좀더 발달된 인물 형태가 만들어진다.
	    – 평면표현에서 보였던 두족류의 인물 형태로서 머리와 두 다리만으로 사람을 표현한다.
	    – 이후 시간이 지나면 배와 몸통을 표현하고, 팔, 손가락, 머리카락 등의 표현들도 나타나기 시작한다.

3 입체적 탐색기(8~10세)

특징	• 재료를 입체로 표현하나 상징적 표현을 벗어나지 못하고 사실적인 표현을 탐색하는 과정이다. 따라서 이 시기부터는 평면적 표현에서 조금씩 벗어나는 표현을 볼 수 있다. • 사람의 표현에서도 평면적 사람의 표현에서 앉아 있는 사람의 표현, 직립한 사람의 표현이 증가한다. 또한, 동물의 표현도 네 다리로 직립한 표현이 나타난다. • 나아가 입체적인 표현, 사실적인 표현에 대한 탐색, 신체 움직임에 관한 표현들이 증가한다.

4 입체적 사실기(10~12세)

특징	• 입체 재료를 가지고 사실적으로 표현하고자 하는 과정이다. • 이 시기에는 부분보다 전체를 중요시하며, 사실적인 표현이 많이 나타난다. • 사람의 표현도 평면적 표현에서 벗어나 직립으로 표현하고, 팔, 다리, 몸통, 목 등의 신체 움직임을 표현한다. • 또한 사람의 표현 외에 주변의 다양한 대상을 표현하고자 한다.

5 공간적 사실기(12세 이상)

특징	• 공간적 관계를 고려하여 입체적이고 사실적으로 표현하고자 하는 과정이다. • 이 시기에는 질감과 양감, 운동감, 공간감 등 3차원 입체에 관한 특성들을 강조하여 표현하고자 한다. • 또한 남학생은 전체적인 표현을 과감하게 하려는 경향이 있고, 여학생들은 전체보다는 부분의 세밀함에 신경을 써서 표현하고자 한다.

참고

입체표현 발달단계의 비교

로웬펠드(Lowenfeld)		골롬브(Golomb)		이길종	
난화기	2~4세	탐색기	2~4세	맹목적 조형기	3~5세
전도식기	4~7세	분화기	4~5세	경단기	5~7세
도식기	7~9세	완성기	6세 이후	상징기	7~9세
또래 집단기	9~11세			유발적 사실기	9~11세
의사실기	11~13세			분석적 사실기	11~13세
결정기	13~17세			억제기	13~15세
청소년기	청소년기				

IV 유아미술 감상 능력 발달단계

UNIT 44 감상 능력 발달단계 – 가드너

특징	• 가드너는 피아제의 인지발달이론에 영향을 받아 미적인식 발달과정에 대한 연구를 실시하였다. 그는 인간의 감상 능력은 모든 유아에게 같은 순서로 이루어지는 것이 아니라 개인의 미적 경험이나 감수성, 인지발달 정도에 따라 차이가 있다고 보았다. • 유아기는 미술감상의 준비 단계로서 높은 수준의 미술감상은 불가능하다고 보았다. • 자신이 그린 그림을 되돌아보며 생각해 보는 기회, 친구가 그린 그림을 감상해 보는 기회, 미술관이나 박물관을 견학하는 등 기초수준의 감상 기회를 많이 갖게 되면 긍정적인 감상 태도를 기를 수 있다고 주장하였다. • 주변에 미술의 요소와 원리에 대해 잘 알고 있는 어른이 미술감상과 관련지어 이야기해 주고, 질문하며, 감상활동을 제공해야 한다고 보았다.
지각의 단계 **(0~2세)**	• 사물을 직접 지각하는 단계로 사물의 공간적 형태만을 구별하는 시기이다. – 시각능력이 준비되는 시기로 대상의 세계와 인간의 세계를 아는 것은 나중에 감상자가 되기 위해 꼭 필요한 것이다.
상징 인식의 **단계** **(2~7세)**	• 상징을 어떻게 읽는가의 밑그림이 되는 지식을 획득하는 단계이다. • 실제 사물과 기호화·상징화된 사물과의 관계를 인식하면서, 대상을 개념적으로 감상하는 시기이다. • 사물에 대한 인식이 감상적이고 심리적 충동에 따르기 때문에 표현된 상징의 공식적·즉각적 지시성에만 얽매이기 쉽다. • 이 시기에는 예술적 지각능력이 표현능력에 비해 떨어진다. – 그림을 감상할 때 주로 내용을 중심으로 보며, 누가 어떻게 그렸는지 일반적으로 말하는 '예술적 지각'을 갖고 있지는 않다.
사실적인 단계 **(7~9세)**	• 조형적 대상을 받아들이는 데에 있어 묘사적 규칙과 전통적 개념을 중시하는 시기이다. • 지각의 능력에 있어서 엄격한 사실 지향적 관점을 지니기 때문에 사진과 같은 사실적 작품을 선호하고 존중한다. 한편 환상적이고 상징적인 표현은 경시하기도 한다. • 교사는 어린이들이 사실주의적 고정관념에 고착되는 것을 막고, 잠재적인 개성과 창의성을 흥미 있는 방법으로 격려하는 것이 중요하다.
탈 사실적 단계 **(9세~13세)**	• 실제 사물과의 사실적인 면보다 표현된 측면에 더 주목하는 시기이다. 다양한 미적 특성에 관심을 가지고 미묘한 표현적인 성격, 진부하지 않은 색다른 특성을 지각하게 된다. • 예술적 양식의 요소를 이해함으로써 무엇을 그렸는가보다는 그린 재료와 기법에 관심을 기울이게 되며, 좋아하는 작가가 생긴다. – 즉 주제에 대한 지배적인 관심 대신에 어떻게 나타낼 것인가 하는 재료와 기법에 관심을 기울인다.

	• 타인의 개성을 인식하고 인정하며, 예술작품의 각기 다른 표현양식에도 관심을 보이고, 감수성이 발달하여 기존 양식으로부터 벗어난 추상화나 패러디와 같은 형식을 평가할 수 있게 된다. • 사춘기에는 고도의 예술적 지각이 가능하게 되며, 예술영역 중 미디어에 깊이 빠져들고, 자신이 느끼는 인생 및 주위의 예술 대상과 대화하기를 좋아한다.
예술적 위기의 단계 (청소년기)	• 예술적 지각의 시기로, 일반적인 인지 내지 사회성 발달과 병행한다. • 미술에 대한 관심이 낮아지면서 다른 활동으로 분산되고, 정서가 급변하며 비판적인 인식이 과도해지고, 환경에 대한 지각능력이 높아진다. 이로 인해 표현에 자신이 없어지고, 다른 친구의 작품을 비판한다. • 개인의 성격유형이 분화되는 시기로, 감성적 특성보다 논리적인 특성이 우세한 시각형 학생은 과학에 관심을 보이며, 감성적 특성이 두드러지는 촉각형 학생들은 개성적인 예술에 몰입하기도 한다.

UNIT 45 감상 능력 발달단계 – 하우젠

• 하우젠은 미술관의 프로그램과 관람객을 평가하기 위해 미적 발달단계를 분류해 제시하였다. 하우젠의 미적 발달단계는 미술작품 감상에 있어 각 단계별 언어구술의 특징을 나누어 제시한 것에 가까우며, 설명단계, 구성단계, 분류단계, 해석단계, 재창조단계의 다섯 단계로 분류된다.
• 유아의 감상 능력이 발달할 수 있도록 하기 위해 교사는 유아가 자신의 작품과 친구의 작품, 박물관과 미술관에 전시된 작품, 나아가 주변의 생활환경, 자연환경 등을 접하면서 감상할 기회를 많이 가질 수 있도록 지도해야 한다.

설명단계	• 자신의 감각, 개인적인 느낌들, 개인적인 기억 및 연상한 내용, 그리고 개인적 연관성들을 이용하여 구체적인 관찰을 한 후, 그것을 하나의 이야기로 엮어나간다(그 사고는 작품의 범위 안에 머물지 않으며 작품과 거리가 먼 상상을 한다). • 미술작품을 평가할 때 자신이 좋아하는 것, 자신이 아는 것이나 알 수 있는 것들에 기초해서 평가한다. • 작품을 충실히 잘 보려하지 않고, 자기 주관에 의하여 그림을 읽는다. • 개인적 경험을 바탕으로 감정 어휘를 사용해 이야기를 꾸미고, 소재, 기법과 관련하여 선호도를 가진다. • 미술작품을 감정적인 용어로 설명한다. – 모두 전개되지 않은 이야기의 일부가 된 것처럼 미술작품 속으로 빠져 들어가 감정 어휘를 사용하여 설명한다.

구성단계	• 상식적이고 객관적인 경험과 사실 자료에 준거하여 의미나 이해의 틀을 구성하려는 단계로, 아동은 자신의 지각, 자연 세계의 지식, 사회적·도덕적 가치, 합의된 세계관을 사용하여 미술작품을 살펴보기 위한 틀을 만든다. • 자기 가치관과 인생 경험이라는 필터를 통해서 작품을 감상하는 것으로, 만일 자신이 만든 틀을 통해 작품이 보이지 않으면(⑩ 기술, 고된 작업, 기법, 실용성, 기능이 명백하지 않다거나, 주제가 부적절한 것으로 보일 경우) 아동은 그 작품의 가치를 경시하거나, 가치 없는 '이상한 것'으로 판단해 버린다. 이때 어떤 것이 현실적인가에 대한 느낌이 종종 가치를 결정하는 데 적용되는 기준이 된다. • 감상하는 기회가 많아짐에 따라 아동은 작품에 대한 지식과 정보를 알고 싶어하고, 관람 시 미술관 교육자에게 자발적으로 질문을 하기도 한다. • 아직은 미술작품의 기능, 기술, 기법, 유용성, 기능성에 대한 언급은 하지 않는다. • 미술작품을 제작한 작가의 의도에 초점을 맞출 때 개인의 정서적 반응은 사라진다. • 감정이 숨겨지기 시작하기 때문에 미술작품으로부터 거리를 두기 시작한다.

분류단계	• 전문적인 지식과 이론을 가지고 작품을 분석하고, 해석하며, 설명하려고 하는 단계이다.
	  - 아동은 미술사가처럼 작품을 분석적이고 비평적인 용어로 서술하며, 그들과 같은 분석적이고 비판적인 견지를 취한다.
	• 감상체험과 함께 지식의 증가에 따라 작품을 볼 때, 장소, 화파, 양식, 시대, 역사적 기원을 고려하여 분류하고자 한다.
	• 적절하게 분류된 미술작품의 의미와 메시지가 설명되거나 합리화될 수 있다고 믿기 때문에 작품 표현의 이미지와 기호를 범주로 나누고, 작품의 의미와 의도를 설명하거나 이론적으로 합리화하고자 한다.
	• 작품 그 자체를 보기보다는 거기에 관련된 정보를 얻기도 하고 이야기하는 것에 만족감을 얻는다.
	  - 준비되어 있고 확장하기 쉬운 사실에 관한 정보와 도록, 상징적 자료를 담고 있는 자료실을 활용하여 작품을 해독한다.
	  - 전시회나 작품 카탈로그 등에 실려 있는 논문 등 과거 미술관에서 감상자에게 제공하는 정보는 주로 제3단계 이상의 관객을 대상으로 한 것이라 할 수 있다.

해석단계	• 아동은 나름대로 미술작품과의 개인적 만남을 추구하고, 미술작품과의 새로운 만남은 매번 새로운 비교, 통찰, 경험을 이끌어 낸다.
	  - 작품을 탐색하고 그들의 의미가 천천히 풀려나오도록 하면서 작품에 대해 가능한 여러 가지 해석을 늘어놓는다.
	• 작품의 의미와 상징이 드러나는 과정에서 직관과 느낌이 비평과 기술보다 우선한다.
	• 기존의 해석을 뛰어넘어 논리적으로 새롭게 해석하는 단계이다.
	  - 고정된 비평기술을 적용하는 것을 뛰어넘으려고 하고, 미술작품의 본질과 가치는 재해석의 대상이 될 수 있으며, 재해석하는 과정에서 주어진 기존의 해석도 바뀔 수 있는 것으로 본다.
	• 미술사와 작품을 비평하는 여러 기법 등에 관한 지식을 이해한 후에 자기의 감성을 더하여 작품을 해석할 수 있게 된다. 따라서 제4단계 이상의 관객에 대해서는 미술관이 교육 서비스를 제공하는 것보다는 전문적인 내용을 제공해야 할 것이다.
	• 선과 형태와 색상의 섬세함을 감상하면서 선, 형, 색에 대해 세밀하게 지적한다.

MEMO

재창조단계 (재창조적 감상자)	• 재창조단계의 아동은 미술작품에 관한 시각과 반성의 오랜 역사를 꿰뚫고 있으므로, 미술작품에 대해 불신하던 마음을 멈춘다. 그리고 친숙한 작품은 마치 오랜 친구와 같이 느끼게 된다. • 작품의 시대, 역사, 질문, 여정, 사연을 아는 일 그리고 역사 위에 작품을 상세히 그려내는 일, 일반적으로 바라보는 일은 아동에게 개인적인 시각과 보편적인 관심을 보다 광범위하게 처리하여 조합하도록 만든다. • 미술작품의 생태학, 즉 그 작품이 제작된 시대와 역사, 작품이 질문하고 있는 것, 작품이 겪어온 여정 및 그 밖에 작품의 배경에 있는 여러 가지 복합성을 이해하고 있는 단계이다. 아동은 개인적인 경험과 보편적인 지식을 섬세하고 복잡하게 조합하면서 자유롭게 작품을 읽고, 작품에 의해서 자신의 읽기 태도를 유연하게 바꾼다. – 보편적으로 널리 적용되는 일반적인 감상법을 그들 자신의 역사 속에 그려넣으면서 아동이 개인적인 시각과 보편적인 관심을 보다 광범위하게 처리하여 조합하도록 만든다. 이로 인해 개인적인 것과 보편적인 것을 복잡하게 조합함으로써, 아동은 회화작품의 풍경 속으로 몰입한다. • 미술에 관하여 여러 가지를 깊이 있게 이해하고 있으며, 창작적인 예술가라는 존재에 대하여 최대의 정의를 갖기도 한다. 감상작품과 대화를 할 수 있는 깊은 사색이 가능하게 된다.

UNIT 46 감상 능력 발달단계 – 롯친스(Rochins)

기본 관점	• 유아가 감상활동에 부담을 갖지 않고 접근하도록 하기 위해서는 이들 발달단계의 특성에 맞추어 감상 교육을 실시해야 한다.
	  – 예를 들어, 지각 단계의 영아를 대상으로 상징화된 사물을 표현한 그림을 감상하도록 하는 것이나, 취학 전 연령의 유아에게 예술작품에 대한 전문가 수준의 미적 평가를 요구하는 것은 감상활동 관련 유아의 학습준비도를 고려하지 못한 것으로 바람직한 감상 교육이 될 수 없다.
	  – 한편, 발달단계를 고려한 지도에 있어서 주의해야 할 것은 발달론에 너무 사로잡혀 정작 주어져야 할 적절한 발달 자극이 배제되는 것이다.

제1기 준비기 (4~5세)	• 아직 의식보다는 무의식, 분화보다는 미분화의 상태에 놓여 있기 때문에 감상 작품도 신변의 것, 자신의 작품, 친구의 작품 정도이다. • 묘사능력이 낮으며 표현능력이 낮아서 그리는 것 보다는 보는 것에 흥미를 갖는 시기이다. • 이 시기에는 좋은 그림책을 보여주어 장차 감상 능력의 기초를 형성하는 것이 바람직하다.
제2기 태동기 (6~10세)	예술적 감상 시기라 불리는 이 단계는 풍부한 상상력에 의해 자유분방하게 그리고, 자기표현에 흥미를 갖는다.

MEMO

제3기 성숙기 (11~15세)	묘사력은 침체되지만, 자기의 표현력에 대한 자각과 평가능력이 발달하기 때문에 감상 수업이 효과적으로 진행될 수 있다.
제4기 (15세 이후)	예술적 창작의 경지에 이를 수 있는 시기로, 정신능력의 발달에 따라 미적 평가능력이 더욱 발달하여 감상 교육에 있어서 최적의 시기라고 할 수 있다.

UNIT 47 감상 능력 발달단계 – 파슨스(Pasons)

기본 관점	파슨스(1987)는 피아제의 인지심리학과 콜버그의 도덕판단 발달단계를 접목하여 미적 인식에 대한 발달 연구를 하였고, 파슨스 또한 단계를 5단계로 구분하였다.
개인적 선호의 단계	유아나 유치원 어린이들의 단계로 직관적으로 그림을 느끼고 자신에게 기쁨을 느끼게 하는 작품을 좋은 것이라고 판단한다. 여기에서의 판단은 옳다, 그르다의 문제 또는 객관적 타당성의 문제는 아니다.
미와 사실주의의 단계	• 초중등학생들의 단계로 사실적인 표현을 추구하며, 얼마나 사실적으로 표현했는가가 작품을 판단하는 기준이 된다. • 사실적으로 묘사하는 기량과 끈기를 좋아한다. • 타인이 그림을 보는 관점을 고려한다는 점이 앞 단계와 달라진 점이다.
표현주의의 단계	• 표현주의 단계는 20대 대학생들의 단계로 소수의 청소년들만이 여기에 해당된다. 　– 예술작품이 작가의 감정과 생각을 표출한 것이라고 생각한다. 　– 그림을 감상할 때 창조성, 독창성, 감정의 깊이가 작품을 판단하는 기준이 된다.
양식과 형태의 단계	• 양식과 형태의 단계와 다음의 자율성의 단계는 연령의 단계가 아니라 경험과 환경이 중요한 요소로 작용한다. • 작품이 사회적 환경이나 경험에 의해 결정된다고 본다. 　– 미술에 있어서 어떤 양식이 개인적인 표현이 아니라 문화의 상징으로 나타남을 이해한다.
자율성의 단계	• 예술작품의 가치가 시대에 따라 달라지며, 동시대의 상황에 맞춰 끊임없이 변화함을 이해한다. • 작품을 판단하는 기준이 사회적 맥락에 의해 이루어지지만, 판단을 하는 것은 개인의 경험임을 의식하여 자율적으로 감상할 수 있는 단계이다.

V 유아미술표현

UNIT 48 유아미술표현의 특징

KEYWORD # 의인화적 표현, 동시적 표현, 투시적 표현, 중앙원근법적 표현, 기저선 표현, 두족인 인물형태, 나열식 표현

난화적 표현	• 유아들은 대개 첫돌부터 4, 5세까지 난화를 그린다. 이는 난잡한 선으로 이루어진 그림을 말하며, 아무런 목적 없이 손의 근육운동과 그 결과로 생긴 선들을 발견하고 즐기는 표현이다. • 어떤 특정 대상을 그리는 것이 아니라, 그리고 싶은 욕구 그 자체가 목적이 되어 쾌감을 주는 것이다. • 아무런 목적이나 의도 없이 본능적 움직임에 따라 그려진 이러한 그림은 영아들의 중요한 자기표현 수단이 된다. − 특히 언어적·신체적 발달이 미성숙한 영아들에게서 많이 나타나며, 이러한 표현에 적극적·긍정적인 관심을 나타내고 격려해 줌으로써 아이들의 표현에 대한 자신감과 호기심을 강화할 수 있다.  ◈ 표현의 목적과 의도를 알기 힘든 형태의 난화적 표현

두족인 표현	• 유아의 초기 인물 표현은 원형으로 표현한 머리 부분에서 두 개의 다리와 팔이 나오는 형태로 나타난다.
	   − 문어, 낙지, 오징어 등은 머리에서 바로 다리가 있어서 두족류라고 하는데, 이와 비슷하게 몸통 없이 머리에서 팔과 다리가 곧바로 나오는 그림이라고 해서 두족인이라고 한다.
	   − 머리는 동그라미 형태로 그리고 다리는 수직선, 팔은 수평선으로 그리며, 신체의 세부적인 면에는 관심이 없다.
	   − 아른하임(Arnheim) : "두족인으로 인물을 표현하는 것은 유아가 사람으로 인식할 수 있는 가장 간단한 형태를 그리는 것이다."
	• 인물화의 표현은 두족인의 모습에서 점차 팔, 몸통, 손가락, 발가락, 옷, 머리와 같은 세부적인 묘사가 가능해진다.

MEMO

✎ 머리를 나타내는 원을 크게 그린 뒤, 세로 선 2개를 아래쪽으로 그려 다리를 표현

＊미분화
사물과 사물의 관계가 구분되지 않은 상태를 말한다.

미분화에 의한 그림

• 유아는 아직 인지가 발달하지 못하고 직관에 의해 사물과 대상을 이해하기 때문에 정확한 개념을 가지지 못한다. 따라서 주변 대상과 환경에 대한 개념이 아직 ＊미분화되어 있다. 어떤 사물 간의 관계, 크기, 공간의 배치, 상하, 좌우, 원근 등이 주관적이어서 현실 세계와 달리 열거식으로 나타내거나, 따로 분리하여 독립적으로 표현하는 등 실제와 달리 자신만의 이해방식으로 표현하게 된다.
− 미분화된 표현은 난화기를 거쳐 5~6세에 나타나는데, 여러 가지 사물을 시·공간적으로 관련짓는 능력이 미숙할 때 나타난다.
− 유아는 대상을 보는 능력은 있지만 사물과 사물과의 관계를 이해하는 것이 미숙하므로, 대상을 구체적으로 표현하는 데 어려움이 있다.
• 사람보다 큰 새나 큰 돌멩이를 그려 넣는 이유와 뾰족한 잔디 위에 사람을 그려 넣는 이유를 피아제 인지발달이론으로 근거해 보면 개념적 미분화의 그림이라고 해석할 수 있다.

＊물활론적 사고 (애니미즘적 사고)
• 만물이 생명을 가지고 있다고 믿는 것으로, 유아는 물활론적 사고에 의해 대상과 환경을 인식한다. 사물도 인간과 같이 생각할 수 있다고 믿어 자신의 감정에 따라 표현하는 대상에게 감정을 부여하며, 웃는 얼굴, 찡그린 얼굴, 화난 얼굴로 감정을 표현한다. 유아기 초기에 강하게 나타나며 나중에는 점차 무생물과 생물을 구분하게 된다.
• 물활론적 사고를 하는 유아의 경우 해가 산 너머로 지는 것은 화가 나서 해가 산 뒤로 숨은 것이고, 가위로 종이를 자르면 종이가 아플 것이라고 생각한다.

의인화적 표현

• 의인화된 표현은 유아의 그림에서 흔하게 발견되는 것으로 모든 사물을 살아있는 인간처럼 표현하는 것을 말한다.
• 자신을 둘러싼 모든 환경이 살아있으며 저마다 기쁨과 슬픔을 가진다는 ＊물활론적 사고(애니미즘적 사고)로 인해 모든 사물을 살아있는 인간처럼 표현하는 것이다.
㉇ 해님이 눈이 부실까봐 선글라스를 끼워서 그리고, 나무와 꽃은 기분이 좋아 활짝 웃는 모습을 그려 넣는다.
㉇ 태양, 꽃, 나무, 구름 등에 눈, 코, 입을 그리거나, 동물에 옷을 입히고 신발을 신겨준다.
㉇ 구름, 꽃, 나무에 눈, 코, 입을 그리고, 감정에 따라 표현한다.

• 유아는 자기중심적 사고에 의해 대상과 환경을 이해하고 표현한다. 전조작기에 해당하는 유아들은 언어에 있어서도 자기중심적 언어로써 의사소통이 이루어지는데, 이와 같은 자기중심적 사고에 의한 표현은 언어 외에도 그림에서 잘 나타난다고 보는 것이다.
  － 자신의 생활경험 속에서 가장 강하고 인상 깊게 느껴진 것, 강한 욕구 등을 자신의 지각에 의해서 느낀 대로 솔직하게 표현한다.
  － 도식에서의 일탈 : 자신에게 의미가 있고 중요하다고 생각되는 것은 자연의 비례를 무시하고 크게 과장하여 표현하는 반면, 자신이 중요하지 않다고 생각한 부분이나 관심 없는 부분은 그리지 않거나 작게 축소하여 그린다.
  － 이와 같은 축소나 생략, 과장 표현은 유아의 자기중심적인 관찰과 주관적 관점에서 나온 결과로서 비논리적인 형상으로 표현한다.
• 자기중심적 표현이란 유아가 그림을 그릴 때 객관적인 시각이나 일반적인 인식보다 자신의 생각과 느낌을 중심으로 그린다는 것을 말한다.
  － 유아들은 실제 특성과 관계없이 자신의 감정과 정서를 더 중요하게 생각하므로, 정서적인 경험을 표현할 때 의미 있고 중요하다고 느끼는 대상을 크게 확대하여 그리거나 과장하여 표현하며, 그렇지 않은 것은 생략하거나 작게 표현하게 된다.
  － 원근, 비례, 균형, 평면과 공간 관계는 무시되고, 심리적으로 흥미 있고 강한 인상을 받은 사건이 확대되는 경향이 있으며, 실물을 충분히 묘사할지라도 본인의 기억에 크게 좌우되는 경향이 있다.
  <small>예</small> 자신이 좋아하는 사람은 크게 그리고, 싫어하는 사람은 작게 그려 표현한다.

자기중심적 표현 (축소나 생략, 과장의 표현)

▲ 병원에 다녀 온 경험을 그림으로 그리면서 인상적인 기억으로 남은 간호사 선생님을 크게 그림

▲ 내가 좋아하는 친구를 크게 표현한 것

▲ 연필을 찾기 위해 더듬거렸던 강한 경험이 손에 대한 상징의 변화와 팔에 대한 과장과 강조로써 표현되어 있음
▲ 연필을 찾은 후에는 특별한 의미가 없어졌기 때문에 팔의 길이도 줄어듦
▲ 연필이 마루 위에 있었기 때문에 기저선을 두고 위에 연필을 표현하고 있음

▲ 자신이 중요하다고 느끼는 부분인 인물의 머리카락은 확대·강조하고, 그렇지 않은 부분들을 취소·생략한 것을 볼 수 있음

투시적 표현 (뢴트겐 화법, 엑스레이 표현)	• 투시적 표현이란, 실제로 보이지 않는 곳까지 투시하여 그리는 것을 말한다. 　– 유아가 자신의 경험적 지식을 토대로 실제로는 볼 수 없는 부분들을 투시하여 그리는 　　것이다. 이러한 현상은 사물의 내부 상황을 예전의 경험으로부터 알고 있으며, 이를 나 　　타내는 것이 외형의 정확한 표현보다도 더 중요하다는 관념적 사고에 지배되어 있기 　　때문에 발생하는 현상이다. • 구디너프(Goodenough)는 투시적 표현을 두고 아동이 보는 것을 그리지 않고 알고있는 것 　을 그리기 때문이라고 설명하였다. 　– 내부가 외부보다 유아에게 더 중요할 때 표현된다. 　– 유아의 내재된 사고과정을 잘 파악할 수 있는 자료가 된다. • 피아제의 인지발달이론적 관점에서 '공간 개념 미흡에 따른 그림'에 해당한다. 　– 유아는 자기중심적 사고나 직관적 사고 등의 전도식기 사고의 특성으로 보존개념, 서열, 　　유목의 개념이 아직 서투르며, 공간이나 위치 등의 개념도 미흡하다. 따라서 공간과 위 　　치를 자기식대로 이해하여 그림에 표현하게 되는데, 그중 한 예가 동시에 볼 수 없는 　　것을 볼 수 있는 것처럼 비현실적으로 그리는 투시적 표현이다. 　📷 집을 그릴 때 외부와 집 안의 내부를 동시에 그리고, 자동차를 그릴 때 자동차의 외부와 차 안에 　　있는 사람 및 자동차의 내부를 드러나게 표현하는 것이다.   　▲ 바닷속 큰 물고기들의 뱃속에 금방 잡아먹은　　▲ 집을 그려넣고, 저녁식사 하고 있는 가족의 모 　　작은 물고기들이 보이는 것처럼 투명하게 그　　　습이 밖에서 보이는 듯 그려 놓음 　　려 놓음
열거식 표현	• 카탈로그식 표현, 열거식 표현으로 불린다. • 사물을 표현할 때 원근법, 공간관계, 깊이 등을 무시하고 여러 가지 사물들이 아무런 연관 　없이 나란히 그려지는 것으로, 마치 여러 가지 상품을 어떤 의미 없이 나열해 놓은 카탈로 　그처럼 표현하는 것을 말한다. 　📷 버스를 탄 사람을 그릴 때, 버스는 버스대로 그리고 사람은 사람대로 그려놓게 된다. 　📷 공을 차는 장면을 그릴 때, 사람을 그려놓고 위치에 관계 없이 위 혹은 아래 쪽에 공을 하나 그려 　　넣기도 하고, 공을 두 개 그려 넣기도 한다. 　📷 사람, 집, 강아지, 자동차 등을 그릴 때 일렬로 나열해서 그리거나 통일성 없이 그리는 것이다. • 유아는 그림을 그릴 때 의식적으로 무엇을 계획하거나 구도를 생각하여 그리지 않고, 그 　저 생각나는 대로 소재를 그려 넣기 때문에 구도의 조화나 사물의 통일된 비례를 찾을 　수 없다. 　– 즉 화면 전체의 통일성보다는 관심 가는 것, 자기 경험을 생각나는 대로 하나하나 그려 　　간다고 보는 것이다. 이러한 측면에서 열거식 표현은 알고 있는 것을 그린다는 지적 리 　　얼리즘의 한 예이기도 하다.

MEMO

		• 피아제의 인지발달이론에 근거하면 미분화에 의한 그림으로 볼 수 있다.
		  − 전조작기 유아들은 주변 대상과 환경에 대한 개념이 아직 미분화되어 있어 현실 세계와
		     달리 열거식으로 나타낸다고 본다. 즉 사물과 사물과의 관계를 판단하는 능력(어떤 대
		     상과의 관계를 상하, 좌우, 원근이나 비례, 크기, 위치 등을 관련짓는 능력)과 표현이 미
		     숙하여 이를 무시하고 나란히 나열하여 그리게 된다.
		  − 유아가 객관적인 공간개념이나 표현의 원리를 아직 인식하지 못하고 있어서이다. 자신
		     이 환경의 일부임을 인지하지 못하고 스스로를 환경과 연관 짓지 못해서 그림을 카탈로
		     그식으로 따로 그려서 열거하게 된다.

**상징적
사고에 의한
상징적 그림
(반복적
표현)**
		• 유아는 *상징적 사고에 의해 대상을 이해하고 표현한다.
		• 상징적 사고는 유아가 대상과 환경을 그림으로 표현할 때 반복하여 나타난다. 한 예로 나
		  무는 직사각형에 동그라미로 상징화하여 그리며, 집은 사각형에 삼각형 지붕으로 표현하
		  고, 자동차는 사각형에 동그라미 두 개의 바퀴로 표현하여 그려 넣는다.
		• 또한 모든 그림에 사람, 집, 나무, 해, 달, 잔디 등 반복적인 주제가 나타나는 정형화된 그림
		  을 그린다.

	반복적 표현	• *도식(schema)의 반복적 표현을 의미하는 것으로, 비슷하거나 같은 모양을
		  나열하여 패턴화된 것처럼 표현하는 것을 말한다. 꽃, 리본, 구름, 햇님 등을
		  연달아서 비슷하게 그리는데, 특히 남아보다는 여아에게서 이러한 현상이 더
		  많이 나타난다.
		• 자신이 표현하고자 하는 대상에 대해 쉽게 표현할 수 있는 도식(schema)이
		  나 상징을 만들어서, 대상을 표현할 때 그 도식을 반복적으로 사용하는 것을
		  말한다.
		• 인물이나 사물에 대한 개념이 부족하여 이를 반복하여 그리기를 즐긴다.
		  🔲 화면에 등장하는 인물 10명의 모습을 동일한 형태로 표현하는 것이다.

		✏ **공통된 특징을 가진 인물의 형태를 반복적으로 표현한 그림**

	**스테레오
	타입**
		• 상징적 사고로 인해 공통된 주제가 반복하여 표현되는 것이다.
		  − 모든 유아는 그림을 그리면 하늘, 구름, 해, 달, 꽃, 집, 사람, 나무 등 공통
		    된 주제를 정형화된 표현으로 반복하여 그리는데, 존슨(Johnson, 1965)은
		    이와 같은 표현을 그림 발달이 정체된 스테레오 타입이라고 정의하였다.
		  − 랜디스(Landis)는 그림 주제가 바뀌어도 모든 그림에 '집−하늘−해−잔
		    디'가 공통적으로 표현되는 것을 두고, 이러한 그림을 「집−하늘−해−잔
		    디의 습관」이라고 이름 붙였다.

＊상징(symbol)
상징은 어떤 다른 것을 나타내는 징표를 말하며, 상징의 사용은 문제해결의 속도를 증가시키고 시행착오를 감소시킨다.

＊상징적 사고
• 상징적 사고의 능력은 유아로 하여금 '지금 여기'의 한계에서 벗어나 정신적으로 과거와 미래를 넘나들게 한다.
• 상징적 사고는 정신적 표상, 상상력과 아울러 가상놀이, 상징놀이를 가능하게 한다.

＊도식(schema)
어떤 대상에 대하여 반복되어 나타나는 상징적 표현을 말한다.

동시성의 표현 (신크로니즘, synchromism)	개념	동시성이란 하나의 평면상에 유아가 표현하고자 하는 대상의 여러 관점, 즉 시간, 공간, 방향, 위치 등이 동시에 나타나는 것을 말한다.
	방위의 동존화 표현 (시점 이동 표현)	• 고정된 시점으로 표현하지 않고 다양한 시점에서 사물을 나타낸다. 즉 사물을 그릴 때 유아에게 있어 사물 전체를 한 번에 한 시점에서 그리는 것이 어렵기 때문에, 유아 스스로가 시점을 이동하여 그리기 쉬운 방향 혹은 그 사물의 특징을 가장 잘 나타내는 방향에서 본 형태로 변형하여 그리는 것이다.

방위의 동존화 표현 (시점 이동 표현) 이어지는 내용:

• 고정된 시점으로 표현하지 않고 다양한 시점에서 사물을 나타낸다. 즉 사물을 그릴 때 유아에게 있어 사물 전체를 한 번에 한 시점에서 그리는 것이 어렵기 때문에, 유아 스스로가 시점을 이동하여 그리기 쉬운 방향 혹은 그 사물의 특징을 가장 잘 나타내는 방향에서 본 형태로 변형하여 그리는 것이다.

　예 인물의 정면과 측면을 동시에 표현하거나 화병에 담긴 여러 송이의 꽃을 다각적인 시점으로 그리는 것이다. 모든 사물들이 누워 있는 것처럼 보이고, 동서남북에서 보았던 것이 하나의 평면 안에 그려진다. 이러한 현상이 나타나는 것은 전체를 하나의 방향에서 본 시점으로 그리기보다 유아가 편리한 대로 위에서, 아래에서, 왼쪽, 오른쪽 등 시점을 바꿔가면서 나타내기 때문이다.

• 피아제의 인지발달이론에 근거하면 ✱직관적 사고에 의해 표현된다고 해석할 수 있다.

　– 직관에 의해 사물을 판단하기 때문에 그때마다 판단이 변하며 전체와 부분을 정확하게 이해하지 못한다. 이와 같이 직관적 사고에 의해 대상과 환경을 해석하며 이는 곧 그림에서도 나타난다.

　– 유아들이 표현한 모든 동물은 정면 얼굴과 측면 몸을 합친 모습이다. 즉 유아가 동물을 이해하고 그릴 때는 얼굴은 정면이 강하게 지각되고 몸은 측면의 몸통이 강하게 인식되기 때문에 서로 다른 방향을 하나의 전체 이미지로 그려 넣는다.

　– 이와 같은 표현을 정면성 혹은 동시성 표현(방위의 동존화)이라고 한다.

✱직관적 사고
어떤 사물을 볼 때, 그 사물의 두드러진 속성을 바탕으로 사고하는 것으로써, 직관에 의해 사물을 파악하는 것을 의미한다.

▲ 화병에 담긴 여러 송이의 꽃이 모든 방향에서 다각도로 그려지고 있음

▲ 직관적 사고에 의한 정면성(동시성) 그림: 그림 속 등장인물의 정면과 측면이 동시에 나타나고 있음

	공존화 표현 (시·공간의 동시표현, 연속성의 표현)	• 시간과 공간을 뛰어넘어 여러 면에서 본 것을 한 장면에 나타내거나, 시간의 흐름에 대해서 연속하여 표현하는 것이다. 즉 시간의 흐름(과거, 현재, 미래)을 한 장의 화지 위에 나타내는 것이다. • 서로 다른 시점과 다른 시간의 현상을 하나의 화면에 공존시켜 표현하는 것이다. 　🔵 아침과 저녁에 일어났던 일들을 한 장면에 동시에 그리거나, 과거, 현재, 미래의 현상이 동시에 그려진다. • 피아제의 인지발달이론에 근거하면 직관적 사고에 의해 표현된다고 해석할 수 있다. 유아는 시간과 공간에 있어서도 중요한 것을 강하게 지각하여 그림에 표현한다. 즉, '어제 있었던 일을 그려보세요'라고 하면 오전에 할머니 집에서 놀았던 장면과 오후에 놀이터에서 놀았던 장면을 합쳐서 한 공간에 동시적으로 그려 넣는다. • 또한 이야기를 하고 싶어 하는 욕구를 표현하고자 하나의 그림 속에 다양한 이야기를 담는다고 본다. 　－ 유아는 표현과의 정서적 유대 관계와 그리는 활동 그 자체의 중요성에 의해 다양한 시간에 발생한 사건을 하나의 그림에 표현한다. • 시간개념의 발달과정에서 나타나는 현상으로, 유아는 하나의 그림에 여러 시간대를 표현하고 있다는 사실을 인식하지 못하며, 한 장의 그림 안에 자신이 생각한 것을 표현하는 것에만 관심을 가지면서 나타나는 표현이라고 본다. • 자기가 본 대상을 사실적으로 묘사한 것이 아니라, 지각한 대로 묘사하는 발달적 특성에서 비롯된다고 볼 수 있다.   　🖌 해와 달의 동시 표현　　　🖌 낮과 밤에 일어난 일을 한 장면에 담음 　▲ 자기가 본 대상을 사실적으로 묘사하　▲ 밤낮과 같은 다른 시간대 및 인상적인 　　는 것이 아니라 지각한 대로 묘사하는　　공간을 하나의 그림에 표현하는 것 　　발달특성으로 인해 해와 달을 동시에 　　한 화지에 그려 넣음
	전개도식 표현	• 주관적인 공간 표현의 대표적 예로, 전개도를 그리는 식으로 보이지 않는 면을 보이는 것처럼 펼쳐서 그리는 방법을 의미한다. • 유아는 3차원의 세계를 2차원으로 그릴 때, 즉 입체적인 사물을 도화지에 평면으로 표현할 때 어려움을 느끼는데, 이때 자신의 주관적인 경험에 따라 자신이 편리하고 쉬운 방법으로 표현한다. 　🔵 식탁을 그릴 때 식탁의 모양을 네모로 그리고 양 옆의 식탁 다리가 바깥으로 뻗어진 전개도처럼 표현한다. 　➡ 이는 유아가 보이는 대로 그리는 것이 아니라, 아는 것을 그린다고 보여주는 한 사례이다. 식탁의 다리가 4개인 것은 아는데, 식탁을 입체로 보이게 그릴 수 없어 아는 것을 그린 것이다.

⑩ 사물들을 거꾸로 그릴 때도 기저선에 대해 사물을 수직으로 그림으로써, 공간 개념을 창조하는 과정을 의미한다.

➔ 전개도식 표현은 기저선을 중심으로 사물을 수직으로 그림으로써 공간관계를 주관적으로 표현하는 것이다.

• 중앙에 길이나 강을 표현한 후 양쪽 편에 수직으로 나무, 집, 사람 등을 배치하여 표현하는 것과 같이, 기저선을 중심으로 모든 사물을 수직적으로 배치하여 전개도를 그리는 것처럼 표현한다.

• 유아는 대상을 한눈에 볼 수 있는 안목이 부족하기 때문에 한 쪽을 그리고 난 다음에 다른 쪽은 화지를 돌려가며 그린다.

▲ 유아는 등산로의 한쪽에 서서 맞은편 산을 바라보고 있는 자신을 그리기 위해 기저선의 한쪽 위에 자신을 그린 후 종이를 돌려서 맞은편 다른 쪽 산을 그림
  - 유아가 서 있는 기저선을 따라 종이를 접어 보면 산을 바라보며 똑바로 서 있었던 유아의 경험을 이해할 수 있음
  - 양쪽 산 모두가 유아의 개념에 중요한 의미를 갖기 때문에 유아는 동시에 양쪽 산 모두를 그림

▲ 가족들이 식탁에 둘러앉는 모습을 위에서 본 시점으로 그려 넣음

▲ 기저선 위와 아래에 산길의 모습을 모두 그린 전형적인 전개도식 표현
  - 한쪽 위에 나무와 꽃, 자동차를 그리고, 다른 쪽에 사람과 나무, 자동차를 그림
  - 기저선의 양쪽 모두가 유아에게 중요한 의미를 가졌기 때문에 산길을 기저선으로 양쪽 모두를 동시에 그림을 알 수 있음

기저선 표현	• 공간에 대한 인식으로 땅, 바다, 잔디 등을 수평으로 그어 놓고, 그것을 중심으로 물체를 수직으로 그려서 표현한다. - 종이 위에 기저선을 그려 넣음으로써 하늘과 땅의 경계를 만드는 것은, 공간에 대한 관계를 발견하는 시기의 유아들이 나름대로 공간에 대해 질서를 부여하게 되었다는 것을 의미한다. - 종이의 밑에 선을 그어 땅, 바다를 표현하고 윗면의 선에는 하늘을 표현하기도 한다.

– 유아는 기저선을 통해 하늘과 땅을 구분하고, 이를 중심으로 땅 위에 존재하는 것과 하늘에 존재하는 사물을 설정한다.

📝 기저선 위에 사람, 집, 나무, 꽃 등을 그리고, 하늘에는 태양, 구름, 새, 비행기 등을 그리는 것이다.

◈ 기저선

◈ 하늘선

📌 기저선과 하늘선

- 기저선 : 유아가 공간에 대한 자신의 관점을 시각적으로 표현하는 방법으로 선을 통해 공간의 경계를 만드는 것이다. 땅이나 바닥, 아래쪽을 의미하는 선으로, 유아들은 모든 사물을 기저선 위에 놓는다.
- 하늘선 : 기저선과 대응되는 선으로 하늘을 의미하는 선이다. 화면의 가장 위쪽에 그려서 하늘을 표현하는 데 사용된다.

📌 기저선의 발달적 의미

- 기저선을 통해 보여주는 공간의 도식적 표현은 유아가 공간개념이 형성되기 시작하면서 공간과 사물들의 관계성을 인식하고 있다는 것을 알 수 있는 근거가 된다.
- 유아는 공간과 사물들의 관계성을 인식함으로써 자신과 타인과의 관계, 즉 사회성을 인식하게 되며, 평면에서의 3차원적 세계의 표현방법을 느끼게 된다.

직각성의 실수

- 기저선이 수평이 아닐 때에도 사물이 기저선에 직각으로 서있는 형태로 그림을 그리게 되는 것이다. 이는 공간이나 위치를 자기식대로 이해하며 그림에 표현되었다고 해석할 수 있으며, 자신을 만족시켜주는 질서에 대한 욕구를 나타낸다고도 볼 수 있다.
- 또한 경사면에 사물이 똑바로 서 있다고 알고 있어서, 직각이 되게 물체를 그리는 현상이라고도 본다. 유아는 땅에 사람이 똑바로 서 있다는 것을 알고 있어서, 산의 비탈진 면에서도 등산하는 사람이 직각으로 서서 걸어가는 그림을 표현하게 된다는 것이다. 이는 알고 있는 것을 그린다는 지적 리얼리즘의 한 예라고 볼 수 있다.

적립원근 표현	• 성인들과 같이 원근법을 활용하여 공간구성을 하는 것이 아니라, 원근이 무시되어 평면적으로 나타나는 현상이다. – 화지의 아래쪽은 가까운 곳, 중앙은 중간 정도, 위쪽은 멀리 떨어져 있는 곳을 나타내는 방식으로 공간을 구성하는 것이다. 
중앙 원근법적 표현	• 유아는 구도에서도 자기중심적으로 표현하고자 하는 경향을 보여 본인이 중요하다고 생각하는 주제를 화면 중앙에 배치하고, 이를 중심으로 주위 사물들을 둥글게 표현하며, 그리는 사람이 중앙에 서서 사방을 돌아가며 보는 듯이 그린다. – 자신이 중앙에서 사방에 보이는 것들을 보이는 대로 표현하는 것으로, 먼저 윗부분을 보이는 대로 표현하고 종이를 돌려가며 네 방향을 모두 그린다. 🔍 학교의 모습을 그릴 경우, 건물이나 나무, 놀이기구 등이 중앙에 대해 수직으로 사방으로 눕혀져 표현하는 것으로 각 대상의 밑부분은 화면의 중앙에 모아지고 윗부분은 화면의 네 가장자리로 향하는 표현이다. • 피아제의 인지발달이론에 근거하면 자기중심적 사고, 직관적 사고의 특성으로 공간과 위치를 자기식대로 이해하며 그림에 표현하게 된다고 본다. – 공간에 대한 인식 부족으로 시점을 가운데 두고, 주변을 동그랗게 그려 나가는 표현양식이다. 

UNIT 49 유아미술과 원시미술

1 원시미술

정의	• 원시미술은 오늘날 세계 각 지역에 있는 원시 종족의 예술과, 선사시대의 과거 인류가 남긴 광범위한 인류의 예술을 총칭하는 포괄적인 개념이다. 　－ 원시미술은 과거 인류가 남긴 미술과 고대의 전통양식을 따라 생활하는 원시종족들의 문화적 배경을 바탕으로 표현하는 미술을 말한다. • 원시주의 미술은 일반적으로 주제나 기법, 형태 등이 자연으로의 회귀를 함축하는 원시적 삶의 우월성을 신봉하는 것, 그리고 이를 미술표현에 반영하는 것을 일컫는다.

2 아동미술과 원시미술의 유사점

존재상징의 표현	• 존재상징이란 표현하고자 하는 대상을 그것을 상징하는 선이나 형태로 나타내는 것이다. 예를 들어 사람을 그릴 때 팔과 다리를 그것을 상징하는 선으로 그리는 것이다. 　－ 미국 애리조나주에서 발견된 암각화는 이러한 존재상징 표현이 강하게 나타난다. 아동미술 역시 사물을 표현할 때 대부분 존재상징으로 표현하여 해, 집, 구름, 나무 등 존재를 나타내는 상징의 도식들로 그림을 그린다.
중앙원근법 표현	• 중앙원근법 표현이란, 중앙에서 주위를 돌면서 보이는대로 그리는 것으로 대부분의 원시미술과 아동미술에서 공통되게 나타난다. 　－ 유아는 자신이 표현하고자 하는 것의 중앙에 있다고 가정하며, 하나의 평면 위에 각기 네 방향을 표상한다. 이렇게 되면 밑에 그려지는 것들은 거꾸로 그려지는 것이다. 　－ 이 유사점은 공존화 양식과도 관련되는데, 다차원의 시간이나 공간을 한 평면 위에 동시에 나타내는 것으로서 등장인물의 몸은 정면을 보지만 옆 얼굴을 표현하는 것과 같은 방식이다. 이는 아동미술의 일반적인 특징이며, 이집트 미술과 같은 많은 고대벽화에서 발견되는 특징이기도 하다.
투시적 표현	• 투시적 표현은 실제로 보이지 않는 것을 보이는 것처럼 그리는 것이지만, 작가가 알 수 있는 것을 보이는 것처럼 그리는 것이다. 　－ 이집트인들의 연못 그림을 보면 실제로는 보이지 않는 연못의 물고기들이 모두 보이는 것처럼 표현되어 있다. 캥거루 그림에서 내장과 뼈를 보이게 그리는 것도 마찬가지이다. 　－ 유아들 또한 자신들의 경험에 기초해서 자신들이 알고 있는 사물의 내부 모습을 투시하여 표현한다. 　　웹 건물 속에 있는 사람들이나 엄마 뱃속의 아기, 자동차 속의 사람들을 표현하는 것이다.
과장과 축소의 표현방식	• 고대 이집트의 표현양식을 보면 과장과 생략이 법칙처럼 나타난다. 　－ 이집트 왕의 전투장면을 표현하는 그림에서 말을 타고 적군을 물리치는 이집트 지도자의 모습은 과장되어 화면 중앙에 크게 그려져 있으며, 적군의 말과 병사들은 축소 표현되어 있다. 　－ 아동미술에서도 아이들은 자신에게 의미 있는 것은 크게 그리고, 자신에게 중요하지 않은 것은 생략하거나 축소한다. 이는 피아제가 지적하고 있는 유아의 전조작기 발달의 특징, 즉 자기중심성과 조망수용능력의 부족과 같은 특성을 드러내고 있다.

대상에 구애받지 않은 표현의 자유	• 원시미술과 아동미술은 대부분 보이는 대상들을 사실적으로 그리려고 노력하기보다 자신의 의도대로 자신이 표현하고자 하는 바를 담아낸다. − 원시미술에는 표현을 함에 있어 그 목적이 자연의 모습을 그대로 담아내는 데 있는 것이 아니라, 자신이 지각한 대상의 특징과 모습을 풍부하게 드러내는 데 있기 때문에 원근법적인 표현이 거의 없다. − 아동미술에서도 아이들은 대상의 실제적 형태나 색깔보다는 자신의 경험과 느낌을 자신에게 의미 있는 형태로 상징적으로 표현하는 것이 중요하기 때문에, 자신이 표현하고자 하는 의도를 우선시한다. ◉ 엄마와 아빠를 그렸을 경우 거의 차이가 없거나, 실제의 모습과는 상관없이 자신이 원하는 색을 골라 채색을 한다.

3 아동미술과 원시미술의 차이점

표현방식에 두는 의미 비중	• 작품에서 표현 대상이 차지하는 의미의 비중이 다르다. 즉 아동미술과 원시미술 모두 대상을 표현하려는 욕구로 시작된 활동이지만, 작품 속에서 표현된 대상은 서로 다른 의미를 갖는다. − 유아는 나이가 들어 여러 가지 능력이 발달해감에 따라 자신의 능력껏 최대한 사실적으로 대상을 표현하려고 한다. − 원시미술의 대상은 객관적인 시각적 인식에 의한 것이 아니라 상징적인 의미를 갖는다. 즉 대상의 사실적 표현보다는 상징적인 표현에 의미를 가진다.
사회적 · 문화적 영향	• 성인들의 원시미술은 사회의 문화적 영향을 강하게 드러내는 반면, 아동미술은 사회적 · 문화적 영향력에서 비교적 자유롭다. − 물론, 모든 인간은 이미 구성된 한 사회의 문화 속에서 출생한다는 의미에서 아동 또한 자신이 속한 사회의 문화로부터 자유로울 수는 없다. 하지만 성인에 비해 기존에 구성된 사회적 · 문화적 압력에서 비교적 자유로운 표현을 하게 된다.
상징적 의미	• 원시미술과 아동미술 모두 강한 상징성을 바탕으로 하지만, 원시미술은 주술적 성격이 강한 반면, 아동미술은 자신의 개념을 표현하기 위한 도식적 상징이다. − 즉 원시미술에는 종교적 제의나 주술과 관련된 상징적 의미가 많이 담겨져 있지만, 아동들은 그러한 외부적 기호, 즉 사회적 기호로서의 상징이 아니라 주관적인 자신의 상징을 표현하는 것이라는 점에서 차이가 있다.

UNIT 50 유아미술표현의 유형 – 리드(Read)

특징	• 영국의 미술학자이자 비평가인 리드(Read)는 아동화를 정신적 형태의 기준을 가지고 분류하였다. – 리드는 여러 학교에서 수천 장의 아동화를 구하여 조사했는데, 매 경우마다 그림에 라벨을 붙여 설명을 쓴 후 비슷한 범주끼리 분류하였다. 이를 바탕으로 리드는 『예술을 통한 교육』에서 아동의 그림 표현유형을 유기형, 촉각형, 구조형, 열거형, 상상형, 장식형, 율동형, 감정이입형의 여덟 가지로 제시하였다.
유기형	• 표상하는 대상들이 서로 고립되어 있지 않고 관련이 있도록 조직화한다. • 유기형의 표현은 표현 주제인 외적 대상에 충실하며, 직접적·시각적이다. • 단일한 대상보다는 집단적인 대상을 표현하기를 즐기며, 이를 통한 자연의 비례와 구조관계를 파악하려는 특성이 있다.
촉각형	촉각적이고 비가시적인 이미지, 내적이며 육감에 의해 얻어진 영상을 표현하는 특징이 있다.
구조형	• 비교적 드문 유형으로, 표현하고자 하는 외적 대상을 기하학적으로 표현한다. • 대상의 구조적인 특징을 일정한 도식적 형태로 표현한다. • 대상 그 자체의 객관적인 형태를 표현하기보다는 그것을 인식한 표현 주체인 작가의 인지양식이 더욱 두드러지도록 표현하는 특징이 있다.
열거형	• 대상을 표상함에 있어 표현하고자 하는 외적 대상에 전적으로 의존한다. • 전체적으로 대상에 의존하는 표현을 하면서, 꼼꼼하게 자세히 본 만큼 또는 기억하는 만큼 기록하듯이 표현한다. • 그러나, 지나치게 사실적이며 나열식의 표현이기 때문에 오히려 그림의 주제가 잘 드러나지 않는다. • 표현의 효과는 사실적이지만, 예술적인 감흥이 부족하고 건축가의 설계도와 유사하게 표현하는 특징이 있다.
상상형	자기중심적 표현이 강하며, 감각적으로 주어진 외적 대상을 표현할 때에도 상상적인 특징이 강하게 나타난다.
장식형	• 화려한 색채와 함께 힘찬 형태들을 사용하여 쾌활한 무늬와 같은 화사한 분위기를 만든다. • 색채와 평면에 주로 의존하며, 유쾌한 패턴을 나타내기 위해서 색채와 도형 형태를 자주 사용하는 특징이 있다.
율동형	• 관찰한 소재를 반복적으로 그려서 화면 가득하게 표현한다. • 유아는 그림의 공간이 다 채워질 때까지 자신의 그림을 반복하여 표현하는데, 묘사하고자 하는 외적대상이 가진 실제 형태와 달리 거꾸로 표현하거나 변형하여 표현하는 다채로움을 보이기도 한다.
감정이입형	• 유기적인 감정요소를 포함하여 그 감정을 외적대상의 형체 속에 뚜렷하게 투입한다. • 그림이 주관적이고 소박하며 천진한 느낌을 주는 특징이 있다.

UNIT 51 유아미술표현의 유형 – 김정

특징	• 구디너프(Goodenough)는 행동에 이상이 있는 어린이를 대상으로 어린이의 인물화 검사 결과를 다언형, 개인적 반응형, 비약형, 불균형형의 4가지로 구분하고, 그림마다의 특이성을 발견하여 행동과 관련이 있다고 보았다. • 김정은 구디너프의 연구를 참고하여 우리나라 유아의 그림 유형을 우리나라 실정에 맞게 7단계로 세분하여 회화적 성격으로 확대시켰다. 이는 심리나 성격과는 관계없으며, 단지 그림 스타일과 조형적 측면이 강조된 형태의 구분이라고 볼 수 있다.
대담형	• 표현할 수 있는 재료를 모두 사용하여 그릴 수 있고, 화지에 아무 대상이나 크게 한 개 또는 두 개 정도로 그려 메워 놓는 것이 특징이다. • 색깔은 비교적 진한 색깔인 검정, 빨강, 파랑 등의 한 가지를 선택하여 그리는 경향이 있다. • 그림이 크고 엉성해서 마치 장난으로 그린 것 같으나 진지한 태도일 때도 마찬가지로 엉성하게 그린다. • 생활수준이 높을수록 많은 분포를 보이고, 장남이나 장녀보다는 차남 이하의 유아의 그림에서 많이 나타난다.
소극형	• 그림을 아주 작거나 조그맣게 화지 한쪽 귀퉁이(화면 구석)에 그리는 것이 특징이며, 크게 그려 보라고 해도 여전히 작게 그린다. • 시원치 않은 듯 그림을 꼬무락꼬무락 하면서 꾸물대는데, 이러한 현상은 그리기 싫어서가 아니라 표현 버릇이 그러한 것으로서 그림 그리는 것에는 나름대로 즐거움을 가진다. • 그림의 내용은 대개 작은 형태를 그리지만, 그리는 양은 상당히 많다. • 이러한 유아의 태도는 위축된 상태의 불안에서 오는 것으로 볼 수 있으나, 미술작품을 중심으로 평가하는 조형적 입장에서는 그렇지 않을 수도 있다. • 이런 유형의 그림은 부분적 묘사는 상당한 수준이지만 전체적으로 볼 때 감정이 부족하게 느껴진다. 이 유형은 남아보다 여아의 비율이 높게 나타난다.

개인형	• 그림의 내용이 무엇인지를 알아볼 수 없는 그림을 그리는 것이 특징이며, 어른들의 추상화와 같다. • 본인 이외의 사람은 그림이 이해되지 않는 등 객관성이 무시된 그림이다. • 개인형 유아에게는 무엇보다도 그 유아로부터 작품에 대한 이야기를 들어주는 것이 좋다. 이 유형은 여아보다는 남아들에게 많이 분포되어 있다. • 그림의 내용은 장난질한 것처럼 그어대고 동그란 형태도 나타나며 복잡하다. 
비약형	• 유아의 상상력과 관련이 있는 표현유형으로 어떤 그림을 그리면 금방 그것에 관련된 표현들을 덧붙여 나오는 유형이다. 예를 들어 자동차를 그리면 자동차와 관련된 도로나 교통표지판들과 같은 부수적인 표현이 많이 노출된다. 관련된 것들이 연결되다 보니 화면에 상당히 많은 양의 소재가 한꺼번에 들어가 있거나 혹은 복잡한 형태가 꽉 차게 그려진 그림이 되는 경향이 있다. • 경험의 증가에 따라 내용도 늘어나며 논리적인 연결이 계속된다. 복잡하지만 나름대로 이야기가 전부 연결되는 것이 특징이다. • 남아와 여아의 분포가 고르게 나타나며 공상적인 요소가 들어간 형태의 표현이 많다. 

불균형형	• 그림을 완성하지 못하고 끝내는 것이 특징이다.
	  − 처음에는 잘 되어가는 듯하다가 곧 시들어 버리는 듯한 그림으로, 어느 부분은 잘 그려나가다가 능력이 부족하여 그만 엉터리로 변하고 마는 느낌이다.
	• 불균형형의 그림은 훈련이나 능력부족의 그림이 아니고, 그림 자체가 성립이 안 되는 그림을 말한다.
	  − 전체적으로 균형이 잘 안 맞고 기형적인 인물로 표현되는 경향이 있다.
	• 정서적 불안에서 오는 경우라고 추측할 수 있지만 단정하기는 어렵다. 서구에 비하여 우리나라 유아에게는 그리 많이 나타나지 않는 유형이다.

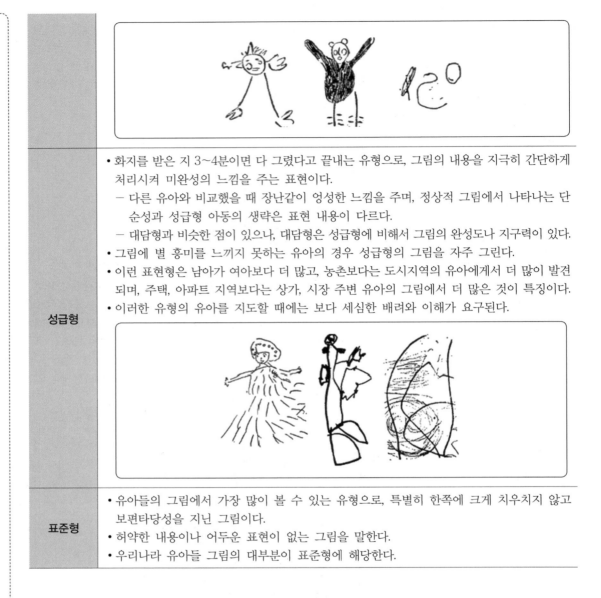

성급형	• 화지를 받은 지 3~4분이면 다 그렸다고 끝내는 유형으로, 그림의 내용을 지극히 간단하게 처리시켜 미완성의 느낌을 주는 표현이다.
	   – 다른 유아와 비교했을 때 장난같이 엉성한 느낌을 주며, 정상적 그림에서 나타나는 단순성과 성급형 아동의 생략은 표현 내용이 다르다.
	   – 대담형과 비슷한 점이 있으나, 대담형은 성급형에 비해서 그림의 완성도나 지구력이 있다.
	 • 그림에 별 흥미를 느끼지 못하는 유아의 경우 성급형의 그림을 자주 그린다.
	 • 이런 표현형은 남아가 여아보다 더 많고, 농촌보다는 도시지역의 유아에게서 더 많이 발견되며, 주택, 아파트 지역보다는 상가, 시장 주변 유아의 그림에서 더 많은 것이 특징이다.
	 • 이러한 유형의 유아를 지도할 때에는 보다 세심한 배려와 이해가 요구된다.

표준형	• 유아들의 그림에서 가장 많이 볼 수 있는 유형으로, 특별히 한쪽에 크게 치우치지 않고 보편타당성을 지닌 그림이다. • 허약한 내용이나 어두운 표현이 없는 그림을 말한다. • 우리나라 유아들 그림의 대부분이 표준형에 해당한다.

UNIT 52 유아미술표현의 유형 - 로웬펠드(Lowenfeld)

특징	• 로웬펠드(Lowenfeld)는 볼프(Wulff)의 미술유형 구분인 시각형, 촉각형을 연구 발전시 컸다. 그는 약시아와 시각장애 유아의 표현을 정상아와 비교하여 아동의 표현유형에는 시각형(visual)과 촉각형(haptic)의 두 가지 유형이 있음을 발견하고, 각 유형의 특성에 따라 적절한 그림지도를 해야 한다고 하였다. • 로웬펠드는 발달과정에 따라 사람들이 세상에 대해 시각형과 촉각형이라는 두 가지의 다른 지각유형을 갖는다고 하였다. • 로웬펠드는 표현유형을 아래와 같이 시각형과 촉각형 두 가지로 분류하였으나, 한 개인의 예술경험에 있어서는 통합적이라고 말한다. - 한 개인의 표현을 다른 사람의 표현과 비교해 볼 때 상대적으로 시각형 또는 촉각형이 우세하게 나타나는 특징을 볼 수 있으나, 한 개인에게는 두 가지 특징이 공존적으로 나타난다.
시각형 **(visual type)**	• 시각형은 표현대상을 눈에 보이는 그대로 묘사하려고 한다. • 시각형의 표현은 대상의 전체를 표현하되 부분의 인상을 모아 종합적으로 조직하는 구조적 종합(부분을 모아서 조직하는 종합적인 방법)과 외면적, 객관적, 모방적, 묘사적 표현이라는 특징이다. • 시각형은 표현대상이 유아의 주변에서부터 시작되고, 유아의 일상적인 장면에 대한 묘사와 시각경험으로부터 일어난다. • 세상을 시각적으로 보려는 지각경향을 가진 시각형 유아는 제3자의 관점에서 관찰하는 입장에 서서 자신이 직면하는 현상에 대하여 그대로의 방식으로 반응한다. • 시각형 유아가 표현한 그림에서는 그들이 지각하려는 특징을 찾아볼 수 있으며, 구상주의적 경향이 강하게 나타난다. • 로웬펠드는 이러한 시각형의 표현을 인상파 작가들의 점묘법의 표현과 유사한 것으로 보았다.

촉각형
(haptic type)
	• 촉각형은 눈에 보이는 것보다는 느끼는 감정을 주로 표현하려는 특성으로 인하여 추상적인 경향의 그림을 그리게 된다.
	  - 즉 아동의 내부세계가 그림에 투사되는 형태이다.
	• 촉각형의 특성을 가진 사람들은 세상을 제3자인 관찰자로서 바라보는 것이 아니라 직접 참여하는 주체로서 세계와 상호작용한다. 따라서 촉각형의 사람들은 세상을 매우 정서적이고 근육운동 지각적인 방법으로 경험한다.
	  - 그래서 촉각형 유아들의 그림은 있는 그대로의 표현이라기보다는 정서적으로 과장되어 있다.
	• 촉각형의 사람들은 객관적 대상에 대한 시각적 지각을 표현하기보다 지각의 결과로서 그들이 느낀 감정을 그림에 표현한다. 즉 시각이 아닌 다른 신체적 경험을 지각하여 아동 나름의 주관적인 경험을 표현하는 것이다.
	  - 따라서 촉각형의 아동미술은 내면적이고, 감각적으로 주관적이다.
	  - 일부 촉각형 아동은 미술에 소질이 없는 아동으로 단정되기도 하며, 미술교육 시 교사들에 의해 일률적으로 시각적 표현을 요구받는 경우도 발생할 수 있다. 이러한 경향이 반복되어 강화된다면 촉각형 아동은 자신이 미술에 소질이 없는 것으로 단정하고 흥미를 잃어버리기도 한다.

UNIT 53 유아미술표현의 유형 – 버크하트(Burkhart)

특징	• 버크하트는 로웬펠드의 창의적 표현연구에 영향을 받아 수천에 달하는 학생들의 미술 작품, 작품제작의 과정, 인성적 특징, 교사와의 상호관계 등에 대해 종합적으로 연구하고, 그 결과를 자의적 유형(spontaneous)과 숙고적 유형(deliberate)으로 분류하였다. • 자의적 유형은 창의적 표현이고, 숙고적 유형은 비창의적 표현임을 암시한다.	
자의적 유형 (spontaneous)	자의적 유형을 4가지 유형으로 나눈 뒤, 집단 속의 상위에 해당하는 학생들의 특징을 제시하였다.	
	인격적 특징	• 자기 긍정적이며, 유연성·분석성이 뛰어나고, 정서적 자극에 대해 개방적이고 충동적인 성향이 있으며, 캐묻기를 좋아하고 추상적인 것을 즐긴다. • 반권위적인 성향이 있으며, 이지적이고 개인주의적인 면이 있다.
	작품 특징	• 상위의 자의적 유형에 속하는 사람들의 작품에 나타난 특성은 복잡하고 개성적이며 다재다능하다. 이 유형의 유아들은 교사와 같은 타인이 자신의 작품에 대해 평가한 내용에 민감하여 평가에 대해서 광범위한 정서반응을 한다. • 한편 자신의 실패에 대해서는 극히 관용적이고 허용적인 특성을 보인다.
숙고적 유형 (deliberate)	숙고적 유형을 4가지 유형으로 나눈 뒤, 하위 숙고적 유형에 해당하는 학생들의 특징을 제시하였다.	
	인격적 특징	• 자기 자신을 부정적으로 평가하며, 모방적이고 관찰적인 성향이 있다. • 인습적·형식적인 특성이 있어 단순하고 모방적이며 비창의적이다.
	작품 특징	• 하위 숙고적 유형 사람들의 작품에 나타나는 특성은 상투적으로 단순한 구조이고, 기교중심의 모방 또는 묘사가 많으며, 사실적이고 설명적이다. • 작품의 과정보다 결과에 관심이 크며, 실용적인 면에도 관심이 많다. • 이 유형의 유아들은 대담한 시도를 못하며, 새로운 시도를 두려워한다. 그리고 교사의 제시에 대하여 한정된 정서반응을 나타내며, 자신의 실패에 대해 비관적인 특성을 보인다.

UNIT 54 유아미술표현의 유형 – 권상구

특징	권상구(1999)는 그 전까지 발표된 학자들의 분류를 참고로 하여 한국 아동의 실정에 맞게 아동화의 유형을 대담형, 소극형, 열거형, 비약형, 주관형, 객관형, 일반화된 사고형의 일곱 가지로 분류하였다.
대담형	• 여러 가지 재료를 이용하여 화면이 부족할 정도로 크게 그리는 유형이다. • 표현하고자 하는 대상을 화면 중심에 크게 그린다. • 대담하고 힘이 있으며 시원하지만, 다양한 생각들이 표현되지 않는다. • 성격이 외향적이거나 남아인 경우가 많다.
소극형	• 대담형과 대조를 이루는 유형으로, 물체를 매우 작게 그리며, 한 장의 그림을 그리는 데 매우 많은 시간을 소요한다. • 그림을 그리기 싫어서가 아니라 성격상 오래 걸리는 유형이다. • 또한 중앙이 아니라 한쪽 귀퉁이에 그림을 작게 그려 넣는다. • 이 유형의 그림들은 소재를 포함해 대부분 단순한 형태를 반복하는 예가 많다. • 이 유형의 유아들은 도화지의 여백에 대한 일종의 부담감을 갖고 있기 때문에 너무 큰 종이보다는 16절 정도의 크기가 알맞으며, 때로 큰 붓을 이용하여 물감으로 커다란 낙서를 하는 새로운 시도를 통해 대담함을 키워줄 필요가 있다. • 이 유형의 유아들에게는 새롭고 흥미 있는 경험을 제공하여 주는 것이 좋다.
열거형	• 리드의 열거형과 같은 특징의 유형으로, 자신의 주관이나 개성보다 전적으로 표현대상에 의존하려는 경향이 강하다. • 표현대상에 대해 객관적인 사실을 많이 알고 있다. • 자신이 기억하고 있는 대상을 한 화면에 최대한 많이 표현하려고 하는 유형으로, 꼼꼼하고 자세하게 기록하듯이 사실적으로 표현한다. • 화면 전체에 빈틈없이 표현하기 때문에 뚜렷한 주제가 없으며, 통일성이 없는 그림이 되기도 한다. • 이 유형의 유아에게는 한 가지 주제를 주어 화면 중앙에 크게 그리도록 지도하여, 주제에 대한 강한 인식과 대담성을 키워 주는 것이 좋다.
비약형	• 대상을 보고 떠오른 것을 자신의 내부 연관성에 의해 한꺼번에 표현하는 유형으로, 상징적인 그림이 아니라 설명적인 그림에 가깝다. • 비약형의 그림은 같은 화면에 매우 많은 소재를 표현하여 복잡하게 그리며, 한 장면에 많은 이야기가 있기 때문에 주제가 드러나기 어렵고 통일성도 없어지기 쉽다. • 하지만 자세히 살펴보면 나름의 이야기가 연결되어 있는 형태로서, 이와 같은 유형을 시간적 계속묘사라고도 한다. – 예를 들어, 집을 그린 후 집 옆에 나무가 있고 나무 밑에는 연못과 꽃이 있고, 꽃 위에는 나비와 하늘이 있고, 하늘에는 구름과 태양이 있는 등 생각나는 대상을 나름의 연결성을 활용해 연속적으로 연관해서 그린다. • 이런 유형의 아동은 기억력이 좋을 수 있으나, 미적 감각이 부족한 편이라고 할 수 있다.

주관형	• 그림을 그린 자신 외에는 이해하기 어려운 형태의 유형이다. • 즉 객관성이 무시된 그림으로 추상화와 같은 형태이다. • 이 유형에서 주관성이라는 의미는 혼자만이 알아볼 수 있다는 의미에서의 주관성이다. • 난화기의 유아가 아닌 도식기의 아동이 계속해서 이러한 유형의 그림을 그린다면 지적 발달이 더딜 가능성도 있으므로 주의 깊게 관찰할 필요가 있다.
객관형	• 아동미술에서 가장 많은 유형으로 보편적이고 일반적인 유형의 그림이다. • 아동의 수준에 적절한 자신의 생각이나 경험이 단순하게 표현되어 있는 그림이다. • 이 유형의 그림을 그리는 아동은 자칫하면 다른 사람의 영향을 지나치게 받거나 모방의 표현이 되기 쉬운데, 자기 나름의 주관성과 개성이 표현될 수 있도록 아동의 표현과 의견을 존중하고 격려해 주는 것이 중요하다.

일반화된 사고형	• 틀에 박힌 것처럼 공식화된 그림을 말한다.
	  – 늘 같은 소재나 방법으로 사물을 있는 그대로 표현하려는 유형이다. 자신이 알고 있는 한 가지의 형태로 계속 그리거나, 하늘은 파란색, 나뭇잎은 녹색, 운동장은 황토색과 같이 전형적인 색을 표현하려고 노력한다.
	• 간혹 주입식 미술교육 지도를 받은 경우 이러한 유형의 그림이 나타날 수 있다.
	  – 이런 유형의 유아는 판에 박힌 일반화된 사고를 점차 자유롭게 하여 주관적인 자신만의 정서를 표현할 수 있도록 도와주어야 한다.

MEMO

	CHECK 1	CHECK 2	CHECK 3
Ⅰ. 유아미술교육의 변천			
UNIT55 표현기능 중심 미술교육			
UNIT56 창의성 중심 미술교육			
UNIT57 이해중심 미술교육			
Ⅱ. 유아미술교육의 이해			
UNIT58 유아미술의 개념 및 성격			
UNIT59 유아미술교육의 내용			
UNIT60 유아미술교육의 필요성 및 목적			
Ⅲ. 미술의 요소 · 원리 · 기법			
UNIT61 미술의 요소			
UNIT62 미술의 원리			
UNIT63 미술 기법			
UNIT64 유아미술 표현활동			
Ⅳ. 유아미술 교수-학습			
UNIT65 교수 · 학습 원리			
UNIT66 직접적 교수법			
UNIT67 통합적 교수법			
UNIT68 협력학습 교수법			
UNIT69 창의적 문제해결 교수법			
UNIT70 학문중심 미술교육(DBAE)			
UNIT71 커뮤니티 중심 예술교수법(CBAE)			
UNIT72 그 외 교수-학습방법			
UNIT73 교사의 자질과 역할			
Ⅴ. 유아미술활동의 요소와 절차			
UNIT74 유아미술활동의 요소와 수업 형태			
UNIT75 유아미술 수업의 절차			
UNIT76 작품 전시 및 보관			
UNIT77 유아미술 평가			
Ⅵ. 유아미술감상 지도법			
UNIT78 펠드만			
UNIT79 앤더슨			
UNIT80 아레나스			
UNIT81 매디저			
UNIT82 허위츠와 데이			
UNIT83 브로우디, 아이스너			
UNIT84 명화감상			
Ⅶ. 전통미술			
UNIT85 전통미술교육의 특징			
UNIT86 전통미술의 분야			
UNIT87 전통미술의 요소			
Ⅷ. 유아미술을 위한 환경 구성			
UNIT88 유아미술교육 환경 구성요소			
UNIT89 미술영역 환경 구성			

합격으로 가는 거름이
누리과정
④ 예술경험

SESSION

04

유아
미술교육의
이해

유아미술교육의 변천

UNIT 55 **표현기능 중심 미술교육(19c)**

의미	• 표현기능 중심 미술교육은 16세기 이후 산업이 발달하면서 19세기에 이르기까지 미술교육에 대한 일반적인 견해였으며, '미술의 교육'으로 대변할 수 있다. − 즉 교육에서 미술을 가르쳐 표현 능력을 향상시키고, 결국은 사회에서 필요한 화가, 조각가, 디자이너, 공예가 등을 기르고자 하는 미술교육이다. − 우리 생활에 필요한 물건이나 미술작품을 만들 수 있는 표현기능을 향상시키는 것으로 미술교육을 받아들이는 것이다.
사회문화적 배경	• 산업혁명으로 인한 산업의 발달 − 산업혁명으로 물품이 공장에서 생산되기 시작했으나, 대량생산된 물품들이 미적으로 질이 떨어져 산업계에 종사하던 자본가들은 산업에 필요한 미술가와 디자이너의 육성을 강력히 주장했다. − 그 결과, 유럽 각국에서는 직업학교 및 기술학교, 미술학교가 많이 설립되어 미술 관련 교육을 실시하였다. 이에 따라 유럽 여러 나라에서는 산업에 필요한 미술의 교육을 논의하게 되었고, 이 부분에 대한 국가적 지원을 실시하였다. • 미술 아카데미의 전통 − 르네상스 이후 예술원과 함께 발달하기 시작한 미술 아카데미는 유럽 미술 발달의 중추적 역할을 하였는데, 여기서는 주로 미술가를 기르기 위한 *도제형식의 교육이 이루어졌다. − 표현기법, 미술해부학 등 정확한 시각교육에 중점을 두었으며, 미술기법, 미술의 원리, 조형요소, 데생 등을 지도하고 정신적인 측면까지 가르쳤다. − 산업혁명이 진행되면서 미술 아카데미는 산업에 필요한 미술인력 양성과 맞물려, 표현기능 중심의 미술교육이 자연스럽게 사회 전반에 조장·발전될 수 있었다.
주요 특징	• 전문 미술 인력의 양성 − 사회에 필요한 미술가나 건축가, 디자이너, 공예가 등을 양성하기 위해 표현능력 향상에 중점을 두었다. • 반복적인 훈련을 통한 교육 − 반복적인 훈련을 통하여 미술가가 되기 위한 미술적 능력 향상에 중점을 두었다. • 기본 요소와 체계적인 실기 지도 − 미술에 관한 기본 요소와 체계적인 구조에 의한 지도가 강조되어, 이를 파악하여 체계적으로 실기지도를 하려는 시도가 많이 있었다.

＊도제형식
스승과 제자가 함께 지내며 기초부터 엄하게 훈육하는 1:1 교육 방식으로 스승의 전문 지식과 기술을 체계적으로 배운다.

대표적 미술교육자와 운동	• **유럽과 미국의 초기 흐름** 　− 프랑스는 길드(상인과 장인 등의 조합) 체제의 도제제도에서 시작한 장식 미술학교를 통해 산업에서 요구하는 디자이너 양성에 적합한 훈련교육을 발전시켰다. 　− 독일은 무역학교에서 모사 훈련에 기초한 자유로운 화법의 드로잉과 수학·물리학을 포함하는 기술적인 학습을 통해 장인을 양성하고자 하였다. 　− 영국은 주변국의 제품 디자인의 질을 따라잡기 위해 1837년 디자인 사범학교를 만들어 전문인력 양성을 위한 제도를 마련하고자 하였으나, 응용미술보다는 순수미술에 중점을 둔 사회문화적 배경에 부딪혀 크게 발전하지는 못했다. 　− 미국은 유럽에 비해 전통은 짧지만, 프랭크린, 푸월, 미니피 등 주요 미술운동가들의 영향으로 공립학교 미술교육의 기틀을 마련하고자 하였다. • **바우하우스 미술교육** 　− 바우하우스(1919~1933)는 1919년 발터 그로피우스(Walter Gropius)를 중심으로 독일 바이마르에 세워진 종합 조형학교로, 모든 조형미술의 궁극적인 목표가 건축에 있다고 보고 실용미술과 순수미술의 구분을 없애 조각과 회화, 공예 등을 모두 건축으로 통합하고자 했다. 　− 모든 수준의 건축가와 화가, 조각가들을 그들의 능력에 따라 교육시켜 유능한 공예가와 독자적인 창의적 미술가를 위한 작업 공동체를 형성하고자 하였다. 　− 미술은 결국 공예이기 때문에 교육이 가능하며 이는 철저한 단계적 훈련에 의해 실현되는 것으로 보고, 교사와 제자가 아닌 마이스터, 직인(도제 과정을 마친 숙련공), 도제로 구분하여 교육을 실시하였다. 　− 독특한 표현보다 기초 표현기능을 강조한 것은 전통 아카데미적 발상을 계승한 것이라고 해석할 수 있다.
장점	• 표현기능 중심 미술교육으로 미술교육이 학교 교육의 한 부분으로 자리잡게 되었고, 다양한 미술교육의 시발점이 되었다. • 시지각과 손의 협응력을 체계적이고 합리적으로 지도하고자 하였고, 사회의 요구에 의해 미술교육이 사회에 공헌했다는 점에서 시사하는 바가 크다.
한계점	• 사회의 요구에는 충실하지만 학습자의 입장을 고려하지 않았다. • 산업발전의 매체로서 학생을 바라보았다. • 학교 생활을 미래를 대비하기 위한 준비과정으로 보고, 그에 따른 희생과 훈련을 강조했다. • 특정한 방법과 법칙을 통하여 작품을 완성하려고 하였다.

| UNIT **56** | 창의성 중심 미술교육(1940~1950) |

| 의미 | • 창의성 중심 미술교육은 치젝(F. Cizek)이 아동의 자유로운 자기표현에 의한 미술교육을 주장한 후 세계적으로 급속하게 보급된 미술교육 흐름이다.
  − 이는 허버트 리드가 주창한 미술을 통한 교육과 연결되는데, 미술을 통해 교육에서 목표로 삼고 있는 인간 정신, 즉 창의성을 육성하고자 하였다.
• **목표** : 자유로운 자기표현을 통해 창의성을 계발하고 정서를 순화하여 조화로운 인격함양에 기여하는 것이었다. |
| 사회문화적 배경 | **아동중심 미술교육 (진보주의 교육)**

• 루소에 의해 교육의 중심이 성인에서 아동으로 옮겨지고, 이후 코메니우스, 페스탈로찌, 프뢰벨 등 많은 교육학자들에 의해 아동의 흥미와 감각, 직접적인 경험을 중시하는 교육이 중시되면서 미술도 학교 교육에서 실시하게 되었다.
  − 즉, 미술을 통한 창의성, 아동의 자유표현에 대한 교육이 시작된 것이다.
• 아동중심 교육을 세계적으로 보급시키는 데 가장 큰 역할을 한 사람은 듀이이다. 그의 견해에 바탕을 두고 미술교육은 아동중심, 경험중심, 생활중심, 과정 중심, 창의성 중심, 통합중심의 성격을 가지게 되었고, 치젝은 이러한 듀이의 이론을 실제 미술교육에서 실천하는 역할을 하였다.
  − 듀이와 치젝은 미술에서 아동으로 미술교육의 무게중심을 옮겨놓았고, 그동안의 미술교육이 미술의 기능에 중점을 두고 도제식으로 이루어졌던 부분을 비판하며, 자기표현과 미적 경험을 통해 아동의 창의성과 조화로운 성장에 기여하는 방향으로 미술교육이 실시되어야 한다고 주장했다.
• 듀이의 이러한 진보주의적 미술교육은 홀(Hall) 등의 아동연구운동과 연결되어 아동에게 보다 창의적인 자유표현을 강조하는 방향으로 전개되었으며, 1940년대에 들어서 로웬펠드와 허버트 리드 등이 주축이 된 아동의 창의성과 표현발달과정을 강조하는 흐름으로 이어지게 된다.

심리학의 발달

• 19세기에 들어서면서 마음이나 정신에 대해 활발하게 연구되기 시작하였고, 연구의 일환으로 아동의 직접적 심리의 표현이라고 할 수 있는 그림에 관심을 기울이게 되었다.
  − 아동에 대한 관심과 더불어 아동화에 대한 연구도 활발하여 루켄스, 케르켄쉬타이너, 헬가 엥, 시럴버트 등은 아동화의 연구방법과 아동화 분석작업을 연구하였다.
  − 이러한 심리학의 영향은 치젝이나 로웬펠드, 허버트 리드 등에까지 이어졌다.
• 특히 프로이드의 심리학은 미술교육에 많은 영향을 미쳤다고 할 수 있다.
  − 프로이드는 미술에서의 자아표현을 내부 욕구 표현의 일종으로 보았으며, 미술은 통합된 인격을 발달시키는 것으로 보았다.
  − 창의성 중심의 미술교육은 심리학 연구에서 밝혀진 것들을 미술교육에 적용한 것으로, 아동 누구에게나 창의성이 내재해 있고 반드시 일정한 과정을 거쳐 발달한다고 보는 흐름이다. |

	표현주의 미술의 등장	• 주로 독일과 오스트리아를 중심으로 전개된 표현주의는 작가 개인의 내부 생명, 즉 자아나 혼의 주관적 표현을 추구하는 감정표출의 예술이다. – 창의성 중심 미술교육의 대표적 교육자인 치젝과 로웬펠드 모두 젊은 시절에 표현주의 화가로 활동했던 사람으로 아동의 내면을 자유롭게 표현하도록 하는 미술교육을 강조했다. – 특히 로웬펠드는 사실적으로 묘사하는 시각형보다 내면의 감정이나 정서에 따라 자유롭게 표현하는 촉각형을 강조하였는데, 이 촉각형이 표현주의 미술과 비슷한 형태라고 할 수 있다.
주요 특징		• 자유로운 자기표현의 방법 – 아동에게 있어 미술은 자신을 드러내는 하나의 자기표현방법이 되므로 아동의 표현과정에는 어른들의 간섭이 있어서는 안 된다. 결국 아동의 미술표현에서 가장 중요한 점은 표현이 자발적이어야 하며, 성인들의 관점에서 바라보는 간섭이 배제되어야 한다는 점이다. – 따라서 이 흐름에서 교사나 학부모는 아동이 자유롭게 자신과 환경을 표현할 수 있도록 격려해 주고, 동기를 유발하는 촉매자의 역할을 해야 한다. • 미술을 통한 창의성 계발 – 창의성 중심의 미술교육은 미술을 인간의 조화로운 성장을 돕고 잠재력을 계발시켜 주는 도구로 생각한다. 창의성을 중심으로 하는 미술교육은 확산적 사고를 촉진하며 감수성과 유창성, 융통성, 독창성 등을 발달시킨다. – 또한 미술교육을 통해 길러진 창의성은 다른 모든 교과에 전이되고, 사회생활 곳곳에서 활용될 수 있다고 강조한다. • 표현과정 중시 – 창의성 중심 미술교육자들은 미술을 통하여 아동의 감수성을 육성하고, 이기심을 줄여 협동심을 기르며, 궁극적으로는 창의적인 능력을 개발하고자 하였다. 이때 창의성을 위한 자유로운 자기표현은 표현결과에 중점을 두는 것이 아니라 표현과정에 중점을 두어야 하며, 최종 작품이 어떠한지보다는 아동이 어떻게 표현해 나가는지에 관심을 기울여야 한다고 주장한다. – 또한 미술과 미술교육을 구분하여 미술교육은 아동의 표현과정을 중시하는 반면, 미술은 만들어진 최종 작품에 관심을 두는 것이라고 보았다.
대표적 미술 교육자와 운동	스탠리 홀 (Stanley Hall)	• 스탠리 홀은 '유아는 감각 발달이 우세하고 언어보다 그림이나 행동을 통해 더 많이 사고한다'라는 연구결과를 제시하여 유아 심상의 본질을 파악하고자 노력하였다. – 유아의 그림발달단계에 대한 이론을 출현시키는 계기가 되어 현대 미술교육을 대표하는 치젝, 로웬펠드, 허버트 리드와 같은 학자의 이론에 중요한 영향을 미쳤다.

치젝 (F. Cizek)	• 독일 표현주의의 영향을 받아 유아가 느끼고, 기억하고, 경험한 것을 표현하는 창의성 중심 미술교육을 강조하였으며, 이는 유아를 미술가로 길러내는 것이 아니라, 모든 유아에게 내재되어 있는 창의성을 발달시키는 것임을 강조하였다. 　– 치젝은 미술을 통해 아동의 조화로운 발달을 꾀하고자 하였다. 아동이 나름의 독특한 방법으로 표현하는 것을 주의 깊게 관찰한 뒤, 아동에게 어른의 그림 그리는 방법을 가르치는 것은 잘못된 일이라고 생각하고, 모든 아동이 가지고 있는 창의력이 '자연 법칙' 그대로 꽃필 수 있도록 하는 것을 목적으로 삼았다. 　– 아동은 무의식적으로 창조하기 때문에 아동의 작품은 예술적 창조의 최초의 것이고 가장 순수한 것이라고 보았다. 따라서 아동의 작품에 손을 대거나 간섭하는 것을 극도로 경계하였고, 심지어 아동이 표현할 때 그 앞에 서 있는 것도 아동에게 영향을 준다고 생각하였다. 　– 치젝은 아동에게 그려야 하는 구체적인 대상을 제시하지 않고 대신 아동의 미술을 관찰함으로써 그들을 성장시키기 위한 내적 법칙을 알아내고자 노력하였으며, 자율적인 표현을 최대한 보장하기 위해 목탄, 연필, 물감, 석고, 목조, 동판 등의 다양한 표현 재료를 자유롭게 선택하여 표현할 수 있도록 배려하였다.
로웬펠드 (V. Lowenfeld)	• 로웬펠드는 진보주의와 심리학 등의 영향을 받아 창의성 중심 미술교육의 이론과 실천을 모두 겸비하고 이를 전파시킨 인물이다. • 그는 유아의 자발적인 표현과 자연스러운 성장에 관심을 가졌고, 미술이 유아의 감수성과 협동심을 길러 이기심을 줄이고 결국 창의적인 능력을 계발하는 교육적 도구라고 생각하였다. • 따라서 미술교사는 이런 유아의 잠재력이 실현될 조건을 마련해 주고, 유아의 미술적 발달의 자연스럽지만 단계적인 과정을 간섭하지 않고 촉진시켜야 한다고 보았다. 즉 유아가 창의성을 계발해 나갈 수 있도록 조력자의 역할을 해야 한다고 하였다. • 유아의 발달단계를 제시하고, 각 미술발달단계에서 적합한 창의성 자극 방법과 작품 평가의 기준을 부여함으로써 교사의 역할을 강조하였다. • 특히 유아의 표현은 어른의 표현과는 다르다는 것을 강조하고, 인지발달단계를 기초로 유아의 미술표현의 발달단계를 연구하여 과학적인 교수이론을 제시한 점에서 창의성 중심 미술교육을 집대성했다고 평가할 수 있다.
허버트 리드 (Herbert Read)	• 리드는 감각과 본능에 기초한 유기론적 예술론을 전개하고, 예술교육에서 개인의 자발적 창조력의 억압을 지양하며, 인간의 본래적인 창조력을 도야하여 분열 없는 조화로운 인격의 완성을 실현하고자 하였다. • 리드의 예술교육은 '예술을 통한 교육'으로 요약할 수 있다. 　– 인간이 가지고 있는 자발적 창조능력의 억압으로 인간사회의 병리현상이 나타난다고 보았다. 　– 그러므로 예술 표현을 통해 그러한 욕구를 충족시켜 이성과 감성의 조화를 꾀하고, 예술적 인간을 길러 아름답고 조화된 사회를 이루어야 한다고 주장하였다.

의의	• 미술활동의 주체를 기존의 교사/성인 중심, 결과 중심, 교과 중심의 미술교육에서 과정 중심, 학습자 중심, 유아 중심 미술교육으로 전환시켰다. • 미술교육에 있어서 결과보다는 유아의 발달과정과 표현과정의 중요성을 재인식시켰다. • 미술을 인간 교육에 있어서 중요한 위치로 격상시켰다.
한계점	• 창의성 중심 미술교육은 아동의 특성을 지나치게 강조한 나머지, 자유로운 자기표현과 과도한 창의성 중시로 미술활동에 있어서의 기초 기능 부족을 초래했다. 즉 지나친 창의성 중시로 미술의 개념과 원리를 간과하였다. • 아동과 심리학 측면의 지나친 강조로 인해 미술의 본질과 사회적 요구를 무시하는 경향을 띠었다. 　－ 학습자의 자유로운 표현을 중시하여 미술적·문화적 기능에 대한 고찰을 소홀히 하였다. • 미술교육에 있어서 교사 역할의 극소화를 꾀하게 되어, 교사의 소극적인 역할로 인해 자유방임의 교육이 될 수 있다는 한계점을 가진다.

UNIT 57 이해중심 미술교육(1960)

KEYWORD # 이해중심 미술교육

의미		• 이해중심 미술교육은 창의성 중심 미술교육에 대한 대안으로서, 미술교육에 대한 이해를 중시하는 미술교육이 대두되게 되었다. • 미술의 본질에 가치를 두고 미적 경험, 미적 지각, 미적 반응을 통해 미적 감수성을 기르고, 미술을 이해시키고자 하는 미술교육이다. • 1960년대 초 미술교육자들은 창의성의 개념에 의문을 제기하며, 미적 교육, DBAE(학문중심 미술교육), 사회중심 미술교육, 미술치료, 다문화 미술교육 등 미술교육의 가능성을 다양하게 모색하기 시작하였다.
사회문화적 배경	학문중심 교육과정의 영향	• 이해중심 미술교육은 1960년대 초 창의성 중심 미술교육의 문제를 제기하면서 미술교육의 다양한 가능성을 모색하고자 시작되었다. 　－ 미국은 1957년 소련의 인공위성 스푸트니크호의 발사가 계기가 되어 과학적이고 탐구적인 사고를 향상시킬 수 있는 교육과정의 필요성을 제기하였다. 　－ 이에 따라 미국은 과학과 수학에 중점을 두고 교육과정을 재구성하였으며, 이러한 변화는 미술교육에도 영향을 미치게 되었다. 　－ 미술활동 과정에서 나타나는 자유로운 자기표현이 창의성을 발달시킨다고 각광받던 창의성 중심 미술교육은 학습자의 자유로운 표현만을 중시한 나머지 미술과 문화의 기능을 이해시키는 데는 소홀하였다는 비판을 받았다. 　－ 이에 따라 미적 교육운동을 시작으로 DBAE(학문중심 미술교육), 다중지능 이론, 그리고 다문화 미술교육 등의 이해중심 미술교육 방법이 모색되었다.

		• 학문중심 교육과정은 학생들이 학문의 기본적인 구조와 요점을 이해하게 되면 다른 여러 문제에 직면했을 때도 해결할 수 있다는 전제로 시작하여, 가르칠 기본적인 지식의 구조와 개념, 원리 등을 중시하였다. – 이해중심 미술교육은 위의 학문중심 미술교육과 본질주의 교육 철학의 영향을 받아 미술을 하나의 학문체계나 구조로 보고, 기본 지식이나 구조에 대한 이해를 중요시하며 교육과정과 교사의 역할을 강조하였다.

	지각
	심리학의
	영향
		• 이해중심 미술교육은 지각 심리학의 발달과 깊은 관련을 맺고 있다. 아른하임을 비롯한 지각 심리학자들은 사람이 대상들의 특징들을 지각하고 비교, 대조할 수 있는 과정을 '지각의 분화'라고 부르며, 아동의 지각능력은 학습에 따라 발달하고 경험에 의해 영향을 받는다고 보았다.
		   – 이러한 입장에서는 아동보다 어른의 지각이 더 복잡하며, 아동의 미술표현이 이러한 시지각 능력의 범위 안에서 발달한다고 주장하였다. 즉 교사가 아동에게 산의 초록색이 단순한 초록이 아니라 다양한 초록 계통의 색을 광범위하게 포함하고 있음을 가르쳐 주지 않으면 아동은 산의 여러 가지 색을 지각하지 못한다고 보았다.
		   – 따라서 지각의 분화를 촉진시키고 시지각의 발달을 위해 특정 분야에 대한 지식의 습득이 요청된다고 보았다.

	현대
	미술의
	다양한
	전개
		• 이해중심 미술교육은 미술문화의 이해를 강조하기 때문에 현재 진행되고 있는 미술에 대한 이해도 중시하였다.
		   – 이들은 학생들이 앞으로 직면할 다양한 미술문화에 대한 예비지식을 갖출 필요성을 강조했기 때문에 현대미술의 흐름에 민감할 수밖에 없었다.
		   – 현대미술의 주 흐름이었던 모더니즘과 그 이후의 팝아트, 포스트모더니즘 등 현대미술의 다양한 측면을 미술교육에 반영하려고 노력하였으며, 그런 생각은 미술교육에 미술제작뿐만 아니라 미술비평, 미술사, 미학 등을 가르쳐야 한다는 관점에 반영되어 있다.

주요 특징		• 미술교과의 독자성 강조
		   – 이해중심 미술교육은 미술교육이 학생들을 성장시키는 데 공헌할 수 있는 특별한 요소를 가지고 있다고 보고, 미술 교과의 본질적인 가치가 다른 과목의 일반적인 목표보다 중요하다고 강조한다.
		   – 아이스너는 미술이 하나의 독립된 교과이며, 문화에서 중요한 자원이므로 학교 교육과정에 없어서는 안 될 교과라고 보았다. 미술 교과는 성격 치료나 창의성 개발, 표현기능 개발 등의 수단을 위한 교과가 아니라, 인간경험과 문화의 독특한 하나의 영역으로 고유한 성격을 갖는다고 생각했다. 미술은 인간이 상상의 세계를 표현하는 것을 도와 감수성을 계발하고, 인간의 의식을 상호 이해할 수 있게 하는 문화적 자원으로, 아이스너는 이러한 미술의 본질적 기능을 강조하는 미술교육을 주장하였다.
		• 미술의 이해와 감상 강조
		   – 이해중심 미술교육은 미술의 본질적 가치를 다룰 때 미술에 대한 이해와 미술작품의 감상을 강조한다.
		   – 아이스너는 미술학습의 결과는 자연적 성숙의 결과가 아니라고 보고, 미술교육의 영역을 미술제작, 미술비평, 미술사와 문화 등의 세 가지 영역으로 구분하였다.

- 즉 미술학습은 아동이 작품을 만들고, 작품의 미적 요소와 특징을 이야기하며, 작품을 통해서 인류의 문화와 역사를 이해하는 복합적인 활동으로 구성된다고 볼 수 있다.
- 그러므로 이해중심 미술교육에서 교사는 미술 실기능력뿐만 아니라 미술비평과 미술사·문화 등에 관한 전문적인 지식을 지니고 있어야 한다.

• **교육과정과 교사의 중시**
- 이해중심 미술교육은 문서화된 교육과정을 중시하며, 적극적인 교사의 역할과 수업을 미술교육의 핵심으로 여긴다.
- 아이스너는 교육과정을 '학생들에게 교육적 경험을 제공하기 위해 의도적으로 개발된 연속적인 활동'이라고 정의하고, 교육활동은 계열화되고 계속되는 과정이 되어야 한다고 주장한다.
- 또한 이해중심 미술교육에서는 교사의 역할과 수업의 중요성을 강조하여 교사의 적극성과 체계적인 지도를 매우 중요시하며, 수업을 교육의 핵심으로 생각한다.
- 학생들에게 미술문화를 이해시키고 표현과 비평을 가능하게 하기 위해서는 교사가 주어진 교육과정을 나름대로 해석하여 체계적으로 가르치는 일이 중요하다.

대표적 미술 교육자와 운동	미적 교육 (aesthetic education)	• 브라우디(Harrt S. Broudy) : 미적 교육운동의 대표자로 미술비평과 미술사의 중요성을 강조하면서, 미술을 하나의 교과로 구성해야 한다고 주장하였다. - 새로운 미술교육의 이상을 실현하기 위해서는 미술의 이해와 감상이 미술교육의 주된 목표가 되어야 하며, 미술비평이 필수적 고리 역할을 해야 한다고 주장하였다. • 미적 교육은 세계를 미적으로 경험하는 능력을 길러주는 교육이며, 미적 경험은 직접적인 감각으로 현상을 이해하는 경험을 말한다. • 미적 교육의 목적은 유아들이 개념을 통하지 않고 직접적인 감각에 의해 대상을 경험할 수 있는 능력을 길러주는 것이다. - 미적 교육에서는 직접적인 감각에 최대한 관심을 기울이고, 교육과정에서 추상적이고 개념적인 사고의 발달뿐만 아니라 구체적이고 감각적인 사고의 발달을 추구한다. - 유아들은 미적 교육에서 소리를 내고 색칠하며 조형을 하고 움직여야 하며 접촉해야 한다. - 미적 교육은 예술의 근원적이고 통합적인 것에 의한 교육이므로 미술교육과 약간의 차이가 있으며, 색깔과 형태, 소리, 움직임, 맛, 냄새, 감촉 등의 모든 직접적인 감각으로 유아들이 세계를 직접 경험하는 문제를 다룬다. • 미적 교육은 미학에 그 기반을 두고 있으며, 예술의 전반에서 기본적인 경험을 추출하는 미적 경험을 통하여 미적 지각과 미적 인식, 미적 반응능력 등을 육성하고자 하는 흐름이다. - 여기에서는 미술이 예술로 확대되는 보다 근원적이고 통합적인 교육을 강조하므로 이는 미술의 이해를 강조하는 흐름에 속한다고 볼 수 있다.

아이스너 (Elliot W. Eisner)	• 아이스너는 당시 지배적인 교육풍토였던 주지주의를 비판하면서, 회화나 조각이 필수교과가 아니라 정서를 함양하는 하나의 자료나 수단으로 활용되는 것에 이의를 제기하였다. 　- 미술작품을 인식하는 과정은 자연과학의 실험계획과 같은 탐구과정이므로 미술도 지성의 훈련을 필요로 한다고 강조하였다. 　- 미술은 지성을 변화시키는 경험이며 그러한 변화를 위한 중요한 수단이 교육과정이므로 미술의 발견과 표현, 기록, 전달의 기능들을 과소평가하는 것은 유아들에게 해를 끼치는 것이라고 주장했다. • 아이스너는 미술의 세 가지 기초 영역을 미술제작, 미술비평, 미술사와 문화 등으로 구분하였는데, ① 미술제작에서는 기능을 중요한 요소로 보고 재료를 다루고, 형태를 지각하며, 형태를 발견하고, 공간 · 미적 · 표현 질서를 창조하는 등의 네 가지 기능을 강조하였다. ② 미술비평에서는 미술형태에 대한 지각력을 기르며, ③ 미술사와 문화 영역에서는 미술작품을 통하여 미술가들의 노력과 관점, 문화를 이해하는 활동이 포함된다. • 아이스너는 미술의 독자성이 강조되어야 하고, 인간 정신의 위대한 표현결과인 미술품을 이해해야 하며, 학생들에게 미술표현뿐만 아니라 미술을 지각하고 이해하며 생각하는 법을 가르쳐야 한다고 강조하였다. • 또한 교육과정과 교사, 수업을 매우 중요하게 생각하였다. • 이러한 미적 교육운동을 통한 노력은 1980년대 아이스너에 의해 DBAE 운동으로 발전하였다.
학문중심 미술교육/ 학문에 기초한 미술교육 (DBAE)	• DBAE는 학문에 기초한 미술교육으로, 미국미술교육협회(NAEA)와 아이스너, 그리어 등 이해중심 미술교육을 주장하는 학자들의 접근을 통칭하는 용어이다. 　- 이들은 미술이 문화유산의 보고이므로 미술연구는 인간의 경험과 문화의 전수적 가치를 이해하는 것이 중요한 것이며, 미술이해교육이야말로 진정한 미술교육이라고 보았다. 　- 이 접근은 미술교육과정 조직 면에서 전체적인 접근과 변화를 시도하고 있는데, 이런 특징이 반영된 학습경험은 미술의 역사와 문화의 이해, 미술작품의 미적 특징 및 인위적 환경의 이해, 시각적 이미지의 분석 · 설명 · 해석, 미술작품의 창조 등이다. • DBAE는 4가지의 영역(미술제작, 미술비평, 미술사, 미학)이 미술교육 속에서 통합되어 연속적으로 이루어지도록 하는 교수 방법이다. 　- DBAE에서는 인간발달 과정에 관련되며 아동에게 의미 있는 내용을 교육과정으로 구성함을 전제로 한다. 　- 미술교육의 목표는 미술제작, 미술비평, 미술사, 미학 등의 영역에서 나온 것으로 간주하며, 기본적으로 수업을 통한 학습을 강조한다. 　- 학습에는 미술을 지각 · 창조 · 이해 · 판단하는 활동들이 포함되고, 아동은 훈련을 통해 각 영역의 기초적인 것, 즉 지식의 구조를 학습한다. 　- 그러므로 이 교육과정의 아동은 시각적 이미지를 창조할 수 있는 기능을 획득하며, 미술문화를 통하여 형태에 대한 미술적 관계를 이해할 수 있고, 미술작품에 관하여 이야기할 수 있으며, 이러한 이해력을 바탕으로 미술가가 만든 작품을 판단하고 설명할 수 있다. 　- 지역 단위에 근거해 미술 전문가, 지역 행정가의 협조와 적절한 학습 자료를 통해 운영되어야 한다.

MEMO

의의	• 이전의 창의성 중심 미술교육이 가지고 있는 문제들을 해결하고 새로운 미술문화를 이해하여 능동적으로 대처할 수 있게 되었다. • 학교 교과로서 미술의 위치를 확고히 하는 계기를 마련하였다. • 미술의 본질적 가치를 강조하면서 미술교육을 하나의 학문으로 체계화시켰다. • 표현뿐만 아니라 이해와 감상 교육을 강조하게 되었다. • 미술교육과정을 구성하여 교사의 지도와 수업을 통한 미술을 이해하도록 했다.
한계점	• 미술교육을 미술에 대한 지식의 전달이나 암기식 수업으로 흐르게 할 가능성이 있다. • 구체적인 교육과정이나 지도방법에 대한 제시가 미흡하다. • 교사의 능력을 무한히 요구한다는 점에서 현장에서 적용하는 데 많은 한계점을 가진다.

참고

19세기 미술

신고전주의	• 18세기 중엽 산업혁명이 시작된 후 역사나 신화 등 종교와 이상 중심에서 현실 중심으로 변화하였다. • 르네상스 미술인 고전적 미술을 추구하는 사조이다. • 분명하게 소묘된 인물이 특징이다. 　− 붓 자국은 거의 보이지 않도록 하였으며, 직선과 비례를 중시한다. • 대표 화가: 다비드(1748~1825), 앵그르(1780~1867)	
	다비드	프랑스의 궁정 화가로, 〈나폴레옹의 대관식〉과 같은 영웅을 찬미하는 작품을 그렸다.
	앵그르	미술 역사상 가장 관능적인 여성의 누드화를 그렸으며, 〈호메로스 예찬〉이라는 작품을 그렸다.
낭만주의	• 18세기 말~19세기 초 혁명 정신이 확산되면서 고전적 규범에 반대하고 개인의 표현이 중요시되었다. • 고전주의에 대한 반발로 일어난 낭만주의는 인간의 이성보다는 감정과 직관, 상상력을 존중하며 거친 붓질과 강렬한 색채로 극단적인 인간의 감정을 표현하였다. • 대표 화가: 제리코(1791~1824), 들라크루아(1798~1863)	
	제리코	격렬한 동세와 강한 명암, 색채 효과를 살린 〈돌격하는 샤쇠르〉, 〈메두사호의 뗏목〉 등의 작품을 그렸다.
	들라크루아	〈단테의 배〉, 〈민중을 이끄는 자유의 여신〉 등을 그렸다.
자연주의	• 비현실적이고 공상적 표현을 중요시하던 낭만주의 시대가 절정에 이를 즈음, 화가들은 당시의 낭만주의에 회의를 느끼기 시작하면서 현실에 가깝고 실재적인 표현방법과 소재를 찾기 시작하였다. • 자연주의: 과장되게 꾸미지 않고 자연 그대로의 모습으로 사물을 묘사하는 사조이다. 　− 자연을 이상화하지 않고, 고요한 대자연 속에서 자연의 신비와 생명을 느끼고 그 속에서 발견한 자연의 아름다움을 표현하고자 한다. 　− 화가들이 자연에서 받은 감동을 실내에서 표현하였다면 자연주의 화가들은 자연을 직접 마주하고 그림을 그렸다는 점에 차이가 있다. • 대표 화가: 코로(1796~1875), 밀레(1814~1875)	
	코로	• 19세기 프랑스 최고의 풍경 화가이다. • 〈파르네세 정원에서 본 콜로세움, 1826〉
	밀레	• 일하는 농부의 모습을 많이 그려 '농부의 화가'로 불렸다. • 〈이삭줍기, 1857〉

사실주의		• 이상적이거나 상상적인 것을 배제하고, 인간과 사회의 현실을 직시하여 눈에 보이는 그대로 표현하는 것이 특징이다. • 평범한 사람의 생활과 당시의 풍습을 그대로 담아냄으로써 있는 그대로의 현실을 보여준다. • 대표 화가 : 쿠르베(1819~1877), 보뇌르(1822~1899)
	쿠르베	• 배낭을 메고 프랑스의 어느 시골마을을 걸어가던 도중 점잖은 두 신사를 만난 자신의 모습을 담은 〈안녕하세요 쿠르베씨, 1854〉를 그렸다. • 특별할 것 없는 일상의 한 장면을 그린 이 그림은 당시 많은 사람을 놀라게 하였다.
	보뇌르	• 19세기 유럽에서 가장 유명했던 여성 화가이다. • 니베르네에서의 경작하는 모습을 사실적으로 표현하였다.
인상주의		• 19세기 후반 프랑스에서 시작된 미술의 경향으로, 순간적이고 주관적으로 느낀 빛과 색에 대한 화가 자신의 인상을 표현하고자 한 회화 중심의 미술사조이다. • 사물의 고유색을 부정하고, 빛에 의해 변화하는 순간적인 이미지의 색채를 포착하여 표현한다. • 자연을 직접 보고 빛의 변화를 표현하고자 하였으며, 이러한 이유로 '외광파'라고도 불린다. • 대표 화가 : 드가(1834~1917), 모네(1840~1926), 르누아르(1841~1919)
	드가	파리의 근대적 생활에서 주제를 찾아 정확한 소묘와 화려한 색채로 표현했고, 무희의 움직이는 동작을 즐겨 그렸다.
	모네	• 동일한 사물이 빛에 따라 변하는 모습을 연속된 작품으로 표현하였다. • 〈인상 : 해돋이, 1872〉
	르누아르	• 독자적이면서도 풍부한 색채를 표현하였다. • 〈물랭 드 라 갈레트, 1876〉
신인상주의		• 색채를 과학적으로 분석하여 혼합되지 않은 순색의 점들을 이용하여 형태를 완성해 가는 방식의 점묘화법을 추구한다. • 대표 화가 : 쇠라(1859~1891), 시냑(1863~1935)
	쇠라	• 점묘화법을 발전시켜 순수색의 분할과 색채 대비로 신인상주의를 확립하였다. • 〈그랑드 자트 섬의 일요일 오후, 1884~1886〉
	시냑	• 작은 점 대신 좀 더 넓은 색 점을 이용하여 풍경화와 초상화를 그렸다. • 〈우물가의 여인들, 1892〉
후기 인상주의		• 인상주의나 단순한 점묘주의에 집중했던 신인상주의에 대한 반동으로 전개되었으며, 견고한 화면 구성과 표현 내용을 중시하면서 개성적인 표현방법을 확립하였다. • 대표 화가 : 세잔(1839~1906), 고갱(1848~1903), 고흐(1853~1890)
	세잔	• 사물의 본질과 조형적 질서를 표현하였다. • 〈카드놀이하는 사람들, 1890~1895〉
	고갱	• 타히티섬에 거주하며 원주민의 생활을 원색적이고 상징적인 색채로 표현하였다. • 〈타히티의 여인들, 1891〉
	고흐	• 강렬한 색과 붓의 터치로 내면의 고뇌와 격정을 표현하였다. • 〈해바라기, 1888〉

참고

현대미술

야수주의	• 파격적인 색과 구도, 자유분방한 붓 터치, 강렬한 원색을 사용하였다. • 대표 화가 : 마티스(1869~1954), 블라맹크(1876~1958), 뒤피(1877~1953), 드랭(1880~1954)	
	마티스	• 야수주의 창시자로 강렬한 색채와 형태의 작품을 그렸다. • 〈춤, 1909~1910〉
	블라맹크	• 강렬한 원색과 자유로운 필치로 역동적인 작품을 그렸다. • 〈서커스, 1906〉
	뒤피	• 밝고 화려한 색채와 스케치한 것 같은 선으로 독특한 기법을 발전시켰다. • 〈도비유 경마장 출발, 1929〉
	드랭	• 밝은 색채를 이용해 대담하고 생동감 있는 작품을 그렸다. • 〈웨스트민스터 사원, 1905〉
표현주의	• 야수주의의 영향을 받아 극단적인 형태의 변형과 거칠고 불규칙한 붓 터치를 통해 내면세계를 강하게 표현한다. • 1914년까지 지속된 제1차 세계대전 이후 유럽 전역에 퍼진 고통스럽고 불안한 분위기를 그림에 담았다. • 캐리커처를 그리는 것처럼 단순화한 형태와 강렬한 색채를 사용한다. • 대표 화가 : 앙소르(1860~1949), 뭉크(1863~1944), 놀데(1867~1956)	
	앙소르	• 박해받는 구세주 같은 전통적인 주제에서 벗어나, 가면, 해골, 삶과 죽음, 인간의 우매함 등을 표현하였다. • 〈1889년 그리스도의 브뤼셀 입성, 1888〉
	뭉크	• 질병, 죽음, 광기 등을 왜곡된 형태와 강렬한 색채로 표현하였다. • 〈절규, 1893〉
	놀데	• 강렬한 색채와 거친 형상으로 주관적인 감정을 표현하였다. • 〈십자가에 못 박힘, 1912〉
입체주의	• 한 화면에 사물의 모든 면을 보여주는 화법이다. • 자연과 사물을 하나의 시점에서 관찰하는 것이 아니라, 사물을 둘러싼 여러 면을 동시에 입체적으로 표현하고자 한다. • 대표 화가 : 피카소(1881~1973), 브라크(1882~1963)	
	피카소	• 르누아르, 로트레크, 뭉크, 고갱, 고흐 등의 영향을 받아 입체주의 미술 양식을 창조하였다. • 〈아비뇽의 처녀들, 1907〉
	브라크	• 나무 표현처럼 보이게 하는 기법을 사용하여 입체주의를 표현하였다. • 피카소와 함께 신문, 잡지, 광고지, 악보 등 다양한 재료를 붙이는 '파피에 콜레' 기법을 창시하였다.

SESSION 04

MEMO

미래주의	• 20세기 기계문명에 의한 속도, 소음, 시간성 등 움직이는 연속적인 과정을 표현하는 것이 특징이다. • 대상이 움직이는 동안의 시간을 표현하면서 사물이 지닌 불안성을 보여준다. • 움직이는 기관차, 프로펠러, 폭발하는 포탄 등 현대세계를 대표하는 이미지를 소재로 삼았다. • 대표 화가 : 발라(1871~1958), 카라(1881~1966), 보초니(1882~1916)	
	발라	• 도시 풍경, 초상, 빛과 움직임, 에너지, 속도를 주로 표현하였다. • 〈가로등, 1910~1911〉
	카라	• 미래주의 화가로 활약하다 키리코의 영향을 받게 되면서 기괴하고 부조화스러운 형상을 통해 낯설고 불안한 느낌을 주는 형이상학적 작품을 그리게 되었다. • 회화파 운동을 전개하여 이탈리아 현대미술 발전에 영향을 미쳤다.
	보초니	• 역동성, 기술, 속도감을 연상시키는 분열된 이미지와 강렬한 색채를 표현하였고, 유리, 나무, 천, 시멘트, 조명 기구 등 다양한 재료를 사용하여 조각품으로 표현하였다. • 〈도시가 일어나다, 1910~1911〉
추상주의	• 자연물을 대상으로 하지 않고, 점, 선, 면 등의 순수한 조형요소를 이용하여 표현한다. • 색과 선으로 그리지만 그림 속에 구체적인 형태가 나타나지 않으므로 비대상 미술이라고도 한다. • 대표 화가 : 칸딘스키(1866~1944), 몬드리안(1872~1944)	
	칸딘스키	• 형태와 색채로 작가의 감정을 표현한 '뜨거운 추상'의 화가로 불린다. • 〈구성, 1914〉
	몬드리안	• 엄격한 기하학적인 형태를 추구하여 '차가운 추상'의 화가로 불린다. • 〈빨강, 파랑, 노랑의 구성, 1930〉
초현실주의	• 사람과 사물을 융합하는 등 무의식의 세계를 몽환적으로 표현하는 것이 특징이다. • 데칼코마니, 마블링 등 다양한 표현기법을 사용하였다. • 대표 화가 : 샤갈(1887~1985), 마그리트(1898~1967), 달리(1904~1989)	
	샤갈	러시아의 민속적 주제와 유대인의 성서에 영감을 얻어 인간의 원초적 향수와 동경, 사랑과 낭만, 기쁨과 슬픔, 꿈과 그리움 등을 강렬한 색채로 표현하였다.
	마그리트	친숙한 사물을 예상치 못한 공간에 두거나 크기를 왜곡시켜 기발한 상상력이 돋보이게 표현하였다.
	달리	• 비합리적인 환각을 사실적으로 표현하였다. • 〈기억의 고집, 1931〉
추상표현주의	• 미국의 액션페인팅과 같이 물감을 뿌리거나 흘려서 얻게 되는 우연적 효과를 추구하는 행위 자체에 의미를 두고 표현하는 방식을 사용한다. • 제2차 세계대전으로 유럽의 예술가들이 미국 뉴욕으로 이주하면서 뉴욕이 예술의 중심지가 되었고, 뉴욕에서 시작된 추상표현주의는 이후 미국은 물론 세계 각국으로 전파되었다. • 대표 화가 : 폴록(1912~1956), 프랜시스(1923~1994)	
	폴록	• 바닥에 펼쳐진 캔버스 위에 물감을 뿌리거나 던지고 쏟아서 작품을 그렸다. • 〈넘버 6, 1948〉
	프랜시스	액션페인팅 기법으로 다양한 색채와 함께 대비되는 여백의 미를 표현하였다.

팝 아트	• 만화, 대중 예술, 영화배우 등 현대의 상업주의적인 소비문화를 소재로 사용한다. • 1960년대 초 일부 예술가들은 추상미술에서 벗어나 대중매체와 대중문화에 관심을 갖기 시작하면서 '팝 아트'라는 미술 경향을 창조하였다. • 대표 화가 : 워홀(1928~1987), 리히텐슈타인(1923~1997)	
	워홀	• 만화나 영화 배우 사진 등의 대중적 이미지를 실크스크린 기법으로 표현하였다. • 〈마릴린 먼로, 1962〉
	리히텐슈타인	일상품의 광고 이미지나 만화의 일부를 확대해 검은 윤곽선과 역동적인 구성으로 표현하였다.
키네틱 아트	• 기계적인 조립이나 바람 등에 움직이는 작품을 총칭한다. • 1950년대 후반부터 활발해진 미술표현의 하나로 미래주의나 다다이즘에서 파생되었으며, 작품의 대부분이 조각 형태로 표현되었다.	
미니멀 아트	• 절제된 양식과 극도로 단순한 제작 방식을 이용해 미술작품의 실제와 본질을 강조한다. • 단순화된 수직선과 수평선으로 이루어진 격자무늬, 육면체 등을 이용해 최대한 간결하게 표현한 것이 특징이다.	
옵 아트	• 점, 선, 면, 색 등의 미술 요소만을 이용해 시각적 착각을 불러일으키는 추상적 표현방식이다. • 팝 아트의 상업주의나 지나친 상징성에 반대하면서 탄생되었다.	
비디오 아트	• 텔레비전 모니터, 멀티미디어 등을 표현 매체로 하는 예술을 의미한다. • 미술이 대중문화에 의해 밀려나자 이에 반격하기 위한 방법으로 시작된 미술 분야이다. • 영화에 비해 제작과 상영이 편리하다는 점, 소자본으로 제작할 수 있다는 점, 대중매체에서 나오는 수많은 이미지를 담을 수 있는 적합한 도구라는 점에서 주목받게 되었다. • 대표 화가 : 백남준(1932~2006), 비올라(1951~)	
	백남준	예술과 과학을 결합한 여러 형태의 비디오 아트를 설치하였다.
	비올라	• 물의 움직임을 슬로모션으로 보여주었다. • 〈물의 순교자〉
대지미술	• 암석, 토양, 눈 등의 주위 환경이나 건축물에 설치 작품을 만드는 것이다. • 상업화에 대한 반대와 환경운동의 영향을 받았다. • 작품의 소재나 방법은 작가마다 매우 다양한데, 사막이나 해변 등의 넓은 땅 위에 선을 새긴 후 사진으로 남겨 작품으로 삼기도 하고, 잔디나 흙 등의 자연물을 그릇에 옮겨 담아 화랑에서 전시하기도 한다.	

Ⅱ 유아미술교육의 이해

UNIT 58 유아미술의 개념 및 성격

1 유아미술의 정의 및 성격

정의	• 유아미술은 유아들이 자신의 감정과 느낌, 사고 등 자신이 표현하고자 하는 바를 다양한 매체를 통해 시각적, 공간적으로 표현하는 활동이다. • 구디너프(Goodenough, 1958)와 해리스(Harris, 1963)는 그림 그리기가 넓은 의미에서 인지적 활동이며, 아동 미술이 개념 형성과 일반적인 지적 능력의 지표가 된다고 보았다. 또한 유아의 개념 획득 수준이 자신이 그린 그림에 반영된다고 하였다. • 로웬펠드(Lowenfeld, 1964)는 유아의 발달특성을 이해하여, 자연스러운 유아의 표현에 대해 성인이 간섭하지 말아야 한다고 지적하고, 개별 유아는 창의적인 표현을 할 수 있는 능력이 있다고 믿으며, 미술이 아동의 감수성을 계발하고 협동을 조성하며 창의적인 능력을 키우는 교육적 도구라고 보았다.
기본 성격 – 아이스너 (Eisner, 1995)	**유아미술의 표현 특성과 기법은 나이에 따라 다른 특징을 갖는다.** • 유아가 사용하는 기법은 연령이 증가함에 따라 체계적인 양식으로 자연스럽게 발달하고, 점차 발달의 법칙성 같은 것을 찾아볼 수 있게 된다. • 같은 연령의 유아는 대개 같은 주제를 유사한 방식으로 표현하는 것을 발견할 수 있다. **유아미술에서 복잡성의 정도는 유아가 성숙함에 따라 증가한다.** • 어릴 때에는 단순하게 표현하다가 연령이 증가하면서 지능이나 시지각의 발달에 따라 대상의 세밀한 부분까지 이해할 수 있다. • 손의 기능이 발달하며 점점 복잡하게 표현할 수 있다. **유아가 성숙함에 따라 전체적인 구성력에 대한 감각이 향상된다.** • 아이스너는 그림 전체의 유기적인 성격을 '응집성'이라고도 표현하였는데, 이것은 동일한 사물을 표현할 때 질서정연하게 통일된 공간을 표현하는 것을 의미한다. • 유아는 세상을 점차 사실적으로 지각하게 되면서 사물과 사물 간의 '관계'를 보는 눈이 발달하여 미술작품에서도 점차 통일감을 보이게 된다. **유아는 자신에게 가장 의미 있는 것을 과장하여 표현한다.** 유아는 자신이 중요하게 생각하는 형태를 크게 그리거나 강력한 색을 사용하여 강조하는 경향이 있다.

어린 유아들은 난화로 경험하는 근육운동에 만족을 느끼고, 결과물을 통해 지각적 · 시각적 자극을 받는다.

- 2~4세 정도의 어린 유아는 도화지나 찰흙에 나타나는 행위의 결과물, 즉 낙서 형태의 표현을 발견하고 이것에 자극을 받는다.
- 어린 유아는 그리는 활동 중에 그림을 그리고 있는 자신의 도화지를 보지 않고 다른 곳을 보며, 그림의 전체적인 형태보다는 팔, 손목, 손가락이 움직이는 근육운동의 경험을 더 중요하게 생각한다.

유아가 표현하는 시각 패턴은 나이에 따라 질서 있게 발달한다.

- 원이 사각형보다 먼저 나타나고 사각형은 마름모보다 먼저 나타난다(Read & Kellogg).
- 이러한 인류 공통의 표현발달 특징에 대해 '공통적 인간성(common humanity)' 또는 인간의 '집단 무의식'이라고 설명한다.

아동화에서 나타나는 섬세함, 즉 '분화(differentiation)'의 정도는 '개념의 성숙'과 관련된다.

- 구디너프와 해리스의 인물화 검사는 유아의 그림 속에서 나타난 세부묘사의 정도가 유아의 개념 형성 정도를 나타낸다는 것을 보여준다.
- 유아의 나이가 많아질수록, 지능이 높을수록 그림이 세밀하게 분화되어 대상의 구체적인 부분들까지 표현할 수 있게 된다.

유아가 사용하는 형태, 색채, 구도 등은 그들의 개성 및 사회성 발달과 관련이 깊다.

- 알슐러와 해트윅은 유아는 형태, 색채, 구도 등을 우연히 아무렇게나 구사하는 것이 아니라, 자신이나 환경에 대한 감정에서 우러나오는 생각을 일정한 방식에 의해서 나타낸다고 본다.
- 유아의 그림을 보고 내용과 형식을 분석하여 유아의 정서를 추론할 수 있는데, 특히 미술치료 분야에서 많이 활용된다.

유아의 표현은 문화적 성격에 따라 영향을 받는다.

서로 다른 문화권에 있는 유아의 미술작품을 비교해 보면 어린 시기에는 매우 유사하지만 성장하면서 유사성이 줄어드는 것을 알 수 있다.
➜ 유아가 생활하는 사회문화적 환경에 노출되어 학습한 결과로써, 문화적 영향이 나타나기 때문이라고 볼 수 있다.

유아가 가장 즐겨 다루는 미술의 주제는 인물이다.

유아는 색이나 표현기법보다도 '무엇'을 표현했나 하는 '주제'에 대해 가장 관심이 높은데, 그중에서도 가장 좋아하는 대상은 인물과 동물이다.
➜ 유아가 자신에게 친숙하고 중요한 것을 그리기 때문이라고 추측할 수 있는데, 여기서 유아의 관심 대상이 '생존'과 관련이 깊다는 것을 알 수 있다.

유아가 미술을 표현하는 기능은 대체로 청소년기에 고정된다.

그리기 기능은 어린 시절에는 자연적인 성숙을 통해 발달하지만, 청소년기 이후의 미적 표현은 매우 복잡하고 어려운 기능에 속하기 때문에 좀 더 체계적이고 기능적인 훈련이 필요하다는 것을 의미한다.

	유아는 그려지는 형태의 부분적인 특성에 집중한다.
	• 대체로 초등학교 이하의 유아는 대상 화면의 부분적인 특성에 매달리는데, 아른하임은 이를 '국부적 문제해결(local solution)'이라고 언급하였다.
	• 이러한 부분 집착적인 경향은 중앙원근법적 공간관계를 의식하면서부터 점차 개선되어 좀 더 넓은 맥락을 고려하고, 주어진 시야 내에서 관심대상의 위치와 특성에 대해 배려하고 반응할 수 있게 된다.
	유아의 미술표현 기능면에서 성차는 크게 나타나지 않는다.
	초등학교 전까지는 주제에 있어서 약간의 차이가 있을 뿐 주제를 다루는 기능과 표현에서는 의미 있는 차이가 나타나지 않는다.
	유아는 애매하고 추상적인 표현보다 선명하고 사실적인 표현을 선호한다.
	• 초등학교 단계까지의 유아는 실제로 그들이 표현할 수 있는 것보다 다소 명확하고 사실적인 그림을 좋아한다(Louis).
	• 유아의 시각적인 기준이 대상 자체보다는 그것과 관련된 경험적인 또는 지적인 관련을 중요시하기 때문이라고 보았다(Eisner).
	• 유아가 분명한 형태를 선호하는 것은 유아가 시각적인 표현을 내용 중심으로 생각하고, 표현 기능적·조형적으로 받아들이지 않는다는 것을 의미한다.

2 유아미술교육의 개념

미술교육	• 미술교육의 방향은 시대적 변천 및 사회적 요구에 따라 다양하게 변화되어 왔다(양윤정 외, 2002). 　－ 그동안 미술교육은 다른 주요 교과들에 비해 부수적인 학습으로 인지되었다. 　－ 그러나 미술교육에 대한 많은 연구들과 실험 등을 통해 미술활동이 학습자의 창의성을 발달시키고 다양한 측면의 인지적 능력을 기르는 통합적인 능력을 발휘하게 해주는 것으로 인식이 전환되면서 활동의 중요성이 점차 강조되고 있다(이경언 외, 2011).
유아 미술교육	• 유아미술교육이란 유아가 미술을 이해하고 감상하여 표현하도록 가르치기 위해 이루어지며, 유아의 삶 속에서 미술을 발견하고 적용하여 주변 환경을 미적으로 개선하는 태도를 갖게 하는 데 목적이 있다. 　－ 즉 미술활동을 통해 유아에게 재미와 즐거움을 제공함으로써 삶의 활력소가 되는 교육을 의미한다(서울교대 미술교육연구회, 2010). 　－ 미술활동은 복잡하고 미묘한 생각이나 감정을 말이나 글로 표현하는 능력이 미숙한 유아들에게 표현 욕구를 해결하기 위한 중요한 매개 역할을 하며, 미술을 통해 표현하는 과정 속에서 유아들은 내면적인 표현 욕구를 발산하게 되고 숨은 감정을 표현하는 기회를 자발적으로 갖게 된다. • 유아미술교육은 자신과 세상에 대한 유아들의 생각이나 느낌을 표현할 수 있게 하는 기회를 제공해줌으로써 예술적, 교육적 발달을 이루게 하며, 더 나아가 전인적 인간으로 성장해 나아가는 데에도 많은 도움을 주게 된다(류가영, 2015).

| UNIT 59 | 유아미술교육의 내용 |

1 유아미술교육 내용체계(이정욱 외, 2010)

내용영역	내용
탐색활동	• 감각적 경험하기 • 주변 사물의 미적 요소 탐색하기 • 자신의 생각, 경험, 느낌 탐색하기 • 재료와 도구 탐색하기
표현활동	• 생각과 느낌, 상상을 시각적으로 표현하기 • 조형요소와 원리를 경험하고 활용하기 • 재료와 기법, 과정을 이해하고 활용하기
감상활동	• 자연과 사물 감상하기 • 자신과 또래의 작품 감상하기 • 우리나라와 다른 나라 미술품 감상하기

2 내용체계(탐색, 표현, 감상)에 따른 교수전략

개념	• 유아미술교육에서의 교수전략은 유아의 관심과 흥미를 이끌 만한 탐색 재료를 제공하는 것뿐만 아니라, 유아들이 자신만의 방법으로 표현하고자 하고, 나와 다른 사람의 작품에 대한 아름다움을 감상할 수 있도록 해야 한다. • Eglinton(2003)은 예술에서의 전체적 경험을 '예술과의 만남', '예술 창작 경험', '심미적 경험'으로 제시하고, 이 3개의 경험이 역동적이고 유기적으로 관계되어 더 많은 경험을 이끌어내며 깊고 다양하게 탐색할 기회를 제공하고, 유아로 하여금 많은 개념들을 발견할 수 있도록 해준다고 보았다. 　－ 특히 미술을 창작하고 감상하는 미학적 경험의 통합은 유아가 다른 사람들과 활발하게 미술에 기반을 둔 대화에 참여하도록 동기를 부여하기 때문에 매우 중요하다고 본다. 　－ 이에 누리과정에서도 탐색, 표현, 감상은 통합적으로 연계되어 제공하도록 제시하고 있다.
① 탐색	• 탐색은 유아미술교육의 가장 기초적인 교육 내용으로 탐색을 통해 유아는 자연과 사물에서 접하게 되는 다양한 미술적 요소에 대해 주의를 기울이고 반응하면서 아름다움을 느끼고, 미술적 요소들이 갖고 있는 특징들을 발견하며 그 차이를 인식한다. 　－ 자연과 사물에서 색, 모양, 질감, 공간 등의 미술적 요소를 탐색하는 유아의 능력은 자연과 사물의 아름다움을 발견하고 인식할 수 있도록 할 뿐만 아니라, 동시에 이를 표현하고 감상할 수 있는 능력을 기르는 기초가 된다. 　－ 따라서 교사는 유아가 미술작품의 소재가 되는 재료들의 특성을 인식하고 이해할 수 있도록 다양한 구체물을 가지고 조작하고, 실험하며, 조사하고, 다양한 표현 가능성을 검토해볼 수 있는 활동을 제공해 주어야 한다.

지도방법

• 유아가 재료를 탐색하는 과정에서 재료의 특징이나 기술을 발견할 수 있도록 다양한 표현기법을 소개한다.
 − 새로운 기법을 시범보이는 것만으로도 유아들은 다양한 방법으로 재료를 탐색하고 새롭게 실험하고
  자 하는 동기가 부여될 수 있다.
• 유아들이 앞으로 탐색하게 될 재료를 사용하여 완성된 작품을 소개함으로써 재료에 대한 호기심과 궁금
 증을 유발한다.
 − 이는 미술활동에 필요한 재료를 먼저 소개하는 것이 아니라 반대로 결과물을 먼저 보여줌으로써, 유
  아로 하여금 재료에 대한 특징과 활용방법에 대해 탐색해 보고 어떠한 방법으로 만들고자 하는지 결
  정할 수 있도록 지원할 수 있다.
• 적절한 교사의 발문과 시범을 통해 유아가 재료에 대한 자신의 이전 경험을 상기하여 구체화시키는 것
 이 중요하다.
 − 이는 유아로 하여금 새로운 것을 창조하고자 하는 욕구를 불러일으킬 수 있기 때문이다.

**②
표현**

• 표현은 다양한 미술활동을 통해서 유아가 자신의 생각과 느낌을 자발적이고 창의적으로
 표현하도록 하는 내용이다.
 − 미술활동은 재료와 도구를 가지고 유아가 알고 있는 것, 본 것, 느낀 것을 자유롭게 표
  현할 수 있는 기회를 제공할 뿐만 아니라, 표현과정에서 즐거움을 느끼며 만족감과 자
  신감을 경험하게 하고, 미적 감각 및 창의성을 발달시킨다.
 − 따라서 유아에게 기본적으로 탐색할 수 있는 환경과 분위기를 제공하고, 자신의 생각과
  느낌을 다양한 미술활동으로 표현할 수 있도록 적합한 환경과 자료, 풍부한 표현의 기
  회를 제공하며, 결과물보다는 과정을 중시하여야 한다. 표현활동과 관련된 미술교육 내
  용으로는 회화, 조소, 만들기와 꾸미기, 판화, 염색 등이 있다.

지도방법

• 유아들이 익숙한 것부터 표현할 수 있도록 지원한다.
 − 미술표현 주제가 주어졌다 할지라도 무엇을 어떻게 표현해야 하는지 주저할 때가 있으며, 교사가 제
  시해줄 것을 기다리는 유아들이 있을 수 있다.
  ➔ 주어진 주제나 유아의 관심사를 중심으로 먼저 대화를 이끌고, 익숙한 것부터 표현해 보면서 익숙
   한 표현기술부터 사용할 수 있도록 지원한다.
• 유아들의 미술표현 발달 수준을 고려하여 유아가 표현하는 방법에 대해 긍정적으로 반응한다.
• 유아가 표현하는 작품에서 점, 선, 면, 형태, 색채, 명암과 음영, 질감, 양감, 공감, 구도와 같은 미술요소
 를 어떻게 사용하고 있는 지에 대하여 대화한다.
• 표현하는 방법과 결과를 긍정적으로 수용한다.
 − 표현기법과 유아들이 사용하는 미술요소를 중심으로 자신의 느낌과 감정을 담아 구체적으로 반응하
  는 것이 바람직하다.
 − **유의점** 판단적 평가나 형식적으로 하는 칭찬 혹은 유아의 표현 결과물에 대해 임의적으로 해석하는
  것은 유아의 다양한 표현을 방해하게 된다.
• 그림 도구와 재료의 성질을 발견할 수 있도록 한다.
• 한 가지 대상을 다양하게 변형해서 그려보게 하거나, 표현 기법을 변형해 보도록 격려한다.
• 자신이 작품에서 표현하고자 하는 것에 대해 유아들이 먼저 대화를 시작할 수 있도록 유도한다.
• 표현과정에서 유아들이 쏟는 노력에 대해 인정하고 칭찬한다.
• 유아들이 스스로 창조적인 과정을 즐길 수 있도록 미술 작업을 하는 것에 대한 필요성을 존중하며, 여러
 방법으로 자신의 생각을 발전시킬 수 있는 충분한 시간을 주어야 한다.
• 완성된 작품을 전시하여 스스로의 작품에 대해 자신감을 가질 수 있도록 한다.

- 감상은 유아가 자연과 사물 및 다양한 미술활동이나 작품에 대해 생각과 느낌을 서로 나누는 것이다.
  - 즉 유아가 미술활동에 관심을 갖고 감상 내용을 적극적으로 발표하며 생각을 나누는 활동이다.
  - 따라서 교사는 감상활동을 통해 유아 자신이나 다른 사람의 작품에 대한 생각과 느낌을 나누고, 비교하며, 평가해 보는 기회를 제공해야 한다. 미술감상활동은 토의, 견학, 자원인사 초청, 게임, 표상 등 다양한 방법으로 실시할 수 있다.

🏠 감상활동의 구체적인 방법

활동유형	내용
토의	미술작품에 대하여 토의할 수 있다. 작품의 특이하고 흥미로운 점, 작품에 나타난 미적 요소, 느낌에 대하여 이야기 나눈다. 유아들과 토의하는 방법은 첫째, 작품을 보고 느낀 것을 말로 표현한다. 둘째, 작품에 대한 전체적인 느낌을 이야기한 후에 작품의 형식을 분석한다(예 대칭과 비대칭, 재료의 특성, 색과 선의 특징 및 종류에 대해 이야기한다). 셋째, 작품의 주제와 표현의 의도 등 작품이 표현하고자 하는 의미를 생각해본다.
견학	미술감상활동을 위하여 미술관이나 전시회, 박물관 또는 문화 유적지의 견학을 계획한다. 현장 견학 시에는 도움을 받아서 작품에 대한 설명을 들을 수 있다. 작품을 감상할 때는 아주 가까이 또는 멀리 서서 때로는 낮은 자세로 감상해 보며, 조형물의 경우에는 위치(오른쪽 옆, 왼쪽 옆, 정면, 뒷면)를 바꾸어 가며 감상한다.
자원 인사 초청	미술과 관련된 일에 종사하는 자원 인사를 초빙하여 미술작품이나 작가에 대한 이야기를 나눈다. 이때 초빙된 미술 작가는 작업 장면을 시연할 수 있으며, 유아들의 미술활동을 직접 지도할 수도 있다.
게임	유명한 미술작품의 엽서, 사진, 달력, 신문, 잡지, 전시회 화보집 등을 이용하여 작가별 또는 특정 요소별로 분류하기, 그림 조각 맞추기, 숨은 그림 찾기 등의 게임활동을 계획한다. 친숙한 게임을 통하여 부담감 없이 여러 작품을 감상할 수 있으며, 작품의 독특한 미적 요소를 인식할 수 있다.
표상	표현활동에 속하는 적극적인 감상법이다. 미술작품을 본 느낌이나 특징을 소재로 삼아 이야기를 꾸며 보거나 미술, 음악, 신체로 표현하는 것이다(예 밀레의 '이삭줍기'에 새로운 제목을 붙이고, 작품 속 주인공들이 어떤 생각을 하고 있을지 이야기해 보며, 그 장면 이후에는 어떤 일이 일어날지 이야기 꾸미기를 해본다. 또한 마티스의 '춤'을 감상한 후에는 신체 움직임으로 표상해볼 수도 있다).

③ 감상

지도방법

- 전통적 작품인 우리나라의 민화나 풍속화 또는 다양한 매체를 사용한 작품인 조각품과 설치미술, 그리고 여러 나라의 다양한 미술작품을 감상할 수 있는 기회를 제공한다.
- 보편적인 작품 해석이 아닌 유아의 주관적 해석을 허용한다.
- 미술요소를 활용하여 분석적으로 감상할 수 있도록 한다.
- 그림의 작가 입장이 되어 해석적으로 감상할 수 있도록 한다.
- 작품에 대한 선호와 판단이 고정적이지 않으며 바뀔 수 있다는 사실을 인정할 수 있도록 지도한다.
- 교실뿐만 아니라 미술관이나 박물관을 방문하여 유아가 다양한 미술작품을 감상할 수 있도록 한다.
- 많이 알려진 명화나 예술가의 작품을 감상하는 것에서 나아가 유아가 완성한 작품들을 서로 감상할 수 있는 기회를 제공한다.

UNIT 60 유아미술교육의 필요성 및 목적

1 유아미술교육의 필요성

의의	• 자신의 생각과 느낌을 마음껏 발산할 수 있게 하는 미술활동은 유아의 정서적·신체적·인지적 발달과 사회성·창의성 발달에 긍정적인 영향을 미쳐 결과적으로 유아의 전인적 발달을 촉진하게 된다. • 이는 자기를 표현하는 가장 좋은 방법이고, 시각과 지각을 발달시킴으로써 유아들에게 자유 속에서의 질서 의식을 갖게 하며, 삶을 즐겁고 아름답게 하는 역할을 한다. – 그러므로 유아미술교육은 유아의 심신 발달에 따라 미술활동을 통해 계획적으로 감상 능력과 창조력을 발전시키고, 건전한 인격을 키우는 교육이라 말할 수 있다.
유아 미술교육의 역할	① 유아미술교육은 유아의 심미적 지각능력을 길러준다. – 아름다움은 사람들이 생활 속에서 끊임없이 추구하는 감각으로서 아름다움을 느낄 수 있는 감정 또는 심미적인 감각과 지각을 미술활동을 통해 체험할 수 있다. ② 손과 눈, 뇌 등의 조화를 촉진시킨다. – 유아미술교육을 통한 미술활동은 손, 눈, 뇌 등의 모든 지각 창구를 통해 유아의 미적 감각을 얻게 되는 과정으로 협응 능력의 조화로운 발달을 촉진하게 된다. ③ 유아의 미적 상상력 향상을 돕는다. – 유아는 다양한 미술활동을 통해 자유롭게 관찰하고 상상함으로써 예술적 감각과 무한한 상상력을 기를 수 있다. ④ 유아의 창의력을 길러준다. – 미술활동은 유아로 하여금 창의적인 세계에서 자유롭게 창조력을 발휘하고 독창적인 체험을 가능하게 함으로써 창의력을 높여주는 역할을 하게 된다. ⑤ 자기표현과 의사소통의 수단이 된다. – 미술활동을 함으로써 탐색·경험하고, 유아 자신의 주변 세계에 유아가 체험한 것에 대한 감정의 느낌과 생각의 표현 기회를 제공하며, 타인에 대한 감성능력을 증진시킬 수 있다(경민성, 2013). ⑥ 미술활동은 유아의 욕구 표현의 장이 된다. – 유아미술활동은 유아 자신의 내면적인 욕구와 정서 등을 외부로 표출하고 표현하게 하는 통로가 된다. ⑦ 긍정적인 자아 개념과 자신감을 향상시킨다. – 미술활동을 통해 유아는 자신에 대한 긍정성을 키워갈 수 있고, 이를 통해 주어진 모든 과제에 대한 자신감을 획득해 나간다. ⑧ 문제를 해결하는 능력을 향상시킨다. – 창작활동 속에서 자신의 문제와 주어진 환경을 이해하고, 매체를 통한 조작, 응용 등의 과정을 경험하며, 문제해결능력을 기르게 된다(백선예, 2010). ⑨ 민주시민으로서의 사회적 규범을 익힌다. – 재료, 도구, 아이디어를 공유하며 협동, 양보하는 공동생활을 배우고, 개인의 자제력 및 사회성 발달의 여러 덕목들을 익히게 된다.

2 유아미술교육의 목적

신체 발달	미술활동을 통해 그리기, 만들기, 찢기, 붙이기, 구성하기 등 표현활동을 하면서 손과 눈의 협응이 증진되며, 신체를 움직이며 자유로운 드로잉과 채색을 통해 운동기능이 통합되면서 신체능력이 향상된다.
감각 및 지각 발달	• 유아는 감각체험을 통해 사물에 대해 새로운 것을 발견하고 미술활동을 표현할 때 매우 구체화된 이미지를 표현할 수 있어 감각 및 지각 발달을 기를 수 있다. • 유아는 돌, 나뭇가지, 선, 색, 모양, 질감, 공간 등을 오감으로 탐색하고 표현하는 과정을 통해 이를 즐기면서 감각 및 지각 능력을 발달시켜 나간다.
인지발달	• 유아들은 미술활동에 참여하는 과정에서 재료, 색깔, 크기, 형태, 채색 등 표현방법을 어떻게 할 것인가를 선택하고 결정하게 되며, 그 과정에서 다양한 인지발달의 요소들을 키워갈 수 있다. • 유아는 자신이 경험한 세계를 여러 가지 매체를 통해 표현해내는 미술활동을 통해 인지발달을 이룰 수 있다. • 무엇을 어떻게 그려내고 만들 것인지에 대한 목표를 세우고, 이에 대해 사고하며, 대화하고, 탐색하면서 만드는 일련의 과정을 통해 유아의 주의 집중력이 신장될 수 있다.
정서발달	• 유아들은 자신들이 표현하고 만들어 낸 결과물을 타인에게 공개하고, 이 결과물에 대해 타인을 이해시키려고 노력한다. 　− 이 과정을 통해 유아들은 다양한 사고와 타인에 대한 정서를 교류하게 되며, 자신의 감정 조절에 대한 학습과 더불어 자신이 경험한 결과물에 대한 성취감을 획득하게 된다. • 미술은 기본적으로 아름다움을 추구하고 미를 창조하는 활동이므로 유아는 미술활동을 통해 미적 질서와 같은 아름다움을 경험하며 이를 통해 미적 감각을 기르게 된다.
사회성 발달	• 유아들은 미술활동을 통해 타인과 어울리면서 조화를 이루어 살아가는 방법을 배우며 사회성이 증진된다. • 유아들은 그림을 그리면서 자신과 타인의 활동에 대해 이야기하는 경험을 통해 행복감을 느끼며, 미술재료와 도구를 나누어 쓰고, 서로 돕고, 협동하는 기회를 갖게 되면서 사회적 성장을 이루게 된다. • 또한 유아가 선, 색, 형태, 패턴, 공간, 질감의 미술요소를 중심으로 규칙과 순서를 만들고 협력하는 미술활동을 통해 사회성이 향상되며, 오감각을 직접 체험하고 자기표현과 발표를 통해 타인을 존중하는 미술활동은 유아의 사회적 기술 향상을 돕게 된다.
창의성 발달	• 미술활동 과정에서 다양한 사고의 전환과 창의적인 발상의 기회를 갖게 된다. • 감각을 통하여 대상을 탐색하는 미술활동은 유아가 자신의 독특한 표현방식을 시도하고 새로운 발상을 모색하도록 유도함으로써 유아의 창의적 사고를 증진시킨다. • 또한 유아는 자신이 주도적으로 상상하고, 생각하고, 계획하고, 매체를 선택하고, 표현방식을 결정하는 과정을 통해 확산적인 사고를 경험하며, 이것은 다양한 문제해결능력, 즉 창의력을 증진시키게 된다.
놀이 발달	유아에게 미술활동은 곧 놀이이며, 유아들이 다양한 미술 재료들을 보고, 듣고, 만져보고, 맛보고, 냄새 맡는 등의 오감각 활용을 통해 탐색하고 표현 및 감상하는 미술교육 프로그램은 유아의 호기심을 자극하고 기쁨과 즐거움을 맛보게 한다.

MEMO

언어 발달	• 유아들은 미술활동을 통해 새로운 단어들을 습득하고, 교사와 또래 간의 의사소통으로 언어발달을 향상시킨다. • 미술활동은 감각을 통해 인식하는 미적 요소에 기초하여 아름다움을 경험하고 표현하며, 언어적 표현이 부족한 유아에게 감각 중심 미술 체험의 즐거움을 줄 뿐만 아니라, 적극적으로 자신의 감정과 생각을 표현할 수 있는 효과적인 의사소통 수단이 된다.
자아 개념 발달	• 유아는 미술표현을 통해 자신의 심리적 문제를 해결하고 성장시킬 수 있는 능력을 기르며, 유아가 지닌 에너지를 긍정적으로 분출할 수 있는 미술활동을 통해 유아의 긍정적인 정서가 촉진되어 자아 개념 및 자아존중감을 향상시킬 수 있게 된다(Rubin, 2005). • 미술활동을 통해 유아는 미적 가치와 조형에 대한 감각을 느끼고, 심미감에 대한 감동과 기쁨을 맛보게 되며, 이를 통해 유아의 긍정적인 자아 개념 형성에도 도움을 받는다.
유아의 욕구 충족	• 유아들은 여러 가지 미술활동을 통해 자신의 내면과 사고를 표현한다. • 유아는 미술활동을 통해 자신의 무의식적 억압이나 억눌린 욕구와 같이 직접적으로 표현하기 힘든 내재되어 있는 감정이나 잠재된 바람들을 분출하고 드러낼 수 있게 된다.

III 미술의 요소·원리·기법

UNIT 61 미술의 요소

KEYWORD # 미술의 요소(질감, 공간, 모양), 미술의 원리(대칭)

요소	내용
점	• 점은 모든 미술의 최소 단위로, 모든 형태의 기본이자 시작점이고, 위치를 지니고 있는 미적 요소이다. • 그 하나만으로도 작품이 될 수 있으면서 회화 표현의 원형이라고도 할 수 있다. • 점의 개수, 크기, 위치, 밝기, 질감 등에 따라 형태, 움직임, 공간감, 조밀성, 리듬감 등 다양한 느낌을 전달해 줄 수 있다. 　－ 작은 점들이 가득 모여 있으면 분주함이나 복잡함을 느끼게 하지만, 넓은 공간에 점 몇 개만 찍혀 있을 때에는 여유로움·느림·공간감을 느낄 수 있다. 　－ 점이 점점 작아지거나 커지는 등 점 크기의 변화에 따라 입체감을 느낄 수도 있고, 무수히 많은 점들을 찍어서 면을 표현할 경우 정지된 듯한 느낌을 받게 될 수도 있다. • 활동의 예 　－ 다양한 점 찍어보기(예 크레파스, 사인펜, 매직, 붓으로 점 찍어보기) 　－ 찍어 본 점들의 규칙성 찾아보기(예 점들이 서로 가깝게 찍혀 있으면 빠르고 수축된 느낌, 점들의 간격이 넓으면 느린 느낌) 　－ 점묘법으로 표현된 그림 감상하기[예 '그랑드자트섬의 일요일 오후(조르주 쇠라)', '양산을 든 여인(폴 시냐크)']

발문의 예	• 점을 많이 찍은 곳은 어떤 느낌이 드나요? 복잡하고 분주한 느낌이 들지 않나요? • 커다란 종이에 점을 몇 개만 찍을 수도 있어요. 어떤 느낌이 드나요?

요소	내용
선	• 점에서부터 시작되며, 수많은 점이 모여 이루어진 것, 두 점을 이어서 만들어진 것, 물체의 윤곽을 이루는 부분, 물체와 물체를 경계 짓는 부분 등 다양하게 정의된다. • 선을 어떻게 결합하였느냐에 따라 변화나 통일, 리듬감, 움직임을 느낄 수 있다. • 선의 종류는 방향과 모양에 따라 분류할 수 있다. 　① 선의 모양 : 가늘고 굵은 선(속도감과 무게감), 직선(남성적, 속도감, 긴장감, 간결함, 딱딱하고 힘찬 느낌), 곡선(여성적, 우아함, 율동성, 리듬감, 부드럽고 유연한 느낌), 꼬불꼬불한 선 등

🏠 **선의 종류와 모양, 느낌**

종류		모양	느낌
직선	수평선	≡≡≡	안정감, 정적임
	수직선	⫴⫴⫴	엄숙함
	사선	⫽⫽⫽	운동감, 불안정함
	방사선	⟩⟨	집중, 확산, 가운데로 모임, 퍼져 나감
곡선	자유곡선	〰	자유로움, 부드러움
	기하곡선	◯ ◯	단조로움

MEMO

② **선의 방향**: 수직선(상승감과 긴장감, 강렬함, 위엄), 수평선(넓고 고요함, 평화로움과 같은 안정된 느낌), 사선(방향감과 긴장감, 운동감) 등
- 선의 굵기는 속도감과 무게감에 영향을 미친다. 예를 들어 굵은 선에서 시작하여 점차 가늘어지는 선은 서서히 줄어드는 속도감을 느끼게 하고, 반대로 점점 진하고 굵게 그려지는 선은 빨라지는 속도감을 느끼게 한다. 또한 가는 선은 가벼운 느낌, 굵은 선은 무거운 느낌을 느끼게 한다.

발문의 예	• 직선/곡선을 찾아보자. • 굵은/가는 선을 찾아보자. • 긴/짧은 선은 어떤 것이니? • 부드러운/날카로운 느낌을 주는 선은 어떤 것이니?

형 (모양)	• 모양이란 외곽에서 나타나는 모습으로 2차원적으로 표현된 평면적 모양을 '형'이라고 하고, '형'에 원근과 깊이 등이 포함되어 3차원으로 표현된 입체적 모양을 '형태'라고 한다. 　- 2차원의 형을 3차원의 형태처럼 보이게 하기 위해 명암처리를 하거나 여러 모양을 겹쳐 원근을 표현할 수 있다. • 모양은 크게 기하학적 모양과 유기적 모양으로 분류할 수 있다. 　① 기하학적 모양은 삼각형, 원, 사각형 등을 연상시키는 모양으로, 일정하고 정확한 형상을 가진다. 　② 유기적 모양은 부드럽고 불규칙한 곡선으로 묘사되어 움직임이 느껴지는 모양으로, 주로 자연의 형태에서 많이 찾아볼 수 있다. • 모양은 직선형과 곡선형, 고유한 모양과 변형된 모양 등 다양하며, 원하는 방법으로 사용될 수 있다. 　- 어떤 대상의 실제로 보여지는 모양을 고유한 모양이라고 말하며, 변형된 모양은 실제 모양을 그리는 사람이 주관적으로 변화를 준 모양이라고 말한다. • 유아는 자연물, 인공물 등 다양한 소재를 관찰하면서 사물의 모양, 구조를 인지하게 되고, 다양한 자연물의 유기적 모양을 경험하면서 시각적 분별력을 기르게 된다.

발문의 예	• 어떤 모양이 있니? • 네모(동그라미 등)는 어디 있니? • 여러 가지 세모 모양을 비교해 보자. • 다양한 모양을 이용해 무엇을 표현할 수 있을까?

색	• 색은 빛을 흡수하고 반사하는 결과로 나타나는 물리적 현상이다. • **색의 속성**: 색상(색 자체가 갖는 고유의 특성), 명도(밝고 어두운 정도), 채도(맑고 탁함과 선명도) • 색을 따뜻한 색과 차가운 색으로 나누기도 하는데, 주황·빨강·자주·노랑은 따뜻한 느낌을 주기 때문에 난색이라 하고, 파랑·청록·남색은 차가운 느낌을 주기 때문에 한색이라 한다. 연두, 녹색, 보라 등 한색과 난색이 섞여서 만들어지는 색들은 중성색이라고 한다. 이러한 색의 성질은 색상에서 온도를 느끼게 한다고 볼 수 있다. • 색은 사람의 감정을 표현할 수 있을 뿐만 아니라 장식, 표현, 사실, 상징 등의 다양한 방법으로 사용될 수도 있다. 또한 지극히 사실적인 색만을 사용하여 실제와 똑같은 표현을 할 수도 있고, 실제와 전혀 다른 색을 이용하여 상상적으로 표현할 수도 있다.

색상	• 색상은 빛의 파장에 따라 지각되는 색의 종류로, 빨강이나 노랑이라고 하는 색 자체가 갖는 고유의 특성 또는 명칭을 의미한다. 　－ 즉 빨강, 노랑, 초록, 파랑, 보라와 같이 색 지각 또는 색 감각의 성질을 갖는 색의 속성으로, 연속적으로 색을 배열하여 척도화한 수치나 기호이며 색 이름을 말한다. 　－ 색상의 변화를 계통적으로 고리 모양으로 배열한 것이 색상환(色相環, color circle)인데, 이를 통해 색을 좀 더 잘 이해할 수 있다. • 여러 가지 색깔을 만들어낼 수 있는 기본색으로 빨강, 노랑, 파랑을 '삼원색'이라고 한다. 　－ 삼원색을 섞으면 다양한 색이 만들어지며, 삼원색을 혼합하여 어떤 색이 나오는지는 색상환을 통해 알 수 있다. 　－ 색상환에서 이웃하는 색은 서로 비슷한 색을 띠는데 이를 '유사색'이라 하고, 마주보는 색은 서로 대비되는 색을 띠어 '보색'이라 부른다. 　－ 물감의 삼원색은 세 가지를 섞으면 다양한 색깔을 만들 수 있으며, 섞으면 섞을수록 어두워지고 모두 섞으면 검은색이 된다. 　－ 빛의 삼원색은 섞으면 섞을수록 밝아지고, 모두 섞으면 흰색이 된다. • 색의 혼합에 따라 분류하면 원색(1차색)은 빨강, 노랑, 파랑 삼원색을 의미한다. 　－ 1차색 : 빨강, 노랑, 파랑 삼원색을 의미한다. 　－ 2차색 : 2가지 원색을 같은 비율로 혼합하여 나오는 색을 의미한다. 주황(빨＋노), 보라(빨＋파), 초록(파＋노)은 2차색에 해당한다. 　－ 3차색 : 원색과 2차색을 같은 비율로 혼합하여 나오는 색을 의미한다. 귤색(노＋주), 다홍(주＋빨), 남보라(파＋보), 청록(파＋초), 연두(초＋노)는 3차색에 해당한다. 　－ 한 가지 색상에 흰색을 혼합하면 연한 색이 만들어지고, 검정색을 혼합하면 짙은 색이 만들어진다. • 색상환에는 없지만 색으로 취급되고 사용되는 무채색이 있다. 　－ 무채색은 흰색, 검정, 그리고 이 둘을 섞어서 나오는 모든 회색으로, 색상이나 채도가 없이 명도만을 가진 색을 말한다. 　🔖 **색상환**(色相環, color circle) 　• 색상환은 가시광선의 스펙트럼을 고리 형태로 둥글게 연결하여 색을 배열한 것을 말한다. 　　－ 미국의 화가 앨버트 헨리먼셀(Albert Henry Munsell, 1858~1918)이 고안한 먼셀 색체계(Munsell color system, 이십색상환)가 있다. 　　－ 빨강, 다홍, 주황, 귤색, 노랑, 노랑연두, 연두, 풀색, 녹색, 초록, 청록, 바다, 파랑, 감청, 남색, 남보라, 보라, 붉은보라, 자주, 연지 순이다. 　• 색상환에서 서로 마주보고 있는 색을 반대색인 '보색'이라 한다. 　　－ 파란색과 주황색, 빨간색과 초록색, 노란색과 보라색 등이다. 　　－ 보색은 서로의 특성을 강화하는 역할을 한다. 　　－ 주황색은 파란색을 더욱 차갑게 보이게 하며, 파란색은 주황색을 더욱 따뜻하게 보이게 한다.

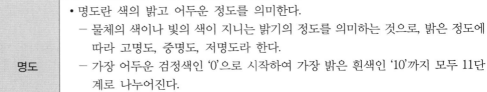
명도	• 명도란 색의 밝고 어두운 정도를 의미한다. − 물체의 색이나 빛의 색이 지니는 밝기의 정도를 의미하는 것으로, 밝은 정도에 따라 고명도, 중명도, 저명도라 한다. − 가장 어두운 검정색인 '0'으로 시작하여 가장 밝은 흰색인 '10'까지 모두 11단계로 나누어진다. − 명도가 낮으면 어두운 느낌을, 높으면 밝은 느낌을 준다. 따라서 흰색을 섞으면 명도가 높아지고 검정색을 섞으면 명도는 낮아진다.
채도	• 채도란 색의 맑고 탁함, 색상의 진하고 엷음, 선명한 정도를 의미하는 것으로 색의 순수하고 선명한 정도를 가리킨다. − 다른 색과 섞지 않아 맑고 깨끗하며 원색에 가까울수록 채도는 높고, 많이 섞일수록 색이 탁해지면서 채도는 낮아진다. − 한 색상 중에서 가장 채도가 높은 색을 그 색상 중의 '순색'이라고 한다. − 흰색과 검은색은 채도가 없기 때문에 '무채색'이라고 불리며, 이 무채색을 다른 색에 섞으면 채도는 낮아지게 된다.

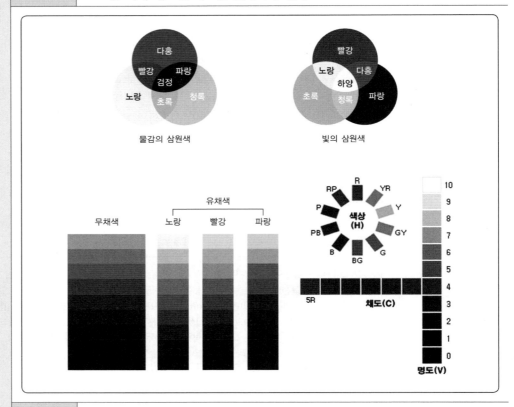

발문의 예	• 어떤 색이 가장 눈에 잘 띄니? • 땅/하늘의 색을 보면 어떤 느낌이 드니? • 이 작품은 주로 어떤 색을 많이 사용하였니? • 따뜻한/차가운 느낌을 주는 색을 찾아보자.

명암	• 밝음과 어두움의 정도를 말하는 것으로, 명암은 작품의 분위기나 느낌에 큰 영향을 준다. • 명암은 빛이 사물에 비칠 때 생기며 그림을 그릴 때에는 이 명암을 표현해야만 사물의 부피와 무게를 우리가 느낄 수 있다. • 명암은 하얀색, 회색, 검정색에 국한된 개념은 아니며 유채색 역시 명암을 가질 수 있다. 가장 밝은 색은 하얀색이고, 가장 어두운 색은 검정색이며, 하얀색과 검정색 사이에는 다양한 명암의 회색이 존재한다.
	발문의 예 • 가장 어두운 부분은 어디니? • 가장 눈에 띄는 부분은 어디니? • 왜 어느 곳은 어둡게, 어느 곳은 밝게 그렸을까?

질감	• 질감은 미술에 있어 표면적인 특질 또는 표면적인 구조를 만질 때 느끼는 촉감 혹은 어떤 대상을 직접 만졌을 때 느껴지는 실제 촉감을 말한다. 　- 작품의 표면을 만졌을 때의 느낌에 대해 시각적으로 인상을 제공해주는 것으로, 미술로 질감을 표현할 때는 '이것을 만지면 어떤 느낌일까?'와 같은 생각이 들게 하는 것을 말한다. • 질감은 거침, 부드러움, 딱딱함, 말랑말랑함, 매끈함, 울퉁불퉁함 등의 단어들을 사용하여 표현한다. • 작품에 표현되는 질감은 자칫 지루하거나 단조로울 수 있는 화면에 풍부함과 완성도를 주고, 시각적인 즐거움을 느끼게 함으로써 작품의 분위기에 결정적인 영향을 미친다. • 화가는 붓의 터치, 빗, 스펀지 등의 도구나 손가락을 이용해 색을 칠하면서 다양한 질감을 만들어 내기도 한다. 유아도 다양한 질감을 가진 재료를 탐색하고 사용하면서 물체가 가지는 여러 가지 질감을 느끼고 이를 미술표현에 활용할 수 있다. • 질감은 물질적 질감, 시각적 질감, 전환적 질감으로 분류할 수 있다.
	물질적 질감 만져서 직접 확인할 수 있는 촉각적 질감을 의미한다. 예 거친 느낌이 드는 그림을 만졌을 때 실제 거칠게 느껴진다. **시각적 질감** 물질적 질감이 존재하는 것처럼 꾸민 질감으로 만져서 느껴지는 질감이 아닌 보이는 질감을 의미한다. 예 부드럽고 매끈한 느낌이 드는 그림을 만졌을 때 예상과 달리 단단하고 차갑게 느껴진다. **전환적 질감** 사물의 고유한 질감을 전혀 다른 질감으로 표현한 질감을 의미한다. 예 거칠거칠한 거울, 보들보들한 컵과 컵받침
	발문의 예 • 바위를 만지면 어떤 느낌이 들까? • 부드럽게(거칠게) 느껴지는 곳을 찾아보자. • 만지면 어떤 느낌이 들까? (차가워요, 딱딱해요 등)

공간	• 공간은 어떤 물체가 존재할 수 있거나 어떤 일이 일어날 수 있는 자리를 의미하는 것으로, 미술작품 안에서의 거리를 말한다. 　- 조각, 건축, 공예품과 같이 높이, 깊이, 넓이가 있는 입체적인 조형 작품에는 그 작품이 놓여 있는 실제적 3차원의 공간이 존재한다. 그러나 공간이란 실제 3차원의 공간뿐만 아니라 공간이 있는 것처럼 느껴지는 심리적 공간도 있다. • 균형, 강조, 리듬·반복·패턴, 비례, 움직임, 통일·변화 등 미술의 구성 원리는 공간을 고려하여 나타난다. 유아는 공간을 탐색하고, 표현하며, 감상하는 미술활동 경험을 통해 공간을 알게 된다.

MEMO

✱ 소실점
멀리 뻗어 있는 철길을
밟을 때, 제일 끝에서
마치 점으로 만나듯이
우리의 눈높이에서 선
이 점으로 만나게 되는
것을 말한다.

- 공간감을 느끼게 하기 위한 가장 쉬운 방법은 대상을 겹쳐 표현하는 것이다. 우리에게 가까이 있는 대상을 더 명료하고 선명하게 표현함으로써 뒤에 있는 대상보다 더 가깝게 보이도록 하는데, 이를 '공기원근법'이라고 부른다.
  - 공기원근법은 우리가 멀리 있는 건물을 보면 바로 옆에 있는 건물보다 흐릿하고 형태가 정확히 보이지 않는 것처럼, 거리가 멀어질수록 뿌옇고 윤곽을 흐릿하게 보이게 하는 것을 말한다.
- 또한 앞에 있는 대상은 크게, 그리고 뒤에 있는 대상은 작게 그림으로써 모양의 크기로 공간감을 느끼게 할 수도 있다. 명암을 사용하여 대상이 마치 공간에 존재하는 것처럼 보이게 만들 수도 있으며, ✱소실점에 의해서 공간감을 느낄 수도 있다.

🏠 깊이감을 표현할 수 있는 방법

중첩	• 두 개의 물체를 서로 겹쳐 놓을 때 멀리 있는 물체가 가까이 있는 물체에 의해 부분적으로 가려져 공간의 깊이감이 표현되는 방법이다. • 멀리 있는 물체, 즉 뒤에 있는 물체는 깊은 공간감이 느껴진다.
상대적 크기를 이용하는 방법	• 같은 모양을 가진 물체의 크기를 다르게 표현하는 방법이다. • 같은 모양도 큰 물체는 가깝게 느껴지고, 상대적으로 작게 표현된 물체는 멀게 느껴진다.
투시적 원근법	• 선을 이용해 공간과 깊이감을 표현하는 방법이다. • 사물이 멀어지면서 일정한 비율로 줄어드는 특성을 나타낸다.
공기(대기) 원근법	• 질감이나 명암, 색의 선명도, 난색과 한색을 이용해 공간과 깊이감을 표현하는 방법이다. • 선명하게 표현된 것은 가깝게 느껴지고, 흐릿하게 표현된 것은 멀리 있는 것처럼 느껴진다.

발문의 예	• 사람(나무)의 크기는 어떠니? • 어떤 나무가 가깝게/멀게 보이니? • 그림을 보면 하늘과 땅이 어딘지 알 수 있니? • 땅은 어디일까? 어떻게 알았지? (흙 같은 것이 있고, 식물이 살고 있고, 벌레가 기어 다녀요.) • 하늘이 멀리 보이니? (나비, 곤충이 날아다니죠. 하늘이에요.)

✱ 부피
입체적인 작품이 차지
하는 공간의 양으로,
작품의 부피는 그 작
품이 차지하는 공간의
양을 의미한다.

양감	• 작품에 표현된 대상의 크기, 부피, 두께, 무게 등에 대한 느낌이 동시에 모여 하나의 덩어리처럼 느껴지는 것을 말한다. 　- ✱부피가 고체 상태로 공간을 차지하고 있음을 암시하는 것으로, 대상물의 크기나 부피, 무게 등이 감각적으로 느껴지는 것을 표현하는 것이며, 형태, 명암, 색채를 통해 입체적 또는 사실적 표현이 가능한 미술요소이다. • 명암을 단계별로 표현하거나 형태를 둥글고 풍만하게 표현하여 부피감을 줄 수 있다. • 미술에 있어서 양감은 물리적인 면적이나 부피가 반드시 일치하는 것은 아니며, 입체적인 대상물을 이차원적인 평면에서 표현할 경우 명암이나 원근감 등을 통해 실제감, 즉 손으로 만질 수 있을 듯한 용적감이나 물체가 갖는 중량감을 획득할 수 있다.
발문의 예	• 만약 점점 커진다면 어떻게 될까? • 어떤 것들을 크게 또는 작게 만들고 싶니?

UNIT 62 미술의 원리

원리	내용

균형	• 균형이란 작품을 봤을 때 느껴지는 시각적 무게감으로 어느 한쪽으로도 기울거나 치우치지 않은 평형 상태를 말한다. 균형을 잘 이루는 작품은 시각적으로 안정감을 주지만, 균형이 깨진 작품은 불안감을 준다.
	• 공간을 어떻게 사용하느냐에 따라 달라진다.
	• 균형을 이루는 방식에는 '대칭적 균형(형식적 대칭적 균형)', '비대칭적 균형(비형식적 비대칭적 균형)'이 있다.
	  – 분할선을 중심으로 양쪽의 크기와 모양, 위치, 형태와 구성 등이 비슷한 상태를 '대칭적 균형', 균등하지 않은 상태를 '비대칭적 균형'이라고 한다.
	
	    • **대칭적 균형** 작품의 중앙을 접어 반으로 나누었을 때 한쪽 면이 다른 한쪽 면과 거울처럼 정확하게 같은 것을 말하는 것으로, 안정감은 느껴지지만 변화가 없어 단조로운 느낌을 준다. 위엄 있고 안정성이 느껴지는 건물, 즉 성당이나 공공기관 등의 건축물에 사용되며 완전한 균형이라고 부른다.
	    • **비대칭적 균형** 작품의 양 측면은 다르지만 색, 모양의 크기, 질감 등으로 균형미를 느낄 수 있게 만든 것으로, 안정감은 없으나 변화가 느껴진다.
	
	• 작품 전체가 안정감 또는 균형감 있게 보이거나 느껴질 수 있도록 미술의 요소들이 배열된 것이다.
	• 미술작품 속의 모든 요소나 물체는 어느 위치에 배치할 것인지 등을 고려해야 전체 작품이 균형감 있게 보이도록 배열할 수 있다.

발문의 예	• 그림에서 중심이 되는 곳을 찾아보자. • 가운데 선을 그어 반으로 접는다고 상상해 봅시다. 양쪽이 정확히 겹쳐지나요? 양쪽이 똑같이 겹쳐지는 것을 균형이라고 해요. • 어느 쪽이 더 무겁게/가볍게 느껴지니? • 이 모빌의 가운데 중심선을 정한다면 어느 지점이 좋을까? • 왜 왼쪽과 오른쪽에 있는 사람의 수를 비슷하게 그렸을까? • 가운데를 중심으로 오른쪽과 왼쪽의 같은 점과 다른 점을 찾아보자. • 만약 오른쪽에 있는 물고기 3마리가 없다면 왼쪽에 매달린 것들은 어떻게 될까? • 양쪽으로 잘 매달려 있으려면 한쪽으로 기울어지지 않아야겠지? 이를 '균형'이라고 한단다.
강조	• 강조는 특정한 부분을 강하게 하여 가장 먼저 눈에 띄도록 배치시키는 것으로 흥미, 초점이 되는 중요한 부분을 말한다. 즉 특별히 부각시키고 싶은 부분에 중점을 두어 나타내는 구성 원리이다. • 미술작품에서 특정 부분을 강하게 표현하여 변화를 주는 것으로 작품을 볼 때 흥미를 유발하고 관심을 이끌어 시선을 집중시키는 역할을 한다. – 일반적으로 그림에서 강조점이 중앙에 있을 거라 생각하지만, 오히려 고정적이고 재미가 없기 때문에 중심에서 오른쪽이나 왼쪽으로 약간 치우쳐 강조점을 두고 전체적인 균형감을 주기 위한 다른 방법들을 사용할 수 있다.

        – 작품의 주제가 보기 드문 것이거나 충격적인 방법으로 표현된다면 그 부분은 두드러지게 된다.

        – 또 다른 강조의 방법으로 명암을 사용하게 되는데, 작품에서 빛을 밝게 그려 시선을 끄는 방법도 있고, 밝은 곳과 어두운 곳을 강하게 대비하여 그림으로써 시선을 끌 수도 있다.

        – 화면 속 인물들의 시선이 일정하게 같은 방향으로 향해 있다면 작품을 보는 이들 또한 작품 속 인물과 같은 방향을 쳐다보게 되므로 그 부분이 강조되기도 한다.

• 모양, 색, 위치, 크기 등을 조절하여 주제를 힘 있게 표현함으로써 단조로움을 깨고 관심이 집중되도록 한다.

발문의 예	• 작품에서 가장 눈에 띄는 부분은 어디니? 전체 색의 분위기와 전혀 다른 강한 색이 있다면 그곳을 가장 먼저 쳐다보게 돼. • 이 그림에서 가장 먼저 쳐다보게 되는 곳은 어디니? 주변이 다 어둡고 한 곳만 밝다면 밝은 곳을 가장 먼저 보게 돼. • 작품에서 재미있게(이상하게) 표현된 부분은 어디니? • 왜 이상한 모습으로 그렸을까?

움직임	• 움직임이란 같은 형, 색, 크기 등의 동일한 요소나 대상을 둘 이상 배열하거나 반복되어 느껴지는 운동감을 말한다. 그림 속의 점, 선, 모양, 색 등의 구성과 배치에 의해 나타나는 것이다.
	• 움직임을 표현하기 위해서는 선의 방향, 대각선 사용, 색의 밝고 어두움 및 강조, 형태의 변화, 대비 등을 이용한다.
	  – 점, 선, 모양은 작은 것에서 큰 것으로 혹은, 큰 것에서 작은 것으로 시선을 이동시키며, 색은 따뜻한 색에서 차가운 색으로, 어두운 색에서 밝은 색으로 시선을 이동시킨다.
	  – 움직임은 색과 위치의 변화, 규칙적인 선의 반복 또는 점점 좁아지는 원의 모양과 반복된 패턴 등을 통해 나타나며, 작품에 생명력과 활기를 주어 생동감을 느끼게 한다. 만약 작품에서 움직임이 느껴지지 않는 경우에는 딱딱하거나 어색한 느낌을 줄 수 있다.

발문의 예	• 작품 속의 사람들은 각각 어떤 모습을 하고 있니? • 작품에서 보이는 사물이 움직인다고 생각되니? • 어떤 음악이 어울릴까? • 바람이 불어서 나무가 흔들리는 것을 느낄 수 있니? 바람이 얼마나 불고 있을까? • 동작을 직접 몸으로 나타내 볼까?
리듬·반복·패턴	• 리듬은 통일성을 전제로 하는 동적인 변화로서 점, 선, 색, 모양 등의 미술 요소를 반복해서 '시각적 리듬'이 느껴지게끔 표현하는 것이다. 미술의 요소가 시각적으로 반복되면서 만들어진 규칙적이며 조화로운 패턴은 진동감이나 운동감을 느낄 수 있다. • 반복은 동일한 요소나 대상을 둘 이상 배열하는 것으로 일정한 선, 색, 모양 등을 단순히 반복하는 것은 매우 단조롭고 통일을 얻기 쉽지만, 무미건조할 수 있다. • 패턴은 리듬과 반복의 규칙 속에서 선, 색, 모양 등을 다르게 하여 다양한 시각적 효과를 만들어내는 것으로 미술작품에서 생동감과 리듬감을 주며, 정적·동적인 리듬이 조화를 이루어 연속적으로 되풀이 될 때 균형적인 질서와 안정 및 통일감을 갖게 한다. • 운동감, 안정감, 통일감을 느낄 수 있다.
발문의 예	• 반복되는 선/색이 있니? • 반복되는 모양을 보니 어떤 느낌이 드니? • 반복되는 패턴을 찾을 수 있니? • 어떤 패턴으로 바꿔서 표현할 수 있을까?

MEMO

비례 (비율)	• 비례는 한 부분과 다른 부분의 상대적 크기에 대한 관계성을 말한다. 즉 다른 물체와의 관계, 전체와 부분 간의 관계를 표현하는 것을 말한다. – 고대에는 수학적인 법칙을 적용한 완벽한 비례를 만들어 인체를 표현하였는데, 이러한 비례를 '황금분할'이라고 한다. • 인물을 표현할 때 실제적인 비례를 사용하기도 하지만, 자신의 의도에 따라 비례를 왜곡하거나 과장하여 작품의 분위기나 정서를 전달하기도 한다. – 다양한 방법으로 인물의 크기를 늘리고 위치를 변화시키며, 과장하고 독창적인 방법으로 표현하여 감상자의 시선을 끌기도 한다. • 유아는 미술을 통하여 작품 속에서 관계를 생각하게 되며, 자연스럽게 부분과 전체의 조화 및 질서를 유지하는 데 자신의 의도에 맞게 비율의 개념을 표현하는 방법을 알게 된다.

발문의 예	• 가장 크게(작게) 표현된 부분은 어디니? • 지붕의 크기와 사람의 크기를 비교해 보자. • 건물은 얼마나 클 것 같니? 왜 그렇게 생각하니? • 왜 사람은 작게 그렸을까? • 그림 속의 사람은 왜 목을 길게 표현했을까?

변화· 통일	• 변화란 주변의 상황과 다르게 색·모양·구성·질감 등이 표현된 상태를 말하며, 다양성이나 대비에 의해 만들어지는 것을 의미한다.

다양성	다양성은 예를 들어 두꺼운 선과 가는 선, 직선과 곡선을 섞어 표현한다거나, 큰 모양과 작은 모양을 적절하게 배치하여 표현한 것을 말한다.
대비	대비는 밝음과 어두움이 강하게 표현되어 다르게 느껴지게 한 것을 말한다.

• 통일이란 색·모양·구성·질감 등의 미적 요소가 상호 균형을 이루며 조화롭고 안정감을 주는 상태를 말한다. 작품을 보았을 때 모든 부분들이 전체적으로 조화를 이루고 어떠한 부분도 불필요하게 보이지 않는 등 조화롭고 완성된 느낌을 주는 것을 말한다.
– 색의 수나 모양의 종류를 제한하는 것, 유사 모양을 배치하는 것, 겹쳐서 표현하는 기법 등을 통해 색·모양·선 등 모든 부분이 거슬리거나 튀지 않고 서로 어우러진 상태이다.
– 형태, 색, 재료, 제작기법 등의 통일성을 말하는 것으로 통일성은 유사한 형태의 결합된 통일은 물론이고, 서로 다른 성격의 형태들의 결합에서 오는 문제점들을 해소하여 조화시키는 역할을 한다.
• 작품에 변화가 없이 지나치게 통일성을 가진다면 단조롭고 지겨워지며, 지나친 변화는 혼란을 가중시킨다. 따라서 변화를 줄 때에는 반드시 통일성을 가지고 표현해야 한다.
– 통일을 기초로 소재, 주제, 선, 색, 모양, 질감 등의 적당한 변화를 부여함으로써 새로움을 줄 수 있다.

발문의 예	• 별은 어떤 모양으로 표현되었니? • 주로 어떤 색이 사용되었니? • 더 무거워 보이는 곳이 있니? 한쪽으로 기울어질 것 같니?

조화	• 조화란 작품 안의 요소들이 서로 잘 어울리는 것으로, 작품 내의 형태, 색채, 질감, 공간 등의 둘 이상의 미술요소들이 서로 균형과 조화로운 조합을 통해 전체적인 안정감을 이룸으로써 시각적으로 미적인 효과를 만들어내는 것이다. – 물체, 모양, 선, 색, 질감이 같거나 비슷한 것들로 되풀이하거나, 유사한 것들을 순서대로 또는 패턴에 따라 되풀이한 결과이다.

─ 조화가 부족하면 미술작품이 혼돈스러울 수 있는 반면, 조화가 지나치면 지루하거나 단조로울 수 있다.
- **예** 클레의 '목가곡' : 직선, 곡선, 대각선 등이 반복되어 있다.
- **예** 피카소 : 입체파 작품에서 형이나 질감의 패턴을 발견할 수 있다.

발문의 예	그림 속의 물체가 서로 잘 어울리게 그려졌다고 생각하니?

참고

명화의 미술요소 및 원리

피에트 몬드리안(선)	클레(모양)	아이들과 끈(선)
자화상(색)	모나리자 (명암)	알과 암탉(질감)
미델하르 니스의 길 (공간)	자동차가 있는 풍경 (균형)	이아오라나 마리아 (색, 공간)
정물(강조)	군마도 (움직임)	모네의 수련 연못(균형)
아델레 블로흐-바우 어의 초상 (패턴)	빌렌도르프 (비례)	아를의 별이 빛나는 밤(통일, 변화)
계란의 팽창 NO.2(양감)	나폴레옹 (움직임)	단청 (색, 패턴)

MEMO

UNIT 63 미술 기법

KEYWORD # 데칼코마니, 콜라주, 마블링, 프로타주

마블링	• 물 위에 물감을 1~2방울 떨어뜨린 후 살살 흔들거나 나무젓가락 등으로 휘저은 뒤, 무늬가 생기면 도화지를 물 위에 살짝 덮어 무늬를 찍는 기법으로, 물과 기름 간의 상호 반발 작용의 결과로 나타나는 곡선이 이루어내는 우발적인 아름다움을 종이에 떠내는 기법이다. 　－ 액체의 유동성을 이용하는 이 기법은 뿌리기, 불리, 흘리기 등과 같은 우연적인 효과를 노린다. 　－ 무늬를 떠낼 때는 흡습성이 강한 창호지나 화선지와 같은 종이가 알맞다. 　－ 물을 담는 그릇이 종이보다 커야만 작업이 순조로우므로 플라스틱 대야나 쟁반 등이 좋다. 　**유의점** 물감을 떨어뜨린 후 너무 많이 휘저으면 색이 어두워져 무늬가 잘 나타나지 않을 수 있다.
데칼코마니	종이를 반으로 접었다 펼친 후 한쪽 면에 여러 가지 색깔의 물감을 짠 뒤, 나머지 한쪽 면의 종이를 덮어 문지른 후 다시 펼쳐 제작하는 기법이다.
배틱	• 크레파스나 파라핀(양초) 등 물감이 묻지 않는 재료로 그림을 그린 뒤, 그 위에 수채화 물감을 칠하거나 염료에 담가 그림 외의 부분에 물감이 흡수되게 하는 기법이다. 　－ 바탕을 색칠하기 어려워하는 유아에게 사용할 때 효과적이다.
프로타주	• 면이 올록볼록한 물체 위에 종이를 대고 파스텔, 색연필, 연필 등으로 문질러 무늬를 베껴내는 기법이다. 　－ 질감이 있는 표면에 얇은 종이를 대고 연필이나 크레용으로 문질러서 그 형태를 찍어내는 기법이다. 　－ 사용할 종이는 한지 등으로 얇은 것이 좋다. 동전이나 열쇠, 나뭇잎, 나무껍질 등에 종이를 올려놓고 문질러서 나타나게 한다. 물체가 움직여서 작업하기가 어려우면 테이프로 고정시킨 후에 문지른다.
그라타주 (스크래치)	• 다양한 색의 크레파스로 색칠한 후 진한 색을 이용해 덧칠하여 그곳을 송곳이나 이쑤시개 등으로 긁어서 처음에 칠한 색이 나타나게 하는 기법이다. 　－ 긁어내어 화면에 선이나 면을 나타내고 질감을 표현하는 방법으로, 가장 전형적인 것으로는 바탕에 밝은 색 크레파스를 칠하고 그 위에 어두운 색을 칠한 다음 긁어내면 처음에 칠했던 빛깔이 긁어내는 대로 나타나게 하는 방법이다. 　－ 이 기법은 화면에 두 차례에 걸쳐서 메꾸어야 하기 때문에 팔에 힘이 많이 들게 되어 유아들에게는 상당히 부담스러운 작업이 된다. 그러므로 유아들에게는 두툼한 색도화지를 주고 어두운 색을 덮어 칠하게 한 후 긁어내는 방법이 더 적합하다.
핑거페인팅	밀가루 풀에 수성 그림물감을 섞어 만든 것을 손가락으로 그려 찍어 내는 기법이다.
드리핑	• 그림물감을 캔버스 위에 떨어뜨리거나 붓는 회화기법이다. 　－ 이 기법을 위해서는 물감이 쉽게 흐르도록 묽게 준비할 필요가 있다. 붓을 한 빛깔에 담근 다음 엄지와 검지로 붓을 짜서 물감방울이 종이 위에 떨어지도록 여러 차례 거듭한다. 물감방울이 마르지 않고 흐르는 동안 다른 붓으로 그 사이에 물감을 떨어뜨리면서 흔적을 남기면 빛깔들이 서로 섞이게 된다.

파피에 콜레	신문지, 벽지, 상표, 모양지 등의 종이 인쇄물을 풀로 붙여 회화적 효과를 나타내는 기법이다.
콜라주	• 질이 다른 여러 가지 헝겊, 비닐, 타일, 나뭇조각, 종이 등을 한 화면에 구성하는 기법이다. – 콜라주는 2차원적인 디자인이나 그림을 만들어 내기 위해 화면에 재료를 선택하여 부착한다는 것이다. • 콜라주는 형태를 그리는 것에 자신이 없는 유아들이 자유롭게 작업할 수 있으며, 창의적인 활동으로 확장할 수 있다. 특히 다양한 재료를 통하여 형태, 색, 질감을 느끼는 경험을 할 수 있으며 소근육 발달에 도움을 준다. • 파피에 콜레와의 차이점: 캔버스와는 이질적인 재료 등을 오려 붙인다.
모자이크	• 여러 가지 색의 돌이나 도자기, 타일, 종이, 조개껍질 등을 조각조각 집합시켜 무늬나 회화를 만드는 기법이다. – 바탕에 원하는 디자인을 먼저 그리고, 한쪽 부분에서 풀 혹은 접착제를 칠하고 그 부분의 모자이크 재료를 붙여나가는 것이다. 이때 디자인 전체가 덮일 때까지 계속한다.

글루픽쳐	• 목공풀이나 글루건을 이용해 그림을 그려 재질감을 느끼게 하는 기법이다.
	  ① 목공풀로 그림을 그린다.
	  ② 목공풀이 완전히 마른 후 알루미늄 호일로 전체를 붙인다.
	  ③ 그림의 형태가 잘 나올 수 있도록 꼼꼼히 문지른다.

직조	실을 엮어 직물을 만드는 기법이다.
몽타주	• 기존의 이미지들을 선택한 후 그 일부를 잘라내어 붙이면서 새로운 장면이나 내용을 만드는 기법이다. – 콜라주의 작업과정과 매우 흡사하나, 몽타주의 과정은 단지 기존의 그림에 있어서 그 특징만을 이용한다. 즉 사진의 일부분이나 잡지의 삽화, 카탈로그의 사진들을 오려내어 조립해 붙여 새로운 이미지를 만들어 낸다.
모노타이프	글라스 판이나 금속판, 석판 같은 평평한 면 위에 물감으로 그림을 그린 후 종이를 덮어 찍어내는 기법이다.
스텐실	종이나 OHP 필름을 다양한 모양으로 오려낸 후 그 구멍에 물감으로 찍어내는 기법이다.
오브제	일상생활 용품이나 자연물 또는 예술과 무관한 물건을 본래의 용도에서 분리하여 사용함으로써 새로운 느낌이 나도록 미술작품을 제작하는 기법이다.
아상블라주	폐품이나 일상용품을 비롯하여 여러 물체를 한데 모아 미술작품을 제작하는 기법(입체작품)이다.
정크아트	일상생활에서 생긴 폐품이나 잡동사니, 쓰레기 등을 이용하여 제작하는 미술기법(정크아트도 아상블라주에 해당한다)이다.
스태빌	움직이지 않는 조각을 통틀어 지칭하는 것으로 모빌과 대조적인 개념의 기법이다.
모빌	모빌(mobile)은 가느다란 실, 철사 등으로 여러 가지 모양의 쇳조각이나 나뭇조각을 매달아 미묘한 균형을 이루게 한 움직이는 조각을 말한다.

UNIT 64 유아미술 표현활동

유아미술에서 표현활동은 그리기, 찢기, 자르기, 붙이기, 판화, 입체물 구성하기, 인형과 가면, 멀티미디어를 활용한 이미지 활동으로 분류할 수 있다(Herberholz & Hanson, 1995). 교사는 유아의 창의적인 표현활동을 격려하고 결과물에 대해서도 소중히 다루는 태도를 지녀야 한다.

1 그리기

개념	• 그리기는 미술활동의 가장 기본적인 활동으로 무엇인가 끄적거리는 낙서에서부터 시작된다. 단순한 선으로 표현하는 선묘화에서 시작해 점차 채색에 대한 욕구를 가지게 되면서 채색화의 과정을 거치게 된다. • 유아들이 그림에서 주로 다루게 되는 주제는 자기를 중심으로 한 주변 세계이다. 유아가 생활 주변에서 보고 느낀 것, 생각한 것을 기억해서 그리는 경험화나, 음악을 들려주고 그 느낌을 그리기, 책을 읽거나 이야기를 들은 다음 느껴진 것이나 연상되는 것을 그리기, 미래나 가상의 세계를 상상하여 그리기 등이 있다. • 종이는 표현활동의 가장 기본적인 재료 중 하나이며, 일반적으로 크기·색깔·두께·무게·질감·광택 등에 따라 분류될 수 있다. 교사는 종이의 재질과 특성을 파악하여 미술활동의 유형이나 유아의 연령에 따라 종이의 질감, 크기, 색깔 등을 다양하게 제시할 수 있다. 종이 이외에 다양한 면재(아크릴판, OHP, 타일, 나무판, 천, 은박지, 잡지, 땅바닥, 유리판, 섬유류, 과자상자, 생활용품)를 활용할 수 있다. • 그리기에 사용하는 종이는 유아의 흥미를 자극하고 창의적인 미술활동을 유도하기 위하여 직사각형 형태 이외에 원, 세모, 네모, 별모양, 다이아몬드형 등 여러 형태의 종이를 선택하여 사용하도록 한다. 　– 그러나 다양한 형태의 종이를 한 번에 제공하기보다는 각 형태의 특성과 유아의 흥미 및 요구에 따라 단계적으로 늘려서 제공하는 것이 바람직하다. 화지의 크기도 유아의 연령이나 그리기 능력, 작업의 상황에 적절하도록 전지와 같이 큰 종이에서부터 색종이처럼 아주 작은 종이를 제공할 수 있다. • 넓은 면을 색칠할 때는 크레파스, 파스텔, 물감 등을 사용하는 것이 좋고, 세밀하고 가는 부분을 표현할 때는 색연필, 연필, 사인펜 등이 더 적합하다. 　– 새로운 재료를 사용할 때는 유아가 재료에 대해 탐색할 수 있는 시간을 준 후에 활동을 계획한다. • 그리기에 적절한 재료를 한두 가지 혼합하여 표현하면 재료의 특성에 따라 달라지는 변화를 통해 과학적 개념 형성과 창의적인 발상을 도울 수 있다.
평면표현 지도 시 유의사항	• 교사는 유아의 발달단계와 미술표현방법을 이해하고 그에 적절한 지도를 할 수 있다. • 교사는 유아가 하고 싶은 욕구나 흥미를 수용하고 자극할 수 있는 분위기를 조성해야 한다. 틀에 박힌 도식적인 지도나 강요, 간섭을 하지 않고 유아들이 자신감을 가지고 표현의 즐거움을 느낄 수 있도록 동기를 부여하고 칭찬과 격려를 한다. • 유아가 그림을 그리는 데 필요한 재료와 용구를 충분히 준비하여 불편을 느끼지 않도록 한다.

- 유아들이 무엇을 표현했는지 바르게 이해하기 위해서는 그들과의 대화가 꼭 필요하다. 특히 난화기와 도식기 이하의 유아들은 그들만의 표현법으로 나타내기 때문에 교사 나름대로 유추하여 이야기해서는 안 된다.
- 이 시기 유아들은 작품의 결과보다는 표현하는 과정에서 그들이 즐겁고 재미있는 시간을 보낼 수 있도록 한다.

2 만들기와 꾸미기

개념	• 유아는 찢기, 자르기, 붙이기 활동을 통해서 새로운 재료를 발견하고, 변형되는 형태를 만들어 내는 경험을 할 수 있다. − 같은 재료라 할지라도 표현하는 방법에 따라 느끼는 이미지가 다르다는 것을 알게 된다. − 손으로 찢고, 가위로 자르는 과정을 통해 눈과 손의 협응 능력과 손가락을 조절할 수 있는 능력을 기르게 된다. − 한 가지 재료를 활용하기도 하고 여러 가지 재료를 창의적인 방법으로 혼용하여 표현하기도 한다.
재료 탐색	교사는 유아에게 다양한 재료를 제공하여 재료를 탐색할 수 있는 경험을 주고, 마음대로 가지고 놀아볼 수 있도록 격려한다.
손으로 찢기	손으로 만져보기, 구겨 보기, 두드려 보기, 뭉쳐 보기, 비틀어 보기, 둥글게 말아 보기, 구겼다 펴보기, 발로 밟아 보기 등 다양한 놀이를 통해 재료를 탐색해 보는 경험을 한다.
가위로 자르기	• 손으로 찢는 활동이 충분히 이루어진 후 가위를 이용하여 자르는 활동으로 이어지도록 해야 한다. 손으로 종이를 찢을 때보다 가위를 사용하는 것은 많은 어려움이 있으며, 가위는 쉽게 자를 수 있도록 길이가 짧고 끝이 무디며 잘 드는 것이 좋다. 가위를 처음 접하는 유아들은 가위질을 충분히 연습할 기회를 갖도록 단계적인 방법으로 가위질이 숙달되도록 해야 한다. − 가위를 올바르게 잡고 가위의 끝부분을 벌렸다 오므렸다 하면서 가위의 사용법을 익힌다. − 점토, 식빵과 같이 부드러워 잘 잘라지는 재질의 재료를 잘라보면서 가위를 사용하는 방법에 대해 자신감을 갖도록 한다. − 빨대는 약간 딱딱하여 유아가 가위로 자르기에 적당하므로 빨대를 잡고 자르도록 한다. 그러나 빨대는 옆으로 톡톡 튀기 때문에 넓은 바구니나 상자에 놓고 자르는 것이 좋다. − 마분지 정도의 두께인 종이를 길게 잘라주어 한 번에 자를 수 있도록 한다. − 어느 정도 가위질에 자신감이 생기면 유아 마음대로 이리저리 가위질하면서 자유롭게 잘라보도록 한다. 직선을 자를 수 있게 되면 부드러운 곡선의 모양을 자르고 점차 원하는 형태로 자를 수 있게 된다.

🏠 가위질을 위한 단계별 지도방법

1단계	• 종이 찢기, 밀가루 반죽하기의 경험을 제공한다. − 어린 3세 반의 경우 종이 찢기와 밀가루 반죽 코너를 마련하는 것도 바람직하다.
2단계	• 가위의 성질을 탐색해볼 수 있는 기회를 제공한다. • 밀가루 반죽과 같은 부드러운 물체를 길쭉한 모양으로 만들어서 가위로 잘라보도록 한다. − 한손으로 가위의 손잡이를 잡지 못하는 유아는 양손으로 잡도록 하고, 교사가 물체를 잡아주어서 자르도록 한다.

	3단계	• 빨대, 솜 등 한 번에 자를 수 있는 물체를 제공한다. ㅡ 가위를 눕혀서 물체를 자르게 되면 가윗날 사이로 물체가 들어가서 잘라지지 않으므로 유아가 가위를 바로 잡을 수 있도록 도와준다.
	4단계	좁고 길쭉한 종이로, 폭은 0.8~1cm 정도로 하여 달력종이와 같은 빳빳한 정도 두께의 것을 제공한다.
	5단계	넓은 종이를 유아 마음대로 잘라보는 경험을 제공한다.
	6단계	가위 사용이 능숙해지면 선을 따라 잘라보는 경험을 제공한다.
	7단계	단순하며 커다란 모양이 있는 포장용 종이나 카탈로그 등을 제공하여 형태를 오려볼 수 있는 기회를 제공한다.

3 판화와 조소

판화	개념		• 물체에 물감이나 잉크를 발라 종이에 찍어내는 것으로, 진흙이나 눈 위를 걸어가면 발자국이 찍히고, 손에 물감을 묻혀 종이에 대면 자국이 남는 것 등 일상생활 속에서 쉽게 경험할 수 있는 회화의 한 종류이다. ㅡ 생활 주변의 여러 가지 기물, 나무조각, 나뭇잎, 야채, 손, 발 등을 찍어봄으로써 사물에 대한 친근감을 느끼게 되고, 찍는 사물과 찍힌 모양의 변화를 발견할 수 있도록 하여 소재에 대한 조형적인 관찰력과 감각을 기르게 한다. • 나무, 금속, 돌 등의 면에 형상을 그려 판을 만든 다음, 잉크나 물감 등을 칠하여 종이나 천 등에 찍어내는 그림이다.
	장점		하나의 판으로 똑같은 작품을 여러 장 찍을 수도 있고, 여러 가지 방법으로 다른 느낌을 여러 장 찍어낼 수도 있다.
	분류		판화의 재료나 판을 만드는 방법, 찍어내는 방법에 따라 아래와 같이 구분할 수 있다.
		볼록판	• 판면의 볼록한 면에 물감이 묻어 찍혀 나온다. ㅡ 고무판, 목판, 야채판, 석고판, 찰흙판, 종이판 등이 있다.
		오목판	• 판면의 오목한 면에 넣은 물감이 묻어 나와 찍힌다. ㅡ 동판, 아연판, 드라이포인트, 메조틴트 등이 있다.
		평판	• 올록볼록한 것이 없이 평평한 판 위에 잉크를 묻혀서 찍어내는 판화기법이다. ㅡ 데칼코마니, 마블링, 모노타이프 등이 있다.
		공판	• 판에 구멍을 내고 그 구멍에 잉크를 묻혀 찍으면 종이에 판의 구멍 모양대로 찍힌다. ㅡ 스텐실, 종이공판, 등사판, 실크스크린 등이 있다.
조소	개념		• 조소는 입체적인 조형물을 나무나 돌, 찰흙 등의 재료로 깎거나 붙여서 만드는 것을 말하는데, 크게 조각과 소조로 나눈다. ㅡ 조각: 물체의 원형에서 원하는 형태를 만들기 위해 깎아 만드는 것이다. ㅡ 소조: 원하는 형태를 만들기 위해 붙여 만드는 것이다. • 유아가 할 수 있는 조소활동의 대표적인 재료는 점토이다. 유아미술활동에 활용되는 점토의 종류로는 크게 찰흙, 지점토, 칼라믹스(오색점토), 클레이, 밀가루점토 등이 있다.

MEMO

활동 방법	• 유아들은 점토를 가지고 형태를 만들기보다는 먼저 점토를 가지고 충분히 놀아보는 경험을 통해 재료의 특성을 탐색할 수 있도록 한다. • 물을 많이 섞은 묽은 점토는 걸쭉한 죽 형태로 되어 있어 입체표현뿐만 아니라 붓이나 손가락에 묻혀 그려서 표현할 수 있다. • 찰흙 작업은 손이 가장 좋은 도구이나, 둥근 주걱이나 아이스크림의 스틱, 점토용 칼, 밀대, 마늘짜기 도구, 두드릴 수 있는 평평한 막대 등 다양한 도구를 활용하면 더 세밀하고 다양한 표현을 할 수 있다. 빨대, 이쑤시개, 구슬, 빈병, 모루, 포크, 막대, 철사, 콩, 돌, 나뭇가지, 모래 등 여러 가지 재료를 함께 제공하면 창의적인 표현을 끌어낼 수 있다. • 작업하기에 좋은 반죽상태를 유지하기 위해서는 비닐에 싸서 플라스틱 통 안에 보관한다. • 점토와 점토를 서로 붙이는 작업을 할 때는 찰흙을 물에 풀어서 걸쭉한 상태로 된 찰흙물을 양쪽에 발라서 눌러주면 쉽게 떨어지지 않는다. • 점토 작업을 할 때는 책상에 작업용 비닐을 깔아준다.

점토/
찰흙의
특성
	① **촉감성** 점토활동은 직접적인 활동으로 유아들은 손을 통해서 주무르고, 떼고, 비비고, 문지르고 하는 등의 활동으로 감각적, 촉각적인 경험을 할 수 있다. 특히 찰흙의 말랑말랑하고 부드러운 촉감은 정서적인 안정감을 가질 수 있고 부정적인 정서를 해소시키며, 불안감이나 긴장을 완화시킬 수 있다.
	② ***가소성과 가변성**
	  – 점토는 가소성이 커서 형태를 빚거나 만들 때 손으로 쉽게 늘리거나 압착하여 다양하고 새로운 형태로 만들 수 있다. 손으로 부드럽고 쉽게 다룰 수 있어 유아가 직접 손으로 주무르고 만지며 조작하여 자신들이 원하는 여러 가지 모양을 쉽게 만들 수 있다. 즉 일정한 형을 갖고 있는 점토에 힘을 가하면 그 형태가 변하며, 손이나 간단한 도구에 의해서도 변형이 가능하다.
	  – 또한 이러한 가변성은 어떠한 작품을 만들더라도 재료의 변화 없이 다시 새로운 작품으로 만들 수 있는 성질을 말한다. 생각이 바뀌면 언제든지 바뀌는 대로 자유롭게 표현이 가능하며, 실패나 좌절을 맛보지 않고 찍기에서 말기로, 말기에서 쌓기로, 쌓기에서 자르기 등으로 다양한 활동의 변형이 가능하고, 작품을 수정하여 자신의 욕구를 채워나갈 수 있다.
	③ **수정성** 점토는 형태를 자유롭게 변화시킬 수 있는 재료이기 때문에 잘못 만든 점토 작품의 수정이 쉽게 이루어진다. 어떠한 작품을 만들더라도 다시 새로운 작품으로 재료의 변화 없이 만들 수 있다.
	④ **삼차원성 혹은 입체성** 점토는 평면표현도 가능하지만, 점토의 입체성을 통해 물체의 길이, 폭, 넓이와 같은 3차원 형태로 입체표현을 가능하게 한다. 즉 실제 세계와 같은 입체표현이 가능하다. 점토의 입체표현은 다양한 기법을 통한 재료의 구성 효과에 따라 무한한 변화와 깊은 내적세계를 표현할 수 있으며, 이러한 입체적 변화에 의해 공간적인 효과와 더불어 생명감을 느끼게 해주고 특히 덩어리감은 동세의 표현이 쉽도록 한다.
	⑤ **접착성** 점토는 별도의 접착제를 사용하지 않아도 점토 자체로 결합과 접착이 가능하여, 다른 재료에도 접착이 가능한 성질을 가지고 있다.
	⑥ **운동성** 점토활동을 할 때 유아들은 손 근육을 계속해서 사용하게 된다. 또한 일어서서 점토를 두드리다 보면 몸 전체의 근육을 다 움직이게 되어 대·소 근육의 움직임이 일어나 운동을 하게 된다.

* 가소성
빚는 대로 자유롭게 변화시킬 수 있는 성질을 말한다.

	장점	• 언어가 자유롭지 못한 유아기의 표현활동은 감정을 쉽게 표출할 수 있다는 장점이 있는데, 특히 점토활동은 과정이나 결과물에 대한 설명이 수반되어 진행되기 때문에 언어발달을 도모할 수 있다는 이점이 있다. • 조물조물 주무르고 치대는 손동작으로 자연스럽게 소근육 발달 및 눈과 손의 협응력을 기를 수 있으며, 찰흙을 치대기 위해 일어섰다 앉았다하는 대근육 활동 등에 의해 신체적 성장도 도모할 수 있다. • 가공하지 않은 자연상태의 흙으로 만들어진 찰흙은 물, 모래, 나무와 같은 자연의 본질에 가장 가까운 천연 입체재료로서 유아에게 안정감을 줄 뿐만 아니라, 말랑말랑하고 부드러운 촉감은 정서적인 안정감을 부여한다. 또한 주무르고 밀고 뭉치고 굴리는 동안에 내면의 자아의식을 자연스럽게 끌어내는 장점을 지니고 있어 정서적 장애 등의 아동심리를 치료하기 위한 수단(점토 구성을 통해 유아의 내적 감정 상태를 이해하고 문제를 발견)으로도 많이 활용된다. • 점토는 부드러우면서도 주무르고, 밀고, 펴고 뭉치면서 빚는 대로 자유롭게 형태를 변형시킬 수 있는 가소성 때문에 유아가 마음대로 작품을 만들 수 있고, 고치기 쉬워서 작업에 잘 집중할 수 있다. 또한 성취감이 높아지고 긴장감이 완화되는 효과도 있다.

4 염색과 직조

염색	• 염색은 섬유에 필요한 색을 천이 상하지 않게 물을 들이는 것이다. 유아들은 부드러운 종이나 흡수력이 좋은 한지를 사용할 수 있으며, 천을 사용할 경우 광목천이나 면천을 이용할 수 있다. • 염색의 재료로는 식물의 열매나 잎 또는 줄기 등으로 물을 들이는 천연염료와 화학염료가 있다. • **침염**: 천을 물감 속에 담가서 물을 들이는 방법으로 흰색 냅킨이나 종이타월을 식용 색소 통에 담가 물을 들여 이 과정을 경험할 수 있다. • **홀치기염**: 염색할 부분을 실로 감고 물을 들여 말린 다음 실을 빼내면 물감이 스며든 부드러운 무늬가 나타난다. 실로 묶는 대신 고무밴드를 사용할 수도 있다.
직조	• 직조는 날실과 씨실이 연속적으로 교차된 조직의 천을 말한다. – 색도화지를 길게 잘라 서로 교차하여 직조짜기를 해볼 수 있다. – 직사각형의 종이상자, 옷걸이, 나뭇가지를 이용한 간단한 직조기를 만들고 실을 교차하여 직조짜는 과정을 경험할 수 있다.

5 인형과 가면

> 인형과 가면은 각 나라의 일상생활과 밀접하게 연관해 변화·발달되어 왔기 때문에 그들만의 독특한 삶과 문화를 이해할 수 있는 매체이기도 하다. 박물관이나 전시장의 견학을 통해 세계 여러 나라의 독특한 재료와 형태로 만들어진 다양한 가면과 인형을 접할 기회를 제공한다.

인형	• 인형은 사람과 동물을 축소하여 입체적으로 만든 것을 말한다. – 인형을 만들 수 있는 재료는 오래된 양말, 종이가방, 벙어리장갑, 종이상자, 요구르트통, 휴지심, 헌 칫솔, 헌 솔 등 기존의 물건을 이용하거나, 돌, 야채, 과일 등을 이용하여 만들 수도 있다.
가면	• 가면은 얼굴에 쓰는 입체물로 단순히 얼굴을 가리는 용도뿐만 아니라 인물의 성격을 표현하는 하나의 수단이 된다. 유아들이 주로 사용하는 가면은 극중의 역할이나 배역을 위해 쓰기도 한다. – 가면을 만들 수 있는 재료는 인형을 만드는 재료와 마찬가지로 다양하다. 눈 부위나 얼굴을 가릴 정도면 되지만, 경우에 따라 머리 전체나 온몸을 가리는 가면을 만들 수 있다. 머리 전체를 가리는 가면을 만들 경우에는 쇼핑백을 이용하여 얼굴을 입체적으로 꾸미는 가면을 만들 수 있다. – 풍선이나 바가지 등 얼굴 모양의 틀을 이용하여 가면을 만들 수 있다. 풍선을 적당히 불어 반절 정도만 종이를 잘라 붙인다. 여러 겹의 종이를 붙인 후 마르면 물감을 칠하거나 색한지를 붙여 가면을 만들 수 있다.

6 협동화

개념	• 미술 협동작업은 두 명 이상의 유아들이 공동의 작품을 완성하기 위해 서로 협력하여 재료의 쓰임을 탐색하고, 의견을 공유하며 자신의 역할과 책임을 수행해 나가는 활동이다. • 미술 협동작업은 개성이 다른 유아들의 솜씨가 서로 어우러져 조화를 이루게 된다. 한 사람의 힘으로 제작하기 어려운 규모가 크고 복잡한 작품을 여러 사람이 각각 분담하여 완성하기 때문에 혼자서 하는 작업과 다른 창의적인 작품을 만들게 된다. • 미술 협동작업을 하는 과정에서 유아들은 자료의 특성을 함께 탐색하거나 자료를 나누어 사용하고, 서로의 작업과정에 대해 이야기 나누며 생각을 공유하게 된다. 이러한 과정은 미술에 대한 이해의 폭을 넓히는 기회가 될 뿐만 아니라 의사소통능력 및 돕기, 협력하기와 같은 사회적 가치를 배우게 되어 친사회적 행동을 증진시킨다(Cannella, 1993). • 미술 협동작업을 실시할 때 기능과 창의력이 뛰어난 소수에 의해서 새로운 생각과 활력을 얻을 수 있고, 반대로 다수에 의해서 능력을 발휘할 수 없는 경우가 발생할 수 있다. 미술 협동작업에서 중요한 것은 잘 만들어진 결과물이 아니라 여럿이 함께하는 과정이 중요하므로, 교사는 유아들이 긍정적인 관계를 형성하고 함께 협력하여 즐거운 경험을 할 수 있도록 활동을 계획하여야 한다(Koster, 2001). • 미술 협동작업의 형태는 크게 개인 작품을 합하여 완성하는 것과 역할 분담하여 완성하기로 나누어 볼 수 있다.

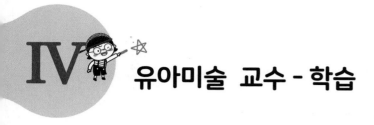

유아미술 교수 – 학습

| UNIT 65 | 교수 · 학습 원리 |

개별화의 원리	• 교사는 유아 개개인의 발달 수준과 발달적 요구가 무엇인가를 파악하여 그에 부합하는 미술활동을 제공해줄 필요가 있다. • 개별 유아의 미적 체험의 정도에 따라 미술활동에 대한 관심이나 흥미, 표현이 달라질 수 있음을 고려하여 유아 개개인의 흥미와 발달 수준, 이해 정도에 따라 융통성 있게 적용할 수 있는 학습목표와 내용을 선정해야 하며, 유아의 개별적 다양성을 고려하여 다양한 교수전략과 교수자료를 제공해야 한다.
개방성의 원리와 자율성의 원리	• 교사는 유아의 미술활동을 하는 매 순간 유아의 선택에 대해 개방적이어야 한다. • 미술활동의 주제 선택에서부터 재료 및 표현방법의 결정에 이르기까지 유아가 자유롭게 선택할 수 있도록 격려해야 한다. 　－ 이를 통해 유아의 미적 체험과 사고가 자유로워질 수 있고, 이는 유아로 하여금 자유롭고 창의적인 미술표현을 가능하게 하기 때문이다.
놀이 중심의 원리와 과정 중심의 원리	• 유아는 놀이를 통한 학습에서 놀이 자체가 가지고 있는 재미와 즐거움으로 인해 학습에 대한 긍정적인 태도를 형성하면서 자발적으로 학습과 관련된 놀이 활동에 적극적으로 참여하게 되고, 이는 자연스럽게 학습의 효과를 높이는 데 기여하게 된다. 　－ 다른 영역의 활동과 마찬가지로 미술활동 또한 유아들에게 학습이 아닌 놀이로 인식될 필요가 있다. • 교사는 놀이 중심의 미술활동이 되기 위해 유아 스스로 미술활동에 적극적으로 참여하고 몰입할 수 있도록 지원해야 한다. • 결과물보다는 이를 완성하기까지의 과정에서 진정한 즐거움을 찾도록 격려하는 역할이 매우 중요하다.
통합적 접근의 원리	• 유아는 각 교과영역별로 지식을 분리해서 학습하는 것이 아니라, 다양한 영역의 지식을 유기적으로 통합하여 학습한다. • 유아를 대상으로 한 미술교육은 단순히 미술영역에만 한정되어 이루어지지 않고, 동작활동, 음악활동, 언어활동, 역할놀이활동, 게임활동 등 다양한 영역의 활동과 통합적으로 이루어져야 한다. • 교사는 유아에게 일상생활과 연계된 다양한 영역의 통합된 미술활동 경험을 제공해야 한다.

참고

유아미술교육의 기본 원리

유아 중심의 원리	• 교육의 시작 · 중심 · 끝에 유아를 두려고 노력하는 마음가짐을 말한다. – 활동을 시작하기 전에 유아의 현재 발달 수준과 욕구를 먼저 관찰하고 고려해야 한다.
방향 설정의 원리	각 유아에 대한 관찰을 바탕으로 왜, 무엇을, 어떻게 교육할 것인지 교육의 목표와 내용을 선정하는 것이다.
사회적 합의와 공유의 원리	교사가 교육계획은 수립하였으나 이를 실행하기 전 유아와 계획을 공유하고 나눔으로써 유아가 자신이 할 일을 이해하고 행동에 옮기도록 돕는 것을 말한다.
활동의 원리	유아와 사회적 합의를 거쳐 가며 수정한 방향을 활동으로 옮겨 시행해 보는 것이다.

출처: 이원영 외 3인, 「유아미술교육」, p.171

UNIT 66 직접적 교수법

정의	교사가 시범이나 설명을 통해 유아가 배워야 할 주요한 수업내용을 제공하는 교사 중심 전략으로, 유아들에게 일반적인 사실이나 정해진 규칙 · 행동 계열을 알게 하며, 지식을 기반으로 한 특정한 기능을 익혀 능숙하게 표현하기에 적합한 교수학습방법이다.
특징	• 기본 기능, 행동적인 기능이나 사고기능을 학습할 때 효과적이다. • 개념이나 절차 혹은 기술을 짧은 시간에 많이 이해하고 기억하는 학습에 효율적인 방법이다. • 유아에게 학습 목표를 명확히 제시하고 목표 달성과정에 대한 구체적인 방법과 전략, 새로운 기술 등을 예시와 시범으로 보여줄 수 있다. • 교사는 단순한 기능을 훈련시키는 것이 아니라, 유아 스스로 문제를 해결하도록 기능 학습의 기회를 제공함으로써 목표에 도달하도록 지도한다.
미술표현능력 향상을 위해 직접교수법이 활용될 수 있는 상황	• 주어진 활동시간에서 유아의 적극적인 연습을 유도하여 목표를 달성하고자 할 때 활용될 수 있다. • 도입단계에서 교사가 수업 목표와 학습 과제에 대해 정확하게 제시할 때 활용될 수 있다. • 미술 재료 및 도구에 대한 이해와 이를 다루는 기능학습이 필요할 때 활용될 수 있다. • 전통회화(민화)의 표현이나 난이도가 높은 미술활동 시 구체적인 설명, 시범, 반복연습을 통해 학습에 대한 흥미와 성취 능력을 높이고자 할 때 활용될 수 있다. • 미적 체험과 감상 지도에서 교사의 풍부한 자료 제시, 시범, 발문과 상호 간의 질의응답에 활용될 수 있다.

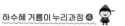

MEMO

교수 방법	**강의법**	• 직접적 교수법에 가장 널리 사용되고 있는 방법으로 일정한 내용을 체계적으로 설명하여 가르치는 수업방법이다. • 교사가 주도하여 교수활동이 이루어지므로 적은 시간에 많은 양의 학습 자료를 다룰 수 있다. • 가장 대표적인 방법인 설명적 강의에서 교사는 강의하고 유아는 듣는다. 따라서 다른 교수학습방법과 병행하지 않고 강의법만을 사용할 경우 유아와 교사 간의 의사소통과 상호작용이 제한적으로 일어날 수 있다. • 따라서 강의법을 토론과 병행해서 사용함으로써, 교사의 강의에 대해 유아는 질문하고 간단한 논점에 대해 토론하기도 한다. 이 경우 토론과 질문은 주로 교사에 의해 이루어진다. • 미술수업에서는 유아의 흥미를 이끌어내기 위해 사진, 빔 프로젝터, 컴퓨터, 비디오 등의 교수매체를 강의법에 활용한다.
	시범	• 시범은 추상적인 개념이나 복잡한 과정을 설명하는 데 효과적이다. • 교사는 사전에 기술을 익혀 능숙하게 시범을 보일 수 있어야 하며, 시범 보이기에 앞서 시범의 목적을 분명하게 밝히고, 적절한 단계에 따라 시범을 보여야 한다. • 시범은 간단한 그림을 그리는 것에서부터 마블링이나 데칼코마니 등 좀 더 복잡한 미술기법, 미술사, 미술비평과 감상에 이르기까지 다양하게 적용 및 활용될 수 있는 방법이다.
	발문법	• 발문법은 질문법 혹은 문답법이라고 하며, 유아에게 학습 동기와 참여를 고무시키고, 자기 의견을 발표할 수 있는 기회를 주는 수업방법이다. • 교사는 발문을 통해 유아 개개인의 특별한 능력과 흥미를 파악할 수 있다.

		단계 구분	지도내용
직접교수법 적용 시의 수업진행 절차	1	문제 인식 단계 (도입)	• 진행하고자 하는 수업 전체의 흐름과 각 세부과정에 대해 안내한다. • 학습목표 및 학습과제를 분명히 알려주고, 동기를 유발하여 학습의욕을 촉진시킨다. • 유아가 이미 가지고 있는 지식이나 경험을 교사가 파악하여 새로 학습할 요소와의 관계를 설명하고 학습을 촉진시킨다.
	2	설명 및 시범 단계 (교사의 설명, 교사의 시범)	• 학습과제를 정확히 이해시키고, 실제 수행해야 할 내용을 교사가 설명하거나 시범을 보인다. • 표현 재료와 용구의 특성, 사용방법, 표현 및 제작활동의 순서나 과정에 대해 상세하게 설명하고 시범을 보인다. • 교사는 자신이 설명한 원리나 방법을 가장 잘 보여줄 수 있는 사례를 제시한다.
	3	질의응답 단계 (교사의 질문과 학습자의 대답)	• 교사가 보인 설명과 시범에 대하여 유아가 제대로 이해하고 있는지 확인하기 위해 유아의 질문을 받고 응답한다. • 교사는 가르친 원리나 절차, 시범을 통해 보여준 내용을 아동 스스로 설명할 수 있는지 점검한다. • 교사가 가르친 원리나 절차를 이해하지 못할 경우, 다시 설명하거나 확인한다.

4	구조화된 연습 단계	• 교사에 의해 미리 계획되고 준비된 자료를 통해 유아가 쉽게 따라해 볼 수 있도록 제시한다. • 연습은 난이도가 낮은 단계에서 높은 단계로 진행한다. • 표현이 잘 안 되는 부분은 다시 한 번 시범을 보인다. • 만일 교사의 기능 부족으로 직접 시범을 보일 수 없다면 미리 제작된 단계별 자료를 보여주는 것으로 대체한다.
5	독립적인 연습 단계	• 구조화된 연습을 통해 유아의 성취 수준이 높아지면 습득 방법이나 기능을 활용하여 독창적인 작품을 제작하도록 안내한다. • 단계적 연습을 통해 학습 기능이나 능력이 발휘될 수 있도록 지도한다. • 교사는 순회지도(책상 사이를 순차적으로 돌며 학습 현황을 관찰·지도·조언하는 것)를 통해 자신감을 가지고 표현할 수 있도록 격려한다.
6	정리 및 발전 단계	• 작품 감상시간을 통해 교사 및 유아 상호 간에 피드백을 주고받는다. • 잘 표현된 부분에 대해 칭찬하고 격려한다.

출처: 전종탁(2008), 「미술교육연구논총」

장점	일반적으로 직접적-교사 주도적 방법은 창의적인 미술교육에 반하는 것으로 인식되는 경향이 있으나, 미술교육에서 적절한 시범은 교사의 일방적인 설명을 넘어 유아에게 통합적이고 총체적인 지식이나 기능을 전달함으로써 학습의 효과를 높일 수 있다. • 다수의 유아에게 정보를 쉽고 효과적으로 전달할 수 있다. • 낮은 수준의 인지적 목표를 달성하기 쉽다. • 시행착오 없이 안전하게 지식의 습득이 가능하다.
단점	• 교사의 능력과 기술에 지나치게 의존하게 된다. • 유아가 학습한 내용을 내면화했는지 파악하기 어렵다. • 아동의 개별적인 발달 수준을 고려한 학습이 이루어지기 어렵다.

UNIT 67 통합적 교수법

1 개념

정의	• 신체, 언어, 수·과학, 음악, 미술영역 등의 여러 교과과정 영역을 분리하지 않고 하나의 활동 속에서 통합적으로 다루는 것이다.
	  – 유아의 연령이 어릴수록 다양한 교육과정의 경험들이 유기적으로 관련되어 있을 때 효과적으로 학습할 수 있다는 주장에 따라, 다른 교육과정과 마찬가지로 미술지도에 있어서도 통합된 학습경험의 제공이 매우 중요하게 다루어지고 있다.
	• 특히 유아의 미술작품은 신체, 언어, 인지, 사회정서발달과 관련된 다양한 학습경험의 통합적 산물이라는 점과, 미술교육이 다른 교과들과 연계될 때 주제나 테마, 새로운 아이디어를 더욱 풍부하게 만들 수 있다는 점에서, 통합적 접근에 의한 미술교육의 당위성을 찾는다.
	• 유아교육현장에서 가장 널리 알려져 있는 통합적 교수법으로는 *프로젝트 접근법이 있다.
	  – 프로젝트 활동을 통한 미술표상의 변화 과정을 살펴보면 시작, 전개, 마무리 단계에 걸친 수차례의 재표상 과정을 거치면서 학습한 내용이 반영되어, 색이나 형태, 구성, 그림의 내용이 구체적이고 정교하게 변화됨을 알 수 있다.
	  ⓰ 시작 단계에서의 미술표상활동은 아동의 과거 기억에 의존하게 되므로 단순하고 구체적이지 못한 상태이다(⓰ 제1차 표상에서는 유아가 이전 기억에 의존하여 개미를 단순하게 표상한다). 반면 전개 단계에서는 또래 간의 상호작용 및 협력학습을 통한 지식 공유를 통해 미술표상이 보다 구체적이고 정교하게 변화된다(⓰ 제2차 표상에서는 개미 머리의 더듬이와 몸통을 표현하는 등 1차 표상보다 표현이 정교해졌으나, 다리의 개수를 실제보다 많게 표현함으로써 정확한 관찰이 이루어지지 못했음을 보여준다). 그리고 마무리 단계에 이르면 프로젝트의 전 과정을 통해 배운 지식을 총체적으로 활용하여 재표상하면서 더욱 정교하고 정확하게 변화된다(제3차 표상에서는 이전보다 선, 형태, 몸통구조 면에서 더욱 정교해지고 미적 표현력이 증가한다).

* 프로젝트 접근법
유아가 흥미를 느끼는 특정 주제를 선택하여 깊이 있게 탐구하는 과정에서 다양한 교육과정 영역의 활동이 통합되어 이루어지는 것이며, 유아가 주도적으로 프로젝트를 수행할 수 있도록 안내하는 일련의 교수-학습전략을 의미한다.

2 통합의 유형

미술교육 내 영역 간의 통합	• 탐색하기, 표현하기, 감상하기의 통합으로, 유아기 예술경험은 이 세 가지 내용이 구분되기보다는 서로 밀접하게 연관되어 있다.
	  – 따라서 인위적인 구분에 따라 별개의 독립된 활동으로 다루기보다는 일상생활에서 다양한 예술 매체와의 친숙한 경험을 통해 아름다움을 찾고 표현하며 감상하는 활동이 통합되도록 하는 것이 중요하다.
	  – 즉 탐색 과정에서 감상이 이루어지기도 하고 감상활동 과정에서 느끼고 이해한 것을 표현할 수도 있도록, 탐색, 표현, 감상을 서로 분리하기보다는 밀접한 관련 속에서 통합적으로 이루어질 수 있게 해야 한다.

미술과 다른 교과와의 통합	• 유아는 사고와 감정을 표현하고 자신과 타인의 경험을 나누는 의사소통을 할 때 미술을 이용해 생각과 느낌을 시각적 매체로 표현함으로써, 자신에 대해 유능함을 기르고 세상을 이해하게 된다. 미술은 유아의 의사소통 및 전인 발달의 매개가 되므로 미술과 다른 교과의 통합은 미술 이외의 교과 내용을 습득하는 데에도 효과적이다.

MEMO

- 미술과 다른 교과를 통합하는 두 가지 방법은 다음과 같다.
  ① 미술이 다른 교과를 가르치기 위한 수단으로써 통합되는 것이다. 교사는 다른 교과의 내용을 가르치기 위해서 미술활동을 구성하므로 미술은 다른 교과를 가르치기 위한 수단이 된다.
      예 유아가 자기 이름에 관심을 갖도록, 교사는 이름을 디자인해 보는 미술활동을 계획할 수 있다.
  ② 미술과 다른 교과 간에 중복되는 원리나 개념에 기초하여 교과목을 통합하는 것이다.
      예 대칭은 미술과 수학에서, 패턴은 미술, 음악, 수학, 과학에서 중요하게 다루어지는 개념이므로 이들을 통합하는 활동으로 구성할 수 있다.

주제 중심의 통합적 미술교육	• 주제 중심의 통합적 미술교육은 주제를 탐구하고 학습하는 과정에서 여러 교과를 통합함으로써, 미술은 다른 예술 분야뿐만 아니라 다른 교과영역과도 연계된다. 또한 유아의 흥미에 기초하여 교사가 선정한 주제나 유아와 함께 선정한 주제를 중심으로 실시된다. • 주제 중심의 통합적 미술교육을 실시할 때 고려해야 할 원칙(이진이, 1997)은 다음과 같다. 　- 유아가 확산적 사고의 과정을 경험할 수 있도록 기회를 제공한다. 　- 유아가 미술활동을 통해 미술의 기본요소와 구성 원리를 발견할 수 있도록 새롭고 다양한 미술재료를 제공한다. 　- 유아가 자신의 감정과 사고를 표현하고, 내적 긴장을 해소시킬 수 있도록 창작활동의 경험을 제공한다. 　- 유아의 모든 아이디어를 수용적인 태도로 받아들인다. 　- 유아가 창의적인 표현방법을 탐색할 수 있도록 기회를 제공한다. • 주제 중심의 통합적 미술교육 과정의 진행방법은 주제 선정, 개념 및 소주제 조직, 관련 미술활동 계획, 교과영역의 연결로 이루어진다(Koster, 2001). **① 주제 선정하기** 유아의 흥미와 발달특성을 고려하여 지식의 확장을 도모할 수 있는 주제를 선정하되, 개념 확장의 가능성, 활용 가능한 인적·물적 자원 및 충분한 시간을 고려한다. **② 개념 및 소주제 조직하기** 주제에서 다루어질 개념 또는 소주제를 선정하여 주제 망을 구성한다. **③ 관련 미술활동 계획하기** 선정한 개념 또는 소주제와 관련된 탐색, 표현, 감상 등 다양한 미술활동을 구성한다. **④ 교과영역 연결하기** 구성한 미술활동은 주제 중심으로 각 교과영역의 활동과 통합적으로 이루어지도록 연계하여 진행한다.
미술요소 중심의 통합적 미술교육	• 유아는 미술요소에 대한 관심과 이해를 통해 이를 볼 수 있는 눈을 갖게 되며, 미술요소가 이룬 미적 질서를 경험함으로써 미적 안목을 높일 수 있다(Mulcahey, 2002). • 교사는 유아의 발달 수준과 미적 반응 및 표현 능력을 고려한 체계적인 미술활동을 제공해야 하며, 미적 어휘를 사용함으로써 유아가 미술요소를 주의 깊게 관찰하는 습관을 기르도록 격려해야 한다.

3 장점 및 단점

장점	• 다양한 교과의 통합적 경험을 통해 주제나 테마, 새로운 아이디어를 더욱 풍부하게 제공받을 수 있다. • 통합적으로 학습하는 성향을 지닌 유아의 주도적이고 적극적인 참여가 이루어진다.
단점	• 다양한 교과의 내용을 통합한 활동을 계획하기 쉽지 않다. • 통합된 교과의 내용을 아우를 수 있는 다양한 물리적 지원이 필요하다.

Plus

프로젝트 접근법의 교수단계

단계	특징	중심사건 및 과정
도입 단계	• 관심 있는 주제를 선정하고, 주제와 관련된 경험을 나눈다. • 유아들은 경험나누기 과정에서 자신의 경험을 언어나 신체, 음악 등으로 표현하는 것 이외에 그리기, 만들기 등의 미술활동으로 다양하게 표현하게 되며, 이러한 일련의 과정 속에서 주제에 대해 궁금하고 알고 싶은 것들이 명료해지면 주제망과 질문목록을 구성한다. • 유아 활동 : 개인적인 경험 회상, 개인적인 기억 묘사, 교사와 친구들과 함께 서로의 경험이나 생각 공유, 개인적인 질문거리 선정	• 주제에 관한 최초 토의 • 사전경험 표현을 위한 다양한 표상활동 • 질문목록 작성
전개 단계	• 주제에 대해 도입부분에서 다루어진 질문이나 계속적으로 생기는 새로운 의문점들을 해결하기 위한 활동이 이루어지게 된다. • 이 단계에서 중심활동은 도서자료 조사 및 현장견학, 전문가와의 면담을 통해 주제와 관련된 지식을 조사·탐구하고 관련 경험을 표현하는 활동이다. 例 사과나무가 어떻게 생겼고, 사과나무에 사과가 어떻게 열리는지가 궁금해진 유아들은 직접 과수원에 가서 이를 살펴보게 되고, 다녀와서는 과수원에 가서 무엇을 보고 듣고 왔는지를 그리거나 만들기 등의 다양한 표현방법으로 표상한다. • 유아 활동 : 질문에 대한 탐구조사 활동, 현장 학습을 통한 직접적인 탐색과정 및 전문가와 함께 활동하기, 현장견학 사후 활동 및 표현	• 탐구조사 활동 • 현장견학 • 현장견학 사후 활동 • 전문가와의 면담 및 활동
마무리 단계	• 프로젝트 활동 결과를 전시·발표하는 경험을 통해 프로젝트 수행과정에서 얻은 다양한 정보들을 내면화한다. • 유아 활동 : 프로젝트 전 과정의 결과물과 활동내용을 검토·평가하여 전시를 위한 작품 선정, 다른 사람이 학습과정을 이해하고 감상하도록 프로젝트 활동을 재창조	• 마무리 행사 • 지식의 내면화

UNIT 68 협력학습 교수법

정의		• 협력학습은 집단의 구성원들이 설정한 공동의 목표를 달성하기 위해 서로 돕고 책임을 공유하며, 과제해결의 결과에 대해 공동으로 보상받음을 의미한다(Johnson & Johnson, 1990). 　- 따라서, 협력학습 교수법은 여러 명의 유아들이 특정 주제와 관련하여 공동의 목표를 달성하기 위해 상호의존적인 공동의 노력으로 함께 공동 작업을 수행하도록 돕는 교수법이다. 　- 과제에 따라 대규모 집단으로 협력학습이 이루어지기도 하지만 4~6명 정도의 소규모 집단의 협력학습에 적절한 것으로 여겨지며, 또래 유아 간에 서로 가르치고 배우면서 학습능력이 향상된다는 비고츠키의 견해에 따라 유아의 학습능력이 동질적인 집단보다 이질적 집단구성이 선호되는 편이다.
협력학습에 요구되는 요소 (Lang & Evans, 2006)	긍정적 상호의존성	주어진 과제를 해결하기 위해 구성원들 서로가 긴밀하게 도움을 주고받는 것을 의미하는데, 이는 영유아 각자에게 적절한 역할을 나눠 맡게 하여 서로가 역할을 잘 수행해야만 공동의 목표를 달성할 수 있을 때 실현가능하다. 예 협력학습 교수법에 따라 「발표회를 위한 무대 꾸미기 활동」에서 '필요한 무대소품 목록 만들기, 재료 준비하기, 개별 소품 제작하기, 세팅하기' 등으로 구분하여 각각의 영유아가 역할을 맡게 되면, 활동의 진행과정에서 어느 한 영유아라도 자신이 맡은 역할을 소홀히 할 경우 계획했던 멋진 무대가 완성될 수 없다는 사실을 깨닫게 됨으로써 긍정적인 상호의존성을 경험하게 된다.
	대면적 상호작용	주어진 과제수행이 구성원들 간의 직접적인 면대면 상호작용을 통해 이루어져야 함을 의미한다.
	개인적 책임감	자신에게 부여된 개인 몫의 과제를 충실히 해야 함을 의미한다.
	대인기술	성공적인 협력학습 수행의 전제라고 할 수 있는 구성원들 간의 원만한 관계유지에 필요한 사회적 기술을 의미한다.
	집단과정	목표달성을 위한 효율적인 학습의 과정 및 결과에 대해 구성원들이 함께 논의하는 과정을 의미한다.
교수 단계	① 학습에 대한 안내	교사의 직접적인 설명, 다양한 교수매체를 활용하는 방법 등을 통해 유아들에게 학습해야 할 내용을 안내하고, 어떠한 순서에 의해 어떠한 활동을 할 것인지 알려준다.
	② 소집단 활동	먼저 유아의 성별, 인지능력, 성격 등을 고려하여 다양한 구성원으로 소집단을 구성한 후, 각자가 담당해야 할 역할을 분담하고 맡은 역할을 수행하여 주어진 과제를 해결한다.
	③ 평가 활동	소집단 활동을 통해 학습한 내용이나 만들어진 결과물을 집단별로 발표하도록 한다.

MEMO

장점	• 개별 유아에게 적절한 역할 분담을 통해 학습동기를 높여준다. • 유아가 주도적으로 학습에 참여함으로써 학습한 내용을 내면화하기에 용이하다. • 서로 의지하고 돕는 상호작용을 통해 타인을 배려하는 태도를 기른다. • 교사 및 또래 간 활발한 상호작용을 통해 사회적 적응기술과 사회성 발달을 도모한다. • 상호의존적인 협력을 통한 문제해결과정에서 긍정적 자아 개념을 형성하게 된다. • 합리적인 문제해결과정을 통해 문제해결 역량 및 탐구능력이 발달한다.
단점	• 과제수행의 과정보다는 결과를 중시할 수 있다. • 협력학습에 익숙해져서 개인에게 주어진 문제를 해결하는 데 어려움을 느낄 수 있다. • 유능한 유아 위주로 활동이 진행될 수 있다. • 유능하지 못한 유아의 경우, 상대적으로 소외감과 수치심을 느낄 수 있다. • 자기가 속하지 않은 집단의 유아에게 적대감을 느낄 수 있다.

UNIT 69 창의적 문제해결 교수법

정의		• 학습자에게 문제상황을 파악하게 한 후 창의적인 방식으로 문제를 해결하도록 지도할 때 활용하는 교수법으로, 창의성을 중시하는 미술지도에서 효과적으로 활용할 수 있는 교수전략이기도 하다. • 2019 개정 누리과정의 예술경험 영역의 내용 범주가 '창의적으로 표현하기'로 명시된 만큼 표현활동에서 활발하게 적용될 수 있는 교수법이다. • 특히 창의적 문제해결 교수법은 미술활동을 진행하는 과정에서 아동에게 최대한 주도권을 주고 아동들의 적극적인 참여를 이끌어 내는 방식이므로 아동중심 교수법의 대표적인 유형으로 볼 수 있다. • 창의적 문제해결 교수법의 적용 과정은 크게 문제 인식, 아이디어 탐색, 아이디어 정교화, 아이디어 적용, 종합 및 재검토 단계로 구분할 수 있다.
적용 과정 (단계)	문제 인식	유아가 제시된 문제를 인식하고 이를 해결하기 위한 방법을 찾기 위해 관련 자료나 정보를 모으고 자유롭게 분석한다. 예 유치원에서 만 4세반을 담임하고 있는 선생님이 유아들에게 "우리 친구들 유치원에 처음 왔을 때 기억나나요? 처음부터 어디에 무엇이 있는지 찾기가 쉬웠나요? 우리 친구들이 유치원에 처음 왔을 때처럼 내년 3월에 맞이하게 될 만 3세반 동생들도 유치원 생활이 처음이라 어디에 무엇이 있는지 찾기가 어려울 것 같아요. 그래서 선생님이 제안 하나를 하려고 해요. 내년에 새로 입학하는 만 3세반 동생들이 유치원 곳곳을 쉽게 찾을 수 있는 방법을 찾아보면 어떨까요?"라고 이야기함으로써 유아들로 하여금 문제를 인식하게 한다. 그리고 식당, 원장님 방, 형님반 등 특정 장소에 대한 관심사가 동일한 유아들끼리 모둠을 구성하게 한 후, 모둠끼리 특정 장소를 직접 찾아가 탐색하거나 동생들과의 면담을 통해서 특정 장소를 찾아갈 때의 어려움들을 자유롭게 분석해 보게 하는 것이다.

	아이디어 탐색	유아가 아이디어를 산출하는 브레인스토밍 등의 과정을 통해 문제해결을 위한 다양한 아이디어를 탐색한다. 예 동생들이 식당을 쉽게 찾을 수 있는 아이디어를 탐색하기로 한 모둠에서는 모둠 소속 유아들끼리 생각을 나누면서 어떤 방법으로 개선할지 아이디어를 구상한다. 식당 위치를 동생반 옆으로 옮기기, 식당으로 직접 안내해주기, 식당을 찾아갈 수 있는 이정표 만들어주기 등의 창의적인 아이디어들을 도출할 수 있을 것이다.
	아이디어 정교화	탐색한 아이디어를 스케치하며 시각화해 보거나, 여러 아이디어를 대상으로 재검토하면서 최선의 아이디어로 정교화한다. 예 모둠에서 도출된 다양한 아이디어를 검토하는 가운데, 선생님이나 형님들이 없어도 동생들 스스로 찾아갈 수 있는 방법인 이정표 만들기로 의견이 모였다고 가정해보자. 유아들은 이정표를 어떻게 만들 것인지 고민하는 과정 속에서 '식당이라고 쓴 이정표를 만들자', '그림만 보면 누구나 식당인지 알 수 있게 숟가락과 젓가락 그림도 함께 넣은 이정표를 만들자', '바닥에 붙일 수 있는 이정표도 만들어서 그 이정표만 따라가면 식당으로 갈 수 있게 해 주자' 등 가장 이상적인 이정표를 만들기 위해 아이디어를 정교화할 것이다.
	아이디어 적용	아이디어 적용 단계에서는 문제해결을 위한 표현활동에 정교화된 아이디어를 적용하면서 그 아이디어가 명확한 형태로 나타난다. 예 유아들은 그림 그리기와 같은 평면적인 표현활동이나 색깔 점토로 꾸미는 입체적인 표현활동을 통해 자신들이 정교화한 아이디어를 담은 식당 이정표가 만들어지는 과정을 경험하게 될 것이다.
	종합 및 재검토	아이디어가 작품에 잘 반영되었는지를 살펴보고, 주어진 문제가 성공적으로 해결되었는지를 분석한다. 예 유아들은 완성된 식당 이정표의 디자인을 보며 자신들이 생각한 아이디어가 잘 표현되었는지를 살펴볼 것이며, 교사나 다른 모둠의 친구들에게 자신이 표현한 이정표를 보여주며 동생들이 식당을 찾는 데 도움이 되는 이정표라는 동의를 구하려고 할 것이다.
장점		• 유아의 적극적인 활동 참여를 효과적으로 이끌어낼 수 있다. • 일상생활과 연계하여 제시된 문제해결 과정 속에서 습득한 지식을 활용하고, 새로운 지식을 배우는 경험을 하게 된다. • 문제해결 방안을 고민하고 창의적으로 표현하는 과정 속에서 사고력과 창의성 발달을 도모한다.
단점		• 교사의 교수역량이 낮을 경우 창의적 문제해결 교수법이 원활하게 진행되기 어렵다. • 유아의 관심과 학습 동기를 유발하는 문제를 선정하고, 유아에게 해결해야 할 문제를 인식시키는 과정이 다소 어려울 수 있다. • 활동에 주도적으로 참여하는 것을 어려워하는 유아의 경우, 아이디어를 탐색하고 정교화하는 과정을 어려워할 수 있다.

UNIT 70 학문중심 미술교육(DBAE : Discipline Based Art Education)

1 기본 관점

배경	• 1960년대 이전 미술교육의 흐름은 미술표현을 기르는 데 중점을 두는 미술교육과 함께 치젝의 자유로운 자기표현 및 듀이 등의 아동중심 미술교육의 영향으로 창의적인 자기 미술표현을 강조했던 창의성 중심 미술교육이다. 　- 특히 1940년대 이후로는 치젝과 로웬펠드, 허버트 리드 등에 의해 어린이의 자유로운 자기표현을 강조하고 과정을 중시하며 어린이에게 강조점을 두는 등 이성과 감성의 조화나 창의성 개발을 중시하는 흐름이 당시의 지배적인 미술교육이었다. 　- 1957년 소련의 스푸트닉 인공위성 발사를 계기로 미국은 자국의 기술교육이 뒤떨어지게 된 원인을 교육의 탓으로 돌리는 계기가 되었고, 미국교육이 사회적 문제로 대두되기 시작하면서 교육의 수준을 높여 체계적인 지식을 가르쳐야 한다는 학문중심 교육과정이 등장하게 된다. 이러한 이론은 미술교육에 영향을 미쳐 미술을 하나의 문화적 자원으로 보는 시각을 길러주었고, 기존의 창의성 중심 미술교육에 대한 의문을 제기하면서 미술교육에 학문적으로 접근하기 시작했는데, 이에 대한 비판과 대안으로 학문중심 미술교육(DBAE)이 대두되었다. • 미국 교육자들은 각 교과의 검토를 통해 미술교과가 작품제작 위주로 구성되고, 미술교과의 학년별 체계성이 없음을 발견하였다. 이에 창의성 중심의 미술교육이 지닌 한계를 극복하고 미술 교과의 학문적 체계를 구성하기 위해 게티 미술교육센터(Getty Center)의 연구와 개발을 중심으로 학문중심 미술교육(DBAE)을 확립하였다. 🐭 DBAE의 대표적인 학자 '아이스너'의 주요 업적 • DBAE 방법의 중요한 특징은 미술교육을 학문교과로 인식한다는 것인데, 여기에 처음부터 공헌한 학자가 아이스너이다. • 기존 미술학습이 자아표현에 집중되었다면, 아이스너는 가르쳐야 할 내용에 대하여 연구하며 교사의 지도 필요성을 강조하였다. ① 체계적인 학습의 중요성 강조 　- 미술교육의 목적은 미적 안목을 기르는 데 있다. ② 미술교육 관점의 전환 　- 창의성과 정서 함양의 수단이 아닌 본질적, 독자적인 학문으로서 미술교육의 고유한 목표 달성이 중요하다. ③ 교육환경을 중시 　- 유전적인 요인보다 효율적인 수업과 질 높은 학습환경이 중요하다. ④ 미술교육의 세 가지 기초영역을 제시 　- 미술제작, 비평, 미술사를 기초영역으로 하였다. ⑤ 체계적 교육과정을 기초로 한 이해력 신장과 제작 결과의 중시 　- 미술표현 능력은 지각의 분화와 비례하여 발달한다. ⑥ 작품의 결과와 미술문화 감상을 통한 미술이해 및 감상 교육을 강조 　- 평가를 중요시한다.

개념	• DBAE는 학문에 기초한 미술교육으로, 미술교육협회(NAEA)와 아이스너, 그리어 등 이해중심 미술교육을 주장하는 학자들의 접근을 통칭하는 용어이다. • '총체적 미술교육'이라는 용어로 많이 알려진 DBAE는 통합적 교수법의 하나로 볼 수 있다. • 그동안의 미술이 작품 제작에 중점을 둔 것과 달리 DBAE는 미술의 통합적 이해에 기초하며, 4가지의 미술 분야가 미술교육 속에서 함께 통합되어 연속적으로 이루어지도록 하는 교수 방법이다.
DBAE의 특징 (Clak, Day & Greer, 1987)	• DBAE의 목적은 미술을 이해하고 감상할 수 있는 학생의 능력을 개발하는 데 있다. 이는 미술 이론에 대한 지식과 미술품의 시대적 배경에 대한 이해 및 미술을 창조하고 감상하는 능력을 포함한다. • DBAE의 학습내용은 미술제작, 미술사, 미술비평, 미학의 4영역으로 구성되며, 서로 통합적으로 운영되어야 한다. 　- DBAE의 학습내용 4영역은 미술제작을 위한 과정과 기술, 미술작품이 창조된 시대상황, 미술감상과 평가를 위한 기초, 미술에 대한 개념 탐구를 포함하여야 한다. 　- 학습내용은 광의적 의미의 미술로부터 추출되고, 대중미술, 응용미술, 순수미술을 포함하며, 미술작품이 교육과정 구성의 중심이 된다. 　- DBAE는 모든 학년(초중고 12년간의 과정)을 포함하며, 교육과정은 다른 주지 교과들처럼 연속적이고 체계적이며 학습자의 발달 수준에 맞게 구성되어야 한다. 　- 지역 단위에 근거해 미술교육 전문가, 지역 행정가의 협조와 적절한 학습 자료를 통해 운영되어야 한다. • DBAE의 평가는 미술 프로그램의 질에 대해 체계적인 방법으로 이루어져야 한다.
의의	• 창작 위주의 미술교육에서 소홀히 다루어졌던 미술의 개념과 기초적인 이해교육을 부각시켰다는 점에서 긍정적인 평가를 받는다. 　- 즉 작품 제작에서 벗어나 미술교육의 내용을 미술사, 미술비평, 미학으로 확대시켜 통합적으로 운영한다는 점, 미술교과 내의 통합뿐만 아니라 다른 교과와의 통합이 가능하도록 하였다는 점에서 의의가 있다고 할 수 있다. • 오늘날 DBAE는 미술학교 교육의 교사 양성, 교과과정 개발, 교육지침 학습, 평가 등 대부분의 미술교육과정을 위한 바탕이 되고 있다.
한계점	• 학문중심이며 교과중심인 DBAE는 미술교육이 미술에 대한 지식만을 전달할 수 있다는 점에서 미술교육자의 비판을 받았다. 　- 그린버그(Greenberg, 1968)는 DBAE를 매우 지루한 미술교육으로 표현하기도 하였으며, 현장의 미술교사는 미술교육에서 창작활동의 시간이 줄어든 것에 불만을 표현하였다.

2 학습내용

작품제작 **(미술제작)** **(art production)**	• 미술제작은 창의적으로 사고하고 표현할 수 있는 능력과 기능적인 능력을 이끌어주는 학습으로서 언어로 표현할 수 없는 경험을 다양한 방법을 이용해 시각적으로 표현하는 창조의 과정이다. • 창조적 표현활동을 하는 것이 목적이며, 표현활동을 통해서 시각언어를 배우고 미술가의 정신적 사고 및 시각적 이미지가 실제로 어떻게 표현될 수 있는가에 대한 다양한 매체의 활용능력을 익히는 것이다. • 미술표현에서는 미술가가 다양한 매체를 기술적으로 다루는 것을 가르치고, 학습자가 시각적 이미지를 형성할 수 있도록 여러 가지 매체를 능숙하게 사용하는 방법을 교육한다. 　– 유아가 다양한 매체를 사용하여 시각적 이미지를 표상할 수 있도록 가르친다. 　– 작품제작에 필요한 주제 및 아이디어 인식에 대한 기술, 제작방법, 제작도구 및 미술재료의 사용기법에 관한 학습기회를 제공한다.
미술사 **(art history)**	• 미술문화의 계통적인 전개과정을 분석, 종합, 정리하는 것이다. 　– 예술을 역사 및 문화의 소산으로 보고, 역사적 흐름 속에서 미술의 문화적 표현을 이해하는 데 초점을 맞춘다. 　– 유아가 역사·문화적 맥락에서 미술작품을 감상하고 토론하도록 한다. 미술작품을 이해하려면 그것이 만들어진 장소를 알고 역사적 문화적 맥락에서 작품의 의미를 이해하는 것이 중요하다. 　– 미술의 역사에 대한 탐구는 유아에게 미술 대상과 사상, 미술환경과 문화에 대한 이해를 가능하게 하고, 미적 대상을 감상하기 위한 기초를 제공한다.
미학 **(aesthetics)**	• 미학은 미적 지각활동으로 사물에 대한 지각과 이해 및 감상활동을 뜻하며, 그것들이 지닌 표면적인 의미만을 고려하는 것이 아니라 심미적인 사고 과정의 습득을 통해 미술작품의 의미를 인식하는 활동을 말한다. 　– 또한 미술작품 특징의 인식을 바탕으로 학습자들의 심미적인 지각활동을 일깨움으로써 모든 미술영역의 기본인 심미적인 경험을 훈련시킨다. • 미학은 미술 존재론에 관한 형이상학적 문제를 다루고, 미술의 가치판단에 관한 인식을 탐구하는 것이다. 　– 미술작품이 지닌 표면적인 의미에 한정되지 않고, 심미적인 사고과정을 통해 미술작품이 지닌 내면적 의미까지 인식할 수 있도록 한다. 　– 유아는 미적 대상을 지각하고, 이해하며, 감상할 때 의문을 제기해 보고, 판단의 준거를 갖도록 한다. • 미학은 미적 지각에 기초를 두고, 미적 경험을 통한 미술과 미술작품을 관조하여 미술비평이 형성될 수 있는 이론적 구조와 방법론을 제공한다. • 미학영역에서 사람들은 미술에 대해 판단하게 되기 때문에 이 영역을 통해 학습자는 주변 환경과 미술작품의 특징에 관해 판단력의 근거를 이해하게 된다. 　– 미학연구는 미적대상을 지각하고 이해하며 감상하는 데 있어 의문을 제기하고 그에 대한 판단의 준거를 갖게 하는 것이다. 　– 수업에서는 미술작품 속에 어떤 의미가 있는지 의문을 제기하는 분석적이고 통합적인 사고, 절차, 안목을 갖추도록 하는 것에 주안점을 둔다.

SESSION **04**

MEMO

– 미학에 해당하는 미술 기초 이론의 실기나 감상시간 지도 시 관찰을 통해 생활환경 주변의 자연과 조형세계가 지니는 아름다움을 발견하고, 생활 속에서 미술이 어떻게 영향을 끼치며 활용되고 있는지를 인식하도록 한다.

> Herberholz & Hanson(1995)
> 미학은 미술작품에 의미를 부여하는 철학의 복잡한 하나의 영역이며, 유아들이 직면하는 미적 지각의 경험과는 다른 부분이 있으므로 유아미술교육 내용으로 미학보다는 미적 지각이 적절하다고 설명한다. 미적 지각은 대상을 보는 특별한 방법으로써 미술작품, 자연물, 현상들과 같은 대상으로부터 시각적이고 촉각적인 특성을 이해하고 미적으로 반응하는 것을 의미한다.

미술비평 (art criticism)	• 미술비평은 미술에 대해 이야기하는 것, 즉 미술작품을 비평하고 품평하는 일로, 그것을 언어적으로 분석하고 해석하는 활동이다. – 분석과 해석은 개인의 미술적 지식과 문화에 기반을 두면서 비평의 배경을 마련하는 것이다. – 비평은 문화적 맥락에서 미술가의 의도, 작품의 특성, 관찰자의 반응에 주의를 기울이는 것으로, 비평가는 작품을 둘러싼 환경과 상황을 탐색할 뿐만 아니라 작품과 직접 반응한다. – 비평은 미술을 이해·감상하며, 미술작품을 묘사, 설명, 평가하고 이론화한다. • 미술비평의 목표는 개인의 미술작품을 이해하고 그 작품에 반응하게 하여 학습자의 비평적 능력을 발달시키는 것이다. • 유아 자신의 작품 또는 다른 사람의 작품을 평가하기 위해 유아에게 시각 형태의 특성을 분석, 설명, 판단할 수 있는 능력을 길러주어야 한다.

Plus⁺

미술감상활동에서 미학적 관점의 발문

• 미학적 관점이란 작품을 감상할 때 연상이나 판단을 하지 않고 직접적으로 파악하는 것으로, 작품을 감상할 때 미적 직관이나 미적 가치판단에 관한 발문을 제시할 수 있다.
 – 따라서 미학적 접근에 따른 발문은 유아가 작품과 대면했을 때 직관적인 체험에 의한 최초의 인상이나 느낌이 무엇인지를 알 수 있게 하는 발문과, 유아가 나름대로 작품에 대한 평가를 내리고 가치를 판단하게 하는 발문으로 나누어 제시할 수 있다.
 ① **미적 직관** 감상자가 감각, 경험, 연상, 판단, 추리 따위의 사고작용을 거치지 않고 직접 작품을 대면하면서 느낀 최초의 반응이나 느낌이기 때문에, 교사는 유아가 작품을 처음 대면한 인상이나 느낌에 대해 발문함으로써 유아들이 작품에 대해 가지는 자신들의 반응을 충분히 체험할 수 있도록 한다.
   – 이 작품에 대한 첫인상에 대해서 말해보세요.
   – 이 작품에서 친근감을 느낄 수 있나요?
   – 이 작품을 보면 무엇이 생각나나요?
   – 이 작품에서 특이한 느낌을 받을 수 있나요?
   – 이 작품에서 궁금한 점은 무엇인가요?
 ② **미적 가치판단** 작품의 가치를 판단하고 정당화하는 것이며, 작품을 보고 나름대로의 근거에 의해서 잘된 점이나 아쉬운 부분을 지적하고 종합적인 평가를 내리는 과정이다.
   – 작가는 자신의 의도를 표현하는 데 성공했다고 생각하나요?
   – 주제 표현이 잘 되었다고 생각하나요?
   – 표현이 독창적이라고 생각되어지는 점은 무엇이며, 부족한 점은 어떤 것인가요?
   – 작품이 감동을 줍니까?
   – 작품이 마음에 들지 않는다면 그 이유는 무엇인가요?
   – 내가 이 작품을 다시 제작한다면 어떤 부분을 고치고 싶은가요?

참고

DBAE에 기초한 통합적 미술교육 프로그램 활동

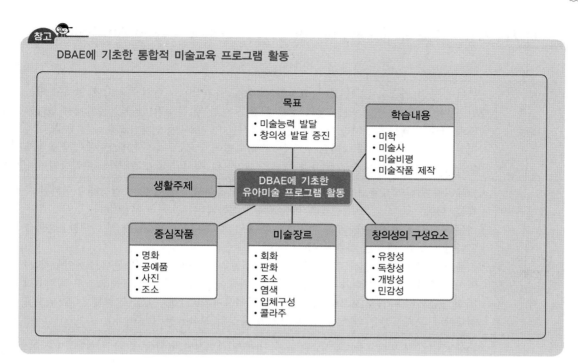

참고

NEO-DBAE

① 1980년대부터는 NEO-DBAE라 하여 Original DBAE의 네 과정에 인류학과 사회학이 첨가되었다.
② 미국과 유럽의 미술교육이 다문화 이해에 초점을 두게 되었다.

UNIT 71 커뮤니티 중심 예술교수법(CBAE : Community-Based Art Education)

배경	커뮤니티 중심 미술교육(CBAE)은 그동안의 미술교육과정이 지나치게 형식에 얽매여 있을 뿐만 아니라 우리가 살고 있는 삶의 주요 터전인 자연 및 문화적 환경과 동떨어져 있다는 비난과 함께, 지역사회와 지방 특유의 전통과 역사를 미술교육에 연계하고자 하는 요구, 지역 사회의 시민들이 자유롭게 참여할 수 있는 교육 방법에의 요구, 지역사회 사람들에게 공동체 의식을 함양하고자 하는 요구에 따라 새로운 대안으로 제시된 미술교육의 교수학습법이다.
정의 (Marche, 1998)	• 커뮤니티 중심의 미술교육은 살아 숨쉬는 자연과 유아들의 실제 삶에 밀접하게 연관된 사물들, 이야기들, 그리고 경험들을 미술교육에 접목할 수 있는 교수법이다. • 이는 유아가 살고 있는 지역의 다양한 문화와 인종, 그리고 공예품들과 전통 생활용품들을 포함한 다양한 예술을 배우는 접근법이다. • 커뮤니티 중심의 미술교육은 지역사회에 연계된 미술 프로그램들을 통해서 유아들과 지역사회 주민들이 그 사회와 자연의 주체임과 자긍심을 심어 주어서, 그들 스스로 지역사회의 전통문화와 자연을 보호하고 그 사회를 발전시켜 의미 있는 삶을 영위해 갈 수 있도록 공동체에 문화공간을 만들어가는 미술교육 중심의 교육실천 방법이다.
목적	• 커뮤니티 중심 미술교육(CBAE)의 교육 내용은 표현기법의 학습, 작품 감상에 머무르는 것이 아니라, 유아 삶의 전반으로 확장시켜 지역사회와 미술교육을 연계하고자 한다. • 이러한 교육의 목적은 기본적으로 개인의 삶과 밀접한 지역사회를 소재로 현상을 접하게 하여 미술의 본질적인 가치를 느끼게 하고, 미술에 대한 경험과 안목을 깊게 해 주는 것이다.

CBAE의 범주 (정현일, 2009)	지역사회 중심 미술교육	• 지역사회 중심의 미술교육은 지역사회 내에 있는 미술관, 박물관, 마을회관, 동사무소, 도서관, 건물, 야외공원, 지역 수공예품, 지역사회 내 미술가 등을 포함한 지역사회 내의 모든 장소와 물적·인적 자원을 미술교육에 활용하고 접목하는 교수 방법이다. • 미술교육을 통해 학습자와 그 지역에 살고 있는 사람들에게 그 사회의 문화와 전통을 계승하고 발전시켜야 할 주체임을 인지시키는 한편, 지역사회의 예술과 문화에 대한 자긍심을 심어주는 데 주목적이 있다. — 미술 프로그램을 통해 공동체 집단을 보다 활력 있게 만들고, 민주시민의 식을 고양시키고자 한다.
	생태학 중심 미술교육	• 우리가 살고 있는 지역의 산과 바다, 숲, 강, 냇가, 저수지, 습지 등을 포함한 모든 물리적 자연환경과 사회적 환경을 미술교육에 접목한 자연체험학습 또는 생태체험학습법으로, 살아 숨쉬는 자연을 교육에 접목시켜 학습자들에게 자연의 소중함과 자연에 대한 올바른 시각을 일깨워주는 데 목적이 있다. • 오감으로 느낄 수 있는 세상의 모든 것을 미술활동으로 표현하며 자연과 인간의 관계를 발견하고, 스스로 삶의 주체가 되어 자연과 인간의 관계를 자유롭게 표현하는 교수학습법이다. • 생태학 중심의 미술교육은 지역사회의 자연환경을 토대로 하므로 지역사회 중심의 미술교육 범주로 볼 수도 있으나, 최근 우리가 살고 있는 환경이 그 어느 때보다 중요하게 여겨지므로 이를 따로 구분하는 것이 일반적이다.

	민족공동체 중심 미술교육	• 민족공동체 중심의 미술교육은 특정한 민족공동체가 살고 있는 그 지역의 문화와 풍습, 사회·물리적 환경을 미술교육에 활용하여 접목하는 교수학습 방법으로, 소외된 계층이나 민족들에게 자유로운 표현의 기회를 부여하고, 삶의 의미와 활기를 불어 넣어주며, 개개인의 정체성과 그들만의 공동체적 뿌리를 일깨워주는 데 목적이 있다. − 최근 우리나라에서도 국제결혼 비율이 급증하면서 그들 민족의 언어, 예술, 문화, 역사를 미술교육을 통해 가르칠 필요성이 증가하고 있으며, 인터넷의 발달로 다른 민족에 대한 지식과 정보를 접하기 쉬운 현실에서 타민족의 문화와 예술을 올바로 이해할 수 있도록 가르칠 필요가 있다는 측면을 간과해서는 안 될 것이다.

	사이버공동체
	중심
	미술교육
		• 가상공간인 온라인 사이버공동체를 미술교육에 활용하는 교수학습방법이다.
		  − 인터넷의 급속한 확산으로 사이버 공간에 대한 관심 및 그 공간을 통해 이루어지고 있는 유아의 삶과 미술교육에 대한 관심이 높아지고 있기 때문에 하나의 별도 범주로 분류된다.
		  − 다양한 미술교육이론과 실천들을 포함하고, 우리의 삶과 밀접한 생활환경을 교육장소로 활용하며, 다양한 예술 장르의 가치를 동일하게 중요시하는 공동체 중심 미술교육의 특성이 나타난다.
		
		🖱 **사이버공동체**
		사이버공동체는 컴퓨터를 사용하는 다수의 불특정 사람들이 교육, 정치, 정보교환 등의 목적 달성을 위해 만들어 놓은 수단으로, 공통의 관심사를 가진 사람들은 그 사이버공동체의 일원이 되어 가상공간에서 서로 의견을 나누며 토론하고, 일정한 시간 이상 동안 지속적으로 인간적 관계망을 형성해 나가게 된다. 사람들이 공통적으로 사용하고 공유할 수 있는 영역이 존재하고 그 공간 안에서 공통된 가치와 지속적 접촉을 통해 사회적 관계가 이루어진다면, 그 공간이 실제 공간이든 사이버 공간이든 상관없이 사람들이 모여 커뮤니티를 이룰 수 있다고 본다. 이러한 탈구성주의적 관점에서 볼 때, 사이버공동체를 중심으로 한 미술교육은 현대사회의 변화된 환경을 적절하게 반영하고 있는 교수법이라 할 수 있다.

장점		• 지역사회와 연계한 미술교육을 통해 유아를 비롯한 지역사회 구성원들의 공동체 의식을 함양하는 데 기여한다. • 유아의 실제 삶 속에서의 경험을 미술교육에 자연스럽게 접목시킬 수 있다. • 지역사회 특유의 전통과 역사를 미술교육과 연계하여 학습할 수 있다.
단점		• 교사 개인 차원의 노력으로 실행하기가 쉽지 않다. • 지역사회의 적극적인 협조와 참여가 요구된다.

UNIT 72 그 외 교수-학습방법

1 창의적 표현을 돕는 미술교육 방법

유아가 그려달라고 할 때에도 절대로 그려주거나 만들어주지 않는다.

• 안내를 통해 '나도 할 수 있다'는 마음을 갖도록 돕는다.
• 유아용 미술재료로 성인 완성품을 만들어 제시하게 되면, 유아는 위축되고 성인에게 의존하는 모습을 보이게 된다.

유아에게 '무엇을 그려라' 또는 '이렇게 만들어 봐'라고 말하지 않는다.

• 유아의 경험 및 지적수준을 고려하여 작품의 주제를 선정해야 한다.
• 유아는 성인이 중요하다고 생각하는 것을 그리지 않고 자신에게 중요하다고 생각되는 것만 그린다.

유아들에게 어떻게 그려야 하고, 어떻게 만들어야 하는지를 말해주지 않는다.

• 화가들이 자신들만의 방식으로 그림을 그리는 것을 인정하는 것처럼, 유아의 자유롭게 표현할 권리를 존중해야 한다.
  – 유아의 작품에 첨삭을 하거나 변경할 권리는 성인에게 없으므로 해서는 안 된다.

영유아들의 창의성을 빼앗는 미술활동은 하지 않게 한다.

• 색칠 공부책, 본뜬 모형 안에 색칠하거나 색종이 조각 붙이게 하기 등의 활동은 지양해야 한다.
  – 색칠 공부책이나 복사그림 안에 색칠하기는 모두 선 안에 색칠하기가 주요 목적이므로 근육발달에 도움이 되고 본뜬 모형 안에 색종이 조각 붙이기는 협응력을 길러줄 수 있지만, 각각 창의성 발달과는 거리가 있기 때문이다.

2 그림그리기를 두려워하는 유아의 미술교육 방법

타인의 비평에 의해 마음의 상처를 입은 경우

• 주관적인 평가를 지양한다.
• 유아가 자신감을 가질 수 있는 재료를 선택한다.
• 근거 없는 칭찬은 하지 않는다.

발달상의 미숙함이나 표현능력에 대해 자신감이 없는 경우

• 그려주지 않는다.
• 손힘을 기를 수 있게 돕는다.
• 기술을 가르치기보다는 그리고 싶어하는 마음을 자극한다.

경험의 부족으로 표현할 아이디어가 없는 경우

• 다양한 경험을 격려한다.
• 색이나 형태에 관심을 갖도록 격려한다.
• 그림의 재료를 다양하게 제공한다.
• 설명을 강요하지 않는다.

3 현대 유아미술교육이 지향하는 미술교수 방법

유아가 개별적으로 표현할 수 있도록 교육한다.

유아는 각자에게 의미 있는 경험이나 감정을 자기만의 독특한 방법으로 표현하기 때문에, 유아가 다양한 미술 자료를 가지고 개별적으로 표현할 수 있도록 교육해야 한다.

미술활동의 과정과 결과가 균형을 이루도록 교육한다.

- 미술활동에서 과정과 결과는 엄격히 분리할 수 없으며, 과정과 결과 모두에 초점을 맞춰 지도해야 한다.
  - 유아가 미술 과정에 충실하면 자동적으로 좋은 결과물을 얻을 수 있다.

개방적이고 창의적인 표현을 하도록 격려한다.

- 기본적으로 지켜야 하는 규칙(안전한 도구 사용, 정돈하기 등)을 제외하고는 제한을 받지 않고 자유롭게 미술활동에 몰두하여 창의성을 계발할 수 있도록 교육해야 한다.
  - 창의적인 표현의 기회를 박탈하는 지도법이나 미술활동은 배제되어야 한다.
  - 예 점선 따라 그리기, 색칠하기 책 등 교사의 지시에 따라 획일적으로 하는 미술교육은 지양한다.

표현활동과 감상활동의 상호 관계를 강조한다.

사물이나 자연, 작품 등을 바르게 이해하고 음미할 수 있어야 창의적인 표현도 가능하므로, 표현활동과 감상활동을 균형 있게 연계하여 지도해야 한다.

유아의 일상생활과 밀접하게 연결시켜 교육한다.

유아의 미술에는 개인의 삶, 경험이 반영되므로 유아가 일상생활 속에서 미적 요소를 발견하고, 고정된 사고의 틀에서 벗어나 자유롭게 탐색·실험하면서 생각이나 느낌, 경험을 독창적으로 표현할 수 있도록 지도해야 한다.

동기유발이 잘 되도록 하고 유아의 적극적이고 지속적인 참여를 유도한다.

유아의 흥미나 관심을 끌 수 있는 미술 자료와 활동을 제공하고 세심한 격려, 칭찬, 질문을 함으로써, 유아가 계속 자극을 받으면서 미술활동을 지속하도록 돕는다.

통합 활동으로 교육한다.

- 유아는 미술활동을 통하여 단순히 기능만을 습득하는 것이 아니라, 자신의 욕구를 충족시키고 인지적·사회적·창의적 발달을 통합적으로 이루게 된다.
  - 유아를 위한 미술교육은 다른 교과영역과 서로 연결되어 통합적으로 이루어져야 효과적이다.

유아가 성공적인 경험을 많이 하도록 교육환경을 조성한다.

- 유아가 미술활동을 하면서 실패를 두려워하거나 교사나 친구의 평가에 민감해지면 자기 뜻대로 다양한 표현을 시도해 볼 수 없다.
  - 유아가 부담감이나 좌절감을 느끼지 않고 미술활동에 성공적으로 참여할 수 있는 교육환경을 조성해야 한다.

발달에 적합한 미술교육을 해야 한다.

유아의 개별적인 능력과 전체 학급 유아의 전반적인 발달 수준에 따라 미술활동 및 자료, 도구 등의 난이도를 조정하여 교육해야 한다.

다양한 매체·자료를 활용하여 교육한다.

일반적인 미술 자료 이외에 생활용품이나 자연물, 영상 매체 등 여러 자료가 유용하게 활용될 수 있으므로 유아의 흥미, 발달 수준을 고려하여 단계적으로 다양한 자료를 제공한다.

모든 유아를 대상으로 교육한다.

대부분의 유아는 표현의 욕구와 창작의 능력을 가지고 있고, 이러한 능력은 미술활동을 통해 발달·성장해 나갈 수 있으므로 미술교육은 모든 유아를 대상으로 이루어져야 한다.

 참고

유아미술교육 방법에 대한 견해(Isenberg & Jalongo, 2001; Wright, 1991; Schirrmacher, 1998)

유아 중심적 미술교육	교사 주도적 미술교육
• 창의적인 미술 표현이 이루어지기 위해서 유아가 미술활동의 주인이 되어야 한다고 강조한다. 　- 유아가 내면의 욕구에 따라 미술활동의 주제나 자료를 스스로 선택하고, 자신이 생각한 방법으로 자유롭게 표현할 수 있어야 한다.	유아가 제멋대로 미술활동을 하도록 내버려두면 유아의 미술 능력이 절대로 향상되지 않으므로 교사가 주도적으로 지도해야 한다.
과정 중심	결과 중심
• 결과 위주로 무리하게 지도하는 경우 유아의 창의적 표현이 억제될 수 있다. 　- 유아가 미술 주제와 자료를 선택하여 그리기나 만들기를 하는 과정 중에도 여러 경험을 통해 신체적·지적·사회적·창의적 발달을 할 수 있으므로 미술활동의 과정에 초점을 맞추어 지도해야 한다.	• 교사는 유아가 훌륭한 작품을 만들도록 적극 지원해야 한다. 　- 교사의 지원을 통해 작품의 완성도가 높아졌을 때, 유아는 성취감과 함께 자신감을 부여받을 수 있다.
창작 활동	모방 활동
유아가 미술작품을 모방하는 경우, 자신의 생각이나 느낌 또는 내적 욕구를 마음껏 발휘하지 못하고 기계적인 기능만을 습득하게 된다.	유아들은 모방을 통해 작품을 완성하는 기쁨을 맛볼 수 있을 뿐만 아니라 제작 기술을 익힐 수 있다.
표현활동	감상활동
개인의 생각, 감정, 경험을 자유롭게 표현할 수 있어야 한다.	창의적인 표현활동이 이루어지려면 사물의 미적 요소나 주제, 재료 등을 분석하고 음미하는 감상활동이 전제되어야 한다.
통합 활동	단독 활동
미술활동을 다른 교육과 통합하여 교육함으로써 유아의 지식이나 반응의 영역을 확대시킬 수 있다.	통합이 잘못 이루어지면 오히려 구조화된 학습경험을 제공할 가능성이 있다.

UNIT 73 교사의 자질과 역할

1 미술지도교사의 자질

교사의 개인적 자질	**인내심**
	• 유아들이 자신들의 욕구를 자연스럽게 표현할 수 있도록 허용하는 인내심이 필요하다. • 유아들은 일상생활 속에서의 미술적 발견과 표현을 통해 미술적인 성향과 능력을 발달시키게 되므로 유아의 자유로운 표현활동을 인내해주는 자세가 필요하다.
	융통성
	• 유아의 개별적인 발달특성, 흥미와 관심, 요구를 충분히 존중하고 이해해 줄 수 있을 정도의 융통성을 지닌 사람이어야 한다. • 교사가 사전에 유아의 요구 등을 충분히 고려하여 준비한 활동이라도 유아의 흥미와 관심에 미치지 못하거나 전혀 다른 방향으로 흥미와 관심이 전환되기도 하는데, 이럴 때 융통성을 가지고 과감하게 활동을 전환하여 유아에게 새로운 미술경험을 제공할 수 있도록 한다.
	개방성
	• 유아의 다양하고 독창적인 자기표현 욕구를 열린 마음으로 수용할 수 있는 개방적인 사람이어야 하므로 유아의 눈높이에서 개별 유아의 새로운 시도나 독창적인 작업에 대해 적극 수용해 줄 수 있어야 한다. • 질 높은 미술교육의 실천을 위해 외부의 미술교육 전문가 및 단체들과 끊임없이 협조하고 대화하는 개방적인 자세가 필요하다.
	원만한 대인관계
	많은 교사들은 미술에 대한 전문적인 지식을 체계적으로 교육받을 기회가 부족하여 미술활동 진행에 큰 부담을 가지게 되는데, 이때 동료교사들과 원만한 대인관계를 맺고 상호보완적으로 협력활동을 하게 되면 미술지도에 대한 부담을 덜고 미술교육에 대한 전문성을 신장시키는데 큰 도움이 된다.
교사의 전문적 자질	**유아의 미술발달단계에 대한 지식**
	유아의 미술발달단계에 대한 전문적인 지식을 습득하고 있어야 하며, 유아의 발달상황을 지속적으로 평가하면서 유아의 발달을 촉진할 수 있는 미술활동을 제공할 필요가 있다.
	보육·교육과정 및 교수에 대한 지식과 기술
	• 보육·교육과정의 내용범주를 기초로 유아가 자연과 주변사물을 탐색하고 경험하며 느낀 바를 자유롭게 표현해 이를 즐기는 가운데 예술적 감수성과 창의성, 심미감을 기르도록 도울 수 있어야 하며, 이를 위해 유아들에게 무엇을 가르쳐야 하는지에 대한 전문적 지식을 가지고 있어야 한다. • 해당하는 내용과 효율적인 지도방법에 대해 전문적인 지식과 기술을 갖추어야 한다.
	미술을 매개로 한 유아와의 의사소통능력
	• 유아에게 있어 미술이란 자신의 감정을 표출하고 내면세계를 구체화하는 과정이며 의사소통의 수단이므로, 교사는 미술을 매개로 한 유아의 표현을 이해하고 적절하게 반응하며 의사소통할 수 있는 능력을 갖추어야 한다. • 유아가 미술을 매개로 자신의 생각과 느낌을 솔직하게 표현하도록 지도할 수 있어야 한다.

MEMO

2 미술지도교사의 역할 - 이소은 · 권기남(2014)

미술활동 계획자로서의 역할

• 유아의 연령별 발달특성뿐만 아니라 개별 유아의 발달 수준을 함께 고려하면서, 미술재료 및 미술활동 범주 등이 어느 한쪽에 치우치지 않고 다양하고 균형 있게 경험할 수 있도록 계획해야 한다.
• 유아에게 균형 있는 미술경험을 제공하기 위해 활동을 미리 계획하지만, 유아의 관심 · 흥미에 따라 융통성 있게 수정할 수 있다.

미술활동 조직자로서의 역할

• 계획된 미술활동의 목표를 효과적으로 달성하기 위해 활동을 효율적으로 수행할 수 있는 전략을 고안해야 한다.
• 활동조직자로서의 역할을 효율적으로 수행하기 위해 우선적으로 고려해야 할 것으로 *연속성과 *계열성이 있다(Eisner, 1995).

미술활동 중재자로서의 역할

• 현대미술교육에서는 개인의 삶 속에서 학습자 스스로 구성하고 표현하는 미술교육을 강조하는데, 이는 학습자의 지식이 교사의 일방적인 지식전달에 의해 형성되는 것이 아니라 학습자에 의해 자율적으로 구성된다는 구성주의적 관점에 바탕을 두고 있다.
• 이 관점에 따르면 교사는 개별 유아의 실제적인 미적 체험을 중시하며, 그들이 주도적이고 자율적으로 미술학습을 할 수 있도록 조력하는 중재자의 역할을 수행해야 한다.
• 중재자로서의 역할이란 유아가 미술활동을 수행할 때 작업의 진행을 도와주는 단순한 역할이 아니라, 아동 스스로는 해낼 수 없지만 교사의 지원을 받으면 해결할 수 있는 상황에서 다양한 매체나 질문, 경험 등의 기회를 제공하여 유아 스스로가 어떤 작업을 완성시킬 수 있도록 지원해주는 것이다.

미술 환경 구성자로서의 역할

• 미술적 환경은 유아가 그리거나 채색하는 단순한 활동을 넘어 다양하고 자율적인 시도를 가능하게 한다는 점에서 중요한 의미를 지닌다.
• 유아의 일상적인 미적 체험이 미술활동과 자연스럽게 연계될 수 있도록 환경 구성에 주의를 기울여야 하며, 적합한 환경 구성을 통해 유아의 미술활동에 대한 흥미를 유발하고, 미술활동을 지속 혹은 확장시킬 수 있어야 한다.
• 환경 구성에서 특별히 주의를 기울여야 할 것은 미술재료 및 도구에의 접근 용이성과 발달 수준에의 적합성이다.

기록자로서의 역할

• 기록 작업은 미술을 지도하는 교사와 유아 간의 중요한 상호교류의 도구로, 교사는 기록 작업을 통해서 유아가 무엇을 말하려고 하는지 그 의미를 적극적으로 해석할 수 있게 된다.
• 비록 바쁜 일과 중에라도 유아의 작품 사례나 사진, 비디오, 카메라, 일화 기록 등의 다양한 기록방법을 활용한 기록 작업에 소홀해서는 안 된다.
• 아울러 유아의 활동 과정 및 결과물을 대외적으로 널리 홍보할 수 있도록 보기 좋게 전시하는 역할을 잘 수행해야 한다.

*연속성
유아의 미술적 기능이나 통찰력을 좀 더 세련되게 발달 혹은 내면화시킬 수 있을 정도로 미술활동은 충분한 훈련의 시간을 갖고 지속되어야 함을 의미한다.

*계열성
유아의 연령이 높아짐에 따라 활동의 복잡성 수준을 높이는 것으로, 유아가 가진 미술기능의 역량을 고려하여 복잡성의 수준을 적절하게 결정하는 것이 중요하다.

3 미술지도교사의 역할 – 이정욱 · 임수진(2003)

	자신감과 열의
모델/시범자 로서의 역할	• 교사의 자신감 부족은 과정보다 결과물에 중점을 둘 때 나타나지만, 유아의 미술지도에서 중요한 것은 결과물보다 과정이다. • 결과보다 과정 자체를 중시하면, 사물을 자세히 다양한 시각에서 보고 새롭게 생각하도록 이끌게 되며, 이러한 자신의 생각을 자유롭게 표현하는 것을 즐기도록 지도하게 된다. • 교사의 열의는 유아에게 쉽게 전염되므로 열정을 가지고 즐겁게 참여해야 한다.

	미술 재료와 도구의 사용
	• 교사가 미술영역에서 직접 여러 재료나 도구를 조작하는 모습은 유아의 이목을 끌기 쉽고, 유아가 미술영역에 참여하게 만든다. • 말로 설명하는 것보다는 함께 탐색하고 조작하는 과정을 보여주는 것이 바람직하다.

	미술 작업의 과정
모델/시범자 로서의 역할	• 결과물에 대한 모델을 보이는 것이 아니라 과정에 대한 모델을 보이는 것이 중요하다. • 교사는 유아의 활동 진행사항을 잘 관찰하고, 유아의 보조에 맞추어 필요한 모델을 제공해야 한다. 　– 작품을 만들기 시작하는 단계에서는 교사가 모델을 제공하는 것에 매우 주의해야 한다. 　　• 유아는 무엇을 어떻게 할 것인지에 대한 확고한 생각이 없기 때문에 쉽게 다른 사람의 영향을 받으며 그대로 따라하기 쉽다. 　　• 유아가 탐색을 시작하거나 작품을 시작할 때는 시범을 먼저 보이지 말고, 유아가 먼저 시작한 후 유아와 다른 방법으로 탐색하거나 작품을 시작해야 한다. 　– 유아가 작품을 완성하기 전에 교사가 완성한 작품을 보여주지 말아야 한다. 　　• 유아의 수준과 비슷한 정도 또는 조금 더 잘하는 정도로 만들어야 한다. 　　• 유아가 할 수 있는 수준을 넘어선 기술이나 기법의 모델은 유아에게 좌절감을 조장할 수 있으므로 주의해야 한다. • 새로운 기법을 가르치거나 시범을 보일 때에는 해당되는 과정의 부분만을 보여준다. • 교사가 제시하는 결과물을 보면 그대로 따라하는 경향이 있으므로 주의해야 한다.

동기유발자 로서의 역할	• 유아가 자신의 생각, 느낌, 경험들을 시각 언어로 표현하도록 이끌기 위해서는 경험적 동기유발과 심리적 동기유발이 필요하다.

	경험적 동기유발
동기유발자 로서의 역할	• 유아가 생각하고 느끼고 상상할 수 있는 *의미 있는 경험을 하는 것이다. 　– 교사는 유아에게 자신의 일상적인 경험들에 대해 숙고하고 반성적으로 사고할 기회를 제공하여 의미 있는 경험을 형성하도록 돕는다.

＊의미 있는 경험
유아가 빗속을 걸을 때 단지 걷기만 하는 등 수동적인 요소에서 그치는 것이 아니라, 손바닥에 빗방울이 떨어질 때의 느낌은 어떠하며 빗방울이 웅덩이에 떨어질 때 무엇을 볼 수 있는지와 같이 지적인 사고과정을 이끌어 내는 경험을 말한다.

	심리적 동기유발
	• 유아가 미술활동 과정에서 나타나는 어려움이나 모험을 감수할 수 있도록 심리적으로 안정되고 편안하게 느끼는 것이다. 　– 유아는 자신과 자신의 아이디어, 감정 혹은 자신이 만든 작품이 인정받고 존중될 때 심리적으로 안정감과 편안함을 느끼게 되고, 자유롭게 창의적인 표현을 할 수 있다. 　– 재료를 가지고 탐색 및 경험을 하면서 성장할 수 있는 충분한 기회와 시간이 제공되어야 하며, 빨리 그리거나 완성해야 한다는 심리적 압박감을 느끼게 하는 것은 유아의 동기유발을 저해한다. 　– 유아들이 다양한 경험을 통하여 개인적인 경험의 폭을 넓힐 수 있는 기회를 제공하고, 자유롭게 자신을 표현할 수 있도록 심리적인 편안함과 안정감을 주어야 한다.
촉진자로서의 역할	**교육과정 안에서 정기적으로 미술활동을 제공해야 한다.**
	• 교사는 유아에게 미술을 할 수 있는 시간과 공간을 제공하는 사람으로써, 유아가 심미감을 발달시키고 창의적인 자기표현을 할 수 있는 많은 기회를 제공해야 한다. • 매일 미술활동을 할 수 있도록 교육과정을 계획 및 실행해야 한다.
	유아의 발달 수준에 적합한 미술활동을 제공해야 한다.
	• 연령의 일반적인 발달 특성과 개인의 발달 특성이라는 두 차원이 고려되어야 한다. • 일정한 연령 수준의 유아들에게서 기대되는 일반적인 발달 특징이 주된 틀이 되며, 틀 안에서 교사는 유아들이 가지는 독특성과 개인차의 측면을 고려해야 한다.
	개방적인 미술활동을 제공해야 한다.
	• 결과물의 모습이 정해진 것이 아니라, 유아의 미적 의사결정에 따라 다양한 결과가 나타날 수 있는 활동을 제공해야 한다. • 유아 스스로 무엇을 할 것인지, 어떻게 할 것인지, 어떤 결과를 가져올 것인지를 선택하도록 하여 자신의 세계를 창의적으로 표현하도록 돕는다.
	다양한 매체와 방법을 사용하여 새로운 미적 가능성을 탐색해야 한다.
	크레용과 그림물감의 혼합 사용, 종이 오려 붙이기와 함께 색칠하기, 칫솔이나 깃털을 사용한 물감 활동 등 서로 다른 매체와 도구를 혼합해서 사용하고 실험해 보면서 새로운 미적 가능성을 발견할 수 있다.
	좋은 미술작품을 접할 수 있는 기회를 제공해야 한다.
	• 좋은 미술작품을 접하는 것은 유아가 생활 속에서 주변의 아름다움을 지각하고 느끼며, 미적인 것을 이해하도록 이끌게 된다. • 복사본, 엽서, 영상, 미술 관련 책, 인터넷의 미술관 사이트 등을 활용하여 교실 내에서 접할 수 있도록 한다. • 미술관, 박물관의 견학과 지역사회의 미술가, 미술 전공의 학부모 초빙 등의 방법을 사용할 수 있다.
	유아가 자신의 작품에 대하여 이야기할 수 있는 기회를 제공해야 한다.
	• 귀가 전, 자유놀이 시간의 소그룹 활동, 이야기 나누기 시간 등을 활용하여 작품을 설명하거나 작품에 대해 이야기할 수 있는 기회를 제공해야 한다. • 참여한 모든 유아들이 골고루 말할 수 있는 기회를 가지도록 도와주어야 한다.

	유아들의 미술작품을 전시해야 한다.
	• 자신의 작품에 대해 자부심을 느끼고 긍지를 갖게 해준다. • 자부심은 자신의 표현력에 대해 자신감을 갖게 도와준다. • 전시된 다른 유아의 작품을 보면서 미적 감수성과 표현력이 발달될 수 있다. • 유아들의 눈높이에 맞춰 전시하며, 모든 유아들의 작품이 골고루 전시되어야 한다.
반응자로서의 역할	**비언어적 반응**

	• 표정 및 몸짓
	   예 웃는 얼굴, 눈 맞춤, 고개를 끄덕여주는 것
	• 적극적 경청
	   예 유아가 자신의 미술활동에 대해 말할 때 적극적으로 들어주는 것

	언어적 반응

	• 칭찬을 남용하지 말 것
	• 유아가 잘 하고 있는 것을 정확하게 말해줄 것
	   예 '이렇게 물결 모양으로 많이 그리니까 물고기 비늘같이 보이네.'
	• 유아의 작품 속에 나타난 미적 요소, 감각적 특성에 대해 말해줄 것
	   예 '노란색 동그라미를 사용하여 꽃을 그렸구나.', '위와 아래로 그려진 선들을 보니 선생님이 막 움직이는 느낌이 드는구나.'
	• 유아의 미술표현 발달 수준을 고려하여 대화할 것
	   예 끄적거리기 단계의 유아
	     '이게 무엇이니? ➡ '손을 아래, 위로 움직이고 있구나.'
	• 미적 표현을 격려하는 질문을 할 것
	   예 '어떻게 색종이를 울퉁불퉁하게 만들었니?'

교사의 역할(이정욱 외, 2010; Koster, 2001; Schirrmacher, 2002)

❶ 계획자
• 교사는 미술활동을 계획할 때 하루 일과 중 정기적으로 미술활동을 배정하여 유아가 창의적인 표현활동을 할 수 있도록 교육과정을 계획하고 실행하여야 한다.
• 유아의 발달 수준과 흥미 및 생활주제에 적합한 미술활동을 선정하여 주간·월간 교육계획안을 작성해야 한다.
• 교사는 유아의 이전 학습경험과 미술 발달 수준, 도구와 재료를 다루는 능력 및 개별 현재 작업수준 등을 세밀하게 관찰하여 그에 적절한 미술활동을 계획하여야 한다.

❷ 안내자
• 교사는 유아가 심리적으로 안정된 분위기에서 생각과 느낌을 자유롭게 표현하면서 즐겁게 참여할 수 있도록 안내하는 역할을 해야 한다.
• 결과물을 강조하여 지도하기보다는 유아가 미술작업 과정 자체를 즐겁게 할 수 있도록 자유롭게 표현하는 것을 허용하고, 노력과 성취에 대해 인정하며 칭찬·격려해 주는 안내자의 역할을 해야 한다.

❸ 환경제공자
• 교사는 유아의 발달단계에 따라 미술활동을 하기에 적절하고 안전한 물리적인 환경을 제공해 주어야 한다.
• 미술활동에 필요한 다양한 재료, 도구, 활동을 준비하고, 개방적이며 허용적이고 자유로운 미적 분위기를 느낄 수 있는 환경을 조성해 주어야 한다.
• 교사는 상품화된 미술재료 외에 주변의 자연물이나 생활용품, 폐품 등을 준비하여 창의적으로 작품 활동을 할 수 있도록 한다.
• 교사는 자신이 미학적인 모델이 되어 다양한 장르의 예술적 자극을 제공해야 한다.

❹ 촉진자
• 교사는 유아의 미술활동을 관찰하면서 필요에 따라 유아들이 자신의 생각, 느낌, 경험들을 시각 언어로 표현하도록 하기 위해서 경험적 동기유발과 심리적 동기유발을 해야 한다. 경험적 동기유발은 유아가 생각하고 느끼면서 상상할 수 있는 의미 있는 경험을 말하며, 심리적 동기유발은 불안하거나 긴장하지 않고 편안한 분위기에서 자유롭게 창의적인 표현을 할 수 있는 환경을 말한다.
• 교사는 질문과 대화를 통해 유아가 일상생활 속에서 느낀 개인적인 경험 혹은 보거나 들었던 것을 회상하게 하여 미술표현과 미적 반응을 하도록 동기를 유발시킨다.
• 유아의 발달단계나 주제에 적절한 이야기를 들려주거나, 시각적인 매체를 통해 자극하는 것은 표현을 위한 동기유발이 될 수 있다.
• 재료에 대한 충분한 탐색으로 재료의 특성을 이해할 수 있을 때 이를 기초로 창의적인 표현을 할 수 있게 된다.

❺ 평가자
• 미술활동을 통해 자신감, 성취감, 만족감 등을 느끼며, 결과뿐만 아니라 과정의 중요성을 깨닫게 하고, 유아의 작품을 존중해준다.
• 성인의 관점에서 작품의 우열 평가가 아닌 유아의 노력과 성취감을 격려해주어야 한다.
• 재료 사용의 독창성·표현의 아이디어·구성·색의 조화 등을 고려하여 평가하도록 한다.

V 유아미술활동의 요소와 절차

MEMO

UNIT 74 유아미술활동의 요소와 수업 형태

KEYWORD # 미술활동 요소(재료)

1 미술활동 요소

주제	그리거나 만들어야 할 주제
재료	평면이나 입체의 다양한 재료
기법 및 구성	그리기, 자르기, 접기 등의 다양한 기법이나 구성 방법

2 수업의 형태

미술활동 시 주제, 자료, 기법 및 구성의 아이디어를 누가 결정하느냐에 따라 유아미술교육 지도방법은 달라질 수 있다.

| 세 가지 요소를 모두 교사가 결정하는 경우 (주제, 재료, 기법 및 구성 제시) | • 주제, 재료, 기법 및 구성의 아이디어를 교사가 모두 제시하는 미술 수업의 형태로, 유아는 다만 수동적으로 따를 뿐이다.
 − 교사의 계획된 미술 수업 형태로 미술 수업을 구조화하여 만든 수업 형태이다.
• 유아가 꼭 알아야 할 개념을 가르칠 때 적용하는 수업 형태이다.
• 유아의 자발적이고 능동적인 수업 형태가 아니므로 창의성을 기대하기 어렵다.
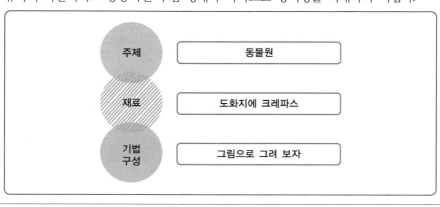 |

두 가지 요소를 교사가 결정하는 경우	• 두 가지 요소를 교사가 부분적으로 결정하는 활동은 대체로 반 구조적인 미술활동으로 구성된다. 　– 미술 수업의 주요 요인 중 두 가지만 제시하고, 나머지 한 가지는 유아가 스스로 생각하여 결정해야 한다. • 교사의 의도적인 방향 결정이 상당히 작용하며, 교육과정의 주제와 관련될 때나 협동 작업을 구성할 때, 연간 미술 프로그램을 진행할 때 적용할 수 있는 수업 형태이다.
한 가지 요소를 교사가 결정하는 경우	• 교사가 한 가지 요소만 제시하고 나머지 요소는 유아가 결정하도록 하는 수업 형태이다. • 이러한 유형은 유아 중심적이고 능동적인 수업 형태로 매우 융통성이 있으나, 교사의 체계적인 계획도 필요하다. 그러나 우연히 확보된 재료를 활용하고 싶어 할 때에도 이러한 유형의 활동이 가능하다.

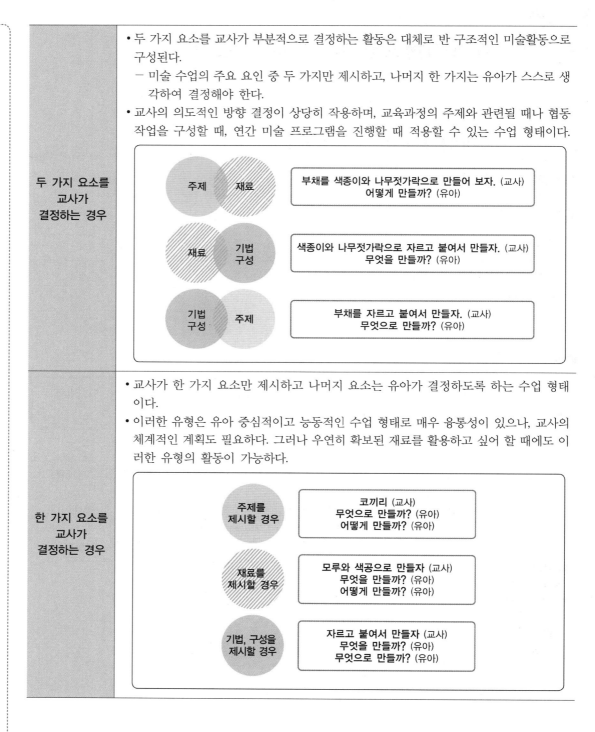

세 가지 요소를 모두 유아가 결정하는 경우	• 유아가 세 가지 요소를 선택하여 진행하는 수업 형태로, 유아 자신의 개인적이고 집단적인 경험을 자발적으로 표상하고자 하는 욕구가 있을 때 그들은 누구의 간섭이나 제시 없이 아이디어를 만들어낸다. • 유아의 능동적이고 자발적인 참여로 창의성을 기대할 수 있는 수업 형태지만, 너무 어린 유아에게는 적용하기가 어렵다. • 교사는 연간 프로그램을 계획할 때 '하루 일과 중 미술 수업 시간'이나 '자유선택활동 시간'을 고려하여 유아가 자유롭게 미술활동을 할 수 있도록 적절한 수업 형태를 선택해야 한다. 예 바깥놀이 시 놀이터 바닥에 있는 돌을 보고 다양한 물고기가 생각나서 어항을 꾸며 물고기를 놓아주거나 다른 것으로 물고기를 만드는 경우이다. 예 '잠자리'에 관한 주제를 다루는 동안 교사는 유아가 이 지식과 경험을 내면화하고 스스로 다양한 활동을 표상할 수 있기를 기대한다. 교사가 '잠자리 만들기'를 의도적으로 제시하지 않아도 유아 스스로가 잠자리를 만들고자 표상하는 것은 교사의 '잠자리'에 대한 수업이 성공적이었다고 할 수 있다. 

UNIT 75 유아미술 수업의 절차

준비단계	수업목표와 내용 및 방법 확인, 준비물 확인, 창작을 위한 발상 단계
전개단계	유아의 창작활동, 교사의 전체 혹은 개별 지도 등이 이루어지는 단계
정리단계	서로의 창작품 감상이나 느낀 점, 혹은 소감에 대해 이야기 나누며 정리하는 단계

1 한국교육개발원(김준일, 1988)

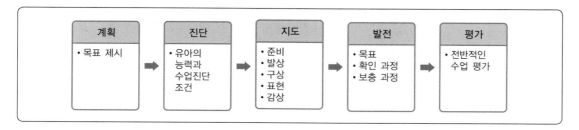

2 제퍼슨(Jefferson)

계획단계	• 자료 준비에서 교수·학습방법 등을 모두 포함한다. • 교사가 계획하고 준비하는 작업과 유아가 계획하는 작업으로 구분한다. 　① 교사가 계획하는 작업 　　- 유아의 발달과정을 이해하고 고려하여 수업 목표를 정하고, 하위 과정들을 정하여 교사가 할 일과 유아가 할 일의 순서와 방법, 재료 등을 계획한다. 　② 유아가 계획하는 작업 　　- 자유선택활동 시간 중 미술영역에 구비되어 있는 다양한 재료와 도구를 보고, 스스로 동기유발하여 개별적 혹은 집단적으로 미술작업을 계획하는 부분이 필요하다.
진단단계	유아에 맞는 발달단계 및 능력, 수업의 난이도, 재료와 용구의 적합성, 유아의 심상 및 적응 표현의 경향과 능력, 작품의 감상 능력과 태도 등을 진단하여 수업을 효과적으로 이끈다.
동기단계	• 교사는 유아가 적극적·창의적인 미술활동을 할 수 있도록 동기를 유발시켜야 한다. 　- 교사는 미술 수업의 주제, 연령, 발달단계 등을 고려하여 동기를 제시하여야 한다. 　- 유아가 발상을 잘 할 수 있도록 언어로써 촉진시키는 '언어적 발상'과 사진, 실물, 모형, 표본 등 눈으로 자극을 주는 '시각적 발상'의 방법을 적절히 제시하여 유아가 자유롭게 발상하도록 돕는다. • 유아의 내적 동기를 충분히 자극하여 유아 스스로 적극적인 미술활동을 할 수 있도록 이끌어야 한다.
지도단계	• 준비, 발상, 구상, 표현, 감상의 과정으로 이루어진다. 　① **준비과정**: 목표를 정하여 목표에 맞는 동기를 부여하도록 준비시킨다. 　② **발상과정**: 유아는 교사가 제시한 주제 참고 자료를 확인하고, 자기 나름대로 창작하고자 하는 주제를 정한다. 　③ **구상과정**: 발상과정에서 떠오르는 생각이나 이미지를 조금 더 구체적으로 구상하는 단계이다. 　④ **표현과정**: 구체적인 구상을 바탕으로 유아가 표현하고 싶었던 것을 스스로 표현해 나가는 과정이다. 　⑤ **감상과정**: 유아가 기존의 작품을 감상하거나 미술수업 시간에 만든 창작품을 감상하는 과정이다. • 교사는 전반적인 지도 관계에서 보조자와 같은 간접적인 역할을 취해야 한다. 　- 미술활동 중 유아에게 지시, 제한, 비판이 아닌 권유, 수용, 고무하는 긍정적인 자극을 제시하며 간접적인 입장을 취해야 한다.

발전단계	• 수업목표 확인 과정과 보충 과정으로 나누어 구분한다.
	① 수업목표 확인 과정
	 – 수업 중 유아의 표현이나 감상 능력 및 태도를 확인하거나, 수업 후에 작품 또는
	  감상문 등을 평가하여 수업 목표가 어떻게 성취되었는지 재확인하는 과정이다.
	② 보충 과정
	 – 수업목표를 성취하고도 지속적인 관심을 가지는 유아나 수업목표에 뒤쳐진 유아
	  가 보충으로 하는 활동 과정이다.
	 – 특별활동이나 방과 후 활동, 분단 및 개별 과제 중에 미술 수업을 보충하여 이루
	  어지는 활동 과정이다.

평가단계	• 전반적인 수업을 평가하는 단계에 해당한다.
	① 유아 자신에 의한 평가
	 – 유아 스스로가 미술 수업에 대한 흥미, 자료의 사용법, 생각이나 느낌의 표현력
	  등을 평가하는 것으로 이러한 평가를 통해 유아 자신의 만족감과 느낌을 알아
	  볼 수 있다.
	② 교사에 의한 개별 평가
	 – 교사가 유아의 미술활동을 평가하는 것을 말한다.
	③ 교사 자신의 평가
	 – 교사 스스로가 미술 수업을 잘 했는지를 평가하는 것이다.

전시단계	• 유아의 완성된 작품을 교실, 복도, 현관, 마당 등에 전시하는 것으로 이러한 전시를 통 해 유아는 성취감과 소속감을 느끼며 미술적 자신감을 가질 수 있다. • 교사는 유아의 창작품을 소중히 다루며, 전체 유아의 작품이 골고루 전시되도록 노력 한다.

UNIT 76 작품 전시 및 보관

1 작품 전시

정의	• 작품 전시는 유아의 미술활동을 가치롭게 인정해 주는 것 중 하나로 표현활동의 결과
	물인 작품을 전시하는 것이다.
	 – 유아들은 자신의 작품이나 또래의 작품활동에 대해 커다란 의미를 부여한다. 이러
	  한 유아들의 생각과 마음을 읽어 주어 교사는 유아 스스로 작품을 전시하거나 보관
	  할 수 있도록 지도해야 한다.

전시방법	• 유아들의 창작품은 교실, 복도, 현관, 마당 등의 공간을 활용하여 전시할 수 있으며, 일 반적으로 미술영역을 비롯한 실내환경 곳곳의 벽면을 전시를 위한 공간으로 활용하는 경우가 많다. 또한 작품을 말릴 수 있는 작품 건조대나 유아의 눈높이에 맞춘 게시판, 입체 작품을 쉽게 전시할 수 있는 교구장 상단 등을 작품 전시 공간으로 활용하기도 한다. 교사는 다양한 공간에 유아들의 창작물이 아름답게 보일 수 있도록 전시방법을 연구해야 한다.

MEMO

	− 벽을 이용하여 걸기 − 천장에 모빌 형태로 매달기 − 탁자, 선반, 진열대, 교구장 위에 세우기 − 연관된 작품들끼리 그루핑(grouping)하여 전시하기 − 계단 손잡이에 전시하기 − 실외의 자연환경 속에 전시하기
전시의 교육적 효과(의의)	유아는 자신의 작품이 전시되어 있는 것을 보며 성취감과 자신감을 느끼므로, 교사는 유아의 작품을 다양한 방법으로 전시해 주어 교육적 효과를 가질 수 있도록 해야 한다. • 유아들의 자기표현을 위한 시도를 긍정적으로 평가해 주고, 유아로 하여금 전시된 자신의 작품을 보고 성취감을 갖게 하며, 교실의 환경 구성에도 활용된다. • 유아는 자신의 전시 작품을 보고 소속감을 느낀다. • 유아에게 자신들의 노력이 소중히 다루어진다는 것을 인식시켜 줄 수 있다. • 유아는 전시된 작품을 보고 이후의 미술수업에 대한 동기가 유발되며 창작의욕이 생긴다. • 자신의 작품과 다른 유아의 작품을 감상할 기회를 가지게 되면서 자기평가를 할 수 있고, 다른 사람과 자신의 생각이나 표현이 서로 다름을 알게 된다. 즉 유아 자신의 작품을 평가할 수 있는 기회뿐만 아니라 자신과 친구들의 표현의 차이를 관찰하는 것을 통해 다른 친구의 생각과 마음을 이해할 수 있게 된다. • 전시방법이나 형태에 따라 새로운 미적 체험을 할 수 있다. • 다른 사람들의 작품을 감상한 후 자신의 미술활동에 자연스럽게 응용할 수 있다. • 부모에게 자녀의 경험에 대해 인식시킴으로써 참여를 독려한다. • 교사들에게 유아를 더 잘 이해할 수 있는 기회를 제공한다.

작품을 전시할
때 고려해야 할
사항(유의점)
	• 교사는 유아의 작품을 소중히 다루어야 한다.
	• 모든 유아의 작품을 골고루 전시하며, 몇몇 잘 된 작품만을 선택하여 전시하는 것은 바람직하지 않다.
	• 유아의 작품에는 유아의 이름을 쓰거나 별도의 이름표를 붙여서 전시한다.
	• 작품에 대한 설명을 담은 설명판을 함께 전시하여 다른 사람들의 작품 감상을 돕는다.
	• 유아들의 요구를 존중하여야 한다(예 자신의 작품이 전시되기를 원하거나, 곧바로 집으로 가지고 가기를 원하는 경우 반영해준다).
	• 유아가 감상하기에 적절한 위치와 높이에 전시한다.
	  − 성인의 눈높이가 아닌 유아의 눈높이에 맞춰 작품을 전시하여 유아들이 작품을 감상하기 편하도록 한다.
	  − 벽면의 게시판을 유아의 눈높이를 고려하여 부착하고, 기준점을 몰딩처리하거나 나무 판넬을 부착하는 것도 한 방법이 될 수 있다
	• 전시 장소는 벽면, 게시판이나 전시대뿐만 아니라 복도, 화장실, 실외 공간, 천장, 창문, 문, 바닥, 계단, 커다란 상자, 가리개, 이젤 등 다양한 장소를 이용할 수 있다.
	  − 창문을 활용하여 전시할 경우에는 채광을 조절하여 전시의 효과를 부각시킬 수 있다.
	    예 투명한 OHP필름을 부착하여 바깥 풍경과 어회리도록 하거나, 한지를 이용한 작품을 부착하여 햇빛이 비춰질 때의 색감과 아름다운 분위기를 제공할 수 있다.
	  − 작품의 종류 및 특성에 따라 전시 공간을 달리하되, 만약 전시물이 과학에 대한 내용이라면 과학영역에 전시한다.

MEMO

- 교사는 유아의 작품을 전시할 때 위치나 방향을 다르게 하여 골고루 전시해 주어야 한다.
- 작품은 정기적으로 교환해 주어 환경에 변화를 준다.
  - 작품은 유아의 흥미와 생활주제 등을 고려하여 주기적으로 교체한다.
  - 또한 입학 첫날부터 교실의 모든 공간을 꽉 채운 전시를 하기보다는 공간을 비워 두고 유아의 작품으로 채워질 것이라는 기대감을 주는 것이 좋다.
  - 생활주제가 바뀌어 작품을 교체할 경우에도 모든 작품을 한 번에 철수할 필요는 없지만, 교실이 전시물로 꽉 차 있는 것보다는 비어 있는 공간을 보여주는 것도 좋다.
- 유아의 그림을 전시할 때 작품이 돋보일 수 있도록 교사가 미리 전체적인 배경을 준비한 후 유아의 그림을 적절하게 배치할 수 있다. 또한 유아의 그림에 테두리를 해준다거나 액자 등 배경을 준비하여 작품의 미적 특성을 살려서 전시할 수 있다.
  - 유아의 작품에 적절한 색의 배지를 덧대어 작품을 돋보이도록 할 수 있다. 배지의 색은 작품의 색과 어울리되, 작품이 돋보이는 색을 선택한다. 또한 한 가지 색을 사용하여 통일감을 주도록 한다.
  - 배지 대신 띠 골판지를 테두리에 붙이거나 액자틀을 활용할 수도 있다.
- 작품의 특성을 살려 전시 효과를 극대화시킬 수 있는 방법을 모색한다.
  - 그림 뒤에 색도화지, 골판지로 틀을 만들어 전시하고, 상자나 병에 평면 그림을 붙여 탑처럼 쌓아서 전시하거나, 이젤 등을 이용하여 입체적 전시효과를 낸다.
- 작품은 유아 개인 작품을 전시할 수도 있고, 여러 유아의 작품을 모아서 하나의 주제로 꾸밀 수 있다.
- 교사는 전시된 작품을 가지고 감상 수업과 연계하여, 보다 많은 교육적 효과를 얻기 위해 노력해야 한다.
- 교실 내 여유 공간이 충분하다면 별도로 책상을 배치하여 입체 작품을 전시할 수 있으며, 사물함 위, 창문 틀 등 다양한 장소에도 입체 작품을 전시할 수 있다.
- 부모님이나 다른 학급의 유아를 초청하는 미술 전시회를 개최한다.
  - 작품 전시뿐만 아니라 유아와 함께 작품을 만들어보는 시연 코너를 마련한다.
  - 유아들의 작품이나 활동 과정을 담은 슬라이드 쇼, 전문가 초빙 등 다양한 활동으로 계획한다.
  - 미술 전시회를 개최할 때에는 교사와 유아가 함께 의논하여 전시 방법을 결정한다.
  - 포스터와 초청장을 제작하고, 필요에 따라 팸플릿을 만들 수 있다.

유의점
- 대부분의 유아교육기관에서는 게시판에 유아의 작품을 전시하도록 하고 있지만, 일부 유아교육기관은 교사의 작품(환경판)으로 채우기도 한다.
  - 교사의 작품으로 채워진 게시판은 유아의 흥미를 불러일으키지 못함은 물론, 미술활동에 대한 자신감을 저하시킬 수 있다. 따라서 전시공간은 유아의 작품이 주가 되어야 한다.
- 입체 작품을 전시할 때에는 작품의 크기, 무게를 고려하여 안전하게 전시하도록 한다. 곡식, 마카로니, 스팽글, 나무열매 등 입체적인 재료를 부착하여 만든 반입체 작품의 경우에는 재료가 떨어지지 않도록 작품에 접착 스프레이를 뿌려 고정시킨다.
- 실외 공간에 작품을 전시할 경우에는 날씨에 따라 작품이 손상되지 않도록 유의한다. 햇빛이 잘 드는 곳에 전시할 경우에는 햇빛에 의해 작품이 망가지지 않도록 자주 교체해주며, 세면기 등 물과 가까운 곳에 전시할 때에는 작품에 물이 닿지 않도록 전시한다.
- 유아들이 많이 왕래하는 곳에 전시할 때에는 손으로 만졌을 때 작품이 훼손되지 않는지를 고려하고 바닥에 떨어져 훼손되지 않게 고정시키도록 한다. 자석을 이용하여 게시하거나, 벽면에 투명 아스테이트지를 부착한 후 비닐테이프를 이용해 작품을 게시하여 벽에 테이프 자국이 남지 않도록 한다.
- 한정된 공간에 지나치게 많이 전시할 경우 작품에 집중할 수 없고 혼란을 야기하므로, 전시 공간의 크기를 고려하여 작품의 수를 조절한다. 또한 벽의 한 면에 한 가지 주제의 작품을 게시하여 통일감을 준다.

2 작품 보관 - 아이젠버그 & 잘롱고(Isenberg & Jalongo, 2005)

정의	• 유아 개개인의 발달 상황을 분석하기 위해 기관에서 미술작품을 보관하고 정리하는 것을 말한다. - 유아의 표현활동 결과물은 유아 개개인의 발달 상황을 이해하는 자료가 되므로 작품을 보관할 때에는 다음과 같이 유의해야 한다.
보관 방법	• 작품이 손상되지 않도록 조심해서 다룬다. • 모든 작품에는 유아의 이름, 작품의 제목, 완성한 날짜를 기록하여 유아의 개인 사물함에 보관한다. • 그림이나 물감 칠하기 등의 평면 작품은 개인별로 모아서 사물함에 보관하며 포트폴리오로 사용한다. • 영아의 미술활동은 탐색활동으로 끝나는 경우도 있는데, 이런 경우는 영아가 활동하는 과정을 사진으로 찍어 보관할 수 있으며, 활동 과정에서 작품에 대한 설명이나 재미있고 특이한 사항은 작품의 하단에 글로 적어둔다. • 만들기(입체 구성물)와 같은 부피가 있는 작품은 사진을 찍어 보관하는 것이 좋다. • 모든 작품을 계속 보관하기 어려우므로 작품이 모아지면 정기적으로 유아의 가정에 보낸다. 이때 교사는 유아의 작품에 대한 종합적인 의견이나 발달 상황을 적어서 가정으로 송부한다.

UNIT 77 유아미술 평가

1 평가의 필요성

① 유아의 미술 능력의 발달 및 성장 정도를 파악하기 위해 필요하다.
② 미술활동의 목표가 제대로 성취되었는지를 검증하기 위해 필요하다.
③ 부모에게 유아의 미술 발달상황에 대한 객관적 정보를 제공하기 위해 필요하다.

2 평가의 내용

바네스 (Barnes, 1987)	• 미술활동의 과정에 대한 평가 • 다양한 미술도구 및 재료를 적절히 사용하는 능력에 대한 평가 • 매체 사용능력에 대한 평가 • 대상에 대한 변별력과 분석력에 대한 평가 • 유아의 개별적 발달 수준에 대한 평가

허버홀츠 (Herberholz)	• 유아가 미술재료를 다루는 기술에 대한 평가 　(예) ○○는 집 가까이까지 배경색을 칠했구나. 　(예) ○○는 점토 코끼리의 몸에 다리를 붙일 때 매우 조심스럽게 하였구나. • 유아의 작품 속에 미술적 요소 및 원리가 어떻게 사용되었는가에 대한 평가 　(예) 오렌지색의 태양과 초록색의 바다가 좋은 대조를 이루고 있구나. 　(예) 반복적으로 그려진 뭉게구름의 모양에서 리듬감이 느껴지는구나. • 유아의 작품 속에 담긴 감정 및 정서에 대한 평가 　(예) 그림 속에 따뜻한 색이 많아 행복한 느낌이 드는구나. 　(예) 어둡고 차가운 색깔과 요동치는 선의 모양에서 폭풍우가 휘몰아치던 밤이 생각나게 하는구나. • 유아의 작품 속에 나타난 독창성이나 상상력 등에 대한 평가 　(예) 콜라주에서 새를 찢어진 티슈 조각으로 표현한 것이 아주 새롭구나. 　(예) ○○가 그린 집은 다른 친구들이 그린 집과 다르구나.
슈마허 (Schirrmacher, 1988)	• 신체적 발달영역에 대한 평가 　− 작품 제작 시 대·소근육을 통제할 수 있는가? 　− 미술도구나 재료들을 적절하게 사용할 수 있는가? 　− 미술활동을 완성하는가? • 사회성 발달영역에 대한 평가 　− 다른 유아와 협력할 줄 아는가? 　− 다른 유아의 아이디어나 스타일을 인정하는가? • 정서적 발달영역에 대한 평가 　− 미술활동에서 자신의 실수나 성공적이지 못한 시도를 인정하는가? 　− 미술에 대한 자신감과 자기 확신이 있는가? 　− 미술작품을 통해 자신의 느낌이나 기분을 표현하는가? 　− 자신에게 중요한 대상을 생략하거나 왜곡 또는 과장하는가? • 인지적 발달영역, 즉 미술의 가치 이해에 대한 평가 　− 자신의 작품에 대해 제목을 붙이고 설명할 수 있는가? 　− 다른 사람이 알기 쉽게 객관적으로 표현하는가? 　− 작품 속에 자신의 중요한 사람·장소·사건·경험에 대한 이해를 반영하는가? • 창의성 발달영역에 대한 평가 　− 다양한 매체를 사용하여 탐색하는가? 　− 여러 가지 매체나 자료 등을 창의적으로 조직하는가? 　− 독창성이나 상상력을 작품에 반영하는가? 개인적으로 독특한 미적 진술을 하는가? • 미학적 발달영역에 대한 평가 　− 주변 환경과 자연에 민감하게 반응하는가? 　− 작품을 만드는 과정을 즐기는가? 　− 다양한 스타일의 예술작품을 감상할 수 있는가? 　− 자연이나 주변 환경, 자신 및 타인의 작품에서 미적 요소들을 사용하여 감상하는가? • 개인적 선호도에 대한 평가 　− 2차원 활동(그리기, 찍어내기, 콜라주 등)과 3차원 활동(조각, 점토, 모빌 등) 가운데 　　특히 자신이 좋아하는 활동을 선택했는가?

3 평가 방법

관찰법	관찰은 유아를 이해하고 평가하기 위한 기초적인 방법 중 하나로, 미술활동 프로그램을 진행하는 동안 관찰자가 관찰 대상인 아동을 관찰하는 것을 의미한다.	
	관찰의 주요내용	• 유아 개인이 활동을 좋아하는가? • 자신감을 갖고 활동에 참여했는가? • 유아 개인의 신체·인지·정서·사회·창의성 발달 수준은 어떠한가? • 활동이 유아에게 적합했는가? • 어떤 재료와 도구를 사용했는가? • 어떤 친구들과 같이 작업했는가?
포트폴리오	• 유아 자신이 만든 작품을 체계적으로 정리한 작품집을 이용한 평가방식이다. • 유아는 포트폴리오를 통해 자신의 변화 과정과 강점 및 약점, 잠재가능성 등을 스스로 인식할 수 있으며, 교사는 유아의 미술 표현능력 및 작품의 질의 향상 정도를 쉽게 파악할 수 있다.	
집단비평법	• 아이스너가 제시한 평가의 한 방법으로, 학급 전체 유아의 작품을 전시하여 작품을 설명하고 난 후, 학급 친구들에게 작품에 대한 반응을 알아보는 평가방법이다. • 학급 내 모든 아동의 작품이 비평대에 오르고 반드시 비평에 참여해야 하기 때문에 어떤 작품이 불공정하거나 예의 없게 비평될 가능성이 줄어든다는 점이 특징이다.	
자기평가법	• 미술활동에 대한 느낌이나 소감, 좋았던 점 등 교사가 제시하는 다양한 질문에 대해 유아가 직접 체크하는 것이다. • 읽기와 쓰기 능력이 부족한 유아를 대상으로 자기평가법을 활용할 경우 일반적으로 교사가 구두로 질문한 내용에 대해 얼굴표정(웃는 얼굴, 무표정한 얼굴, 찡그린 얼굴 등)을 이용한 평가표에 체크하게 한다. • 개방형 질문의 경우에는 유아가 대답한 내용을 그대로 기록한다.	
	자기평가 항목의 예	• 오늘 작업이 어땠니? (느낌이나 소감) • 오늘 작업을 열심히 했니? • 오늘 작업에서 무엇이 좋았니? • 오늘 작업에서 무엇이 어려웠니? • 혼자서도 잘할 수 있었니? • 도움이 필요할 때 선생님이 잘 도와주셨니? • 사용할 재료나 도구가 충분했니? • 다음에 하고 싶은 작업은 무엇이니?

목표의 유형 및 평가 - 아이스너

❶ 견해

질적 탐구 강조	아이스너는 질적 탐구의 방법으로 '교육적 감식안'과 '교육 비평'이라는 방법을 제안하였다.
교육과정 개발의 선구자는 교사	예술적 접근에서는 교육과정과 관련된 중요한 의사결정의 대부분이 학생들의 학습경험을 관찰하는 교사에 의해 이루어져야 한다고 주장하였다.
예술 교과의 중요성 강조	• 학교 밖에서는 답이 분명치 않은 많은 문제들과 부딪히게 되는데, 이러한 문제의 해결을 위해서는 여러 가지 대안들의 미묘한 차이를 질적으로 판단할 수 있는 능력이 있어야 한다. • 질적인 판단력은 우뇌 영역에 속하며, 음악, 미술과 같은 예술 교과를 통해 더 잘 배양된다.
표출목표의 중시	타일러의 행동목표에 대한 보완으로서 수업 과정과 그 후에 드러나는 표출목표를 강하게 주장한다.
영 교육과정 존재 지적	대표적인 교육과정학 저서에서 모든 학교에는 공식적 교육과정, 잠재적 교육과정, 그리고 영 교육과정 등 세 가지 교육과정이 존재한다고 지적한다.

❷ 교육적 감식안과 교육비평 제안

교육적 감식안	• 학생들의 성취 형태를 평가하는 일을 오랫동안 주의 깊게 경험한 사람은 학생들의 성취 형태 사이의 미묘한 차이를 감지할 수 있게 되는데 이를 교육적 감식안이라고 한다. • 교육적 감식안은 미묘한 질의 차이를 인식할 수 있는 '감상기술'이므로 '개인적'인 성격이 강하다.
교육 비평	• 교사들 자신이 느끼는 미묘한 질의 차이를 학생들과 학부모들도 볼 수 있도록 언어로 표현한다면 이 언어적 표현이 '교육 비평'이 된다. • 교육적 감식안이 개인적인 성격이 강한 반면, 교육 비평은 남에게 전달할 수 있는 기술이므로 '공적인' 성격이 강하다.

❸ 타일러의 행동목표에 대한 견해

수업 시작 전 행동목표 진술은 불가능	수업 중에 새로운 목표가 발생할 수 있으므로 수업이 끝난 후 학생들에게 나타날 수 있는 '모든' 것을 수업을 시작하기 전에 미리 행동목표의 형태로 구체화하여 진술하는 것은 불가능하다.
예술영역은 행동목표 진술이 불가능	예술영역에서는 학생들이 수업 후에 나타내 보여야 할 행동이나 조작을 아주 상세하게 구체화할 수 없으며, 이는 바람직하지도 않다.
행동목표는 평가기준으로 부적합	학교에서 강조하는 호기심, 창조성, 독창성 등은 어떠한 기준을 적용하여 학생들에게 길러졌는지 측정할 수 있는 것이 아니므로, 행동목표를 이러한 특성의 측정 기준으로 사용할 수 없다.
교육목표를 교육 내용의 선정과 조직 전에 명시하는 것은 옳지 않음	학교에서 많은 교사들이 교육적으로 유익하리라고 생각되는 활동을 선정하여 학생들에게 적용해 보고, 그 결과를 토대로 하여 활동의 목표와 결과를 확인하는 식으로 수업을 진행한다는 점에서도 드러나듯이 교육 내용을 선정하고 조직하기 전에 교육목표를 명시하는 것은 옳지 않다.

④ 아이스너가 제안하는 목표의 유형 및 평가

종류	특징	평가방식
행동 목표	• 결과지향적 관점이다. • 학생의 입장에서 진술한다. • 행동용어를 사용한다. • 정답이 미리 정해져 있다.	• 양적 평가 • 결과의 평가 • 준거지향검사 사용
문제해결 목표	• 결과지향적 관점이다. • 주어진 과제를 해결하기 위해 해법을 찾는다. • 일정한 조건 내에서 문제의 해결책을 발견한다. • 정답이 정해져 있지 않다.	• 질적 평가 • 결과 및 과정의 평가 • 교육적 감식안 사용
표현적 결과	• 과정지향적 관점이다. • 목표 대상이 되는 내용이나 활동에 대한 상황과 과정을 포괄적으로 진술하는 것을 추구한다. • 사전에 범주화된 답조차도 가정하지 않기 때문에 상대적으로 활동에 관심을 집중시키는 것이 가능함을 의미한다. • 교사와 학생의 주도성과 자발성을 강조한다. • 활동의 목표가 사전에 정해지지 않아 활동 도중 형성이 가능하다. • 표현적 결과는 사전에 규정되거나 의도된 것이 아닌 어떤 활동을 하는 도중이나 종료한 후에 얻게 된다. • 조건과 정답이 없다.	• 질적 평가 • 결과 및 과정의 평가 • 교육적 감식안 사용

유아미술감상 지도법

UNIT 78 **펠드만(Feldman, 1970)**

KEYWORD # 펠드만의 감상 발달단계(서술, 분석, 평가)

1 기본 관점

- 펠드만의 단계적 미술감상방법은 미술감상 교육을 체계적이고도 단계적으로 이론화했다는 점에서 높이 평가되기도 하나, 미술작품을 지나치게 형식주의적 관점에서 바라본다는 것으로 인해 많은 도전을 받고 있기도 하다.
  - 즉 작품이 지니는 의미와 가치탐구를 경시하고 형식적인 토대만을 강조함으로써 감상의 주체자인 학습자 개인별 감상의 다양성을 무시하는 오류를 범했으며, 객관적이고도 보편적 가치를 학습자가 무조건 수용하도록 강요한다는 것으로 인해서 일방적인 미술감상 교육이 될 수 있는 한계를 가지는 것으로 지적된다.

2 감상 발달단계

	자세히 관찰하고 느낌 이야기하기

서술하기	• 미술작품을 주의 깊게 살펴본 후, 유아가 작품 속에서 본 것, 이 미술작품에 대해 아는 것, 알아본 것들을 모두 나열하게 하는 것으로 펠드만은 이 단계에서 객관적인 서술만을 요구하였다.
	  - 이 단계에서는 표현된 형태나 색상, 기법 등과 같이 단지 '작품 속에서 무엇이 표현되어 있는가'에 대한 객관적 설명에 충실할 뿐, 작품에 대한 개인의 주관적 반응(생각이나 느낌)이나 결론, 평가 등은 보류해야 한다.
	  - '지금 보고 있는 미술작품이 그림인지 조각인지'와 그림이라면 '크레용으로 그렸는지' 아니면 '물감으로 그렸는지'와 같은 재료를 말할 수 있으며, '화가가 아이들이 공놀이하는 것을 그렸는지', '사람의 얼굴을 그린 것인지', '과일을 그린 것인지'에 대해서도 말할 수 있다. '붓으로 쑤욱 그렸다든지', '점을 찍듯이 그렸다든지', '판으로 찍어낸 그림이라든지' 등 그림 기법에 대해서도 이야기할 수 있다.
	 예 "그림을 1분 동안 자세히 본 뒤, 모두 눈을 감고 무엇을 보았는지 이야기 해보자."
	  ➡ 유아들이 작품을 관심 있게 자세히 이야기하도록 도울 수 있다.
	 예 "그림 속에서 본 것을 모두 이야기해 보자. 처음에는 잘 안 보였지만 자세히 보니까 보이는 것에는 무엇이 있니?", "무엇을 보고 있나요?"

	• 미술작품에서 객관적으로 알 수 있는 것들을 기록하여 목록으로 만드는 단계이다. 　－ 작품의 제목, 연도, 작가, 재료, 기법, 표현된 형태 등 객관적으로 알 수 있는 것들에 대해서 묘사하고 이를 기록하여 목록으로 만든다. 　－ 목록을 만드는 이유는 작품의 시각적인 요소들의 특징을 빠짐없이 관찰하기 위함이며, 서술하는 요소들의 가치를 객관적으로 보고 가치판단을 뒤로 미루기 위함이다. 　－ 펠드만은 서술의 단계에서 가치를 포함한다면 마지막 평가의 단계에서 감상자의 주장을 정당화하기 위한 서술이 되므로 객관적이지 못하게 될 것이라고 보았다. 　　예 '이 그림이 언제 어디서 누구에 의해 그려졌는지', '어느 미술관에 소장되어 있는지'에 대해 서술할 수 있다.
분석하기	**미술의 요소 및 원리 이야기하기** • 작품 속에서 각각의 형태들이 어떻게 상호작용하는가를 분석하여 기술하는 단계이다. 작품 속 미술의 요소와 원리가 서로 어떻게 연관을 맺으며 그림에 적용되었는지를 깊이 생각하고 분석적으로 살펴보며 이야기한다. 　－ 즉 미술의 요소/원리 중 어떤 요소/원리를 그림에 어떻게 적용했는지 좀 더 전문적으로 이야기 해보는 것이다. 　　예 "눈으로 이 선을 따라가 보자." 　　예 "손가락으로 이 선이 어떻게 움직이는지 따라가 보자." 　　예 "물건들은 화면에 어떻게 구성되어 있니?" • 작품에서 볼 수 있는 선, 형, 색과 같은 조형의 요소와 시각적으로 드러나는 구성요소의 특징을 분석하는 단계라는 것이 전 단계인 서술하기와 차이가 있다. 　－ 크기 관계에 대한 분석에서는 큰 것과 작은 것, 비슷한 크기를 가진 것들의 관련성을 살펴보며, 색상 관계에 대한 분석에서는 결합된 형태들의 색상이 비슷한지 다른지, 특별히 명도 차이를 보이는 색상은 무엇인지 등을 살펴본다. 　　예 "사람에 비해 축구공을 너무 크게 그렸어요.", "이쪽 하늘을 너무 어둡게 색칠했어요."와 같은 상호작용이 이 단계에서 이루어질 수 있다. 　－ 서술했던 요소들의 상호관계를 파악하는 것으로, 분석을 통해 다음 단계인 해석과 평가에 관한 증거들을 수집한다. 이렇게 형식주의적 관점을 바탕으로 한 분석은 유아의 시지각 발달에 도움을 준다.
해석하기	**작품 내용에 대해 이야기하기** • 가장 어렵고도 가장 창의적인 과정으로, 분석 단계에서 관찰했던 모든 것들이 무엇을 의미하는가를 결정하는 단계이다. • 해석은 형식적 분석을 바탕으로 작가가 작품에 담고 있는 생각이나 의미를 찾는 과정으로 작품을 통해서 작가가 무엇을 표현하려고 하는가를 작가의 입장에서 생각해보는 것이라 할 수 있다. 　－ 좋은 해석은 객관적이어야 하고, 남들도 동의할 수 있는 충분한 근거나 증거를 갖고 있어야 한다. 　－ 이 단계에서는 "아이들이 모두 체육복을 입고 공놀이를 하고, 한 아저씨가 호루라기를 불고 있는 것으로 보아 체육 시간에 공놀이를 하는 것을 표현한 것 같다."와 같은 상호작용이 이루어질 수 있다.

	ⓔ "네가 이곳에 있다면 무슨 소리가 들릴 것 같니?"
	ⓔ "이 그림의 바로 전에는 무슨 일이 일어났을까?"
	ⓔ "이 그림 속의 부인은 어디에서 살까? 왜 그렇게 생각하니?"
	➡ 왜 그런 느낌이나 생각이 들었는지 이전 단계에서 토론했던 특성과 관련지어 설명하도록 격려한다.
	내면화와 애호하기
판단하기 (평가하기)	• 앞선 서술, 분석, 해석 단계에서 찾아낸 객관적 근거들을 가지고 작품의 가치를 판단하는 단계로서, 작품의 작가와 사회적·문화적 맥락을 연결지어 내면화하는 것을 중요하게 여긴다. '이 단계에서 유아는 이 작품이 잘 되었다고 생각하는가? 이 작품의 어떤 점이 마음에 드는가? 이 작품을 갖고 싶은가?' 등의 질문에 대해 대답할 수 있어야 한다. – 예를 들어, 이 단계에서 유아는 "이 그림은 참 잘 그린 것 같다.", "이 그림은 공을 좀 더 작게 그리고 아이들을 더 크게 그렸다면 공놀이하는 모습이 더 신나게 보였을 것 같다."와 같은 상호작용을 할 수 있다. • 자신의 판단에 대한 근거를 제시하도록 돕는 것이 중요하다. ⓔ "이 그림이 어떤 점에서 좋니?" ⓔ "싫어서 바꾸고 싶은 것은 어떤 것이니?" ⓔ "이 그림을 어느 곳에 걸어 두고 싶니?" ⓔ "작품에 대해 어떻게 생각하니? 그 이유는 무엇이니?" ➡ 유아들이 감상한 내용을 사용하여 결론을 내리도록 도운다. • 교사는 되도록 미술적 관점과 지식을 활용해 유아들이 이해할 수 있는 단어로 작품에 대해 이야기를 하는 것이 바람직함을 알고 행동해야 한다. – 유아들은 교사의 도움으로 미술작품을 감상하는 기초적 태도를 갖게 될 것이고, 성장해 가면서 그들의 삶이 좀 더 미적으로 향상될 수 있을 것이다. • 작품과 유사한 유형을 구분해내거나, 그 작품이 다른 유사 작품과 구분될 만한 독특한 특질을 지니고 있는지, 작품 제작의 욕구나 견해를 알아보는 단계이다.

UNIT 79 앤더슨(Anderson, 1997; Anderson & Milbrandt, 2005)

KEYWORD # 앤더슨의 미술감상단계(서술, 묘사)

기본 관점	앤더슨은 그동안의 미술감상 교육에 대한 여러 학자들의 견해를 종합하여 미술감상은 반응/인상, 서술/묘사, 해석, 평가의 네 가지 과정으로 이루어져야 한다고 제시하였다.
반응/인상	• 반응이란 유아가 미술작품을 처음 대했을 때의 순간적인 생각과 감정이며 판단이다. – 이는 일종의 작품에 대한 첫인상으로 호감 혹은 비호감을 가짐으로써 호기심이 유발되어 더 깊이 고찰하게 하는 중요한 촉매제 역할을 하는 것이다. ⓔ "이 작품을 보았을 때 어떤 느낌이 드는가?" ⓔ "이 작품을 보고 무엇이 떠오르는가?"

서술/묘사	• 첫인상에서 관심을 갖게 된 작품의 시각적 형태에 대해 좀 더 주의 깊게 관찰하면서 서술하고 묘사하는 것으로, 이는 작품의 의미와 의의를 찾게 되는 근거자료들이 된다.
	• 이 단계에서는 형태, 모양, 크기, 색채, 재료, 기법 등의 미적 형태 묘사뿐만 아니라 구성요소들 간의 전체적이고 유기적 관계에 대해서도 살펴보게 된다.
	  － 이 단계에서 제시될 수 있는 주요 질문은 작품의 구조적 형태, 기교적 특성 및 디자인적 요소들의 특징과 관계 등에 대한 것들이다.
	    ⓔ "무슨 형태와 색, 질감, 촉감을 보이는가?"
	    ⓔ "이 작품은 어떤 기술과 기법을 사용하였는가?"
	    ⓔ "어떤 디자인적 요소(리듬, 조화, 균형, 비례, 강조 등)가 움직임이나 율동감을 만드는가?"
	• 작가의 이름과 작가에 대한 설명 및 작품이 만들어진 시기의 역사적 상황 등을 통해 작품을 둘러싼 내재적 환경을 이해할 수도 있다.
	  ⓔ "이 작품의 제목은 무엇인가?"
	  ⓔ "작가는 누구인가?"
	  ⓔ "이 작품에 영향을 끼친 시대적 상황은 무엇인가?"

해석	• 전 단계인 서술/묘사에서 분석을 통해 나온 많은 증거자료들을 토대로 작품의 의미에 대한 주관적인 해석을 하는 단계이다. • 이 단계는 미술감상에서 작품을 주의 깊게 관찰하고 여러 가지 사고를 종합하는 가장 중요한 과정으로, "작품이 궁극적으로 무엇을 의미한다고 생각하는가?", "내가 작가라면 이 작품에 어떤 제목을 붙이겠는가?" 등의 질문에 대한 해답을 찾고자 노력한다.
평가	• 작품에 대한 이해와 해석을 통해 작품의 가치에 대한 평가를 내리게 된다. • 이 마지막의 가치판단을 통해 유아는 미술작품이 자신에게 중요한지 아닌지를 판단하게 되고, 미술과 미술작품에 지속적으로 더 많은 관심을 가지게 될 것인가 아닌가를 결정하게 된다고 볼 수 있다. • 앤더슨에 의하면 이 평가는 유아 개인의 삶과 경험, 입장에 따라 얼마든지 달라질 수 있는 것으로 보았으며, 어떠한 평가를 내리든 이를 설명할 수 있는 타당한 증거가 뒷받침된다면 성공적인 평가가 될 수 있다고 보았다. － 그래서 같은 작품을 가지고도 형식주의적 관점에 초점을 맞출 경우 색채와 구성 등의 단순성에 주목하여 관찰한 것을 토대로 평가하겠지만, 표현주의적 관점에서는 작가가 표현하고자 하는 내면세계와 감정에, 실용주의적 관점에서는 작품이 어떤 의미에서 중요한지 아닌지에 초점을 맞추어 관찰하고 평가할 수 있을 것으로 보았다.

MEMO

UNIT 80 아레나스(Arenas, A)

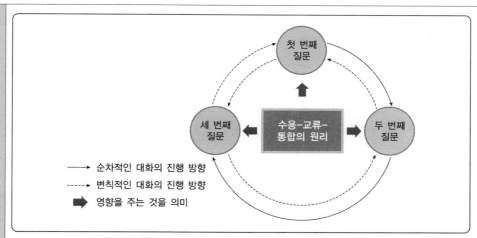

개념

• 미술작품에 대한 지식과 해석을 일방적으로 전수하는 것이 아니라 감상자와의 대화를 통해 교류함으로써 감상자가 스스로 작품의 지식과 의미를 구성해나가는 감상법을 말한다. 이를 통해 감상자는 작품을 스스로 볼 수 있는 능력을 길러나갈 수 있다.

• 주어진 과제가 아니라 감상자 스스로 발견하고 관심을 가진 과제를 수업의 참여자 모두가 함께 생각하여 공동으로 지식을 구성해 나가는 수업방식을 의미한다.

• [기본 전제]
  – 예술 작품의 의미는 작품 속에 담겨 있다는 의미 내재적 작품관을 부정하고, 그 의미는 고정된 것이 아니라 작품과 감상자의 상호작용에 의해서 생산되는 것이라고 본다. 즉, 작품의 의미와 가치는 작품과 수용자의 관계에서 감상자가 작품을 보는 행위를 통해 생성·창출되는 것이라고 본다.
  – 수용자가 생성한 작품의 해석과 가치는 독자적인 성질과 가치를 지닌다고 생각하였기 때문에 작가의 의도와 감상자의 해석의 일치 여부는 크게 중요하지 않다.

> 🔖 펠드만의 감상방법 vs 아레나스의 대화중심 감상법
> • 펠드만 : 단계에 따라 교사의 발문, 학습자의 대답으로 이루어지는 지식 위주의 감상학습
> • 아레나스 : 대화의 역동성과 연결성, 학습자의 역할을 고려한 감상자 중심의 감상지도방법

지도원리

• 종래의 설명이나 해설중심 감상법을 비판하고 학습자가 주체적으로 학습해 나가는 것을 원칙으로 한다.
  – 교사는 시작 전에 작품에 대한 어떤 정보도 제공하지 않으며, 프로그램 진행 중에도 교사 자신이 가지고 있는 미술작품에 대한 어떤 외부 정보도 제공하지 않아야 한다.

• 대화에 의한 감상이 지닌 목적은 다음과 같다.
  – 미술작품과 관련된 역사나 고유의 정보를 가르치는 것이 아니라, 작품에 대한 자신의 견해, 사고방식이나 생각에 대하여 다른 사람과 대화함으로써 자신의 견해나 가치의식을 넓히는 것이다.
  – 단지 미술 그 자체를 이해하는 것이 아니라 미술을 통해 서로를 이해하고 협동하는 힘을 기르게 하는 것이므로, 대화를 통해 상대방을 이해하거나 자신을 상대방에게 이해시키는 경험을 중시한다.

	관찰에 의한 발견	교사는 유아가 작품을 잘 보도록 권한다.	이것은 무엇일까요? 무슨 일이 일어나고 있을까요?
지도단계 (감상 절차/ 감상 구조)	작품의 감상과 사고	• 먼저 설명을 보이거나 발견, 판단한다. • 언어로 표현하기 위해서 생각을 정리한다.	무엇을 보고 그렇게 생각했어요? 어떻게 해서 그렇게 생각했어요?
	언어에 의한 표현	자신의 생각의 근거를 밝혀가며 언어로 표현한다.	

	대화중심 감상법의 3가지 기초 요소 : 「수용-교류-통합」의 원리		
3가지 기초 요소	① 수용 (감상자 의견 수용)	• 감상자의 의견에 대한 '수용'으로, 감상자의 의견을 공감하고 이해하며 좋은 점을 발견하도록 한다. • 감상자로부터 이야기가 나오도록 하기 위하여 따뜻한 관심을 가지고 들어주고, 인정하고 상대방을 존중하는 태도를 가져야 하고, 칭찬하고 같이 기뻐하며 즐거워하는 마음가짐을 가져야 한다.	
	② 교류	상호 간의 대화를 조직화하는 과정으로, 발언의 '교류'에 의해서 하나의 작품에 대한 다양한 견해와 해석의 가능성을 알 수 있다.	
	③ 통합 (언어에 의한 표현과 통합)	• 자신의 해석을 서로 이야기하는 것만이 아니라 그것들을 통해 발전적으로 변화시켜 가는 것으로 자신의 해석과 상대의 해석을 비교·음미하여 보다 좋은 해석을 만들어 내는 것을 의미한다. ➜ '통합'은 상호의 의견에 대해서 상향적인 변용을 촉진한다. • 서로 무슨 이야기를 하고, 무엇이 공유되었으며, 작품에 대해서 관심을 가진 것과 화제가 된 것은 무엇인지 깊게 해석해 나가야 한다.	

	교사의 역할 : 작품의 의미나 가치를 해설하지 않고, 질문을 던져 아동들의 사고를 재촉한다.	
3가지 열린 질문	작품을 관찰하도록 돕는 질문	작품의 내용에 대해 질문한다. 예 "작품 속에서 무엇이 일어나고 있니?", "어떤 그림이라고 생각되니?"

	학습자 대답의
	근거를 묻는
	질문
		• 관찰된 내용의 결과를 예측하게 하거나, 문제해결능력 등 감상자의 반응을 유도하는 질문을 한다.
		  - 작품에 대해 감상자가 사고할 수 있도록 돕는 질문을 사용한다.
		    예 "왜 그렇게 생각하니?"

	작품의 관찰과 해석을 확장시키는 질문	학습자의 주관적 견해와 판단을 이끌어내고 작품의 관찰과 해석을 확장시키는 질문을 한다. 예 "그 밖에 또 어떤 생각이 떠오르니?"

UNIT 81 | 매디저(Madeja, 1977)

기본 관점	• 매디저는 아른하임(Arnheim)의 시지각이론을 바탕으로 감상의 과정을 네 단계로 구분하여 제시하였다. • 대상을 학습자의 전체적인 시각 속에서 관찰하고(1단계), 모든 시각적 자극을 주의 깊게 의식하여(2단계), 그중에서 특정 대상이나 요소를 선택해 미적 특성을 발견하고(3단계), 이에 가치를 부여하고 정당화하는 과정(4단계)을 거친다.

관찰	**다양한 시각적 자극의 수용을 위한 관찰 훈련이 필요함**
	• 미술교육을 통해 예민한 시지각과 미적 감수성을 기른다면 관찰은 이러한 능력을 길러 줄 수 있는 기능 중 하나로 보았다.
	• 매디저는 관찰에 담긴 의미가 광범위하다고 보고, 작품을 관찰하는 데에도 훈련이 필요함을 주장하였다.
	    – 대상의 현상을 관찰할 수도, 작품의 전체적인 조화를 관찰할 수도, 세부적인 부분을 관찰할 수도 있기 때문에 관찰을 훈련함으로써 학습자는 작품의 다양한 시각적 자극을 느낄 수 있게 된다.
	  ➜ 이런 다양한 시각적 자극을 수용하고 판단하기 위해서 체계적이고 과학적인 지도가 필요하다고 보았다.

진술	**작품에 표현된 조형요소의 인식 & 대상과 요소들 사이의 관계를 인식**
	• 예술작품을 볼 때, 작품에서 표현된 것을 인식하고 이를 언어로 기술하는 단계이다.
	    – 즉 작품에서 표현된 선, 형, 색, 운동감 등 조형요소들을 인식하지만 각각의 조형요소들을 독립된 것으로 인식하는 것이 아니라, 그 요소들이 모여 새로운 관계가 만들어지는 것을 지각하는 것이 중요하다고 보았다.
	• 미술감상의 지도는 이 '새로운 관계의 지각'을 중요하게 여겨야 하므로, 이렇게 새로운 관계에 대한 진술을 위해 다시 세 단계를 거친다.
	    – 첫째, 작품 속의 여러 요소들에 대해 말하도록 한다.
	    – 둘째, 요소와 요소, 대상과 대상의 전체적인 어울림을 보고 말하도록 한다.
	    – 셋째, 주어진 환경과 그 작품의 어울림의 효과를 보고 말하도록 한다.

선택	**시각적 자극 중 의미 있는 것을 선택** • 학습자가 이전 단계에서 작품을 관찰하고 기술할 때 받았던 모든 시각적 자극 중에서 의미 있다고 여기는 것과 그렇지 않은 것을 구분하고 판단하여 선택하는 단계이다. – 아른하임은 모든 인식 활동에는 '선택'이 따른다고 보았으며, 선택의 과정은 카메라가 한 대상에 집중하여 초점을 맞추는 과정과 같다고 보았다.

일반화	**작품 특성의 보편성 확인 & 일반화한 내용 설명 및 정당화**
	• 시각 현상에 대해 분석할 수 있는가에 대한 단계 및 일반화한 것을 말이나 글로 설명하는 단계이다.
	    – 학습자는 이전 단계에서 선택했던 작품의 특성을 다른 대상과 비교하고 보편성을 확인하게 된다.
	    – 자신이 발견한 대상의 미적 특성을 설명하고 정당화하게 된다.

UNIT 82 허위츠와 데이(Hurwitz & Day, 2006)

기본 관점	펠드만과 유사하게 미술감상 교수법을 서술, 형식적 분석, 해석, 판단과 지식에 근거한 선호의 네 가지로 구분지어 제시하였다.

서술	**작품에 대한 일반적 지각**
	• 미술작품에 대한 일반적인 지각활동을 뜻한다.
	• 객관적인 서술과 개인적인 서술로 구분할 수 있다.
	  — 객관적 서술 : 어느 누구라도 공감할 수 있는 객관적 사실을 토대로 한다.
	  — 개인적인 서술 : 개인적이고 정서적인 것들이 포함된다.

형식적 분석	**작품의 구도나 구조** • 서술과 마찬가지로 지각활동을 기초로 하지만, 미술작품의 구도나 구성에 관한 좀 더 발전된 서술이라고 할 수 있다. • 미술작품의 형식과 미술요소들이 결합된 방식, 가령 대칭과 비대칭에 대해 알고, 미술작품에 사용된 매체를 구별하며, 색과 선의 특성을 세부적으로 관찰하면서 논의할 수 있다.
해석	**작품에 나타난 작가의 의도** • 유아들의 상상력을 더욱 풍부하게 이끌어내며, 미술작품 속에 구체화된 의미, 의도에 대하여 깊이 생각하도록 한다. • [요구되는 능력] 미술가가 작품에서 제시하는 방향과 작품에 표현되는 구조를 관련지을 수 있어야 한다.
판단, 지식에 근거한 선호	**작품에 나타난 선호** • 미술감상의 마지막 과정으로, 작품의 선호에 대한 자신의 의견을 표현할 수 있는 것을 의미한다. • [교사 역할] 유아들이 미술작품에 대해 자세히 알지 못하더라도 교사는 유아들이 의견을 서로 토의하게 하고, 이전의 미술감상방법들과 연관시켜 자신의 의견에 대해 피력할 수 있도록 도와준다.

MEMO

UNIT 83 브로우디(Broudy, 1988), 아이스너(Eisner, 1982)

1 감상활동방법 − 브로우디(Broudy, 1988)

감각적 특성	작품에 표현된 선, 색, 형, 질감 등 감각적 특성에 대한 감상
형식적 특성	균형, 조화, 반복 등 작품의 미적 구성, 형식적 특성에 대한 분석을 통한 감상
표현적 특성	느낌, 분위기, 작품이 전달하고자 하는 의미에 대한 감상
기법적 특성	재료나 도구를 다루는 기법 등을 감상

2 작품 감상방법 − 아이스너(Eisner, 1982)

경험적 차원	작품에 대한 느낌과 경험에 대해 이야기 나누기
형식적 차원	작품의 구성요소에 대해 알아보기
상징적 차원	작품의 상징성에 대해 알아보기
주제적 차원	작품의 주제, 의도, 의미를 찾아보기
재료 차원	작품의 재료를 찾아보기
맥락적 차원	작품의 사회적, 문화적, 역사적 측면에 대해 알아보기

SESSION 04

UNIT 84 명화감상

KEYWORD # 감상지도방법(관찰법, 토론법), 펠드만의 감상발달단계(서술, 분석, 평가)

1 명화감상방법

관찰법	정의	• 관찰을 통한 명화감상을 의미한다. • 미술의 요소나 원리에 대한 이해를 높이기 위해서 유아의 관심을 끌 수 있는 주제, 형태, 특징, 느낌 등의 특성을 지니는 작품에 다양한 반응을 보이게 하는 방법이다.
	분석법	작품을 여러 관점에서 분석해 봄으로써 창의적이고 능동적인 탐구태도를 기르게 한다. 예 작품을 다양한 각도에서 분석하기
	비교법	같은 종류의 작품을 다양한 방법으로 제시하는 것이다. 예 군상작품(수묵화와 종이찰흙) 비교하기
	분류법	• 회화, 디자인 등의 여러 작품을 보고 공통점을 발견하여 분류하는 것이다. − 작품의 일반적인 특성을 발견하고 작품 간에 서로 구별되는 특징과 공통되는 특징이 있음을 이해하게 한다. 예 비슷한 특성을 가진 명화 분류하기

토론법	정의	• 토론을 통한 명화감상을 의미한다. • 작품의 표현 특징이나 조형요소, 미적 가치 등을 살펴보고 발표하는 등 토론을 함으로써 명화를 감상하는 것이다. • 지도내용이나 감상의 주제에 따라 세 가지 형태로 실행될 수 있다.
	대집단토론	학급 유아 전체가 참여하여 명화의 내용, 특징, 느낌 등을 발표하고, 자신과 타인의 생각의 차이를 발견한다.
	소집단토론	• 소집단에서 사회자를 뽑고, 사회자의 안내를 통해서 작품을 감상하고 토의한 후에 그 결과를 정리하여 발표한다. • 소집단 내의 모든 유아가 참여할 수 있도록 유도하는 것이 중요하다.
	대담형식 토론	• 유아 두 명이 짝을 지어 감상한 작품에 대해서 서로 묻고 대답하는 대화형식이다. • 자신의 관점과 느낌에 대해서 분명한 의사표현을 갖도록 하는 것이 장점이다. • 학급의 크기가 클 경우에는 시간 관계상 어려움이 있고, 어린 유아의 경우 발달 특성상 적용하기 어려울 수 있다.
제작법		• 조형활동을 통한 명화감상을 의미한다. • 표현학습의 유형에 속하는 적극적인 감상 유형으로 유아가 명화를 보고 특징적 부분을 소재로 하여 제작해보는 것이다. • 유아의 감상 능력은 감상기술과 표현기술을 통합한 교육과정을 통해 가장 잘 발달될 수 있으며, 여러 가지 작품들을 통해 작가들의 개성을 살펴보고 그 특징을 옮겨보는 가운데 작가의 작품 제작과정에 공감할 수 있게 된다고 보는 입장이다. • 유아 자신의 개성을 살리면서도 화가의 의도에 최대한 가깝게 접근하도록 하는 것이 효과적이다.
모의 미술관법		• 전시에 의한 명화감상을 의미한다. − 유아가 제작한 작품을 전시하고, 감상하는 방법이다. − 실제 작품 전시를 통해 감상에 관련된 제반 문제를 이해하게 하는 데 효과적인 방법으로 수업의 질을 높일 수 있고, 정확하고 빠른 이해를 도울 뿐만 아니라 개개인의 사고를 구체화시켜주는 특징이 있다. − 유아들은 작품에 대해 자부심을 느끼고 긍정적인 태도를 지니게 되고, 미술 표현에 대한 자신감을 갖게 된다. − 대표적 사례로는 박물관처럼 느껴질 정도로 유아들의 작품을 주의 깊게 전시해 놓는 레지오 에밀리아를 들 수 있다.
셀프 가이드법		• 셀프가이드에 의한 명화감상을 의미한다. − 유아가 자기 스스로 혹은 교사의 진행에 따라 보다 흥미 있게 대화를 나누면서 명화가 갖고 있는 의미에 다가갈 수 있도록 고안된 자기감상용 교재 또는 도구를 말한다. − 유아가 흥미를 갖고 미술작품과 대화하면서 스스로 발견해 나갈 수 있게 하는 언어 자료로서 한 장으로 된 워크시트 형식과 여러 장으로 된 팸플릿 형식이 있다. • 셀프가이드에 의한 명화감상의 목적은 다음과 같다. − 미술작품을 친근감과 흥미를 갖고 보게 하여 작품이 지닌 성격이나 의미를 전체적으로 생각하게 하는 것이다. − 감상하려는 명화의 특징이나 양식 등을 분석적으로 밝혀보게 하는 것이다. − 작가의 표현 의도를 찾아보는 것이다. ➜ 위의 세 가지 의도를 포괄적으로 취급하여 자기 감상을 돕도록 하는 데 목적을 두었다.

2 명화감상 진행과정

서술	**자세히 관찰하고 느낌 이야기하기** 예 그림을 1분간 본 뒤, 얼마나 많이 기억했는지 떠올려 보자. 다시 그림을 보고 생각했던 물건이 있는지 이야기해 보자. 예 우리가 이 그림에서 본 모든 것을 이야기해 보자. 예 선생님에게 전화로 이야기하는 것처럼 말해 보자. 선생님이 알 수 있도록 그림 속에 물건들의 이름을 말해 볼까?
미술 요소 분석	**미술의 요소 및 원리 이야기하기** 예 제일 위에 있는 것은 무슨 색이니? 어떤 모양이니? 예 색깔이 얼마나 잘 어울리니? 서로 잘 어울리는 색을 찾아보자. 예 비슷한 색은 어떤 것이니? 예 선을 발견하고 눈으로 쫓아가 보자. 손을 이용해서 그것이 어떻게 움직이는지 보여 주렴. 예 빨간 색 모양을 볼 때마다 박수를 쳐 보렴. 리듬이 만들어지니?
해석	**작품 내용에 대해 이야기하기** 예 이 남자는 어떤 사람인 것 같니? 만약 네가 이 남자 옆에 있다면 너에게 뭐라고 말할 것 같니? 예 네가 이 풍경 안으로 들어갈 수 있다고 상상해보자. 예 모퉁이 근처에서 무엇을 볼 수 있겠니? 무슨 소리를 들을 수 있을까? 예 이 장면 바로 전이나 바로 후에는 어떤 일이 일어났을까? 예 등장인물과 같이 자세를 취해보고 행동을 진행해 보렴. 예 그림을 보니까 어떤 느낌이 드니? (이미 이야기했던 특징들을 열거함으로써 반응의 근거를 제시하도록 한다.)
평가	**내면화와 애호하기** 예 집에 이 명화를 걸고 싶니? 어떤 방에 제일 잘 어울릴 것 같니? 예 누구에게 선물하면 좋을 것 같니? 예 왜 이렇게 색칠하고 싶어 할까? 예 어떤 것이 제일 마음에 드니?

3 명화감상 시 고려할 점

환경 구성	**명화 복제품 수집**
	명화 포스터, 사진, 모형, 명화 전시회 광고, 미술책의 삽화, 유아용으로 출판된 화가와 그들의 작품에 관한 책, 명화 엽서를 수집한다.
	명화 복제품의 전시
	교실에서 유아의 흥미, 활동과 연결할 수 있는 장소에 비치한다.
	명화를 이용한 교수매체 제작
	놀이 활동, 게임 자료로 제시한다.

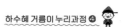

MEMO

	유아가 제작한 작품 전시	
	• 다양한 방법으로 미술작품 전시회를 연출한다. • 이름, 제목, 재료, 작가의 한 마디 등 미술관과 같은 양식의 라벨을 만든다. • 조명, 공간, 시야 등을 고려해서 어디에 작품을 전시할지 이야기한다. • 작품을 보호하기 위한 줄 또는 가로대와 기념품 가게를 만든다.	
가정 연계	• 교실에서 한 명화감상과 관련된 활동을 워크시트로 제작하여 가정에서 부모와 유아가 함께 활동한다. • 가정에서 명화의 유형과 재료에 대해 학습한다. • 가족 중에 화가가 있으면 교실로 초대하여 일일교사로 활동한다. • 가정에서 가져온 미술작품을 전시한다. • 집에서 그린 그림을 유치원에 가져와서 가족의 생활에 대해 이야기한다. • 유치원에서 그린 그림을 집으로 가져가서 가족과 이야기한다. • 부모교육을 통해 명화감상이 숫자나 글자를 숙달하는 것만큼 가치 있다는 것을 부모에게 전달한다.	
지역사회 연계	• 근처의 박물관이나 미술관, 화랑 등으로 현장학습을 가거나, 화가의 작업실을 방문한다. • 화가를 교실에 초청하여 '화가에게 궁금한 것에 대해 질문하며 이야기 나누기', '화가가 사용하는 재료로 그림 그리기'와 같은 활동을 진행한다.	
미술관 견학	**견학 전 유아 활동**	• 장소 : (미술관은) 어떤 곳일까? • 견학장소 교육 내용 : (미술관에) 가서 우리는 무엇을 할까? • 규칙 : (미술관에) 가서 우리는 어떻게 해야 할까?
	관람 전 고려사항	• 관심 있는 주제나 교과에 도움이 되는 주제인지 확인할 것 • 신문, 잡지, 홈페이지, 미리 가본 사람 등 사전에 정보를 충분히 숙지할 것 • 홈페이지로 각종 행사 일정을 숙지하고, 참여 프로그램이 있으면 미리 신청할 것 • 전시는 걸어 다니거나 계속 서 있어야 하므로 되도록 편하고 간편한 옷과 신발을 착용할 것 • 관람 시에 메모할 사항을 위해 간편한 필기도구를 준비할 것 • 시간에 쫓기면 감상이 되지 않으므로 여유 있게 시간을 두고, 피곤하면 휴식을 취한 뒤 다시 볼 것
	관람 시 고려사항	• 되도록 소지품이 없어야 편하므로 물품 보관소에 맡기되, 귀중품은 본인이 보관할 것 • 입구에서 브로슈어를 받아 전시장 지도나 간단한 정보를 알아둘 것 • 입구에서 전시 안내를 읽고 개괄적 내용을 숙지해 관람할 것 • 입구에서 전시장 주의 사항을 읽어보고 관람 예절을 숙지할 것 • 전시장의 동선대로 관람할 것 • 관람 시 서로 의견과 느낌을 나누어 볼 것 • 각종 프로그램에 참여하여 체험하고, 경험의 폭을 넓힐 것

4 명화감상 시 교사의 역할

선정자로서의 역할	• 교사는 명화에 대한 발문을 시작하기 전에 먼저 어떠한 명화를 대상으로 할 것인지 선택해야 한다. • 작품 선정 시 고려해야 할 사항: 미술 장르 및 화풍이 다양한 작품들을 포함한다.
	생활주제와 관련된 명화를 선정
	통합교육을 위해 유치원 교육과정에서 다루고 있는 생활주제와 연관된 작품을 선정하는 것이 좋다. 例 생활주제가 교통기관인 경우 장욱진의 '자동차가 있는 풍경'을 사용할 수 있다.
	유아의 발달 특성에 적합한지를 확인
	유아의 인지발달단계에 적합한 것일 때 유아는 명화에 흥미를 느끼며, 감상활동에 적극적으로 임할 수 있다.
	유아의 선호도 고려

	• 명화의 주제는 유아의 선호와 관련된 중요한 요인이다.
	  – 남아와 여아는 좋아하는 것과 싫어하는 것이 명백히 다르다.
	  – 사실적인 주제를 다룬 명화는 대개 연령이 높은 아동에게 적합하다.
	  – 어린 아동일수록 단일한 물체를 선호한다.

제시자로서의 역할	명화를 보여주는 교실 환경이 토론에 도움이 될 수 있으나 방해가 될 수도 있으므로 각 유아가 작품을 볼 수 있도록 교실 환경을 구성하고, 대집단 또는 소집단의 유아들에게 효과적으로 작품을 제시할 수 있는 방법을 생각해야 한다.
	책자를 직접 제시하는 방법
	• 책의 명화를 그대로 보여주는 경우 준비 과정이 줄어들어 간편하고 작품의 해상도가 높다는 장점이 있다. • 그림의 크기가 작아 개별 유아나 소집단 활동은 가능하나 대집단 활동으로는 적합하지 않다.
	출력해서 판넬을 만들어 제시하는 방법
	CD에 저장된 명화자료를 컬러프린터로 출력한 후 하드보드나 우드락 등으로 배지를 대어 판넬을 만들어서 제시할 수 있다.
	OHP를 이용하는 방법
	• 융판을 이용한 명화제시 종이 대신 OHP 필름을 이용하여 앞과 같은 방법으로 출력한다. • 칼라로 출력된 OHP 필름을 OHP 기계 위에 얹어 놓고 벽면에 설치된 스크린에 비추어지도록 한다.
	파워포인트를 사용하는 방법
	• 단순히 CD에 저장된 명화자료를 클릭하는 것으로 OHP를 이용한 방법보다 간편하고 경제적이다. 例 '팽창과 압축'을 주제로 한 세자르 작품의 경우 ➡ 파워포인트의 애니메이션 기법을 적용하여 작품을 확대 혹은 축소하면서 역동적으로 제시하면 원작의 의도를 보다 효과적으로 전달할 수 있다. • 조각이나 공예 등 입체 작품을 제시하거나, 동영상을 보여줄 때 효과적이다.

명화감상과 언어

- 펠드만은 "명화감상은 언어를 만들어내는 과정이며 말로 나타내지 않는 감상은 있을 수 없다"고 보았다.
- 미술에 관한 용어는 유아의 언어를 확장시켜 줄 수 있다.
- 색, 형, 선, 크기 등의 미술 용어나 '가벼운/어두운'과 같은 비교 용어, '비어 있는/가득 찬'과 같은 묘사적 용어는 미술 비평가뿐만 아니라 유아도 사용하는 언어이다.

교사의 역할

- 교사는 유아가 이러한 일상적인 용어를 사용하는 방법을 확장시키도록 도와줄 수 있다.
  - 예 "빨간 컵을 원한다."라는 식으로 기능적 측면에 초점을 두고 말하는 대신 "저 그림에서 밝은 빨간 색 옷은 무용가가 살아있는 것처럼 보이게 한다."라고 말하는 것
- 유아의 감상 능력은 교사의 질문을 통해 체계화될 수 있다.
- 교사는 비평가로서의 역할을 보여주어야 하며, 유아가 명화에 대해 묘사, 분석하고 이야기를 끌어낼 수 있도록 미리 계획된 다양한 질문을 해야 한다.

상호작용을 위한 지침

상호작용자로서의 역할

- 판단적 용어보다는 기술적 용어를 사용한다.
  - 예 "나는 이것을 좋아한다.", "저것이 예쁘다." ➡ " ~이 보이는데..." 또는 "이걸 보니까 ~이 생각나는구나."
- 미학과 정서를 이야기하는 언어를 사용한다.
  - 예 "이 색깔들은 슬퍼 보여.", "이 작은 점들은 모두 바빠 보인다.", "이 크고 밝은 원에서 눈이 떨어지지 않네."
- 사고를 유발하는 질문을 사용한다.
  - 늘 개방적 질문을 하고 답이 포함되어 있는 질문은 하지 않는다.
- 유아가 토론 내용을 선택할 수 있는 기회를 제공한다.
  - 모든 유아에게 명화를 충분히 관찰하게 한 후 토론하고 싶은 세부사항을 지적하도록 한다.
  - 수줍어하는 유아를 격려한다.
- 모든 유아가 토론에 참여할 수 있도록 배려한다.
  - 대규모 학급이나 문제가 있는 유아가 있을 경우 토론을 이끄는 기술이 특히 중요하다.
  - 어떤 유아는 토론을 독점하고자 할 것이고, 어떤 유아는 너무 조용히 말해서 말소리가 들리지 않을 것이다.
  - 교사는 철저히 계획된 질문을 함으로써 모든 유아가 진정한 흥미를 느낄 수 있는 명화감상활동을 만들 수 있다.
- 수용적 분위기를 조성한다.
  - 항상 유아들에게 자신감을 갖도록 격려한다.
  - 교사는 유아들의 반응에 귀를 기울이며 존중과 관심을 보여준다.
  - '한 가지 옳은 방법'으로 토론을 제한하기보다는 범위를 넓혀 주어야 한다.

VII 전통미술

UNIT **85** **전통미술교육의 특징**

전통미술의 특징	• 우리미술의 가장 큰 특징 중의 하나는 자연에의 순응으로 볼 수 있다. • 우리미술은 자연주의에 뿌리를 두고 우리 풍토에 알맞은 재료와 표현 대상 및 방식을 가지고 있으며, 기교에 의존하지 않고 선의 미를 가지고 있다. • 우리 회화의 특성은 색채 감각이 조용하고 담백하며, 오방색을 주로 사용하였다. • 우리미술 재료는 한지, 먹, 붓을 많이 사용하였으며, 생활의 필요에 따라 여러 가지 쓰임새를 가진다. ┃ 오방색 ┃ • 우리나라의 전통색으로 적색, 청색, 황색, 흑색, 백색을 기본으로 한다. • 오방색은 우리 생활과 밀접한 관련을 맺고 있다. 　─ 음귀를 몰아내기 위해 혼례 때 신부가 연지곤지를 바르는 것 　─ 나쁜 기운을 막고 무병장수를 기원해 돌이나 명절에 어린아이에게 *색동저고리를 입히는 것 　─ 간장 항아리에 붉은 고추를 끼워 금줄을 두르는 것 　─ 잔칫상의 국수에 올리는 오색 고명 　─ 붉은빛이 나는 황토로 집을 짓거나 신년에 붉은 부적을 그려 붙이는 것 　─ 궁궐과 사찰 등의 단청 　─ 고구려의 고분벽화나 조각보 등의 공예품 • 음과 양인 하늘과 땅의 기운이 목(木)·화(火)·토(土)·금(金)·수(水)의 오행을 생성하였다는 음양오행 사상을 기초로 한다. ┃황(黃)┃ 우주의 중심인 토(土)에 해당. 가장 고귀한 색으로 취급되어 임금의 옷에 사용된다. ┃청(靑)┃ 목(木)에 해당. 만물이 생성되는 봄의 색. 귀신을 물리치고 복을 비는 색으로 사용된다. ┃백(白)┃ 금(金)에 해당. 결백과 진실, 삶, 순결 등을 뜻하여 우리 민족은 예로부터 흰 옷을 즐겨 입는다. ┃적(赤)┃ 화(火)에 해당. 생성과 창조, 정열과 애정, 적극성을 뜻하여 가장 강한 벽사의 빛깔로 사용된다. ┃흑(黑)┃ 수(水)에 해당. 인간의 지혜를 관장한다고 여겨진다.
교육 내용	• 유아를 대상으로 한 전통미술교육 내용은 전통미술의 표현방식을 경험하거나 전통미술작품을 감상, 이해하게 하는 것을 내용으로 할 수 있다. ① 전통미술을 이해하고 보전 및 애호하는 태도 배양 ② 전통미술 속에 담겨 있는 민족의식과 역사의식 ③ 한국 미의 본질과 미의식 ④ 전통예술의 형식과 내용 ⑤ 전통미술의 미적 체험과 감상

*색동
• 미적인 의미와 함께 어린이옷에 사용되어 무병장수를 빌거나, 무복에 사용되어 주술적인 의미를 갖기도 하고, 혼례복에 사용되어 행복을 기원하는 의미를 담고 있다.
• 주로 세로로 색을 연결하고, 오방색을 기본으로 하되 흑색은 제외하였으며, 분홍, 자주, 초록, 보라 등의 색을 한두 가지 첨가하기도 한다.

MEMO

교육 방법	우리미술 감상하기	• 다양한 종류의 우리미술감상하기 • 우리미술감상 후 생각과 느낌 나누기
	우리미술 표현하기	• 우리미술이 갖는 특징 탐색하기 • 다양한 재료와 기법으로 우리미술 경험하기 • 우리미술 작품에 대한 생각과 느낌을 다양한 방식으로 표현하기
교육방향		• 기법 중심에서 벗어나 한국의 정서와 의식을 느끼고 이해하는 데 중점을 두어야 한다. • 감상만 하는 것이 아니라 표현과 연결될 수 있도록 하는 것이 효과적이다. − 주제를 나타내는 방법에는 어떤 것들이 있고, 재료를 사용하는 것에는 어떤 기법들이 있으며, 재료와 기법의 효과는 어떻고, 어떤 방식으로 표현해야 좋은 작품이 나올 수 있는지 표현을 통해 생각하게 해야 한다. • 유아들이 재미있고 쉽게 접근할 수 있도록 다양한 우리미술 교육 내용이 선정되고 교재가 개발되어야 한다. • 박물관 또는 미술관 견학 등의 현장 학습을 통한 체험과 연계되어야 한다. − 실제로 박물관을 통한 미술학습은 박물관의 실물자료 자체에 교육적 가치가 크다. ➡ 전통 미술문화에 대한 이해와 미적 안목을 신장시키며, 우리 문화의 정체성 회복에 도움이 된다. • 전통미술작품을 감상하고 미술작품을 통해 표현하게 한다. − 유아와 함께 전통미술작품을 감상하는 방법은 다음과 같다. ① 실생활에서 사용하고 있는 도자기나 병풍 살펴보기 ② 직접 박물관이나 전시회에 가서 감상하기 ③ 인터넷 사이트에서 작품 감상하기 ④ 여러 단체에서 실시하는 전통문화 관련 행사에 참여하기 ⑤ 현장학습을 다녀와서 그림을 그리거나, 느낌을 말하거나, 함께 찍은 사진을 보며 회상해 보기
전통미술 교육의 가치		• 삶과 의식의 표현물인 문화를 조형언어로 학습하며, 우리 문화정체성을 이해하는 기회가 될 수 있다. • 전통문화에 내포된 조상들의 의식, 정서, 미적 감정과 문화에 대한 이해를 높일 수 있으며, 나아가 우리 문화를 이해하는 기초를 마련해 줄 수 있다. • 전통적인 표현방법의 습득을 통해 창의성이 계발된다. • 민족의 문화적 우수성과 예술적 깊이를 발견하게 하여 사회적인 성장에 기여한다.

참고

박물관 또는 미술관 관람예절

• 기관에서 이용할 수 있는 박물관, 궁궐, 사찰, 전통가옥을 선정하여 견학한다.
• 박물관에서 특히 어떤 분야를 관람할 것인지 결정한다.
• 활동 내용과 연계하여 견학이 이루어지도록 박물관과 충분히 협의한다.
• 교사는 관계자(학예사나 에듀케이터)가 안내하는 내용을 미리 점검하여 유아의 수준에 맞게 내용이나 어휘를 조절한다.
• 사전답사를 통하여 관람 내용, 전시실과 기타 장소의 위치 등을 확인한다.
• 유아의 흥미를 끌 수 있는 다양한 사전/사후 활동을 계획하고 실행한다.

관람 전

• 관심 있는 주제나 유치원 활동에 도움이 되는 주제의 전시이면 더 효과적이다.
• 사전에 유아와 함께 팸플릿이나 인터넷 검색을 통해 무엇을 볼 것인지 알아본다.
• 홈페이지를 통해 행사 일정을 알아보고 참여 프로그램이 있으면 미리 신청한다.
• 걸어 다니거나 계속 서 있어야 하므로 되도록 편하고 간편한 옷과 신발을 착용한다.
• 간편한 필기도구를 준비한다.
• 시간에 쫓기면 감상이 되지 않으므로 시간을 여유 있게 계획하며, 피곤하면 휴식을 취하고 다시 보거나, 며칠에 나누어 관람한다.

전시장에서

• 되도록 소지품이 없어야 편하므로 물품 보관소에 맡긴다(귀중품은 본인이 보관).
• 입구에서 브로슈어를 받아 전시장 지도나 간단한 정보를 읽는다.
• 입구에서 전시 안내를 읽고 개괄적 내용을 숙지한 후에 관람한다.
• 관람 예의
  − 말할 것이 있으면 조용히 말한다.
  − 알람시계 소리, 핸드폰 소리 등은 꺼놓는다.
  − 조용히 걸어 다닌다.
  − 사람이 많은 경우 차례를 지키며 관람한다.
  − 작품을 손으로 만지게 되면 파손의 우려가 있고 손에 있는 염분 등으로 변질될 수 있으므로 눈으로만 관찰한다.
  − 전시장에는 음식물을 가지고 들어가지 않는다.
• 작품 감상
  − 전시장의 동선대로 관람하는 것이 좋다.
  − 멀리서 작품을 전체적으로 조망하여 분위기를 익힌 후, 관심 있는 것을 집중적으로 볼 수도 있다.
• 관람하면서 서로 의견과 느낌을 나눠보되, 작은 소리로 이야기한다.

관람 후

• 미술관에서 엽서, 포스터 등을 구입하면 전시 경험을 더욱 연장시킬 수 있다.
• 감동이나 느낌 등을 그림으로 남기거나 이야기를 나눈다.
• 전시장에서 주는 학습지 혹은 홈페이지에 게시된 사후 학습지는 전시 경험을 더욱 연장시켜 사고의 폭을 넓힐 수 있다.

UNIT 86 전통미술의 분야

전통회화	• 여러 가지 선과 색채로 평면상에 형상을 그려내는 조형 미술이다. ① **수묵화**: 채색을 쓰지 않고 먹의 농담으로 엷게 또는 진하게 그리거나 먹물의 번짐을 이용하여 그리는 동양화 고유의 회화 양식이다. 　－ 선의 강약을 통해 화가의 감정, 생동감 등을 표현하며, 여백의 미를 통해 담담한 맛과 운치 등 정신적인 세계를 표현하므로 주로 선비들이 즐겨 사용하였다. ② **수묵담채화**: 수묵으로 그린 그림 위에 연하게 채색을 한 그림이다. ③ **수묵채색화**: 먹보다는 색이 주가 되는 그림으로 윤곽선을 담묵으로 그린 후 채색하고, 먹의 농담을 조절하여 선을 정리한 그림이다. ④ **사군자**: 동양화에서 매화·난초·국화·대나무를 그린 그림이나 소재를 의미하며, 예로부터 선비가 그 향기나 기상, 절개 등을 닮고자 하여 많이 그렸다. 　－ 눈도 녹지 않은 이른 봄에 피어나는 매화는 고난 극복을 의미하며, 난초는 은은하면서도 기품이 있음을 의미한다. 국화는 고고한 기품과 절개를, 대나무는 절개와 자존심을 의미한다.

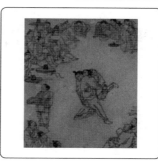
◈ 김홍도 '씨름'

전통민화	• 생활공간의 장식이나 민속적 관습에 따라 제작된 실용화이다. 　－ 전통 회화에 비해 세련된 묘사나 격조는 떨어지나, 익살스럽고 소박한 형태와 대담하고 파격적인 구성, 아름다운 색채 등의 특성은 한국적 미를 강렬하게 드러낸다. • 민화의 예: 백동자도(百童子圖) 　－ 100명의 아이들이 있는 그림이란 뜻으로, 아들의 출산과 자손의 번창을 바라는 마음으로 많은 수의 아이들이 노는 모습을 그려 넣은 그림이다. 　－ 부인, 임산부의 방을 장식하거나 혼인식에 주로 사용되었으며, 연날리기, 닭싸움놀이, 원숭이놀이, 장군놀이, 물놀이, 고기 잡기, 꽃놀이, 잠자리 잡기, 나무 오르기, 목마놀이, 팔랑개비놀이, 씨름 등이 주제로 그려진다.

◈ 작자 미상의 까치호랑이

MEMO

전통공예	• 기능면과 장식면을 조화시킨 공예품으로, 일상생활에서 사용되었다. • 종류 : 금속공예(금·은·동으로 제작), 목칠공예, 종이 공예, 매듭공예(노리개 등), 칠보공예(비녀, 은장도), 도자 공예(고려청자, 조선백자), 한지공예, 낙죽공예(대나무) 등	◈ 청자사자유개향로
전통도자	질흙으로 빚어 높은 온도에서 구워낸 제품으로 일반적으로 도기 또는 자기라고도 한다.	◈ 분청사기조화어문편병
전통조각	다양한 재료를 새기거나 깎아서 만든 입체 형상이다.	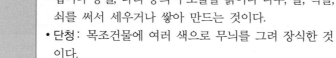 ◈ 영릉의 석호
전통건축	• 집이나 궁궐, 다리 등의 구조물을 흙이나 나무, 돌, 벽돌, 쇠를 써서 세우거나 쌓아 만드는 것이다. • 단청 : 목조건물에 여러 색으로 무늬를 그려 장식한 것이다. 　- 신비감을 주고 잡귀를 쫓는 벽사의 의미를 지니며, 위엄과 권위를 나타내기도 한다. 우리 고유의 오방 색인 적색, 청색, 황색, 흑색, 백색을 기본으로 하고 오방색을 섞은 간색으로 여러 색을 표현하며, 건축 물의 천장, 기둥, 벽에 문양이나 상징적인 그림을 그려 넣는다.	 ◈ 경복궁 아미산 굴뚝

MEMO

서예	• 글씨를 붓으로 쓰는 예술이다. – '먹'은 소나무나 기름을 태워 나온 그을음을 모아서 가는 체로 친 후에 아교풀로 개어 반죽하고 절구에 찧어 다진 것이다. 그러나 요즘에는 광물성 그을음을 재료로 다량 생산하는 경우가 많다. 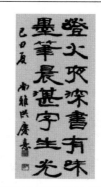
그 외	• 전통문양 – 언어나 문자와 마찬가지로 문화에 따라 고유한 형태를 지니며, 우리나라의 전통문양은 도자기, 떡살, 복식, 와전, 장신구, 수저집 등의 생활용품 무늬로 사용된다. – 동물문, 식물문, 문자문, 기하문 등 소재별로 분류할 수 있으며, 부귀와 장수를 상징하는 십장생(해, 산, 구름, 바위, 소나무, 거북, 학, 바다, 사슴, 포도, 연꽃, 대나무, 불로초), 입신출세를 기원하거나 귀신을 쫓는 등의 의미별로도 구분된다. – 상서로움을 의미하는 나티(짐승형태의 도깨비), 불가사리, 박쥐와 당초문 등이 있다. • 왕릉 – 임금이나 왕비가 묻힌 곳으로 봉분 둘레의 돌에는 왕릉을 보호하기 위한 십이지신, 부귀와 명예를 상징하는 모란이나 연꽃을 새겨 넣는다. – 주변에는 돌로 만든 호랑이와 양을 네 쌍씩 배치하는데, 고개 숙여 절하는 모습의 양은 악귀를 막는 역할, 호랑이는 능을 수호하는 역할(예 영릉의 석호)을 맡고 있다. • 병풍 – 바람을 막거나 무엇을 가리거나 장식용으로 방안에 치는 물건이다. – 그림, 자수, 서예로 꾸며져 있다. – 주로 8, 10, 12폭짜리가 많이 사용되며, 6, 4, 2폭 병풍도 있다(2폭의 경우 가리개라고 불린다).

SESSION 04

UNIT 87 전통미술의 요소

선과 형	• 선은 점이 움직인 자취로서 가는 선, 굵은 선, 곧은 선, 굽은 선, 꼬불거리는 선 등이 있다. • 붓, 크레용, 펜, 연필, 손가락 등 도구와 선의 굵기에 따라 다양한 느낌을 주는 선이 그려진다. • 형은 모양으로 높이와 폭만 있는 이차원적인 것과 깊이가 추가된 삼차원적인 것이 있다. 예 "호랑이의 꼬리를 손으로 따라 그려보자. 호랑이 몸의 무늬도 그려볼까?" (송하맹호도) 예 "손이 어떻게 움직였니? 곧은 선으로 움직였니? 구불구불 꼬불꼬불 구부러진 선으로 움직였니? 그림 속에 또 어떤 선이 있는지 손으로 그리면서 찾아볼까?" 예 "씨름을 구경하는 사람은 어떤 모양으로 둘러앉아 있니?" (씨름)
색	• 물체가 빛을 받아 흡수, 반사, 투과하는 과정에서 우리에게 보이는 것이다. • 색은 흰색, 회색, 검정색 등과 같이 색상이나 채도가 없는 색을 무채색이라 하고, 그 외의 색은 유채색이라고 한다. • 색은 그림에 따라 분위기를 만들어주며, 상대적이어서 같은 색이라도 주변에 어떤 색이 있느냐에 따라 달라 보이기도 한다. 예 "어떤 색깔이 있는지 찾아볼까?" 예 "어떤 색이 가장 마음에 드니? 왜 그 색이 제일 좋은지 이야기해 줄 수 있니?" 예 "'씨름(그림)'처럼 여러 가지 색깔을 칠하지 않고 검은색 먹으로만 그린 그림을 보면 어떤 느낌이 드니?"
공간감	• 미술작품 내에서 형태 간의 거리가 주는 느낌을 의미한다. • 공간이 가득 차 있으면 폐쇄되어 있는 느낌을 주기도 하고, 여백은 자유로운 느낌을 주기도 한다. • 공간감은 원근 요소를 이용해서 표현된다. − 큰 형태는 가깝게 보이고 작은 형태는 멀리 있는 것처럼 보인다. − 가까이 있는 형태는 분명하고 자세하게 그려 표현하기도 한다. 예 "씨름 구경하는 사람을 더 많이 그려 넣으면 어떻게 보일까?" (씨름) 예 "소나무 아래에 있는 호랑이의 꼬리는 어느 쪽을 향하고 있니?" (송하맹호도)
질감	• 재질에 따른 촉각적인 느낌을 시각적 인상으로 제공해 주는 것이다. • 질감을 표현하는 말로 '올록볼록하다, 울퉁불퉁하다, 보드랍다, 부드럽다, 거칠다, 매끄럽다, 미끄럽다, 말랑하다, 물렁하다, 딱딱하다, 반들반들하다' 등이 있다. 예 "그림에서 만지면 기분이 좋을 것 같은 것은 무엇이니? 왜 좋은 느낌이 들까?" (송하맹호도) 예 "그림 속에 있는 소나무 줄기나 잎을 만진다고 생각해보자. 어떤 느낌이 들까?" 예 "호랑이 털은 또 어떤 느낌일까?"
균형	• 균형은 그림이 시각적·정서적으로 안정감 있게 보이도록 한다. • 형태의 크기가 위치, 질감, 색과 같은 감각을 조절하여 균형감을 느끼도록 한다. • 양쪽이 같은 대칭을 이루어 균형을 이룰 수도 있으며, 비대칭이지만 한쪽으로 치우친 점을 크기나 수량으로 보완함으로써 안정감을 주기도 한다. 예 "더 무거워 보이는 쪽이 있니? 한쪽으로 기울어질 것처럼 보이는 것은 무엇이니?" (씨름) 예 "손으로 오른쪽에 있는 구경꾼을 가려보자." 예 "종이 한쪽에만 그림이 그려져 있다면 어떨지 상상해보자."

강조	• 작품 속의 특정 물체나 요소를 다른 것보다 드러나 보이게 만드는 것이다. • 흥미나 초점이 되는 주요 부분으로 작품을 볼 때 가장 먼저 보게 되는 부분이라고 할 수 있다. 　① 물체의 크기, 명암, 색, 질감, 형, 위치를 대조할 때 　② 여러 물체를 한 곳에 집중적으로 배치할 때 　③ 예기치 않거나 일상적이지 않은 물체 　④ 선이 모이게 할 때 　⑤ 특정한 지점으로 눈의 움직임을 따라가게 만드는 선 　예 "그림에서 제일 눈에 띄는 부분은 어디이니? 왜 제일 눈에 잘 뜨일까?" (씨름) 　예 "꽃은 진하게 색칠했는데 잎사귀는 흐리게 칠한 이유가 무엇일까?" (화접) 　예 "왜 씨름하는 사람을 제일 가운데 그렸을까?" (씨름) 　예 "호랑이를 아주 크게 그려 놓으니까 어떻게 보이니?" (송하맹호도)
조화	• 다양한 미술의 요소들이 리듬을 이루거나 반복되어 '전체는 부분의 합 이상인 방식'으로 미적 요소가 조직되어 있을 때 미술작품에서 조화를 발견할 수 있다. • 조화가 부족하면 미술작품이 혼돈스러울 수 있는 반면, 조화가 지나치면 지루하거나 단조로울 수 있다. 　예 "호랑이 그림에서 계속 나오는 비슷한 모양을 찾아보자." (송하맹호도) 　예 "호랑이의 줄무늬가 규칙적으로 그려져 있으니까 어떤 느낌이 드니?"
움직임	• 이차원적이고 고정된 그림 속의 물체를 착시에 의해 움직임이 느껴지게 하는 것이다. • 착시현상의 예는 다음과 같다. 　– 서로 다른 미술의 요소 또는 물체가 반복될 때 　– 미술의 요소나 물체가 흐릿하게 표현되어 있을 때 　– 움직임을 나타내는 선이 사용되었을 때 　– 신체나 물체가 행동 중에 있는 것처럼 불균형하게 표현되어 있을 때 　예 "씨름하는 두 사람 중에 누가 금방이라도 뒤로 넘어질 것처럼 보이니?" (씨름) 　예 "꽃에 앉으려고 아래로 내려오는 나비를 찾아보자." (화접) 　예 "왜 아래로 날고 있다는 생각이 들었니? 그림 위로 날아오르는 나비도 찾아볼까?"

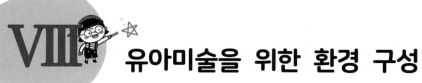

VIII 유아미술을 위한 환경 구성

MEMO

*다원적인 미술활동 그리고 채색하는 단순한 미술활동을 넘어서서 다양한 재료를 선택·구별하며 만들고 다듬는 복잡한 예술 활동을 포함하는 과정을 말한다.

UNIT 88 유아미술교육 환경 구성요소

유아미술에서 환경의 의미		• 유아의 자율적인 시도에 의한 *다원적인 미술활동이 가능하기 위해서는 미술환경이 중요한 의미를 지닌다. • 유아에게 미술환경은 미술활동에 대한 욕구를 유발하고 미술활동의 수행을 이끌며 미술교육의 '질'을 규정하는 교사와의 만남의 장이자, 눈에 보이지 않게 실행되는 교육과정이라고 할 수 있다.
미술활동을 위한 물리적 환경		유아로 하여금 미술활동을 하고자 하는 동기를 유발하고, 작업 활동을 효율적으로 계획하고 수행하는 데 영향을 미치는 중요한 요인이 될 수 있다.
미술영역의 구성	**작업 활동을 위한 공간**	• 그리기 영역 • 만들기 영역
	작품 전시를 위한 공간	• 유아가 보고 즐길 수 있도록 눈높이에 맞추어 전시해야 한다. • 작품을 전시할 때 결과뿐만 아니라 과정까지 보여주어야 한다. • 유아의 작품을 아름답게 포장하여 전시해야 한다.
	탐색을 위한 지원하기 공간	보고, 듣고, 냄새 맡고, 만지는 등의 오감각을 자극하도록 다양한 질감과 형태를 지닌 미술재료를 제공하는 것은 물론, 디지털 카메라, 프로젝터, 라이트테이블 등을 제공하여 주변 환경 및 재료를 심화하여 탐색할 수 있도록 지원한다.
미술영역의 위치선정		• 미술활동은 그림 그리기, 오리기, 붙이기, 구성하기 등의 정적인 활동이 이루어지는 곳이므로 다른 유아나 다른 영역의 활동에 의해 방해받지 않는 장소에 배치해야 한다. - 출입구에서 가까운 곳이나 음률영역, 쌓기놀이 영역과 같은 동적인 영역과는 분리하여 배치한다. • 미술영역은 통로에서 멀리 배치해야 한다. • 미술영역은 물감 칠하기와 같이 물을 사용하는 경우가 많으므로 물을 쉽게 사용할 수 있는 수도 가까이에 배치한다. • 미술영역은 유아들이 미술활동을 하는 데 지장이 없도록 충분히 밝은 곳, 즉 창문 가까이에 배치한다.

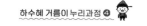

참고

벽면 구성

벽면 구성은 유아의 학습과 성장을 돕는 또 하나의 물리적 환경이 될 수 있다.

❶ 효과적으로 벽면을 구성하기 위한 방법
- 교사의 작품을 가능한 한 줄이고 유아의 작품 중심으로 벽면을 구성한다.
- 유아의 작품과 사진자료, 실물, 그림, 예술품, 연관된 도서, 화분 등을 곁들여서 전시하는 것도 효과적이다.
- 작품의 게시는 유아의 눈높이를 고려한다.
- 유아들의 작품을 그대로 전시하기보다는 뒷면에 색지나 화선지, 포장지 등을 대주면 더 매력적으로 보인다.
- 벽면에 구성된 자료들은 적절한 시기에 교체하여 변화를 주도록 한다.
  ➜ 계절, 주제의 변화, 유아교육기관의 행사 등을 고려하여 벽면 구성을 한다.
- 유아들의 미술작품 외에도 유아들이 쓴 동시, 편지, 이야기 등은 언어영역의 벽면 구성 자료가 되며, 이는 유아들에게 언어자극이 될 수 있다.
- 음률영역에서는 음악가의 사진, 악기 사진, 춤동작 사진 등도 벽면 게시자료가 된다.
- 과학영역에는 식물과 동물, 우주, 자연현상과 세계의 자연환경에 대한 사진자료를 게시할 수 있다.
- 유아들에게 기본생활습관을 지도하기 위한 그림, 사진자료, 안내글도 벽면에 게시할 수 있다.

❷ 벽면 구성의 교육적 효과
- 진행되는 주제 또는 유아들의 놀이나 활동을 반영하는 실물, 모형, 사진, 그림, 관련 도서 등을 전시하여 유아의 놀이 및 학습에 대한 동기를 부여할 수 있다.
- 유아들의 놀이 및 활동 과정 사진과 그 결과물을 전시함으로써 유아는 자신의 경험을 재방문하고 확인할 수 있는 기회를 갖게 된다.
- 유아들의 작품을 다양하게 전시해 줌으로써 유아는 자신이 한 놀이 및 활동에 대해 성취감과 자신감, 자아존중감을 느끼게 된다.
- 여러 가지 정보자료나 유아들의 작품을 가장 잘 돋보일 수 있는 방법으로 전시함으로써 심미감을 발달시킬 수 있다.
- 교사의 주관적 평가보다는 유아와 유아의 상호 간에 보고 느끼는 작품 감상의 기회를 가짐으로써 다른 유아들의 생각과 느낌을 함께 나누는 기회를 갖게 된다.
- 다른 유아의 작품과 함께 전시된 자신의 그림을 보며 한 집단의 일원으로서 소속감을 느끼게 한다.

UNIT 89 미술영역 환경 구성

구성		• 자신의 느낌이나 생각을 자유롭게 표현하고 미적 아름다움을 감상하는 경험을 하는 영역이다. • 자연과 사물의 아름다움을 체험하고 그리기, 만들기, 꾸미기, 구성하기 등의 활동을 한다. • 조용하고 밝은 곳이 좋고, 물을 사용할 수 있는 공간과 가까이 배치한다.
놀잇감 및 교재 · 교구	종이류	도화지, 색종이, 색지, 골판지, 포장지 등
	그리기 도구	크레파스, 색연필, 볼펜, 물감, 먹물, 붓, 사인펜, 매직, 핑거 페인트 등
	만들기 도구	가위, 풀, 테이프, 스테이플러, 펀치, 핑킹 가위 등
	각종 자료	찰흙, 고무 점토, 밀가루 점토, 나뭇가지, 나무젓가락, 빨대, 실, 솜, 스펀지, 수수깡, 자연물(솔방울, 돌, 나뭇잎, 조개껍질, 깃털) 등
	재활용품	상자, 헝겊, 요구르트 병, 휴지심 등

연령별 구성	3세	특징	• 미술활동이 능숙치 않으므로 다른 유아의 방해를 받지 않고 마음껏 집중할 수 있는 충분한 공간과 시간을 마련해 주는 것이 필요하다. • 소근육 발달이 잘 이루어지지 않아, 미술영역의 놀잇감이나 재료 사용이 미숙하다. − 다양한 내용의 미술활동이 이루어질 수 있도록 여러 가지 모양과 색, 질감을 가진 종이류, 다양한 그리기 도구, 점토류를 포함하여 쉽게 이용할 수 있는 기본 미술영역 자료를 제시한다.
		미술 자료	• 너무 다양한 자료보다는 기본적인 자료를 자주 바꾸어 주도록 한다. • 손으로 잡기 편한 굵기와 크기의 크레파스를 제공한다. • 안전 가위를 제공한다. • 자유롭게 표현할 수 있는 점토나 찰흙을 제공한다. • 우연한 결과를 만들어 내고 즐길 수 있는 손가락 그림용 풀이나 밀가루 반죽 등을 제공한다. • 활동 순서 카드를 제공하여 유아 스스로가 작업 활동을 즐길 수 있도록 한다.
	4세	활동의 목적	• 다양한 매체를 이용하여 자신의 생각과 느낌을 표현하는 것이다. − 이를 위한 작업 활동과 함께 작품 전시 및 감상활동을 할 수 있도록 재료와 공간을 제공하는 것이 필요하다.
		미술 자료	• 다양한 질감, 형태, 크기가 다양한 종이류, 풀, 셀로판테이프, 스테이플러 등 여러 가지 자료를 제공한다. • 여러 가지 색상을 경험하도록 크레파스와 물감, 먹물, 과일즙 등 물감의 색상도 점차 늘려간다. • 다양한 크기의 상자 등 재활용품을 활용한다.
		자료 제시 방법	• 풍부하고 다양한 재료를 항상 비치한다. • 기본적인 미술 자료 이외에 폐품이나 헝겊, 나뭇잎 등 주변에 있는 사소한 물건들도 작업 활동의 자료가 될 수 있다. • 미술영역에는 기본 자료 외에도 유아가 관심을 보이거나 새로운 활동이 전개될 때 적절한 자료를 첨가시켜 줄 수 있다.
	5세	활동의 목적	미술적 표현과 자료의 탐구를 통한 창의적 표현력을 길러줄 수 있도록 하는 것이다.
		미술 자료	• 다양한 명화나 민화를 감상할 수 있도록 작품집이나 화보, 포스터 등을 비치한다. • 공동 작업에 필요한 자료를 제공한다. • 유아의 이름과 제목을 기록할 수 있는 작품 카드를 제공한다. • 재활용할 수 있는 재료를 제공한다. • 유아들이 교실 환경 디자인에 참여할 수 있도록 한다.

MEMO

		자료 제시 방법	• 유아가 필요에 따라 손쉽게 꺼내 사용할 수 있도록 한다. • 미술활동의 자료는 모양, 크기나 재질 등이 매우 다양하므로 큰 자료와 작은 자료를 유아가 보기 쉽게 잘 분류하여 두어야 한다. • 자료들은 주제나 시기에 따라 교체하거나 첨가하여 준다. 　－ 기본 자료는 가능한 필요에 따라 유아들이 쉽게 활용할 수 있는 위치에 보관하는 것이 좋다.
유의점			• 교사는 결과물을 중요하게 여기기보다는 유아의 경험 과정에 동참하면서 세심히 관찰하고 적절한 도움을 주되, 유아가 주체적으로 활동할 수 있도록 한다. • 미술영역에는 다양한 자료를 보관할 수 있는 자료 정리장을 구비하고, 유아가 손쉽게 자료를 꺼내어 활동할 수 있도록 배치한다. • 완성된 작품을 말릴 수 있는 설비를 준비한다. • 미술영역에서 사용하는 물이나 물감 등이 바닥에 떨어질 경우, 유아가 미끄러지는 사고가 발생할 수 있으므로 유의한다. • 책상 위나 바닥에 비닐 등을 깔아 보호하고 쉽게 청소할 수 있도록 한다. • 제공하는 재료가 위생적이고 안전한지 점검한다. • 유아의 작품은 소중히 다루고 게시판이나 복도에 전시 공간을 마련하여 자주 전시한다.

SESSION 04

SESSION

05

누리과정의
이해

I 2019 누리과정의 이해 - 예술경험

1 목표 및 내용

KEYWORD # 통합적으로 표현하기

거름이 tip

예술경험 영역 목표를 보면, 능력을 기른다는 기술은 삭제되고 즐긴다는 표현만 남았다는 것을 알 수 있다. 또한 세부 목표의 수는 같지만 보다 간략화되었으며, 과정에 초점을 두었다.

(1) 목표

3~5세 연령별 누리과정(2015)	2019 개정 누리과정
• 아름다움에 관심을 가지고 예술 경험을 즐기며, 창의적으로 표현하는 능력을 기른다. 1. 자연과 주변 환경에서 발견한 아름다움과 예술적 요소에 관심을 갖고 탐색한다. 2. 자신의 생각과 느낌을 음악, 움직임과 춤, 미술, 극놀이를 통해 창의적으로 표현하는 것을 즐긴다. 3. 자연과 다양한 예술 작품을 감상하며, 풍부한 감성과 심미적 태도를 기른다.	• 아름다움과 예술에 관심을 가지고 창의적 표현을 즐긴다. 1) 자연과 생활 및 예술에서 아름다움을 느낀다. 2) 예술을 통해 창의적으로 표현하는 과정을 즐긴다. 3) 다양한 예술 표현을 존중한다.

(2) 내용범주와 내용

3~5세 연령별 누리과정(2015)	2019 개정 누리과정
아름다움 찾아보기	아름다움 찾아보기
예술적 표현하기	창의적으로 표현하기
예술 감상하기	예술 감상하기

아름다움 찾아보기	• 자연과 생활에서 아름다움을 느끼고 즐긴다. • 예술적 요소에 관심을 갖고 찾아본다.
창의적으로 표현하기	• 노래를 즐겨 부른다. • 신체, 사물, 악기로 간단한 소리와 리듬을 만들어 본다. • 신체나 도구를 활용하여 움직임과 춤으로 자유롭게 표현한다. • 다양한 미술 재료와 도구로 자신의 생각과 느낌을 표현한다. • 극놀이로 경험이나 이야기를 표현한다.

MEMO

예술 감상하기	• 다양한 예술을 감상하며 상상하기를 즐긴다. • 서로 다른 예술 표현을 존중한다. • 우리나라 전통 예술에 관심을 갖고 친숙해진다.

예술경험 영역은 유아가 자연, 생활, 예술에서 아름다움을 느끼고, 음악, 움직임과 춤, 미술, 극놀이에서 자신의 느낌과 생각을 창의적으로 표현하며 상상하는 과정을 즐기고, 다양한 예술작품을 가까이 접하며 다른 사람의 예술 표현을 즐기는 내용으로 구성되었다.
내용 범주의 변화는 5개 영역 중 가장 적었는데, '아름다움 찾아보기'를 자연과 생활에서 아름다움을 느끼고 즐기는 내용으로 새롭게 제시하였으며, '통합적 표현하기'를 '창의적 표현하기'로 바꾸고, '예술 감상하기'에서는 상상하기와 전통예술에 친숙해지기 등을 강조했다.

(3) 목표 및 내용범주 이해하기

예술경험 영역의 목표와 내용범주는 유아가 자연, 생활, 예술에서 아름다움을 느끼고, 음악, 움직임과 춤, 미술, 극놀이 등의 예술에서 자신의 느낌과 생각을 창의적으로 표현하는 과정을 즐기며, 다양한 예술 작품을 감상하며 다른 사람의 예술 표현을 존중하는 내용으로 구성되었다.

2019 개정 누리과정
유아가 자연과 생활, 예술에서 아름다움을 느끼고 즐기는 경험을 반영 : '아름다움 찾아보기'
유아가 자신의 느낌과 생각을 음악, 움직임과 춤, 미술, 극놀이 등을 통해 자유롭게 표현하는 과정을 즐기는 내용으로 구성 : '창의적으로 표현하기'
유아가 다양한 예술을 통해 상상하기를 즐기고, 우리나라 고유의 전통 예술에 친숙해지는 경험을 강조 : '예술 감상하기'

아름다움 찾아보기	유아가 자연과 생활에서 아름다움을 느끼며 예술적 요소에 관심을 가지고 찾아보는 내용
창의적으로 표현하기	유아가 노래를 즐겨 부르고, 간단한 소리와 리듬을 만들어 보며, 자유롭게 움직이며 춤추고, 다양한 미술 재료와 도구를 활용하여 표현하며, 경험과 이야기를 극놀이로 표현하는 내용
예술 감상하기	유아가 자신과 또래의 작품뿐만 아니라 다양한 예술을 감상하며 상상하기를 즐기고, 서로 다른 예술 표현을 존중하며, 우리 고유의 전통 예술에 친숙해지는 내용

2 내용범주의 이해 및 실제

(1) 아름다움 찾아보기

목표	자연과 생활 및 예술에서 아름다움을 느낀다.
내용	**자연과 생활에서 아름다움을 느끼고 즐긴다.**
	유아가 자신의 주변에서 만나는 자연, 공간, 사물 등의 아름다움을 풍부하게 느끼며 즐기는 내용이다.
	예술적 요소에 관심을 갖고 찾아본다.
	유아가 주변의 자연과 생활에서 다양한 소리나 리듬 등의 음악적 요소, 색이나 형태 등과 같은 미술적 요소를 발견하고, 사물이나 동식물의 움직임에서 아름다움을 경험하는 내용이다.
유아 경험의 실제	① 벚꽃이 바람을 타고 눈처럼 휘날린다. 유아들이 "저것 봐! 눈이 오는 것 같아. 분홍색 눈이야. 정말 예쁘다!"하며 감탄한다. 유아들은 하늘을 향해 고개를 들고 두 팔을 벌리며 흩날리는 벚꽃잎을 맞기도 하고, 바람결에 날아가는 벚꽃잎을 쫓아다니기도 한다. 그리고 땅에 떨어진 벚꽃잎을 조심스럽게 다루며 한 잎 한 잎 줍기도 한다. ② 유아는 바깥 놀이터에서 스카프를 재빠르게 높이 올렸다 내리기를 반복하며 바람에 스카프를 날려보기도 한다. 스카프가 펄럭이고 날아가는 모습을 보며 "바람 따라 춤추는 것 같아.", "파도 같이 움직여."하며 즐거워한다.

(2) 창의적으로 표현하기

목표	예술을 통해 창의적으로 표현하는 과정을 즐긴다.
내용	**노래를 즐겨 부른다.**
	유아가 흥얼거리거나 친구들과 함께 소리와 박자 등을 느끼고 노랫말을 바꾸어 불러 보며 노래부르기를 즐기는 내용이다.
	신체, 사물, 악기로 간단한 소리와 리듬을 만들어 본다.
	유아가 자신의 신체, 주변의 사물, 리듬악기 등을 사용하여 소리와 리듬을 창의적으로 만들어 보는 내용이다.
	신체나 도구를 활용하여 움직임과 춤으로 자유롭게 표현한다.
	유아가 자연과 생활에서 발견한 다양한 움직임을 자유롭게 표현하고, 나아가 자신의 생각과 느낌을 자신의 신체나 다양한 도구를 활용하여 움직임과 춤으로 표현하는 내용이다.
	다양한 미술 재료와 도구로 자신의 생각과 느낌을 표현한다.
	유아가 자연과 생활에서 발견한 다양한 재료와 도구를 활용하여 여러 가지 방법으로 표현하는 내용이다. - 자신의 경험, 느낌, 생각 등을 창의적으로 표현하는 과정을 즐기는 내용이다.
	극놀이로 경험이나 이야기를 표현한다.
	유아가 자신의 경험, 다양한 상황, 이야기를 자유롭게 상상하며 극놀이로 표현하는 과정을 즐기는 내용이다.

MEMO

유아 경험의 실제	① 유아가 바깥 놀이터의 소꿉놀이 그릇을 모두 뒤집어 펼쳐놓고 숟가락으로 여기저기 두드린다. 이때 교사가 지나가자, "선생님, 들어보세요. 소리가 모두 달라요. 저는 지 금 피아노 치고 있어요."하며 최근에 배운 새 노래 '유리창에 예쁜 은구슬'을 흥얼거 린다. 선생님은 "오! 정말 소리가 다르네. 정말 피아노 치는 것 같네."하며 유아의 곁 에서 함께 노래한다. ② 유아가 창문 밖으로 나뭇잎이 바람에 날리는 모습을 보며 큰 소리로 "와! 저것 봐. 나뭇잎이 데굴데굴 잘도 굴러가고 있어!"라고 말한다. 잠시 후 유아는 교실에 있는 리본 막대를 들고 동그랗게 흔들면서 "나뭇잎이 동글 동글 굴러가고 굴러가고."라고 흥얼거린다. ③ 유아가 친구들에게 꿀벌놀이를 하자고 제안한다. 　수진 : 나는 여왕벌 할래. 너희들은 모두 일벌해. 아이 배고파. 일벌들아 꽃에게 가서 　　　　꿀을 가져와. 　유찬 : (날갯짓하며 교실을 한 바퀴 돌아와 수진이에게 손을 내밀며) 이건 꿀이야. 자, 　　　　먹으세요! 　승민 : 나는 말벌이야. 너희들은 꿀벌이니까 도망가야 돼. 윙윙. 　　　　꿀벌 역할을 맡은 두 유아가 "으악!"하며 달아난다. 이 모습을 보고 있던 희원 　　　　이와 민이가 "얘들아, 잠깐 기다려봐. 우리가 꿀벌집 만들어 줄게."라고 말하 　　　　며 상자, 사인펜, 물감 등을 가지고 모인다.

(3) 예술 감상하기

목표	다양한 예술 표현을 존중한다.
내용	다양한 예술을 감상하며 상상하기를 즐긴다.
	유아가 자신과 또래의 작품이나 음악, 춤, 미술작품, 극 등 다양한 예술을 감상하고 자유 롭게 상상하기를 즐기는 내용이다.
	서로 다른 예술 표현을 존중한다.
	유아가 자신과 또래의 작품, 음악, 춤, 미술작품, 극 등에 포함된 다양한 표현을 존중하는 내용이다.
	우리나라 전통 예술에 관심을 갖고 친숙해진다.
	유아가 우리나라 고유의 전통음악, 춤, 미술, 건축물, 극 등에 관심을 가지고 전통 예술을 감상하며 우리나라 문화에 친숙해지는 내용이다.
유아 경험의 실제	① 유아들이 분홍색 한지를 구기고 찢어서 꾸민 봄꽃 작품을 감상하며 "와! 예쁘다. 어! 이건 어떻게 했지? 이렇게 하니까 진짜 꽃 같다. 꽃 냄새 맡아 보자. 흠, 꼭 봄꽃 요정 이 나타날 것 같아, 그치?"하며 친구와 마주 보고 웃는다. ② 유아들이 '밀양 아리랑'을 들으며 장구를 자유롭게 두드린다. 한 유아가 "얘들아! 날 좀 보소."하고 노래를 흥얼거리며 두 손으로 장구를 두드린다. 옆에 있던 유아가 장 구를 세운 후 두드리며 "나는 세워서 두드려야지. 2개로도 할 수 있어."라고 말한다. 그러니까 옆에서 바라보던 유아가 "어? 세워서도 할 수 있네. 그렇게 쳐도 좋은 것 같다."

3 의사소통 영역의 통합적 이해

(1) 사례

> 🏠 **비 오는 날**
>
> 비가 내리는 날, 창문 밖을 바라보던 유아들은 선생님에게 바깥으로 나가자고 제안한다.
> 우비와 장화 차림으로 친구들과 함께 바깥 놀이터로 나온 신유와 지효는 친구들과는 조금 떨어진
> 곳으로 걸어간다.
> 그리고 비가 와서 생긴 흙탕물 도랑을 밟으며 말없이 천천히 걷는다.
>
> 신유 : (작은 목소리로) 소리가 난다.
> 지효 : (미소 지으며 작은 목소리로) 응. 우비에서 소리가 난다.
> 신유 : 응. 신발에서도 소리가 난다. … 이것 봐. 발자국이 생긴다.
> 지효 : 너 발자국 위에 내 발자국 올라간다.
>
> 지효가 화단에 동백꽃잎들이 떨어진 것을 발견하고 동백꽃잎을 줍는다. 지효가 "아 정말 부드럽다."
> 라고 말하자 신유가 "살살 만져야겠어. 우리 동백꽃잎 케이크 만들자. 정말 맛있을 거야."하며 제안
> 한다. 지효는 동백꽃잎을 주워 오고, 신유는 동백꽃잎으로 케이크를 만들기로 한다.
> 신유는 큰 냄비에 모래를 가득 담아 바닥에 엎고, 작은 그릇에도 모래를 가득 담아 그 위에 엎는다.
> 그리고 손으로 모래를 다듬으며 동백꽃잎을 하나씩 꽂는다.
> 교사가 분홍색 꽃잎이 비에 젖으니까 더 선명하고 예쁜 것 같다고 말한다. 신유는 "동백꽃잎 케이크
> 예요. 친구에게 선물하고 싶어요."라고 말하며 계속 모래를 다듬으며 동백꽃잎을 꽂고, 지효는 계속
> 동백꽃잎을 주워 신유에게 전달한다.
> 동백꽃잎 케이크를 만든 뒤 지효는 화단에서 짧고 가느다란 나뭇가지를 주워 온다. 그리고 작은
> 목소리로 신유에게 "나무가 연필이라고 생각하고 서로 그려 주자."라고 말한다. 지효와 신유는 모래
> 위에 서로의 모습을 나뭇가지로 그려 준다.

거름이 tip

> 유아들은 동백꽃과 모래를 활용하여 케이크를 만들어 보는 놀이를 하면서 예술경험의 내용을 통합적으로 경험하고
> 있음을 알 수 있다.

(2) 5개 영역의 통합적 이해

① 신체운동 · 건강

신체 활동 즐기기	• 신체를 인식하고 움직인다. 　– 유아들은 발로 천천히 걷기, 발자국 만들기, 엄지와 검지손가락으로 조심스럽게 꽃잎 줍기, 손바닥으로 모래 다듬기 등의 신체를 인식하고 움직이는 경험을 한다. • 신체 움직임을 조절한다. 　– 유아들은 동백꽃잎, 젖은 모래, 나뭇가지 등 사물의 특성에 따라 손가락 힘의 강도를 조절한다.

② 의사소통

듣기와 말하기	• 말이나 이야기를 관심 있게 듣는다. 　– 유아들은 빗소리와 물웅덩이 등에 대해서 다양한 표현을 하며 서로의 이야기를 관심 있게 듣고 말한다. • 자신의 경험, 느낌, 생각을 말한다. 　– 유아들은 동백꽃잎이 떨어진 모습을 보며 서로의 생각을 말하고, 상대방의 말이나 이야기를 듣고 적절하게 반응한다.

③ 사회관계

더불어 생활하기	• 친구와 서로 도우며 사이좋게 지낸다. 　– 유아들은 동백꽃잎 케이크를 만들기 위해 서로 역할을 분담하며 협력한다. 　– 서로의 모습을 예쁘게 그려준다.

④ 예술경험

아름다움 찾아보기	• 자연과 생활에서 아름다움을 느끼고 즐긴다. 　– 유아들은 비가 내리는 날 만나는 자연과 공간, 사물에서 아름다움을 발견하고 풍부하게 느낀다. 　– 말없이 조용히 걸으며 주의를 기울여 빗소리를 듣고, 화단에서 발견한 동백꽃잎으로 동백꽃잎 케이크를 만들며, 서로의 모습을 그려주는 모든 과정에서 아름다움을 느끼고 즐긴다. • 예술적 요소에 관심을 갖고 찾아본다. 　– 빗소리, 우비에 떨어지는 빗소리, 장화와 흙탕물 도랑이 만나는 소리 등의 음악적 요소, 동백꽃잎의 분홍빛, 곡선, 부드러운 질감과 모래의 까끌까끌한 질감 등의 미술적 요소에 주의를 기울이고, 케이크를 동백꽃잎과 붉그스름한 나뭇잎으로 장식하며 케이크의 꼭대기에 동백꽃 한 송이를 장식하는 과정을 통해 색, 모양, 질감, 공간을 탐색한다.

MEMO

창의적으로 표현하기	• 다양한 미술 재료와 도구로 자신의 생각과 느낌을 표현한다. − 동백꽃잎과 불그스름한 나뭇잎, 젖은 모래, 큰 냄비와 작은 그릇을 활용하여 2층으로 올린 동백꽃잎 케이크를 창의적으로 만든다. − 동백꽃잎을 하나씩 둥글게 꽂고, 불그스름한 나뭇잎을 이중으로 꽂아 꾸민다. − 화단에서 주운 짧고 가느다란 나뭇가지로 젖은 모래 위를 도화지 삼아 서로의 모습을 그려주며 창의적 표현을 즐긴다.

⑤ 자연탐구

생활 속에서 탐구하기	• 물체의 특성과 변화를 여러 가지 방법으로 탐색한다. − 유아들은 젖은 모래는 마른 모래보다 잘 뭉쳐지기도 하지만, 모래이기 때문에 잘 부스러진다는 특성을 자연스럽게 탐색한다.

4 비교 − 2015 누리과정

(1) 아름다움 찾아보기

		유아기에는 자연을 비롯한 주변 사물이 지닌 다양한 예술적 요소를 인식하고 친숙한 대상에 대한 느낌과 생각을 표현할 수 있으며, 느낌, 생각, 상상한 것을 자신만의 창의적인 방법으로 상징적인 표현을 한다. 이로 인해 미적 감각 및 심미적 태도가 발현되기도 한다.
연령별 특성	3세	• 직접 관찰하면서 움직임과 춤 요소에 관심을 갖고 지각할 수 있다. • 자연과 주변 환경을 접하며 소리와 음악의 아름다움을 느낄 수 있고, 이는 음악적 요소와 관련되어 있음을 지각하고 반응할 수 있다. • 소리의 약함과 강함, 속도에 따른 소리 변화를 통해 빠르기를 탐색할 수 있다.
	3, 4세	자연에서 다양하고 고유한 색을 찾을 수 있고, 자연물에서 다양한 모양을 발견하며, 자연과 사물의 재질에서 다양한 질감을 느낄 수 있다.
	4세	직접 관찰하면서 움직임과 춤의 요소에 관심을 가질 수 있다.
	5세	• 움직임과 춤 요소에 관심을 갖고 지각하는 것에서 더 나아가 차이를 발견하고 지속적으로 탐색할 수 있다. • 자연과 사물에서 색, 모양, 질감의 다양함을 발견하고 차이점을 이야기할 수 있다. • 사물의 위치에 따른 공간의 아름다움 차이를 구별하고, 여백이 주는 아름다움에 대해 탐색이 가능하다.
지도원리		• 다양한 소리와 음악, 움직임과 춤, 자연과 사물의 아름다움을 느끼고, 그 아름다움의 요소에 관심을 가지고 이를 탐색하는 것에 중점을 둔다. • 아름다움을 찾아보고 탐색함으로써 예술표현 및 감상 능력을 함양하는 기초능력을 발달시키는 데 주안점을 둔다.

환경 구성	공통	자연과 주변 환경에 있는 아름다움뿐만 아니라 다른 사람의 발견에도 귀를 기울일 수 있도록 환경을 구성한다.
	3세	• 음률 영역에 다양한 리듬악기나 유아와 교사가 만든 악기, 소리를 녹음하여 들을 수 있는 녹음기 등을 비치하여 아름다움을 찾아보도록 한다. • 살아있는 생물에 대해 관심이 많으므로 과학영역에 동식물을 키울 수 있는 공간을 마련하여 자연과 주변 환경에서 아름다움을 찾아보도록 한다. • 미술영역에는 다양한 미술 자료를 제시해준다.
	4세	• 음률 영역에 리듬악기류와 유아가 만든 악기, 동작활동 자료(동작카드, 한삼, 탈, 스카프 등) 등을 제공하여 아름다움을 찾아보도록 한다. • 과학영역에는 관찰하고 탐색하기 쉽도록 관찰대나 낮은 탁자를 사용하고, 여러 가지 탐색도구와 자연물을 계절에 맞게 제시해준다. • 미술영역에는 다양한 매체를 이용해 결과물이나 작품을 감상하며 아름다움을 찾아보도록 한다.
	5세	• 음률 영역에 음악을 들어보고 만들어 볼 수 있도록 조작 가능한 CD플레이어, 다양한 동작활동 자료(동작카드, 한삼, 탈, 스카프 등)를 제공하며 아름다움을 찾아보도록 한다. • 과학영역에는 직접 경험이 가능하도록 하고 그림책과 백과사전, 활동카드, 녹음기 등도 제시하여 아름다움을 찾아보도록 한다. • 미술영역에 풍부하고 다양한 미술 재료를 제공하고 주제나 시기에 따라 교체하거나 첨가해주며 능동적으로 아름다움을 찾아볼 수 있도록 한다.

① 아름다움 찾아보기 – 음악적 요소 탐색하기

구분		지도 중점
3, 4세	다양한 소리, 음악의 셈여림, 빠르기, 리듬 등에 관심을 갖는다.	• 자연과 주변 환경의 소리와 음악을 지속적으로 접하면서 소리와 음악의 아름다움을 느끼도록 한다. • 다양한 소리를 경험할 수 있도록 하고 충분한 탐색 시간과 기회를 제공하여 스스로 음악적 요소를 탐색하도록 한다. • 음악적 요소에 대한 교사의 이해가 선행되어야 하며 음악적 요소를 탐색하는 기회를 풍부하게 제공한다.
5세	다양한 소리, 악기 등으로 음악의 셈여림, 빠르기, 리듬 등을 탐색한다.	• 자신의 신체와 악기, 사물을 통해 다양한 음악적 요소를 자유롭게 실험하고 조합하며 탐색하도록 한다. • 음악적 요소에 대한 교사의 이해가 선행되어야 하며 음악적 요소를 탐색하는 기회를 풍부하게 제공한다. [초등학교 교육과정 연계] • 다양한 음악적 요소로 구성된 여러 가지 소리와 음악을 자주 접하게 해주어 음악적 요소에 지속적으로 관심을 가질 수 있도록 한다.

② 아름다움 찾아보기 - 움직임과 춤 요소 탐색하기

구분		지도 중점
3, 4세	움직임과 춤의 모양, 힘, 빠르기 등에 관심을 갖는다.	• 다양한 실물과 영상매체(발레, 한국 무용, 다른 나라 민속춤 등)를 통해 움직임을 관찰하는 기회를 제공한다. • 음악적 요소를 탐색한 것에 대한 느낌과 반응을 인정하고 존중해준다. • 움직임과 춤 요소에 대한 교사의 이해가 선행되어야 하고 탐색의 기회를 풍부하게 제공한다.
5세	움직임과 춤의 모양, 힘, 빠르기, 흐름 등을 탐색한다.	• 움직임과 춤의 요소에 대한 교사의 이해가 선행되어야 하고 탐색의 기회를 풍부하게 제공한다. • 움직임과 춤 요소에 관심을 가지며 차이를 발견하고 지속적으로 탐색할 수 있도록 한다. • 움직임과 춤의 연속적 또는 비연속적 흐름을 탐색할 때에는 음악을 제시하여 자연스럽게 흐름의 요소를 느끼도록 한다. • 다양한 움직임과 춤을 관찰해보는 기회를 제공하고 움직임과 춤의 요소의 특징과 차이를 발견하여 자연스럽게 신체로 움직여보며 탐색할 수 있도록 한다. [초등학교 교육과정 연계] • 다양한 춤을 접해보며 움직임의 요소를 탐색하는 경험을 풍부하게 제공해준다. • 움직임과 춤의 요소를 탐색하는 과정에서 표현하는 요소(신체, 공간, 노력, 관계)에 관심을 가질 수 있도록 한다.

③ 아름다움 찾아보기 - 미술적 요소 탐색하기

구분		지도 중점
3, 4세	자연과 사물의 색, 모양, 질감 등에 관심을 갖는다.	• 자연과 사물을 직접 보고 만지는 등의 경험을 통해 미술적 요소에 관심을 갖고 발견하도록 한다. • 실내외 자연·사물·미술품에서 시각과 촉각을 활용하는 경험을 통해 다양한 미술적 요소에 주의를 기울이고 반응할 수 있는 충분한 시간을 허용한다. • 미술적 요소에 대한 교사의 이해가 선행되어야 한다.
5세	자연과 사물에서 색, 모양, 질감, 공간 등을 탐색한다.	• 자연과 사물에서 발견한 미술적 요소(색, 모양, 질감)를 자유롭게 실험하고 비교하며 조합할 수 있도록 한다. • 공간감(상하, 앞뒤, 좌우, 여백 등)과 여백의 아름다움을 탐색할 수 있도록 한다. • 한 가지 미술적 요소에서 다양함을 탐색하도록 한다. 　⑩ 노란색의 다양함 • 미술적 요소에 대한 교사의 이해가 선행되어야 한다.

[초등학교 교육과정 연계]
• 자연과 사물에서 느낄 수 있는 여러 가지 미술적 심미감을 통해 미술적 요소를 탐색하는 경험을 제공해준다.
• 주변 환경과 일상생활에서 미술적 요소로 구성된 다양한 자연과 인공물을 자주 접하도록 해주고 미술적 요소에 관심을 유지하도록 한다.

(2) 예술적 표현하기

연령별 특성	3세	• 노랫말이 짧고 반복적인 리듬패턴의 노래를 자발적으로 부르거나 흥얼거린다. • 소근육이 점차 발달하여 리듬 맞춰 손뼉치기나 주변 사물을 이용해 리듬을 표현하며 리듬악기를 다룰 수 있게 되는데, 이는 악기 연주 능력 발달의 기초가 된다. • 신체를 활용한 단순한 모방과 상상놀이에서 나아가 신체와 언어를 활용해 간단한 극놀이로 표현할 수 있다. • 기본 도형을 그릴 수는 있으나, 친숙한 대상이더라도 상징을 통한 미술표현에는 제한이 있다. • 소근육 발달이 잘 이루어지지 않아 미술 놀잇감과 재료 사용이 미숙하다. • 실제와 상상을 구별하기 힘든 시기이며 극놀이 지속시간이 짧고 혼잣말을 하는 경향이 높다.
	3, 4세	• 생활주변의 움직이는 대상에 대해 많은 호기심과 흥미를 느낀다. • 자신의 신체로 움직임을 만드는 것을 즐기는데, 단순한 움직임과 또래를 따라하는 경우가 많다. • 모양과 움직임을 사실적으로 표현하는 것에서 시작하여 단순한 움직임으로 상상적으로 표현하기도 한다. • 도구를 직접 다루어 봄으로써 도구에 친밀감과 성취감을 느끼기도 한다. • 신체조절력이 발달되면서 신체적 활동에 자신감을 가지며, 청각적 자극에 민감해 즉흥적으로 반응하고 단순한 극놀이도 즐긴다.
	4세	• 눈과 손의 협응력 발달로 리듬악기를 다룰 수 있고 간단한 멜로디를 만들 수 있으며, 잘 알려진 친숙한 곡을 따라 노랫말을 만들 수 있다. • 이미 알고 있는 노래들을 모아 새로운 노래를 구성할 수 있으며, 자신만의 독창적 노래를 만들어 부르며 즐거워한다. • 유아가 알고 있는 것, 본 것, 느낀 것 등을 바탕으로 미술로 표현할 수 있다. • 특정 대상을 상징화하여 표현하는 능력이 발달하며, 협동적인 미술활동에서 일정한 역할을 맡아 공동의 미술작품을 완성하는 데 제한이 있다. • 자신의 노력이 들어간 물건에 대한 애착이 강한 시기이다. • 극놀이 지속시간이 길어지고, '~인 척하는' 가상전환이 가능하며, 대체 사물을 단어로 묘사할 수 있고 역할 수행을 위한 의사소통이 가능하다. • 협동적인 극놀이의 내용을 이해하고 역할을 수행할 수 있는 능력이 발현되기 시작한다.

	5세	• 악기를 다루는 조절력이 향상되어 리듬악기를 이용해 간단한 리듬패턴이나 박자에 따라 리듬을 표현하는 것이 가능하다. • 동일한 노래를 다른 속도와 음높이로 부를 수 있다. • 사실적 표현과 더불어 상상한 것까지도 움직임으로 표현이 가능하며, 대·소근육 협응력이 정교하게 발달된다. • 자신의 생각과 느낌을 연결해 이야기를 만들고 이를 미술로 표현하는 것이 가능해지며, 그림이 의사소통 매개가 되어 자신만의 독특한 표현방식이 발현되기 시작한다. • 자기통제력과 기본적인 사회적 기술이 발달되어 협동적 미술활동에서 의견 교환과 협상, 공동 미술작품 완성 과정과 결과물을 보며 즐길 수 있게 된다. • 사물을 가상 전환하거나 다양한 역할을 수행하고 극놀이의 지속시간이 길어 지며 새로운 역할의 창출이 가능해진다. • 2~3명 이상 소집단 유아들과 함께 협동적 극놀이에 적극적으로 참여하고 즐기게 된다. • 흥미나 주제에 따라 역사적 사실에 근거하여 극놀이 계획을 할 수 있다. • 호기심과 상상력이 풍부해지며 창의성 관련 행동들이 뚜렷하게 나타난다. • 자신을 다양한 방법으로 표현하는 것을 즐긴다.
지도원리		• 음악, 움직임과 춤, 미술, 극놀이 등의 예술 활동을 통해 자신의 생각, 느낌, 경험, 상상한 것을 적극적으로 표현하는 것에 중점을 둔다. • 다양한 예술 활동을 통해 유아가 생각하고 알고 있는 것, 느낀 것, 본 것 등을 자유롭게 표현하도록 하여 창의적 표현능력을 기르고 정서적 안정감, 성취감, 그리고 즐거움을 갖도록 하는 데 주안점을 둔다.
환경 구성	공통	• 음률 영역은 분리·독립된 공간으로 구성하고 쌓기·역할놀이 영역에 가까이 배치한다. • 낮은 탁자에 악기를 놓고 선반 등을 이용해 영역 경계를 만들며, 완성된 작품을 말릴 설비도 준비한다.
	3세	• 음률 영역에 다양한 리듬악기, 유아와 교사가 만든 악기, 녹음기를 비치한다. • 미술영역에는 다양한 모양, 색, 질감의 종이류, 그리기 도구, 점토를 제공한다. • 언어영역에 다양한 그림책과 말하기 자료도 제공한다. • 역할놀이 영역에는 실물사진, 실물자료, 일상생활과 관련된 소품과 장치를 준비하여 역할놀이가 활성화되도록 한다.
	4세	• 음률 영역에 리듬악기류, 직접 만든 악기, 동작활동 자료(탈, 스카프, 응원 수술 등)도 제공해 준다. • 미술영역에는 기본적 미술 자료 외에 주변의 사소한 물건에 유아가 관심을 보이면 자료로 제시하여 준다. • 언어 영역에 짧고 반복되는 단어와 문장이 있는 동시와 동화, CD 플레이어와 카세트, 다양한 주제의 책을 제공한다. • 역할놀이 영역에는 여러 종류의 인형과 인형극 틀, 전신거울, 유아들이 직접 제작한 소품을 활용하도록 하고, 다양한 일상생활 경험, 간단한 이야기, 동화와 관련된 극놀이 환경을 구성한다.

5세		• 미술영역에 다양한 미술 재료를 유아가 손쉽게 꺼내 사용할 수 있도록 풍부하게 비치하고 주제와 시기에 따라 교체하거나 첨가해준다. • 기본 미술 자료는 가능한 유아가 쉽게 활용할 수 있는 위치에 보관한다. • 역할놀이 영역에는 다양한 소품(블록, 미술작품, 역할 소품 등)을 비치해 극놀이에 활용하도록 하고, 다양한 사회구성원에 대한 역할놀이의 소품, 배경, 의상을 제공한다.

① 예술적 표현하기 - 음악으로 표현하기

구분			지도 중점
공통	전래동요를 즐겨 부른다.	3세	간단한 전래동요를 듣고 부를 수 있는 기회를 제공하고 하루 일과 중 자연스럽게 음악활동을 접할 수 있도록 한다.
		4세	전래동요를 듣고 즐겨 부를 수 있도록 다양한 형태의 활동과 통합하여 제시한다.
		5세	전래동요를 다양한 방법(빠르기에 변화주기, 가락과 가사 바꾸기, 노래에 맞추어 춤추기 등)으로 즐기며 부를 수 있도록 하고, 관련 전래놀이를 경험하도록 한다.
3세	간단한 노래를 듣고 따라 부른다.		• 짧고 반복적인 리듬, 쉽게 따라 부를 수 있는 음정으로 된 친숙한 노래를 손유희를 활용하여 즐거운 마음으로 불러보도록 한다. • 고유의 음색을 가지고 있고 리듬과 소리의 탐색이 쉬우며 간단한 리듬 형태를 만들어 볼 수 있는 리듬악기로 간단한 리듬을 표현해보도록 한다. • 악기를 제시할 때에는 한 번에 하나씩 자연스럽게 소개한다.
	리듬악기로 간단한 리듬을 표현해 본다.		
3, 4세	간단한 리듬과 노래를 즉흥적으로 만들어 본다.	3세	• 짧고 반복적인 리듬패턴이 있는 노랫말을 흥얼거림으로 표현하여 노래로 발전할 수 있도록 한다. • 리듬악기로 리듬을 표현해보는 경험을 하기 전에 신체 일부를 사용하여 여러 가지 소리와 리듬을 만들어보는 기회를 제공한다.
		4세	• 한 가지 노래를 다양한 방법으로 노래하도록 격려한다. • 이미 잘 알려진 친숙한 곡에 간단한 멜로디나 노랫말을 만들어 보는 경험을 제공한다. • 주변 사물을 활용하여 소리를 탐색하고 구별하며 리듬을 만들거나 연주하도록 한다. • 다양한 놀이 중 자발적이고 즉흥적으로 리듬과 노래를 만들어 부르는 활동을 하여 긍정적으로 반응해준다.
4, 5세	노래로 자신의 생각과 느낌을 표현한다.		• 합주 또는 연주를 할 때에는 그림부호나 색 등으로 악보를 표시하여 이해에 도움을 준다. • 악기를 제시할 때에는 한 번에 하나씩 자연스럽게 소개한다.
	리듬악기를 연주해 본다.		

| 5세 | 리듬과 노래 등을 즉흥적으로 만들어 본다. | • 노래에 나오는 이야기나 단어에 대해 느낌과 감정을 표현해보는 과정에서 노랫말과 곡의 분위기를 충분히 느끼며 부를 수 있도록 한다.
• 악기를 탐색할 기회를 충분히 제공하여 소리내는 방법에 익숙해지도록 하고 다양한 방법으로 악기를 연주하도록 한다.
• 다른 유아가 만드는 소리를 주의 깊게 들어보고 함께 소리를 만들어 보는 경험을 제공한다.
• 음악활동뿐만 아니라 동화·동시·극놀이·움직임 활동 등 다양한 활동에서 느낌에 따라 즉흥적으로 배경음악을 만들어 보는 경험을 제공한다.
• 음악에 대한 흥미와 경험을 통해 즉흥적으로 간단한 멜로디를 만들어 보는 것은 창의적 표현에 매우 중요하다. 자신의 생각과 느낌, 여러 가지 상황을 간단한 리듬이나 노래로 만들어 보도록 함으로써 일상생활의 행동과 생각을 노래로 만들 수 있다는 것을 느끼도록 도와준다.
[초등학교 교육과정 연계]
일상생활에서의 여러 가지 경험을 통해 접하게 되는 음악을 다양한 방법으로 표현해 보도록 한다. |

② 예술적 표현하기 – 움직임과 춤으로 표현하기

구분		지도 중점
공통	움직임과 춤으로 자신의 생각과 느낌을 표현한다.	• 동작어휘, 공간과 관련된 용어 등을 유아수준에 맞게 언어화하고 정확하게 사용하여 움직임을 지속하며 구체적으로 표현할 수 있게 한다. • 유아의 움직임을 사실적으로 묘사하거나 다른 방법을 제안하여 독창적인 표현을 찾도록 도와준다.
3, 4세	신체를 이용하여 주변의 움직임을 자유롭게 표현한다.	• 자신이 경험한 친숙한 것을 신체를 이용하여 자유롭게 움직여보도록 한다. • 움직임을 사실적으로 표현하거나 상상적으로 표현(~처럼 되어보기)하는 기회를 제공한다. • 실물자료, 모형, 영상자료 등을 제공하여 움직임을 충분히 탐색할 기회를 준다. • 동작 어휘를 포함하고 있는 동요, 동시, 동화, 손유희 등을 활용하여 유아의 상상력을 자극하고 움직임을 이끌어 내도록 한다. • 자유롭고 리드미컬하게 움직여 보는 경험을 제공한다.
	도구를 활용하여 다양한 움직임으로 표현한다.	• 도구를 선택할 때에는 유아의 발달 수준과 사전경험을 고려하여 유아의 손으로 감싸 쥘 수 있는 크기로 한다. • 도구를 직접 다루어 보도록 하여 도구에 친밀감과 성취감을 느끼도록 한다. • 도구를 사용할 때에는 도구의 활용과 관련된 공간 개념을 알려주어 보다 다양한 움직임을 표현할 수 있도록 한다.

5세	신체를 이용하여 주변의 움직임을 다양하게 표현하며 즐긴다.	• 초기에 사실적인 표현에서 상상력을 활용하여 새롭고 다양한 움직임으로 표현을 확장시켜 준다. • 유아의 움직임을 사실적으로 묘사하고 또 다른 방법을 제안하여 점진적으로 자신만의 독창적인 표현을 찾아내도록 한다. • 각 유아마다 표현의 독특성을 인정해주고 모든 유아가 성취감을 경험하도록 도와준다. • 주어진 주제에 따라 움직임·춤 요소를 다양한 동작과 적절히 조합하여 표현할 수 있도록 보다 구체적으로 안내해준다. • 다양한 도구를 활용하여 새로운 방식으로 움직이는 기회를 제공하고 실물자료를 적극 활용하여 창의적인 표현에 도움을 준다.
	다양한 도구를 활용하여 창의적으로 움직인다.	• 충분한 공간을 확보하고 사전에 안전규칙에 대한 충분한 이야기를 나누어 개인공간과 일반공간(함께 사용)에 대한 개념을 이해시켜준다. [초등학교 교육과정 연계] • 신체를 활용해 자신만의 여러 가지 움직임과 춤으로 표현하는 창의적인 과정을 즐기도록 한다. • 여러 가지 음악에서 느끼는 감정을 도구를 활용하여 자유롭게 표현해보는 과정을 즐기도록 한다.

③ 예술적 표현하기 – 미술활동으로 표현하기

구분		지도 중점
3세	다양한 미술활동을 경험해 본다.	• 감각과 신체를 활용한 다양한 미술활동으로 즐거움을 경험하는 기회를 제공하여 미술표현의 기초 능력이 되는 자신감과 만족감 형성에 도움을 준다. • 결과보다 과정을 중요하게 생각하고 한 가지 방법보다 자유롭고 다양한 방법으로 미술활동에 참여하도록 허용적인 분위기를 조성한다. • 일반적 재료 및 다양한 형태와 재질의 재료를 통해 질감을 느끼고 비교할 수 있는 활동을 제공한다.
	미술활동에 필요한 재료와 도구에 관심을 가지고 사용한다.	• 쉽게 사용할 수 있는 미술 재료와 도구를 제공하여 자신감을 키우고 호기심을 유발한다. • 다양한 재료와 도구를 사용하여 소근육 발달과 미술표현 기초능력을 길러준다. • 평면적인 재료, 입체구성을 위한 재료, 소근육을 발달시킬 수 있는 재료와 도구를 일상적으로 제공해주어 유아가 언제든 자신이 원하는 바를 표현하도록 한다.
4세	협동적인 미술활동에 참여한다.	협동적인 미술활동에서 일정한 역할을 맡아 공동 미술작품을 완성하는 데 제한이 있어 작품의 완성보다 협동적인 미술활동에 참여하는 것을 중요하게 생각하도록 한다.

4, 5세	다양한 미술활동으로 자신의 생각과 느낌을 표현한다.	• 미술활동의 과정과 결과물인 작품의 중요성을 균형있게 다룬다. • 유아는 알고 있는 것, 본 것, 느낀 것 등을 바탕으로 미술로 표현하므로 감각과 신체를 통한 활동뿐 아니라 유아의 생각·지각·느낌을 통한 활동도 풍부하게 구성한다. • 다양한 종류의 미술재료와 도구를 비치하여 새로운 방법으로 실험하고 사용해 볼 수 있도록 격려한다. • 생활 주변의 모든 사물들이 미술활동 재료가 될 수 있음을 알려주어 창의적인 표현에 도움을 준다.
	미술활동에 필요한 재료와 도구를 다양하게 사용한다.	• 일반적인 재료와 표현방법 외에 다양한 재료를 이용하여 새로운 표현 방식의 변화를 경험할 수 있도록 한다. • 협동적인 미술활동 시 집단의 크기는 2~3명의 소집단에서 더 큰 집단으로 확장한다. • 위험한 미술활동 도구를 제시할 때에는 반드시 올바른 사용법을 자세히 알려주어 안전하게 사용하도록 한다.
5세	협동적인 미술활동에 참여하여 즐긴다.	• 협동적인 미술활동은 개별 미술활동이 선행되어야 하며 자신과 또래의 미술작품을 가지고 공동으로 꾸미고 만드는 활동을 통해 협동적인 미술활동에 적극적으로 참여하도록 한다. [초등학교 교육과정 연계] • 자연의 모습에 대한 생각과 느낌을 다양한 미술적 방법으로 표현해보는 경험을 가질 수 있도록 한다. • 또래와 함께 협동적인 미술활동에 참여하고 결과물을 만들어내는 것에 즐거움을 느끼도록 한다.

④ 예술적 표현하기 − 극놀이로 표현하기

구분		지도 중점
3세	일상생활의 경험을 극놀이로 표현한다.	유아의 요구와 흥미를 중심으로 일상생활 경험을 극놀이로 표현하도록 하고, 적합한 역할 소품과 환경을 구성하여 역동적인 극놀이가 되도록 한다.
4세	일상생활의 경험이나 간단한 이야기를 극놀이로 표현한다.	• 다양한 일상생활 경험을 극놀이로 표현할 수 있도록 풍부한 극놀이 환경을 구성해 줌으로써 유아의 극화 표현능력을 증진시켜 준다. • 간단한 이야기와 동화를 시간의 흐름에 따라 순차적으로 연결하여 극놀이로 표현할 수 있도록 한다.
4, 5세	소품, 배경, 의상 등을 사용하여 협동적으로 극놀이를 한다.	• 극놀이 주제에 적합한 다양한 소품과 배경, 의상을 비치하고 교사가 유아에게 역할을 시범보이거나 극놀이에 참여하여 지원한다. • 집단활동으로 극놀이를 할 경우 배우와 관객의 입장을 모두 경험할 수 있도록 하고, 꺼리는 배역은 교사가 맡아 수행하여 모델링을 제공한다.

5세	경험이나 이야기를 극놀이로 표현한다.	• 다양한 극놀이의 주제에 맞는 소품과 배경, 의상을 준비하고 새로운 사건과 인물을 소개하여 극놀이로 표현할 수 있는 다양한 경험을 제공한다. • 극놀이의 동화는 길이가 짧고, 반복되는 대화체로 역할을 신체로 표현하기 쉽고, 등장인물이 많아 여러 명의 유아가 동시에 참여 가능한 것으로 선정한다. • 유아의 흥미와 주제에 따라 역사적 사실에 근거한 극놀이를 계획하고 놀이의 전개를 위해 개방적인 질문과 역할 소품 등을 제공하여 극놀이를 확장한다. • 다양한 소품을 극놀이에 활용하여 이야기의 배경이 되는 장면과 음향을 만들고 극놀이 공연을 위한 무대를 만들어보는 경험을 제공한다. [초등학교 교육과정 연계] • 다양한 주변사람을 소재로 하여 역할놀이를 해보는 경험을 제공한다. • 주변에서 볼 수 있는 여러 가지 직업 관련 놀이를 해보도록 한다.

⑤ **예술적 표현하기 – 통합적으로 표현하기**

	구분	지도 중점
3, 4세	예술활동에 참여하여 표현과정을 즐긴다.	• 자발적으로 예술 활동에 참여하고 생각과 감정을 다양한 방법으로 표현하는 과정에서 성취감과 즐거움을 느끼도록 한다. • 유아 스스로 생각과 느낌을 탐색하고 실험하며 주도할 수 있도록 자유롭고 허용적인 분위기를 조성한다.
4, 5세	음악, 움직임과 춤, 미술, 극놀이 등을 통합하여 표현한다.	• 표현활동을 한 가지 예술영역 내에 통합하거나 두 가지 이상 예술영역 간 통합, 감상과 표현활동의 통합을 경험할 수 있도록 한다. • 초기에는 한 가지 예술영역 내 통합으로 시작하여 점차 두 가지 이상 예술영역을 통합하는 활동을 제공한다. • 통합하여 표현하는 활동은 한 가지 개념이나 생활주제 안에서 이루어지도록 한다.
5세	예술활동에 참여하여 창의적으로 표현하는 과정을 즐긴다.	• 흥미 있어 하는 활동에 충분한 시간을 제공하고 다른 활동으로 통합시켜 나갈 수 있도록 지속적인 관찰과 적절한 전략이 필요하다. • 다양한 예술 활동을 스스로 선택할 수 있게 하고 새로운 표현방법을 발견하고 시도할 수 있도록 격려한다. • 교사 선호에 따라 특정 영역에 편중된 예술경험이 이루어지지 않도록 주의한다. [초등학교 교육과정 연계] • 자신의 예술표현을 통합적으로 해보는 경험을 가질 수 있도록 간단한 공연과 전시 활동을 지속적으로 해보도록 한다. • 생활주제와 관련된 자신의 생각과 느낌을 통합적 예술표현으로 해보는 경험을 제공하며, 창의적인 표현을 격려한다.

MEMO

(3) 예술 감상하기

연령별 특성	3세	• 친숙한 인쇄물에 많은 관심을 보이며 그림책을 즐겨 본다. • 자연과 예술작품을 접하며 아름다움의 요소와 그 차이를 느낄 수 있게 된다.
	4세	예술적 취향이 명확하게 정해지지 않은 상태이며, 주변생활의 경험과 관련된 사실적 주제를 지닌 작품을 선호한다.
	4, 5세	다른 사람의 예술 작품을 듣고 보면서 이해하고 즐길 수 있게 된다.
	5세	자아정체감과 민족적 자긍심을 형성하기 위한 기초가 마련된다.
지도원리		• 다양한 자연환경, 주위 사물의 특성이나 예술작품이 가지고 있는 아름다움의 요소를 자주 접하고 이를 소재로 생각과 느낌을 나누는 경험에 중점을 둔다. • 예술 감상을 통해 예술적 요소에 대한 감각을 발달시키고 이를 적극적으로 표현하는 과정에서 자신과 또래, 다른 성인의 예술작품에 대해 흥미를 갖게 하는 것에 주안점을 둔다.
환경 구성	공통	게시판이나 복도에 전시 공간을 마련하여 작품을 전시하고 역할놀이 영역에 의식주와 관련된 전통 물건을 비치한다.
	3세	자신과 또래 작품, 일상생활에서 다양한 음악, 춤, 미술작품, 극놀이 등을 자연스럽게 접할 수 있는 역동적 예술 환경을 제공한다.
	4세	• 역할놀이 영역에 유아용 전신거울을 설치하여 여러 종류의 옷을 입고 자신의 변화를 관찰할 수 있도록 한다. • 미술영역에는 작품 전시 및 감상활동을 할 수 있도록 재료와 공간을 제공한다.
	5세	• 음률 영역에 우리나라의 전통 악기를 비치한다. • 역할놀이 영역에는 전통무늬가 있는 그릇, 전통의상 등을 배치한다. • 교실에 무용 사진이나 그림 자료 등도 비치한다.

① 예술 감상하기 - 다양한 예술 감상하기

구분		내용
공통	나와 다른 사람의 예술 표현을 소중히 여긴다.	• 또래 및 다른 사람과 예술표현에 차이가 있음을 알고 각자의 예술표현이 존중받아야 함을 인식시킨다. • 교사는 가치판단적 표현을 지양하고 유아의 자발적 표현을 긍정적으로 격려한다.
3세	다양한 음악, 춤, 미술작품, 극놀이 등을 듣거나 본다.	친숙한 환경에서 겪은 경험을 통해 자신과 또래의 작품 또는 일상생활에서 다양한 음악, 춤, 미술작품, 극놀이를 자연스럽게 접할 수 있는 역동적 예술 환경을 제공하여 예술의 민감성을 증진시킨다.

MEMO

구분		내용
4, 5세	다양한 음악, 춤, 미술작품, 극놀이 등을 듣거나 보고 즐긴다.	• 또래의 예술표현과 작품 감상의 경험을 주기적으로 제공한다. • 지역사회 음악회·공연·미술관 등을 관람할 수 있도록 하며, 여의치 않을 경우 다른 영상 매체를 통해 감상할 수 있도록 한다. • 예술적 취향이 명확하게 정해지지 않은 상태이기 때문에 다양한 예술표현과 작품에 대한 감정을 자연스럽게 나눔으로써 풍부한 감성을 기르도록 한다. • 감상 작품은 생활주제와 관련되고 유아의 발달특성에 적합한 것으로 주변생활 경험과 관련된 사실적 주제를 지닌 작품으로 선정한다. • 예술작품에 대한 묘사나 분석으로 이야기를 끌어낼 수 있도록 질문하고, 색·형태·선·공간 등 미술 요소와 관련된 발문을 기초로 감상하도록 한다. • 가정에서 가져 온 예술작품을 전시하고 주말에 경험한 공연의 팸플릿 등 자료를 유아가 직접 소개하거나 이야기 나누도록 한다. • 지역사회와 연계하여 현장학습과 작업실을 방문하는 기회를 제공한다. [초등학교 교육과정 연계] • 다양한 예술표현을 소개하고 감상해보는 경험을 풍부하게 제공한다. • 유아 자신과 또래의 예술표현을 공연이나 전시 등을 통해 감상해보는 경험을 제공하고, 다른 사람의 예술표현을 소중히 여기며 감상하는 태도를 가지도록 한다.

② 예술 감상하기 — 전통예술 감상하기

구분		내용
3, 4세	우리나라의 전통예술에 관심을 갖는다.	• 일상생활과 관련된 전통예술을 구체적으로 경험하는 기회를 가지도록 하여 우리나라의 전통예술에 관심을 가지게 한다. • 주위에서 흔히 보고 들을 수 있는 전통춤과 미술작품, 음악을 제공하여 전통예술에 관심을 가지고 친숙함을 갖도록 하는 계기를 만든다. • 계절과 주제에 따라 지역사회 내 민속박물관, 고궁을 방문하고 공연을 관람한다.
5세	우리나라의 전통예술에 관심을 갖고 친숙해진다.	• 자아정체감과 민족적 자긍심 형성을 위한 기초를 마련하는 시기이므로 다양한 분야의 전통예술을 경험하고 체험하는 활동을 통해 우리나라의 전통예술과 친숙해지도록 한다. • 단순히 둘러보는 경험이 되지 않도록 박물관·고궁·전통공연 및 작품을 관람하고 느낀 것에 대한 토의 등을 통해 역동적인 체험 활동을 구성한다. • 의식주와 관련하여 옛 물건과 작품 등을 일상생활 속에서 접할 수 있는 기회를 주기적이고 반복적으로 제공하고 전통악기, 의상, 놀이 등을 비치하여 전통예술에 친숙해지도록 한다. • 계절과 주제에 따라 지역사회 내 민속박물관, 고궁을 방문하고 공연을 관람한다. [초등학교 교육과정 연계] 우리나라 전통예술이 일상생활과 관련된 것임을 알고 지속적으로 감상하는 경험을 제공한다.

거름이
누리과정 ④ 예술경험

초판인쇄 | 2024. 5. 27.　**초판발행** | 2024. 5. 31.　**편저자** | 하수혜

발행인 | 박 용　**발행처** | (주)박문각출판　**등록** | 2015년 4월 29일 제2019-000137호

주소 | 06654 서울특별시 서초구 효령로 283 서경 B/D　**팩스** | (02)584-2927

전화 | 교재 문의 (02) 6466-7202, 동영상 문의 (02) 6466-7201

ISBN 979-11-7262-001-1 | 979-11-6987-913-2(SET)

정가 25,000원